人民法学文存
Renmin faxue wencun

许成磊 著

不纯正不作为犯理论

Theory on Offense of
Nontypical Omission

人民出版社

 简介

　　1975 年 1 月生，汉族，山东省郯城县人。山东师范大学文学院文学学士，中国人民大学法学院法学硕士、法学博士，中国社会科学院金融研究所博士后。现为公安部治安管理局治安管理执法工作指导处副处长。

　　主要学术研究领域为中国刑法、比较刑法、金融法治、警察行政法。先后在《刑法论丛》、《法学家》、《法律科学》、《政治与法律》、《法学》、《法商研究》、《人民日报》、《法制日报》等报刊发表专业学术论文、文章 60 余篇，其中有 10 余篇被《中国人民大学复印报刊资料·刑事法学》全文转载。曾协助主持或参与承担省部级以上科研项目近 10 项，并多次获得省部级科研成果奖励。独著、合著、主编、参编专业著作、教材 30 余部。代表性论著有：《金融犯罪的惩治与防范》（西苑出版社 2000 年版，独著）、《危害金融安全利益和管理秩序犯罪司法适用》（法律出版社 2005 年版，合著）、《单位犯罪适用中疑难问题研究》（吉林人民出版社 2001 年版，副主编）、《最新〈公安机关办理行政案件程序规定〉及法律文书适用指南》（群众出版社 2006 年版，主编）、《刑法摭言》（中国人民公安大学出版社 2008 年版，个人论文集）。

序

赵 秉 志[*]

　　不作为犯罪,尤其是不纯正不作为犯历来是刑法学研究的难点,站在不同立场对不纯正不作为犯的诠释也各有不同。对不作为犯罪的研究,早期把不作为的因果关系问题视为不作为犯的首要问题,随着研究的深入和理论的拓展,如何确立并限制不纯正不作为犯的成立与处罚范围成为研究不作为犯的中心课题,从而围绕不作为犯与作为犯的等值问题,刑法学界展开了积极而有益的探索,形成了众说纷纭的理论学说。这些理论学说繁荣了不作为犯的研究内容,开拓了不作为犯的研究视域,同时也留下了许多至今仍未能有效解决的问题,例如不纯正不作为犯与罪刑法定主义的关系,先行行为能否由犯罪行为构成,不纯正不作为犯中作为义务形成的实质法理基础是什么,等等。近年来,随着研究领域的开阔和研究方法的深入,国内刑法学界对不作为犯的研究也取得了较大进展,但总的来看,仍显薄弱。以目前我国刑法学教科书关于不作为犯罪的内

---

　　* 赵秉志,北京师范大学刑事法律科学研究院院长暨法学院院长,教授,法学博士,博士生导师;中国法学会刑法学研究会会长;国际刑法学协会中国分会常务副主席。

容为例,由于不作为犯不仅在本体论方面(包括作为义务、因果关系等)有其独特性,而且在主观罪过、认识错误、犯罪未遂、共犯以及罪数等方面也具有不同于作为犯的特点,因而德、日等大陆法系国家的权威教科书往往将不作为犯问题作为单独问题进行阐述,但我国绝大多数教材往往只是在犯罪客观方面对不作为的有关问题,尤其是作为义务来源问题作一定程度的介绍,而对其相关范畴则没有作任何分析,即便对作为义务问题的解说,基本上囿于传统的形式义务来源内容,这在一定程度上也影响和制约着我国的刑事司法实践。从目前国内法院对发生的很多不纯正不作为犯罪案件的判决来看,往往缺乏深入和有说服力的说理、论证,在犯罪构成要件的分析上比较粗糙。由此可见,加强对不作为犯尤其是不纯正不作为犯的理论研究,不仅具有重大的理论价值,而且具有重要的现实指导意义。

因此,在2002年5月,我指导的博士研究生许成磊同志向我提出以不纯正不作为犯作为其博士论文的选题时,我即表示完全赞同,并相信凭借他扎实的理论功底及所掌握的大量资料,完全有能力把握好这一选题。事隔一年后,当他以长达28万字的《不纯正不作为犯比较研究》一文完成博士论文并顺利通过答辩时,便充分地印证了这一点。以著名刑法学家高铭暄教授为主席组成的5人答辩委员会经过决议认为,成磊博士的"论文研究方法科学合理,运用资料充分、娴熟,理论密切联系实际,观点正确,结构严谨,论证分析深刻,理论思辨色彩浓郁,逻辑性强,富有文采。……充分反映了作者具有扎实坚厚的刑法理论功底和勇于攀登高峰的学术勇气,体现了作者较强的独立科学研究能力和良好的文字素养。论文达到了博士论文的水平,是一篇优秀的博士论文。"我认为,答辩委员会对该论文的评价是恰如其分的。

我常常讲,博士论文往往代表了一个人的学术高峰,因而应当以高度严谨的学术态度来对待它。也许正是基于这样的考虑,成磊博士在完成论文答辩走上工作岗位之后,并没有急于将论文交付出版,而是在经过较长一段时间深入细致的思考后,对论文作了较大幅度的修改和扩充,最终形成了现在这部名为《不纯正不作为犯理论》的学术专著。尽管距离完成答辩已近五年,但当我读到这部洋洋洒洒近40万言的学术著作时,仍感到由衷的欣慰。作为曾指导他写就这篇博士论文的导师和本书的首位读者,通览全文,我认为可以用四个词来概括本书的特色,即:"新颖"、"深入"、"求实"、"全面"。

1. 新颖。一是观点新颖。书中提出了不少独到而有价值的创新之见,例如正确界定了不纯正不作为犯的概念;指出不纯正不作为犯是开放的构成要件,正确解释了其与罪刑法定主义的关系;指出应作为一个原因系统来分析不作为犯的因果关系。在不作为与正当化事由、不作为的未遂、共犯、罪数等方面也充满了作者的独立思想。二是资料鲜活。本书较为全面地收集掌握了截至当前国内外公开出版、发行的相关资料,从而能够准确把握、及时跟进当前国内学术界的前沿动态。

2. 深入。作者对所提观点说理透彻,论证深刻,逻辑谨严。例如,书中以两章的大篇幅结合具体案例,提出以支配理论为中心的形式与实质来源统一说,来构建不纯正不作为犯的作为义务理论框架。再如,关于不纯正不作为犯与罪刑法定的关系、先行行为能否为犯罪行为以及不作为犯因果关系的论证,都可以说在一定程度上代表了目前国内刑法学界的最新研究水平和理论高度。

3. 求实。一是资料丰富、翔实。由于国内关于不纯正不作为犯研究的相对薄弱,因而占有大量境外尤其是德、日刑法学的研究资料就成为做好这一领域研究的重要前提。成磊博士和我谈到,为做好博士论文,通过老师、朋友想方设法收集到大量的一手外文资料,并请专业人士帮助翻译,其中,仅日文资料就翻译了十五万字之多。期间,我也为他提供了大量来自台湾地区的图书资料。可以说,论据丰富、资料翔实是本书的重要特点。二是立论务实,具有较强的现实指导性。作者在充分参考、借鉴德、日等国刑法理论研究成果的基础上,紧密联系我国现实实际,提出了解决一些现实问题相对中允的具体办法,对指导当前和今后我国的司法实践具有较强的现实意义。

4. 全面。即论著体系完整、结构合理、内容全面。书中不仅对不纯正不作为犯的本体问题,如不作为的因果关系、作为义务来源等历来关注的问题用了大量篇幅进行重点研究,而且对不作为犯的主观罪过、认识错误、正当化事由、共犯、未遂和中止、罪数等问题进行了有益的探讨,做到内容系统、全面而又不失重点突出、详略得当,可以说是目前国内学界关于不纯正不作为犯研究的集大成之作,这对于进一步丰富和改进我国的刑法学体系亦具有重要的参考价值。

当然,作者所提的观点能否最终有效地指导我国的司法实践,还有待进一步的检验。

最后,我想说的是,作为成磊同志攻读硕士和博士学位期间的导师,非常欣慰于他对学术研究的执著精神。他不仅在攻读硕士、博士期间,协助我完成了一些重要理论课题的研究,独立或合作发表了一些有分量的论文、文章,显示出其较强的科研能力和扎实的基本理论功底,而且在其走上实务工作岗位后,仍心系学术,笔耕不辍,坚持从事刑法学及与本职工作密切相关领域的研究,研究视野更加关注社会现实,研究风格更加务实。

在《不纯正不作为犯理论》一书即将由人民出版社出版之际,作为其导师,我欣然应邀为之作序,并乐于向刑法理论及实务工作者推荐这部著作。同时,也希望成磊博士以此次博士论文的出版为契机,继续努力,不断有新作、佳作问世,为繁荣和深化我国刑法学研究继续作出更多的贡献。

是为序。

丁亥岁末于北京师大

目　　录

3

5

导语 研究意义、研究现状及其方法

一、研究意义

不作为犯罪,尤其是不纯正不作为犯历来是刑法研究的难点,站在不同立场对不纯正不作为犯的诠释也各有不同,例如,主观主义者往往认为不纯正不作为犯并不违反罪刑法定原则,而客观解释论者则往往认为在立法没有明确规定的情况下认定不纯正不作为犯违反了罪刑法定原则。考虑到上述情况,不少国家(地区)原来在立法上并没有规定不纯正不作为犯罪,开始在总则中加以规定,如德国、韩国、中国台湾地区,日本也在改正草案中作了规定。但无论如何不纯正不作为犯与过失犯一样,都是一个开放的构成要件,离不开司法官的解释,于是后来的部分客观解释论者有认为在总则规定不纯正不作为犯的情况下,具体个罪是否存在以及如何认定不纯正不作为犯是对构成要件的解释问题,在形式上并不违背罪刑法定主义。

对不作为犯罪的研究,早期把不作为的因果关系问题视为不作为犯的中心问题,随着研究的深入和理论的拓展,如何确立并限制不纯正不作为犯的成立与处罚范围成为研究不作为犯的中心课题,从而围绕不作为犯与作为犯的等值问题学界展开了积极而有益的探索。在这一演变过程中,围绕着作为义务,理论也从形式义务论演进到实质义务论,并进而形成现在的实质义务论与形式、实

质统一论齐头并进的局面,其间经过了肯定——否定——否定之
否定的过程。其中,关于先行行为的研究颇为复杂,由最初否定这
一义务来源,到普遍承认这一形式义务来源,再演变到在实质义务
论中探讨。而在实质义务论中,有主张扩大先行行为的存在范围,
进而把危险的前行为作为构成行为人作为义务(保证人地位)的
唯一理由;有的学者则彻底否定先危险的前行为这一实质理由,代
之以"支配理论"、"开放与闭锁的关系说"等;更多的则是在构筑
新的理论的同时,将先行行为吸收到自己的理论体系中,作为实质
理由项下的具体分类子项,如"功能说"、"信赖关系说"等等。理
论基础的立足点不同,导致在分析具体案件时尽管多数情况下会
得到完全一致的结论,但不能否认它们在部分问题上的巨大
分歧。

众说纷纭的理论学说繁荣了不纯正不作为犯的研究内容,开
拓了不纯正不作为犯的研究视域,同时也留下了许多至今悬而未
决的问题:尽管今天的学界已经对不作为存在因果关系几乎不存
疑义,但不作为因果关系如何判断?究竟是站在形式法治国以及
形式的罪刑法定主义立场,还是站在实质法治国、实质的罪刑法定
主义立场来解释处罚不纯正不作为犯不违反罪刑法定主义?不纯
正不作为犯应否认为是开放的构成要件?作为义务在不纯正不作
为犯的体系中究竟处于何种地位?先行行为能否由犯罪行为构
成?若可以,是否违反禁止重复评价原则;由先行行为引起的作为
义务构成的不作为犯与结果加重犯的关系如何?在后来的探讨实
质来源说中,有人主张把实质来源统一归结为危险的前行为,这样
扩大起初意义的先行行为概念的必要性何在?至于"信赖关系"
理论,到底是规范产生信赖,还是因为信赖而产生规范下的义务?
"支配理论"中的"支配",是仅指事实的支配,还是包括事实

支配在内的规范的支配？能否把不作为的行为人对因果流程的支配看成现实的支配？在我国究竟采取何种实质限定的立场来认定作为义务？传统的形式作为义务来源说有没有缺陷？其认可的范围是否有对法益保护不周之嫌？等等。目前我国学界似乎在某种程度上认可了支配理论，但并没有对其合理性价值进行深入的探讨。

在我国目前对不作为犯罪尤其是不纯正不作为犯尚欠系统、体系化研究的情况下，一些基本问题的澄清就显得十分必要。

从司法层面来看，国内有的学者主张以"事实的承担"作为对作为义务进行实质限定的方法，并坚守传统作为义务的四种形式来源。但从实践中发生并已由法院作出有罪判决的一些特殊场合下的见危不救案件来看，应当说这种理论存在着与司法实践严重脱节的现象。究竟是我们的理论学说存在缺陷，还是司法实践出现了问题？日本著名刑法学者大塚仁教授曾说过："在解决刑法上的问题时，要仔细观察社会的实际，提出符合社会实际的解决办法，也就是说，刑法理论必须是能够给社会带来妥当结果的现实的刑法理论。"①借鉴或提倡一种理论，尤其是对于迫切需要有相关理论指导的不纯正不作为犯的认定来说，不能罔顾司法现实和社会通念，否则只能被视为理论学者纯粹理念和逻辑推导下空洞的说教与玩物而已，是不能用来有效指导司法操作的。有效的理论只能从纷繁芜杂的社会生活中加以提升，而不是相反，这正是每个刑法学者应有的意识和应尽的职责。那么，究竟采取何种立场能够在不脱离我国犯罪构成理论体系的前提下，尤其是在遵循罪刑

---

①　参见[日]大塚仁著：《刑法概说（总论）》，日本有斐阁1992年改订增补版，第3页。

法定原则的前提下,寻找到一条可以为司法操作提供有效指导的关于作为义务限定的理论标准呢? 这正是本书所要重点探讨的内容。

二、研究现状

在国外,尤其是在德国,20 世纪 30 年代即对不作为犯尤其是不纯正不作为犯的研究成为学界的热门话题,此后一直经久不衰,学界对此研究的热情不减。很快这些新鲜的理论漂洋过海,传至日本、我国台湾地区及南美各国。

在不作为犯研究领域,我国刑法学界近年来间接地从日本、我国台湾地区引进这些先进的理论,目前已出版了《不作为犯研究》(黎宏著)、《不真正不作为犯理论》(日高义博著,王树平译)、《刑法中行为论》(熊选国著)、《刑法中作为义务论》(栾莉著)等,与此有关的硕士、博士论文有:《论我国刑法中的不作为犯罪》(陈忠槐,1983 年)、《不作为犯论》(高憬宏,1985 年)、《论不纯正不作为犯》(张霖,1998 年),《我国现行刑法中不作为犯罪研究》(孙春雨,1998 年)、《不作为的共犯类型研究》(吴玉梅,2001 年)、《不作为共犯论》(刘瑞瑞,2004 年),相关的文章也不在少数。这些资料均成为我们进一步研究不作为犯的基础和凭借,但不可否认,上述资料有的因发表年代久远或引用资料的陈旧而让后学者无法了解关于不作为犯研究的最新进展情况,有的陈陈相因而基本无助于理论的深化。其中即便有个别文章反映了学界的前沿动态,无奈因篇幅局限而无法对之一一道来,流于简单的介绍。更多的是,新近发表的许多文章直接移植其中的个别观点作为分析具体问题的理论支撑(近几年随着 1997 年刑法典在第 133 条关于交通肇事"因逃逸致人死亡"情节的增加,学界几乎不约而同地燃起对该问题研究的兴趣,其中很多问题涉及不作为的故意杀人罪问题,在这些研究的内容上,笔者发现我国学者往往自觉或不自觉地吸纳国外的某些理论观点),但缺少结合我国实情对国外理论深入批判性的借鉴,也未形成对不纯正不作为犯研究的理论体系。在反差如此大的情况下,笔者认为,在充分占有资料的基础上进行这一领域的比较性研究,无疑对于推动我国不作为犯研究的深化,并有力指导我国司法实践,具有重要的理论和现实意义。

三、研究方法

鉴于国内刑法学界对这一领域的研究尚显薄弱,而国外丰富的理论学说和有益的司法判例可以为我们提供参考,本书采用了比较的研究方法。梁启超先生早在一个世纪前尝言:"故吾愿发明西人法律之学以文明我中国,又愿发明吾圣人法律之学以文明我地球。文明之界无尽,吾人愿亦无尽也。"①在科技、信息相当发达的今天,在数字化的时代,梁先生的这一弘愿仍是我们每个刑法学人孜孜以求的目标。

接下来笔者想要重点表达的是,作者对不纯正不作为犯的研究坚持了方法的一元论。笔者认为,这种方法一元论在不纯正不作为犯领域体现得极为明显,离开价值判断、规范评价来理解不纯正不作为犯几乎是不可能的。而这又集中体现在对不作为行为性的说明、不作为因果关系及其特点的认定,以及不纯正不作为犯作为开放性构成要件特点的说明等方面。例如,关于不作为行为性的说明,认为必须站在规范的、社会评价(尤其是法律评价)的立场,方能得出妥当的结论;在关于构成要件类型是否只能保持价值

---

① 梁启超:《论中国宜讲求法律之学》,见《饮冰室合集》(1)。

中立问题的分析上,通过学说的演化变迁,指出理解不纯正不作为犯的构成要件,必须融入规范性的判断,不纯正不作为犯作为开放性构成要件,不作为与作为的等价判断内容本身就是规范性的要素;而关于不纯正不作为犯中不作为原因力的说明,更是离不开评价的过程。本书认为,从规范和价值角度考量不作为因果关系,是由刑法探讨不作为因果关系与哲学上探讨不作为因果关系不同的研究目的和使命所决定的,并基于这种价值判断,肯定了作为义务的存在是确认不作为因果关系的必要条件;等等。

那么,这种方法的一元论,是否妥当呢?这涉及一个哲学上长期争论不休的问题,即从事实或存在中能否导出价值(规范)?对此,哲学上存在一元论和二元论的对立。存在论,也即本体论,在亚里士多德经院哲学时期,旨在探讨宇宙的根源,也包括上帝存在的理论,17世纪初期开始,被认为是研究形而上学的基本原理,受到康德的批判,为康德的先验哲学所取代,到黑格尔时被理解为"抽象确定本质的理论",之后很少有人提及。直到19世纪末20世纪初,"现象学之父"胡塞尔赋予存在论以新的内涵,成为研究意识的现象学本质的学问,其弟子海德格尔则将存在论看做探讨存有基本要素的基本存有论。其理论被称为存在哲学。刑法上的存在论即指的是胡塞尔、海德格尔的存在论。相对于康德的价值二元的观点,这种理论认为,从事实、存在中可以导出价值(规范),即在生活秩序中即存在着规则,从生活秩序中可以导出法秩序、导出规范。这就是价值一元论(也称方法一元论)。

新康德学派仍然坚守价值二元论(也称方法二元论)的立场,认为规范体系和物的存在结构是两个无法互通的体系,规范只能在规范中形成,不能从客观现实的存在结构中产生。实然只能实际运作,但无法从理论上定型,只有不具有实际形态的非现实的概念世界才能作理论上的定型。① 也就是说,现实世界和非现实的价值世界是两个互不牵涉而并存的世界。

可见,方法一元论和方法二元论的对立主要表现在,规范是否是一个独立于现实之外、与现实世界毫无关联的概念形成体系。针对这种对立,威尔兹尔(Welzel)指出,二者的对立在根本上不是认识方法所决定的,而是由于认识对象不同所致;他认为,其实所有的秩序和意义原本就存在于客观现实之中,也就是说价值原本就隐藏在存在之中,存在并非一团混乱而是内蕴秩序,存在现实是一个和价值有关的事实,法律对生活材料不是规制而是描述。② 实际上,方法一元论和方法二元论并非截然对立,二者有相互让步与和解的倾向,这主要表现在,先于法律的现实生活已是一个价值概念体系,法律的价值概念体系必须经过这个价值概念体系导出来,这样就可以使价值体系建立在价值上面,而不是建立在中性的现实上面。对此有学者指出,"所谓价值不能从存在引申出来,只能从价值引申出来,是目的层面的方法论,而存在决定价值是手段层面的方法论,这两种方法论观点各有其正确性,并不互相对立,而是在不同层面同时存在,也就是互为辩证地存在。"③这种和解在不纯正不作为犯领域也有体现,如对不作为概念的理解,有的学者认为在刑法评价以前的现实生活中不作为就已存在,因为在刑法规范之前的社会规范就存在对一定身体运动的期待,并不限于刑法上有作为义务者。但正如同洛克信(Roxin)那样,将违反一般

---

① 转引自许玉秀著:《犯罪阶层体系及其方法论》,(中国台湾)2000 年作者自版,第 85 页。

② Welzel, Naturalismus und Wertphilosophie im Strafrecht, 1935, S.

③ 许玉秀著:《犯罪阶层体系及其方法论》,(中国台湾)2000 年作者自版,第 114 页。

社交礼仪期待的不作为也被认为在刑法上有意义的行为,只不过在构成要件阶层否认其该当性,并无实际价值。

因此,虽然方法一元论与方法二元论在哲学领域存在和解的倾向,但就具体分析不纯正不作为犯而言,笔者仍然倾向于方法一元论。

第一章　不纯正不作为犯概说

本 章 要 旨

本章回顾了不纯正不作为犯的学说史,以罗马法时期的不作为犯理论为始点,然后分 18 世纪前的学说、18—19 世纪的学说和 20 世纪以来的学说这样三大阶段加以展开。之后,就各国的立法概况作了必要的说明。

第一节　不纯正不作为犯的学说概况

刑法学的核心内容是刑法教义学,其致力于研究法规范的概念、内容和结构,将法律素材编排成一个体系,并试图寻找概念构成和系统学的新的方法。而对刑法史的研究则扩大了教义学者的视野,它再现了法发展的不同阶段,研究立法的变化、使得伟大法学家的形象、其著作和学说具有生命力,进而建立了现行法学所赖以存在的基础。① 今天,对刑法学说史的研究,已经成为我们开展刑法理论研究的一项不可或缺的基础内容。同样, 对不作为犯包括不纯正不作为犯的研究, 也离不开对其学说史的梳理, 尤其是

---

① 参见［德］汉斯·海因里希·耶赛克、托马斯·魏根特著:《德国刑法教科书(总论)》,徐久生译,中国法制出版社 2001 年版,第 53、56 页。

在不作为犯理论至今仍显粗糙的我国，这一项工作更具特殊意义。

　　一般认为对于不纯正不作为犯的研究，起源于19世纪的德国法学，不过从德国刑法启蒙大师费尔巴哈开始系统探讨防止结果发生的义务问题这一点来看，应起源于18世纪的后期。之后的理论发展也以德国为中心，并影响到其他欧陆诸国、东亚国家和地区。而根据日本学者日高义博教授的研究，如果要论述不纯正不作为犯的学说史，首先应追溯到18世纪之前的罗马法。① 本节对不纯正不作为犯学说史的介绍，即首先以罗马法时期的不作为犯理论为始点，然后分18世纪前的学说、18—19世纪的学说和20世纪的学说这样三大阶段加以展开。

　　一、18世纪前的不纯正不作为犯理论

　　在18世纪以前的德国法和罗马法中，不纯正不作为犯并非不可罚，我们可以找到处罚不纯正不作为犯的规定，例如，故意使人饿死和外科医生手术中怠惰致人死亡等，这种在今天看来是不纯正不作为犯典型事例的情况，在罗马法中是予以处罚的。但由于当时不纯正不作为犯的概念不明确，其理论也不够详细，以致可罚的界限还非常模糊。在罗马法时代，威廉·莱因把不作为犯的形态分为三种：(1)对他人犯罪(包括企图犯罪)的知情不举；(2)当他人遭受攻击时不予防御；(3)不阻止犯罪。其中第(2)、(3)种情形就相当于今天的不纯正不作为犯。第(2)种情况中不作为犯的构成以不作为者与受害者之间存在一定的关系为前提，如对于

──────────

　　① 参见[日]日高义博著：《不作为犯的理论》，王树平译，中国人民公安大学出版社1992年版，第9页。

濒危的主人,奴隶不加救助就构成犯罪。至于具有怎样的关系才可确定不作为犯的成立,并无一般的规定。而第(3)种情形的不作为犯之成立,取决于阻止义务的存在与否,但阻止义务的发生根据和界限并不明确。另外,究竟以正犯处罚还是以共犯处罚,也不明确。

到了中世纪教会法时期,著名代表人物托马斯·阿奎那则提出,不作为犯的可罚性原因在于不作为存在精神的反抗这一意志要素。而且,罪的轻重依存于脱离善的程度,由于作为比不作为脱离善的程度高,所以,作为应比不作为的处罚更重。

17世纪中叶的马丁乌斯(Matthaeus)和18世纪初的克列斯(Kress)则分别从因果关系的观点提出了不作为与作为的等值问题。不过,在启蒙时期,对于等值问题的研究还是比较粗浅的。直到18世纪末的不作为犯论,对这个问题也没有研究明白。由于那时的学者对不作为的因果关系认为是明摆着的道理,所以没有对之进行深入研究。但应当明确的是,在这个时期,对于不纯正不作为犯的情况,在当时的法律和学说上已经被注意到了,只不过尚未独立成为一种理论而已。

二、18—19世纪的不纯正不作为犯理论

现代意义上,不作为犯尤其是不纯正不作为犯论的基本问题,就是在何种条件下不阻止符合构成要件的结果发生可以与通过作为引起的情况同视(同价值)。关于不纯正不作为犯,其哪个成立要件是问题的中心所在,在理论史上,可谓几经变迁。

在德国,著名学者威斯特法尔(Westphal)最早提出应将作为义务置于不纯正不作为犯的核心问题来讨论。他通过分析历来受到刑罚处罚的不作为犯,提出以不作为形式实施的犯罪,必须以行

为人负有特定义务为前提。但他并没有对作为义务的内容和发生根据进行说明。最早对作为义务发生根据予以理论化的是刑法启蒙大师费尔巴哈。他确立了形式法治国的思想，并将罪刑法定主义思想、法律与伦理严格区别的观念贯彻到刑法体系中，认为犯罪是对权利的侵害，国家的目的并不包含增进福利，而仅在于保护个人自由以及由此产生的各种权利。刑法的任务也在于防止对他人权利的侵害。因此，如果超过法律的界限，侵害他人的权利，便违背国家的目的。基于这种理论，费氏提出作为义务的有无，只能根据法律和契约进行判断。之后，Spangenberg 和 Henke 等人进而将作为义务的范围扩大到婚姻、家庭的生活关系领域；学者 Stuebel 在其 1828 年出版的有关共犯的论著中，基于明白的法感情，又提出了"先行危险行为的注意义务"。在这几位学者所提出的作为义务来源中，尤以费氏的法律、契约以及 Stuebel 提出的先行行为，影响甚巨，这三种义务来源一直到 20 世纪 50 年代都还是通说所承认的三大保证人类型。不过，Spangenberg 和 Henke 所提出的密切的生活关系类型，在当前德国的实务中也被广泛予以认可。

值得注意的是，在当时，不作为的因果关系问题，上述学者皆未提及。后来的学者一般认为，这大概是因为对他们来说不作为可以引起危害结果的发生是明摆的道理。直到 19 世纪中期，受自然科学思想的影响，刑法学中开始关注不作为的因果关系问题，试图通过证明不作为与发生的结果之间存在因果关系，来解决不作为与作为的等值问题。以致在很长一段时期，不作为的因果关系，被认为是不纯正不作为犯的核心问题。

三、20 世纪以来的不纯正不作为犯理论

通过对不纯正不作为犯因果关系的长期探讨,学者们发现仅有因果关系不能解决不作为与作为的等值问题,也就是说因果关系不是不作为犯的决定性问题。经过了一段较长的弯路之后,学者们逐渐认识到,起决定性作用更多的是规范的观点,即行为人不为期待的行为是不作为犯问题所考虑的重心。由此,在 20 世纪初以后,基于规范主义的观点,不作为的违法性被认为是中心问题所在。在日本,牧野博士认为,作为义务的问题在于将其放在违法性中,反过来说,不作为的违法性,要根据其是否违反了作为义务来决定。在构成要件中,若因果关系存在,构成要件符合性就可以被肯定,因此,不负有作为义务的人的不作为符合这一点,并且,构成要件符合性并未表现违法性,必须在违法性中,积极地对违法性进行确定。

由于不作为的违法性被认为是不作为犯的重心所在,因而法义务何时产生,就成为决定性的问题。关于这一点,最初的法义务是从形式上以其发生根据(法律、习惯法、契约、先行行为)为依据,后来从刑法保护义务演绎而来的实质的法义务说,从健全的民族感情、社会共同体内部秩序的要求出发,更进一步将婚姻共同体作为义务来源形式。再后来,通过"紧密的共同关系"这一概念给法的作为义务提供了根据。德国联邦裁判所确认了"法律"、"契约"、"先行行为"及"紧密的生活共同体"等四种作为义务类型。

但是,作为义务被视为违法性问题受到了批判。根据大陆法系的犯罪论体系,构成要件具有违法推断机能,如果作为义务被视为违法性问题,则不具有作为义务的行为人的不作为皆被当作构

成要件该当的行为,这就使构成要件丧失了违法推断的机能。同时,形式的义务来源也不能合理地说明它们被作为作为义务来源的实质理由,缺乏论理性,于是纳格拉提出了保证人说。① 保证人说认为,对不作为构成要件该当性的判断与是否是防止结果发生的"保证人"有关。据此,不作为犯的成立要件,不是在违法性阶段而是在构成要件的阶段论述。纳格拉的保证人说自提出以来,就获得了学界和实务界的欢迎,乃至在立法上也获得了肯定。原因主要在于,"该说对于不纯正不作为犯犯罪构成及其可罚性之说明,一方面突破长逾一世纪的因果关系说和违法性说之争,另一方面维持并肯定了传统犯罪理论之架构。"②

纳格拉认为,不纯正不作为犯与作为犯等值的判断依据,在于不作为与作为是否具有构成要件的合致性,而决定这一构成要件合致性的因素,就在于不作为者是否为具有特别法律地位的保证人。不作为之所以能因保证人地位而实现作为的构成要件,根本道理在于禁止规范包括命令规范。在此,纳格拉提出了一个问题,不纯正不作为犯违反了刑法规范中的哪种规范?但纳格拉的观点存在自相矛盾之处:既然认为所有法定构成要件原则上皆为作为而设定的构成要件,又如何认为禁止作为的规范中同时包含了禁

---

① 关于保证人的称谓,有不同意见。日本学者川端博教授认为,当初之所以采用保证人这一说法,是因为在翻译德语时,直接将其法律用语拿过来用了,但与民法中的保证契约中的保证有相同的感觉,在民法中,是处于对等地位的人,依照契约成为保证人,刑法中处于避免结果发生地位的人,与面临法益被侵害的人的关系并不对等,而是处于优势,从这个意义上说,为了与民法上的保证相区别,从可以避免结果发生处于优势这点上看,保障人的称谓更为妥当。参见[日]川端博著:《刑法总论》,日本成文堂1992年版,第51页。

② 许玉秀:《论西德刑法上保证人地位之实质化运动》,载(中国台湾)东海大学法律学系《法学论丛》1987年第3期,第30页。

止不作为的命令规范？对此，安得鲁拉基斯（Androulakis）和贝尔
汶科（Bärwinkel）给予了修正。如安得鲁拉基斯认为，一般法定构
成要件是复合规范，所规范的是复合行为，包括了作为和不作为；
贝尔汶科则提出了制定法之构成要件与解释论之构成要件的概
念，认为在解释论上、概念上不同的构成要件（指作为的构成要件
与不纯正不作为的构成要件）可以共同纳入制定法的构成要件
中。而考夫曼（Armin Kaufmann）则认为违反禁止规范的是作为
犯，违反命令规范的是不作为犯，试图重新构筑不作为犯论，据此，
禁止规范并非通过不作为遭到侵害，因而对于不纯正不作为犯，就
不能由作为犯的构成要件提供根据。但又不能不处罚不纯正不作
为犯，于是只能通过类推适用作为犯解决之。但这种见解被认为
是违反了罪刑法定主义，并非多数派。

　　与此同时，关于不纯正不作为犯的作为义务问题，在实质违法
性理论和刑法独立观的导引下，学界开始探讨保证人地位的实质
法理依据（即作为义务的实质来源），由此出现了各种各样的学
说，可谓百家争鸣、争奇斗艳。总体上可以分为两类：一类是着眼
于不作为人与被害人之间的关系来探讨的方法，佛格特（Vogt）和
安得鲁拉基斯提出的"平面的社会群体关系学说"，可谓开启了从
社会学角度探讨作为义务实质来源的先河。之后出现的贝尔汶科
着眼于"公共福祉"和"社会角色"的理论、信赖关系说（倚赖关系
说）等学说皆属于此类。另一类则着眼于不作为人与危害结果之
间的关系来探讨作为义务的实质依据。此说以许乃曼
（Schünemann）教授提出的对结果原因的支配理论为代表。在日
本，则出现了日高义博教授重视先行行为的见解、堀内捷三教授重
视事实接受行为的见解、西田典之教授的具体的事实支配关系说，
等等。

另外,值得一提的是考夫曼提出的机能二元说。他把作为义务的发生根据类型化,分为对特定危险源的监督管理类型和对特定法益的保护类型。他把实务认可的几种形式的作为义务来源类型分别归入这两大类型中。尽管该学说受到了分类不明确、仍没有实质地说明保证人地位形成根据等方面的批判,但不容忽视的是,正是该说提出后,实质的保证人地位才在德国的学说和实务上被普遍接受。受考夫曼机能二元说的影响,雅科布斯(Jakobs)教授提出了组织管辖理论,他以组织管辖来解释考夫曼学说中的监督危险源类型的实质根据,而以与此相对的体制管辖来解释上述学说中的法益保护类型的实质根据。但也被批评为流于形式,不能说明保证人地位的实质法理基础。

以上,以德国的理论为中心扼要介绍了不纯正不作为犯的学说史概况,让我们对不纯正不作为犯的研究重点、学说争鸣等有了宏观的了解,也为我们接下来对不纯正不作为犯具体问题尤其是作为义务问题的剖析作了必要的铺垫。我国对不纯正不作为犯的研究较晚,早期的理论主要着眼于对作为义务形式来源的分析。近年来,受国外理论学说的影响,加之司法实践对这一问题提出了新的挑战和新的要求,学界开始渐渐重视和加强对不纯正不作为犯的研究,并取得了一些初步成果。本书将立足于我国的实践和最新的理论研究成果,在深刻剖析和比较国内外当前理论研究成果的基础上,进一步完善我国关于不纯正不作为犯的理论,并希望能够对当前的司法实践有所帮助,同时也为将来的立法完善提供必要的素材。

第二节　各国关于不纯正不作为犯的立法

在这里,出于分析问题的方便,在介绍各国对不作为犯的立法时,有时不免要涉及纯正不作为犯的情况,但主要围绕不纯正不作为犯而展开。

一、英美法系国家的立法概况

在英美法中,一般不对纯正不作为犯和不纯正不作为犯加以区别,均以"Omissions"称之。但通过判例可以看出对有些犯罪的惩罚包括了纯正不作为犯和不纯正不作为犯的情况。早期 18 世纪的判例曾提及不作为犯的成立在于义务的违反,在雇主未提供给受雇人员食物及其他必需品等,或父母未照顾未成年之人的案例中,均因行为人违背作为义务而被法院处以轻罪。1862 年美国法院则通过一则案例确立了一项原则,即凡是无法律上作为义务的人,均不成立不作为犯。该案例中因姐姐与其几位弟弟在一起,其中的一位有智力障碍,他们因疏忽未给这位有障碍的弟弟足够的衣服和食物,导致该弟弟死亡。该案经提起控诉后,法院以被告并无法律上提供食物与衣服的作为义务,而认定被告人不成立不作为犯。自此,关于不作为犯的成立,须有法律上的作为义务的原则,被确立下来。

另外,在英美判例法中,如果因行为人疏忽而未尽其依法令或按其特殊身份地位应尽的作为义务,行为人也将与作为犯一样负相同的罪责。在美国 State V. O. Brinen 一案中,被告是一名火车扳道工,因忘却而未尽火车扳道的义务,导致火车倾覆并发生旅客死伤的结果,虽然主审法官表示"除非被告系有意的未尽义务,否则不能对被告作有罪的判决",但被告最终仍被判定构成过失杀人罪。其理由是"被告具备可归责的过失"。① 之后,美国模范刑法典第2101条(3)款也规定,不作为在(a)法律明定不作为亦足以认为攻击;或(b)法律另课以作为义务的情况下,得例外地单独成为负作为义务的原因。

二、大陆法系国家的立法概况

(一)德国的立法

目前,在大陆法系国家对不纯正不作为犯的规定较为完备者莫属德国。然而德国对此的规定也是几经变迁,其间受到不同学说的影响而变动的痕迹比较明显。德国在1913年刑法草案第24条曾规定:"负有防止因作为而发生结果之法的义务之人,由于不作为而使发生结果者,得处罚之。由于自己之作为而惹起发生结果之危险者,负有防止结果发生之义务。"在1925年的刑法草案中内容略有变动,其第14条规定:"不顾具有回避结果之法的义务,而未回避此结果者,与惹起结果之情形相同之处罚。由于自己之作为而惹起发生一定结果之危险者,有回避此结果之义务。"1927年刑法草案则规定为:"未回避结果者,限于具有防止发生此结果之法的义务者,罚之。由于自己之作为而致有发生一定结果之危险者,有回避此结果之义务。"随着"保证人"学说的兴起,认为不纯正不作为犯虽系由不作为而实现作为犯的构成要件,但并非所有不作为均可以与作为具有同等价值,只有在法律上负有防止构成要件该当结果发生义务的人,其有防止发生的可能,因其违反作

---

① 转引自叶志刚:《作为犯与不作为犯之比较研究》,载(中国台湾)《刑事法杂志》第16卷第6期。

为义务而不予防止,以致发生构成要件该当结果的情形下,其不作为始与作为等价。这种在法律上负有防止构成要件该当结果发生的义务,即为保证人义务。受此理论学说的影响,在1956年及1959年的刑法草案修正中均体现了保证人义务的旨趣。其中,1956年刑法草案规定为:"未防止结果之发生者,以依法规有防止结果发生之义务,且依其情节应防止其发生者为限,在构成要件该当性上,与因作为致发生结果之正犯或共犯同。防止结果发生之义务,于因自己之行为,以致结果发生有高度可能性者,或须担保防止急迫结果之发生者,亦存在之。"这两个草案与前几个草案都单独规定了先行行为类型,由于1927年草案中使用"危险"这一表述,具有不明确之处,因而在1956、1959年的草案中对之作了修改,即改为"以致结果发生有高度可能性者,或须担保防止急迫结果之发生者"。但德国现行刑法删除了关于先行行为的特殊规定,而仅规定(第13条):"对属于刑罚法规所定构成要件事实之结果不防止其发生者,唯限于依法有防止发生之义务,且其不作为与因作为而实现构成要件事实之情形相当者,始可依该法规处罚之。"其理由主要是,如仅就先行行为设其例外规定,而未将先行行为以外的义务予以法文化,并非适宜,因而删除此规定,仅就以防止结果之法的义务为前提,设其一般的规定。①

(二)日本的立法

日本现行刑法并没有关于不纯正不作为犯的总则性规定,但学说和判例一向认可。受德国立法和学说的影响,昭和2年刑法改正预备草案第13条规定:"违背法律上之义务,而不防止可成

---

① 转引自洪福增著:《刑法理论之基础》,(中国台湾)三民书局1977年版,第116页。

为罪之事实者,与以作为而使其事实发生者同。惹起有发生事实之虞之状态者,负防止发生其事实之责。"昭和6年改正刑法假案总则对该条作了文字上的调整,规定:"法律上负有防止发生可成为罪之事实的义务者,如不防止其发生时,与由于作为而使其发生者同。因作为而致发生事实之危险者,负防止其发生之义务。"二战后,日本开始考虑修正刑法问题,在历次刑法修正草案中均有关于不纯正不作为犯的规定。但对于先行行为类型,有认为因自己之先行行为发生危险,并非通常均负有防止结果发生之作为义务。如适用逃避此种规定之情形,其处罚范围有失之宽泛之虞,且在使发生作为义务之诸多事由中,仅就先行行为设其规定,并非适宜。基于此,1974年改正刑法草案第12条规定:"负有义务防止犯罪事实发生的人,虽然能够防止其发生但特意不防止该事实发生的,与因作为而导致的犯罪事实相同。"即取消了先行行为的特别规定。该项草案规定在审议过程中,有认为学说及判例对不纯正不作为犯的见解不一,如果予以明文化实有困难,且判例所持见解多为限制性解释,与德国因判例所持见解过于扩张不同,所以实无予以明文规定的必要。而按日本法务省刑事局关于改正刑法草案的解说,这一规定"不仅实现了罪刑法定主义的宗旨,而且给予与不纯正不作为犯相关联的实际事务的处理以指针,具有防止为使其适用而不当扩张的效果。另外,要求负有防止符合构成要件事实发生的法的作为义务的人,具有使事实发生的意思,通过违反作为义务的不作为使事实发生,并且仅不作为与事实发生之间存在因果关系并不够,从与事实发生相关联的行为者的主观来看,必须是使该不作为与作为可同样评价的情况"。① 从而设置了"特意"

---

① 日本昭和50年3月日本法务省刑事局编改正刑法草案之解说第45页以下。

或"蓄意"这一特别要素。根据这一要素的规定，要求行为人具有利用既发的危险性之积极意思，这意味着仅有未必故意还不够。

对于这一规定的限定机能，有的学者持不同意见。例如，平野龙一教授认为，"特意"意味着与判例中"利用既发的火力的意思"、"利用危险的意思"相类似的动机，这种混合了法与伦理的动机不应作为犯罪成立的要件考虑。还有的认为，这一要件规定的宗旨并不明确，如果排除未必故意，其理由何在？这意味着不纯正不作为犯的问题要从作为义务领域转向故意论的领域。① 堀内捷三教授认为，"这种主观要件能否发挥限定机能，还是个问题。而判例中'利用既发的火力的意思'这一主观要件，与其说是限制了不作为犯的成立，倒不如说是扩大了其成立范围。……如果考虑主观要件，那么，只要不作为与结果的发生间存在因果关系，就可能招致不纯正不作为犯的成立，并且如果不作为者的动机也易混入这种主观要素的话，不能不说不作为犯存在被伦理化的危险。"②

对于改正草案的这一规定，大塚仁教授认为，从条文的表达上看，基于保证人说的宗旨并不明确，同时也不能明确地看出确认不作为与作为等置的意思。对于不纯正不作为犯要件的规定，与德国刑法的规定相比，还很模糊。尽管通过设定这一总则性的一般规定，可以避开来自违反罪刑法定主义的批评，但仅这些规定并不能直接明确不纯正不作为犯的具体范围。不仅如此，通过这些刑

---

① 参见［日］堀内捷三著：《不作为犯论》，日本青林书院新社 1978 年版，第 225 页以下。

② ［日］堀内捷三著：《不作为犯论》，日本青林书院新社 1978 年版，第 234—235 页。

法总则设定的一般规定,反过来会导致不纯正不作为犯范围的扩大。大塚仁教授认为,关于处罚不纯正不作为犯的要求,不能说是以如此众多种类的犯罪为对象的,日本判例被确认为处罚对象的仅限于杀人罪、遗弃罪、放火罪、欺诈罪等,从今后刑事政策的观点来看,也不能认为处罚必要的不纯正不作为犯的种类会激增。因此,在考虑实际处罚必要的慎重的立法论下,选择个别的犯罪,作出单独的处罚其不纯正不作为犯的宗旨,也并非不可能。从而主张对不纯正不作为犯的规定,应坚持总则与分则规定并用法。在刑法分则和其他的刑罚法规中,把应受处罚的不纯正不作为犯个别地呈现出来的同时,对于不纯正不作为犯全体通用的一般要件,也还是在总则中先规定为好,这样更合适、更富论理性。①

日高义博教授基于他的构成要件等价值理论,主张将来的日本刑法对于不纯正不作为犯,可以作如下规定:"第 x 条(由不作为实施)(一)负有应防止发生属于法定构成要件之事实之法定义务而未防止该事实之发生者,依法规罚之;但以该不作为与由作为实现该构成要件在构成要件方面等价值的情形为限。(二)该构成要件的等价值性取决于下述情形:(1)犯罪构成要件的特别的行为要素;(2)该行为事实,也可能由不作为完成的情形;(3)不作为人在实施该不作为以前自己设定了向着侵害法益方向发展的因果关系。"②

此外,在日本刑法学界关于不纯正不作为犯的立法,还有的主

---

① 参见[日]大塚仁《不真正不作为犯的诸问题——不真正不作为犯与罪刑法定主义》一文。
② [日]日高义博著:《不作为犯的理论》,王树平译,中国人民公安大学出版社1992年版,第198—199页。

张在刑法各条及其他刑罚法规中——规定的分则规定模式。

在日本刑法修正草案获得通过之前,上述各种学说将会对立法产生影响,关于不纯正不作为犯最终在刑法典中如何体现,人们拭目以待。

(三)其他大陆法系国家的立法

同样受德国立法的影响,韩国刑法典第 18 条规定:"负有防止危险的义务或者因自己的行为引起危险,而未防止危险之结果发生的,依危险所致的结果处罚。"与德国的历次刑法草案一样,韩国刑法典也明确把先行行为类型作为独立的作为义务来源类型明确加以规定。

意大利刑法关于不纯正不作为犯的规定,是通过规定不作为的因果关系而加以体现的。该法第 40 条第 2 款规定:"负有法定阻止义务而不阻止结果发生的,等同于造成结果。"对于这种法定义务,意大利学说和判例往往仅承认形式的法的义务来源(哪怕是习惯法),但否定先行行为类型。

在法国刑法和比利时刑法中,不承认对不纯正不作为犯自身的处罚,但实质上将故意的不作为犯解释为过失的作为犯,或者通过设立犯罪不告诉罪、犯罪不防止罪、不救助罪等纯正不作为犯这种扩大纯正不作为犯构成要件的方法,在很大程度上弥补了与此相关的处罚漏洞。① 例如,法国刑法典第 225—6 条规定对"处于危险中的人不予救助者"规定惩处时,并未创立一种"以不作为而引起的实行的犯罪"行为,即对于这种情况下放弃救助的人并未以"故意杀人或故意杀害罪"论处,而是以一种独立的犯罪论处,

---

① 参见[德]汉斯·海因里希·耶赛克、托马斯·魏根特著:《德国刑法教科书(总论)》,徐久生译,中国法制出版社 2001 年版,第 736 页。

无论他们放弃不为的后续结果如何。① 但是,这种处理虽是为了谋求具体的合乎情理,从而把故意犯以过失犯的规定来处罚,在理论上却是不合适的。② 而且,有时未必能够做到罪刑相适应。

西班牙刑法典第 10 条、第 11 条包含了对不作为犯的规定。第 10 条规定:"蓄意或者过失的作为或者不作为为法律所处罚的,构成犯罪或者过失罪。"第 11 条规定:"当事人依法律规定负有特定的法律义务,但因过失而未能避免造成法益损害的违法行为,亦构成犯罪和过失罪。类似的,还包括:1. 依法或者因合同产生了特殊的义务。2. 先前的作为或者不作为有使法益处于危险状态的可能。"③

奥地利联邦共和国刑法典第 2 条规定:"法律规定对造成一行为结果予以处罚的,如果行为人依法有义务避免结果发生时,以维护法秩序,而未避免其发生,不避免结果发生与通过作为而实现法定构成要件相当的,亦处罚。"④

三、我国关于不纯正不作为犯的立法

在"一国两制"的政治体制下,目前我国的法律体系呈现诸法系(英美法系与大陆法系;社会主义法系与资本主义法系)、四法域(大陆、台湾、香港、澳门)的特色,关于不纯正不作为犯的立法状况,笔者在分析我国历史上关于不纯正不作为犯立法状况的基

---

① 参见[法]卡斯东·斯特法尼等著:《法国刑法总论精义》,罗结珍译,中国政法大学出版社 1998 年版,第 217—218 页。

② 参见[日]日高义博著:《不作为犯的理论》,王树平译,中国人民公安大学出版社 1992 年版,第 8 页。

③ 《西班牙刑法典》,潘灯译,中国政法大学出版社 2004 年版,第 4—5 页。

④ 《奥地利联邦共和国刑法典》(2002 年修订),徐久生译,中国方正出版社 2004 年版,第 3 页。

础上,着重就当前大陆、台湾和澳门地区关于不纯正不作为犯的立法状况作一鸟瞰。

(一)我国历史上的立法概况

在封建社会,皇帝是权力的中心,臣民则是义务的主体,统治者为了维护阶级统治,课以臣民繁多的义务,以致黎民不堪重负。最初法律规定的不作为犯罪只限于军职方面的犯罪,随着社会的发展,统治阶级统治经验的日益成熟,以不作为实施的犯罪,逐渐由军职犯罪扩大到有关职制方面的犯罪,甚至是大不敬的重罪。总结我国封建社会规定的不作为犯罪类型,如果以现代的视角,从作为义务的来源方面可以将其概括为以下几种主要的类型:

一是基于官职而产生作为义务构成的有关职制方面的犯罪。如《唐律·职制》中规定:"诸事应奏而不奏,不应奏而奏者,杖八十。应言上而不言上,不应言上而言上者及不由所管而越言者,应行下而不行下及不应行下而行下者,各杖六十。"其中的"应奏而不奏"、"应言上而不言上"、"应行下而不行下"都为纯粹的不作为犯罪。《断狱》第5条第1项规定:"诸囚应请给衣食医药而不请给,及应听家人入视而不听,应脱去枷锁而不脱去者,杖六十;以故致死者,徒一年。"再如,明、清律中也有大量类似规定,如《军政》中的"主将不固守"、"不操练军事",《断狱》中的"应囚禁而不禁",《职制》中的"无故不朝参公座",《诉讼》中的"告状不受理",《河防》中的"失时不修堤防"等。这些义务皆因官吏本身职务而产生。

二是基于儒家经义而产生作为义务构成的犯罪。在汉武帝"罢黜百家,独尊儒术"以后漫长的封建社会时期,"春秋断狱"、"原心定罪"的做法一直沿袭下来,从而根据儒家义理而构成的不作为犯罪内容也非常丰富。比较典型的如汉朝的腹诽罪。根据儒

25

家经义，"事君有犯而无隐"，腹诽却是有隐而无犯。因而腹诽罪违反了"事君有犯而无隐"的义务，也就是说腹诽罪是对君主应当进言、能够进言而不进言的不作为犯罪。再如，《唐律》中规定，"诸闻父母、若夫之丧，匿不举哀者，流二千里。""闻期亲尊长丧，匿不举哀者，徒一年。"这一犯罪重在"匿不举哀"，也是纯粹的不作为犯，源于儒家经义中的"尊尊亲亲"精神。

三是基于风俗习惯而实施的不作为犯罪。这种犯罪最初只受到道义上的谴责，后来有些纳入了刑律的范畴。如在西汉时期，遇盗时，即上登鼓楼鸣鼓报警，闻鼓而不赴救的，要受到道义上的谴责。到了唐代，《唐律·捕亡》中规定，"诸邻里被强盗及杀人，告而不救助者，杖一百；闻而不救助者，减一等。力势不能赴救者，速告附近官司，若不告者，亦以不救助论。其官司不救助者，徒一年。窃盗者，各减二等。"在这里，《唐律》将长期形成的邻里互相救助的风俗习惯由道德义务范畴提升为刑事义务范畴。①

四是因自己的先前行为引起的作为义务而构成不作为犯。如《唐律·贼盗》中规定，"脯肉有毒，曾经病人，有余者，速焚之。违者，笞九十。"干肉霉变有毒，并且有人吃后中了毒，是肉的主人先前的行为造成，必须立即将其烧掉，如果不烧掉，即构成犯罪。再如，《唐律·杂律》规定，"诸从征及从行，公使于所在身死，依令应送还本乡，违而不送者，杖一百。若伤病而医食有阙者，杖六十；因而致死者，徒一年。即卒官，家无手力不能胜致者，仰部送还乡，违而不送者，亦杖一百。"

当然，如果站在今天的理论视角，从法律规定的形式上看，以

---

① 参见宁汉林、魏克家著：《中国刑法简史》，中国检察出版社1997年版，第85—86页。

上不作为犯罪主要是纯正不作为犯。那么,是否存在不纯正不作为犯的规定呢? 有的学者持否定说。[①] 笔者认为,从我国旧律对某些犯罪的规定来看,尽管没有处罚不纯正不作为犯的一般规定(事实上在当时的认识条件下也不可能在立法上作出这种规定),尤其是没有防止结果发生义务的概括性规定,但在许多具体条文中,处罚违反作为义务的不纯正不作为犯的旨趣也是存在的。例如,因自己的违法行为或犯罪行为可能引起违法或犯罪结果的,行为人有义务阻止违法或犯罪行为结果的发生,如果不以积极行为阻止结果发生的,就认为是以不作为方式构成犯罪。这种犯罪集中体现在形成于春秋时期而为后世所沿用的保辜制度。《唐律·斗讼》中规定:"诸保辜者,手足殴伤人限十日,以他物殴伤人者二十日,以刃及汤火伤人者三十日;折跌支体及破骨者五十日。限内死者,各依杀人论;其在限外及虽在限内,以他故致死者,各依本殴伤法。"根据这一规定,伤害的手段、程度不同,保辜的期限也不同。在保辜期限内,负有积极医治伤害的义务。经医治没有造成死亡结果的,只按本殴伤法论罪处罚;在限内不积极医治致死的,分别按故杀、斗杀、误杀、戏杀和过失杀的犯罪论罪处罚。保辜制度反映了当时医学水平不发达情况下认定伤害罪因果关系的特殊制度,但其中也反映出因自己对他人的伤害行为而不作为没有防止死亡结果发生构成杀人罪的端倪。当然这种只重视保辜期限而不顾行为人具体的积极行为方式和心理态度的制度,是一种唯结果论的做法。

[①]　参见戴火辉著:《唐律通论》,(中国台湾)"国立编译馆"1964年版,第100页。

（二）大陆地区的立法概况

大陆地区 1979 年刑法典和 1997 年修订后的刑法典,不仅没有关于不纯正不作为犯的总则性的一般规定,而且整个刑法典无一处标示"不作为"字样。从目前所掌握的资料来看,只有极少部分刑法草案和修订草案对不纯正不作为犯作了规定。就刑法草案而言,1950 年 7 月 25 日中央人民政府法制委员会起草的刑法大纲草案是仅有的一份,其第 7 条第 2 款规定,"法律上负有防止义务之人,而不防止或因自己行为将发生一定危害结果,有防止义务而不防止(不作为)者,亦为犯罪。"①之后,虽然有部分草案规定了危害行为包括作为和不作为,但都没有对不纯正不作为犯作出规定。就刑法修订草案而言,由官方起草的草案中无一件对此作出规定,只有受全国人大常委会法制工作委员会之委托、由中国人民大学法学院刑法修改小组起草的刑法修订草案(总则修改稿)对此提出了较为详细的立法建议,其中第一稿(1994 年 1 月 31 日)第 19 条规定:"行为人依法律义务应防止危害社会结果而不防止时,应负刑事责任。"第 20 条规定:"因自己的行为导致合法权益遭受损害危险时,行为人有义务排除该危险。"②第二稿(1994 年 5 月)第 24 条规定:"因自己的行为导致合法权益遭受损害危险时,行为人有义务排除该危险。依法律义务应防止危害社会的结果而不防止的,应当负刑事责任。"③之后,第三、四稿也都作了

---

① 参见高铭暄、赵秉志编:《新中国刑法立法文献资料总览》(上),中国人民公安大学出版社 1998 年版,第 138 页。

② 参见高铭暄、赵秉志编:《新中国刑法立法文献资料总览》(下),中国人民公安大学出版社 1998 年版,第 2885 页。

③ 参见高铭暄、赵秉志编:《新中国刑法立法文献资料总览》(下),中国人民公安大学出版社 1998 年版,第 2193 页。

相同的规定。遗憾的是,国家立法机关并没有采纳这种方案。

究其原因,笔者认为,至少与以下三方面因素有关:第一,在1979年刑法典起草和制定过程中,立法的指导思想是"宜粗不宜细"。在粗线条立法指导思想背景下,1979年刑法没有对不纯正不作为犯作出规定也就成为情理之中的事情。第二,在立法经验、立法体例以及立法技术方面,当时是以苏联的刑法为模本。而当时苏联的刑法并未对不纯正不作为犯作出规定。第三,在对1979年刑法修订过程中,无论从社会政治、法治状况,还是我国的立法技术,以及借鉴国外先进经验的渠道等方面,应当说在刑法典中增加关于不纯正不作为犯的总则性规定,其条件都是比较成熟的。但为什么官方的历次刑法修订草案都没有对之作出规定呢?笔者以为仍需要从立法指导思想方面找原因。根据全国人大常委会副委员长王汉斌同志关于《中华人民共和国刑法(修订草案)的说明》,此次修订刑法的指导思想有三,其中第二点就是注意保持法律的连续性和稳定性。即对刑法的原有规定,包括文字表述和量刑规定,原则上没什么问题的,尽量不作修改。① 而关于不纯正不作为犯的立法问题即属于这种情况。因为,1979年刑法典并未对此作出规定,受粗线条立法思想的影响,再加之粗疏的理论学说和司法实践②,人们认为犯罪行为中同时包含作为和不作为是再自然不过的事情,同样,即便刑法没有关于不纯正不作为犯的一般性

---

① 参见王汉斌副委员长在第八届全国人民代表大会第五次会议上关于《中华人民共和国刑法(修订草案)的说明》。

② 尤其是中国处罚不纯正不作为犯的司法实践,其粗线条式处理方法更为明显。许多判决书往往仅侧重从行为人主观方面认定对危害结果具有故意,便轻易地认定构成不纯正不作为犯罪(尤其是不作为的故意犯罪),极少有说理性成分。

规定,而特定犯罪可以由不作为犯罪构成的做法,并没有引起人们的质疑,从而很长时期以来,对于处罚不纯正不作为犯,一直没有面临来自是否违反罪刑法定主义的发难。这样,对于适用原来刑法进行处罚不纯正不作为犯并没有遇到太多的问题(或者说没有像"口袋罪"那样受到学界、实践部门的普遍诟病),因而就没有再作补充修改。

但是,随着学界对不作为犯尤其是不纯正不作为犯研究的深入,受国外刑法理论的影响,学者已开始注意这一问题,尤其是1997年刑法典确立了罪刑法定原则之后,这一问题更引起不少学者的青睐,以至有人主张借鉴国外立法例,在我国刑法上增设关于不纯正不作为犯的总则性规定,从而避免处罚不纯正不作为犯违反了罪刑法定主义的批判。笔者认为,增设关于不纯正不作为犯的一般性规定,势在必行,这既是进一步完善我国刑法的需要,更是新时代条件下贯彻罪刑法定、保障人权的需要。

(三)台湾地区的立法概况

我国台湾地区现行《刑法》第15条规定:"对于一定结果之发生,法律上有防止之义务,能防止而不防止者,与因积极行为发生结果者同。

(第二款)因自己行为致有发生一定结果之危险者,负防止其发生之义务。"

在这里需要指出的是,台湾地区现行《刑法》是沿用了国民党在大陆时期中华民国时的刑法。从该条规定的形式和刑法起草时间(1931年—1933年)来看,与德国刑法1925年和1927年的修正草案以及日本昭和6年(1931年)的刑法修正草案相似,因而台湾地区现行《刑法》关于不纯正不作为犯的总则规定继受上述德国、日本刑法修正草案的痕迹颇为明显。但德国现行刑法和日本

1974 年刑法改正草案都删除了先行行为类型的明文规定,针对台湾地区《刑法》第 15 条第 2 款的规定,不少学者主张废除,理由主要包括:(1)容易引起误会,认为只有法律规定和前行行为致危险两种保证人义务;(2)法律规定和前行为的保证人义务相互重叠,二者并非截然划分,而且在重叠的情况下究竟是适用第 1 款的规定还是适用第 2 款的规定,即会发生问题;(3)如果所谓法律上的防止义务包括依法律精神可以认定的防止义务,则无单独例示规定前行为义务之理,否则有挂一漏万之弊。① 不过这些理由只是形式上主张废除刑法第 15 条第 2 款,基本上并未反对危险前行为这种保证人义务类型,更有学者从实质上否定这种保证人类型的法理基础,从而主张彻底废除这种保证人义务类型。② 不过也有肯定该款规定的学者。如洪福增教授认为,先行行为所产生的作为义务,并不一定是基于法律规定而来,因此刑法第 15 条第 2 款的规定仍深具意义。③ 苏俊雄认为,德国刑法对先行行为的不作为义务不另设规定,系基于习惯法,并已在判例中确认此项义务为法律规范的一部分,所以在理论和实用上均无问题,但台湾地区《刑法》的规范体系,尚无类似习惯法规范之判例,若将之删除,仅赖于该条第 1 项之扩大解释,不免窒碍,且有侵及罪刑法定主义之虞。因此,刑法对先行行为的防止义务作出规定,可视为一种法律上义务概念的具体补充解释,且并无借此项规定进行反面推论,而

---

① 参见蔡墩铭著:《刑法总论》,(中国台湾)1969 年作者自版,第 60 页;杨建华:《不纯正不作为犯、结果加重犯在立法例上与德日等国比较》,载(中国台湾)《军法专刊》第 23 卷第 6 期。

② 参见许玉秀:《前行为保证人类型的生存权?——与结果加重犯的比较》,载(中国台湾)《政大法学评论》第 50 期(1994 年第 5 期)。

③ 参见洪福增著:《刑法理论之基础》,(中国台湾)三民书局 1977 年版,第 185 页。

认为刑法有对法官解释补充权予以限制的意旨。① 但是,如果按照中华民国24年(即1935年)7月最高法院刑庭会议决议,该条"法律上有防止之义务",以法律明文或精神有防止之义务者为标准,似乎没有必要再另外单独例示危险前行为类的必要,因为从法律精神观察,先行行为完全可以被容纳进来。

(四)澳门地区的立法概况

我国澳门地区现行刑法典第9条规定:"一、当某一犯罪之法定构成要件包含了某种特定结果时,则无论是适当导致此种结果发生之作为,还是未适当避免此种结果发生之不作为,都属犯罪行为,但是法律有其他规定者除外。二、以不作为实现一结果,仅于不作为者在法律上负有必须亲身防止该结果发生之义务时,方予处罚。"但哪些义务属于法律上的防止义务,即作为义务的来源究竟包括哪些,同其他国家和地区一样,澳门刑法也未明确规定,不过澳门的刑法理论一般认为,作为义务的来源主要包括以下几种:(1)法律的规定,如父母对未成年子女的抚养、监管、教育的义务;(2)合约之规定或职业之守则;(3)行为人的行为所引起的特定危险状况而产生的作为义务,即先行行为引起的作为义务;(4)某种独一的状况,即行为人在某些情况下是唯一能够控制、防止或排除某种危险的人时,行为人就负有义务做出救助行为以防止危险结果的发生,否则将承担刑事责任;(5)拥有某种物品的业主或实际控制者所生的义务,例如,属某种仪器或属某种会产生危险的仪器设备或爆炸性物质的业主或实际控制人或管理者,则有义务监管、

---

① 参见苏俊雄著:《刑法总论Ⅱ》,(中国台湾)1998年作者自版,第564页。

预防和排除对法益可能造成的危险,否则亦将引致相应的刑事责任。①

---

① 参见燕人、东山著:《澳门刑法总论》,澳门基金会 1997 年版,第 42—43 页。

第二章　不纯正不作为犯的概念

本　章　要　旨

本章首先剖析了不作为的概念,在此基础上界定了不纯正不作为犯的概念,并对不纯正不作为犯与纯正不作为犯的界限作了区分。

1. 关于不作为的概念。本章首先介绍了因果行为论、目的行为论、社会行为论、人格行为论、控制原则等理论对不作为行为性的说明。指出,如果从把握不作为的行为性角度,社会行为论和人格行为论都可以相对较为合理地对不作为的行为属性作出解释,相比之下,社会行为理论更为妥当。

2. 关于不作为与作为的区分。学说上主要存在两种不同的立场:一种是着眼于物理的身体动静来区分作为和不作为;另一种则侧重于规范的、价值判断的立场来区分作为和不作为。笔者认为,刑法作为规范,本身就是一个包含价值评判的规范体系,作为刑法规范对象的行为,也只能在规范意义上来识别、把握。由于在法规范上,一定的法律义务主要表现为两种,一种是禁止规范,一种是命令规范,当行为人的行为违反禁止规范时,即为作为,当违反命令规范时即为不作为。因此,行为人的行为是违反法律禁令还是法律命令,就成为作为与不作为的区分标准。基于这个标准,本章对学界存有争议的所谓"不作为犯罪分类中的'作为与不作为同时包含'说"和"双重行为"问题进行了剖析,指出前者在把某一行为评价为作为的同时,又评价为不作为,把本来是一个具有法律意义的行为(不作为),评价为作为和不作为的结合,因而是失当的。而所谓双重行为的概念,笔者认为,从法律评价上,这种所谓的双重行为最终仍要赋予作为还是不作为从而是构成作为犯还是不作为犯的属性,主张"双重行为"概念的学者把作为犯、不作为犯中的作为、不作为与作为概念的作为、不作为割裂开来,因而所谓"双重行为"的提法并不足取。针对司法实践中出现的较难以判断某种行为在刑法上究竟属于作为还是不作为的现象,学界存在优先判断作为说、经验法则说、刑法非难重点说等观点,笔者认为,刑法非难重点说值得肯定,但站在谁的立场来判断刑法非难的重点,该说没有进一步提供操作标准。笔者认为,在判断是作为还是不作为存疑问的场合,应综合行为的外部形态、因果关系等因素,站在规范的立场进行综合的价值判断。

3. 关于不纯正不作为犯的概念。大陆法系刑法学界主要存在三种表述,在综合分析这些表述的基础上,结合我国目前处罚不纯正不作为犯的司法现状,并充分考虑将来不纯正不作为犯的立法,笔者认为,可以将不纯正不作为犯定义:负有防止危害结果发生的作为义务之人,不履行该防止义务而构成的通常以作为形式构成的犯罪。该定义一方面充分照顾了来自罪刑法定主义的需求,另一方面又充分地考虑作为犯、不作为犯在现实生活中的实际状况,因而相对比较合理。

4. 关于不纯正不作为犯与纯正不作为犯的区别。主要体现在以下几个方面:一是违反的不法构成要件特点不同;二是违背的作为义务不同;三是犯罪形态不同。关于违背的作为义务问题,学界存在两种观点:一种观点认为,二者在有些情况下义务内容相同,只不过作为义务程度有强弱之分;另一种观点则认为二者的作为义务内容不同。笔者认为,上述两种观点尽管观察点不同,但可能得出完全相同的结论。相比之下,第一种观点比较切合司法认定的思路,相对更为合理。

第一节　不作为的概念

在界定不纯正不作为犯的概念之前,首先必须明确作为和不作为的概念和属性,尤其是不作为是否属于行为,在刑法学说史上一度存在激烈的论争。本节在系统分析各种行为理论关于不作为行为性的说明之基础上,从与作为的区分角度,对不作为的概念及特征作一探讨。

一、不作为的行为性与行为理论

在刑法上,行为是一个极为重要的概念,可以说,"行为的观念处于犯罪概念的核心"。① 自从刑事古典学派确立了"无行为即无犯罪"的原则以来,虽经过了近代学派"应受处罚的不是行为而

---

　　① ［日］大塚仁著:《刑法论集》(1),日本有斐阁1978年版,第33页。

是行为人"之观念的涤荡,该原则的稳固地位至今未能突破,而且,即便是近代学派的学者也不得不承认行为对于行为人人身危险性具有表征意义。对于行为在法律上的意义,马克思更是明确地表示,"只是由于我表现自己,只是由于我踏入现实的领域,我才进入受立法者支配的范围。对于法律来说,除了我的行为以外,我是根本不存在的,我根本不是法律的对象。"[①]由于以行为作为犯罪论体系的基石,因而不同的行为理论对于犯罪理论体系的构建产生了重大影响,这种影响自然波及不作为以及不作为犯问题。在刑法学说史上,行为理论计有自然行为论、目的行为论、社会行为论、人格行为论等。从学界对这些行为理论的评说中可以看出,如何看待不作为的行为属性以及如何寻求作为与不作为的上位概念,成为检验上述各种行为理论是否科学、合理以及在多大程度上具有合理性的试金石。我们可以发现,有的行为论为了能够合理说明不作为的行为属性问题,而不得不在面对其他行为理论学说的批评和非议之下不断地修正自己的理论学说。因此,检视各种行为理论对于我们更深刻地把握、认识不作为概念具有重要的理论和实践意义。

(一)**自然行为论**(Naturale Hanlungslehre)**与不作为**

自然行为论,也称因果行为论。受 19 世纪自然科学的影响,该理论在思维方法上主张事实与价值的二元论,认为行为是人类自然意志活动所引起的身体举动而发生于外界的因果的、物理的整个因果过程。行为具有两个特征:一是有意性;二是知觉可能性。即行为概念并不以表征何等价值或意义为内容,行为人的内在意思具有价值中立性,只要表示其内在意思而引起外界变动,就

---

① 《马克思恩格斯全集》第 1 卷,人民出版社 1995 年版,第 121 页。

是行为。这种行为理论把刑法中的行为与从自然科学尤其是物理角度所认识的行为作同等看待。主张该理论的学者有德国的 Beling、Liszt 等,日本的藤木英雄、植松正等。

因果行为论对于作为的解释,自无问题,然对于不作为而言,由于不作为没有任何招致外界发生变动的举动,如果贯彻这一理论,势必要否定不作为的行为性,但该理论又承认不作为包含于行为中,其理由无法说明。对此,彻底贯彻因果行为论的拉德布鲁赫(G. L. Radbruch)即否定了不作为的行为性,但因为不得不承认不作为的犯罪,结果只好采取犯罪有基于作为的行为和基于不作为的非行为两种情形这种二元的体系。但这样就否定了行为的界限性机能①,把统一的行为人为地割裂了。②

(二)目的行为论(Finale Handlungslehre)与不作为

目的行为理论最早在二战前由德国学者唯巴(Hellmuth V. Weber)提出,战后由威尔兹尔(Welzel)加以有力地展开。该说认为,行为并非只是如因果行为理论所主张的自由意志所支配的因果过程,而是目的活动的实施。目的性是以人的能力为基础的,该能力是在一定程度上预见其因果行为的后果,并使用手段有计划地操纵向既定目标前进的过程。对行为的合目的操纵分为三个阶段:首先思想上要有目标,其次要选择实现目标所必需的行为方法,最后在现实事件的世界里实现行为意志。③ 目的行为理论在

---

① 参见[日]大塚仁著:《犯罪论的基本问题》,冯军译,中国政法大学出版社1993年版,第27页。

② 参见[日]川端博著:《刑法总论讲义》,日本成文堂1997年版,第133—134页。

③ 参见[德]汉斯·海因里希·耶赛克、托马斯·魏根特著:《德国刑法教科书(总论)》,徐久生译,中国法制出版社2001年版,第270—271页。

德国、日本产生了深远影响,目的行为理论对于以后的共犯理论、行为支配理论、意志无价值论等刑法理论的形成,产生了直接的作用。

目的行为论的特色在于将以往一般在责任理论范畴论及的"故意"视为目的行为的本质要素,从而认为故意是主观的违法要素。但这样一来就无法解释过失犯。另外,对不作为的理解也成为目的行为论的难题。对此,倡导目的行为论的威尔兹尔在初期的理论中,对不作为的行为性,是否能够与积极的行为概念并存在共同的行为上位概念中提出过质疑,认为肯定的看法充其量在体系观念上有其意义而已,认为不作为也是目的设定的客体。但从实定法的立场,在犯罪行为概念中,仍应对不作为的上位概念予以探讨。于是,威尔兹尔在寻求一元化的犯罪行为之上位概念的体系下,认为不作为虽然不能与特定目的意志支配的行为(Handlung)等量齐观,但就尚未类型化以前的人的一般目的性之"行态(Verhalten)"而言,仍不失有相当意义。即威尔兹尔提出了以人的行态作为统一作为和不作为的上位概念。但正如有的学者所批评的,这仍然没有承认行为观念的界限性机能,包含着想把自然行为论纯粹化的拉德布鲁赫所犯的同样的错误。①

目的行为论虽然努力从存在论的观点来建构统一性的行为概念,但由于过度强调主观因素,而受到众多批评。行为概念作为一个具有社会意义的概念,不能单纯从个人的主观立场去观察,而应从社会共同的观点来把握才对。在针对目的行为论的批判中,社会行为论得到了充分的发展。

---

① 参见[日]大塚仁著:《犯罪论的基本问题》,冯军译,中国政法大学出版社1993年版,第30页。

（三）社会行为论（Soziale Handlungslehre）与不作为

社会行为论由史密特（Eberhart Schmidt）提倡。鉴于上述因果行为论、目的行为论无法从自然、物理行为或个人目的意志的立场说明不作为犯以及忘却犯的行为本质，社会行为论主张，刑法是一种社会规范，人类的行为是否属于刑法概念上的行为，必须就人类行为与社会环境之间的关系而决定，据此，刑法上的行为概念是指意志所支配或可支配的社会重要的人类态度。社会行为论以社会重要性为标准对行为进行界定，属于规范的行为概念。由于它可以将因果行为论和目的行为论吸收在内，可以包括作为和不作为、故意犯和过失犯，因而成为德国学界的通说。当然，由于社会行为论者所采用的"社会重要性"概念没有明确的标准，也遭致一些学者的批评。如日本学者前田雅英教授指出，在构成要件之外提出"社会的意义"，在行为的标准上限定处罚范围的实践意义几乎不能承认。① 板仓宏教授则认为，所谓的"社会有意义"，究竟是怎样的情况并不明确，使行为概念不明这一点是个问题。②

（四）人格行为论（Perōsnlichkeit Handlungslehre）与不作为

人格行为论由日本学者团藤重光教授提出，得到大塚仁等人的支持；在德国考夫曼（Arthur Kaufmann）也表达了类似的见解。这种观点认为，刑法上的行为是行为者人格主体现实化的身体动静。人的身体动作只有与其背后的人的主体人格态度相结合，才能被认为是行为。仅仅是反射动作或基于绝对强制的动作，不能是刑法上的行为。主体的这种人格态度，可以是作为的形式，也可

---

① 参见［日］前田雅英著：《刑法总论讲义》，日本东京大学出版会1996年第2版，第169页。

② 参见［日］板仓宏著：《新订刑法总论》，日本劲草书房1998年版，第82页。

以是不作为的形式;可以出于故意,也可以出于过失。行为作为人格主体的现实化身体动静,具有生物学和社会学的基础。因为,行为不仅在身体动静方面具有生物学基础,而且在人格的背景方面也具有生物学基础;同时,行为是人格与环境相互作用而成,人格中必然含有社会性,从而人格不仅以先天素质为基础,也可以通过社会生活经验而逐渐形成。

从行为是行为人人格的现实化这一立场,可以把作为和不作为、基于故意和过失的举止都可以包括在行为中,这是人格行为论作为发挥行为界限机能的魅力所在,但人格行为概念仅与作为个人的人格联系在一起,而且对行为定义没有进行任何物理的限制,一方面,它包括了不具有社会意义的广泛的事件,使得对行为概念的评价范围要远远大于其他行为论中的行为概念范畴;①另一方面,对于刑法而言,在某些方面又过于狭窄,因为在没有认识到危险性的情况下,客观上应为的行为的不作为几乎不被理解为人格的外化。② 而且这种行为理论对于解释主观恶性较深的累犯、惯犯会好些,但对于偶犯、初犯的解释能力就相对为弱。更为重要的是,在有些情况下,人格行为概念仍需要借助构成要件中的规范要素才能明确刑法上的行为。对此我们可以通过同样持人格行为论的洛克信(Roxin)的观点加以说明。

洛克信对行为的定义是:"一切表现出人的心灵、精神的行动中枢的现象",也就是行为是人格的显现。这种概念是先于刑法的概念,既不是像身体举动那种物理的行为概念,也不是完全评价

---

①　参见李海东著:《刑法原理入门(犯罪论基础)》,法律出版社 1998 年版,第 30 页。
②　参见[德]汉斯·海因里希·耶赛克、托马斯·魏根特著:《德国刑法教科书(总论)》,徐久生译,中国法制出版社 2001 年版,第 274 页。

性的行为概念。但就不作为犯而言，则不是完全和构成要件无关的价值中立的行为概念。应当说，在刑法规范上，不存在先于构成要件的不作为概念，但他同时认为，仍可以将不作为纳入人格行为概念的行为之中，例如见到熟人要打招呼是一般社会所期待的，不打招呼仍是违反一般社交期待的不作为，但不是构成要件阶层的不作为，也就是说仍然存在一个先于构成要件概念的不作为的行为概念。由此可见，洛克信的说法似是而非，甚至自我矛盾。既然不作为不是完全的"无"，而是不为特定的被期待行为，那么，区分是社会上、道德上的期待还是法律上的期待，正是构成要件阶层的任务，只能在构成要件阶层定义不作为，而无法在构成要件阶层之前定义不作为。洛克信将违反一般的社交礼仪期待的不作为，认定为也是刑法上有意义的行为，然后在构成要件阶层否认其该当性，这就如同在行为阶层检验构成要件要素。① 可见，洛克信的人格行为概念仍然无法圆满说明先于构成要件的不作为概念。

另外，在大陆法系国家刑法学界还存在"否定的行为概念"理论，这种理论用否定的描述试图将行为概念解释成在刑法上具有重要意义的事件的"可避免的不避免"。相对于行为期待而言，不作为可被理解为不活动的不可避免，但同时，不避免的可避免性是以"反操纵"的能力为基础的。但这种理论没有得到学者的支持，因为，这个定义除了逻辑和语言学上的困惑外，并不能给迄今为止的行为理解带来新的认识，不可避免的规范内容不仅侵入了构成要件，也侵入了违法性领域。另外，是否可以避免，更属于责任的

---

① 参见许玉秀：《检验客观归责的理论基础——客观归责理论是什么?》，载许玉秀著：《主观与客观之间》，(中国台湾) 春风煦日论坛——刑事法丛书系列，1997 年版，第 277 页。

问题,不是行为本身能够回答的。①

　　在美国,刑法学者胡萨克教授为了给作为和不作为(以及持有)以统一的上位概念,提出了控制原则。所谓控制原则,是指"把刑事责任施加于人们无法控制的事态即为不公正"。其核心内容是:一个人,如果他不能防止事态的发展,就是对事态不能控制。如果事态是行为,他应该能够不为该行为;如果是后果,他应该能防止其发生;如果是意图,他应该不具有这个意图。反之,违反了控制原则,他就因此必须承担刑事责任。② 用事态一词来统摄作为、不作为、持有,的确要比行为概念更具张力,可以对作为刑罚处罚对象的种种对象作出合理的解释,但这种控制原则却是以突破"无行为即无犯罪"、"犯罪是行为"的防线为代价的。他否认了犯罪是行为的观念,甚至得出刑法可以处罚单纯的意图之谬论,这等于又回到封建社会刑法可以处罚思想犯的老路上了,而这与保障人权的现代法治理念是格格不入的。不能为了方便对某些问题的解释,而置人类经过血与火的洗礼、通过努力奋斗取得的法治成果于不顾。再者,控制原则也是一个虚无缥缈的概念,如何认定行为人能否控制容易掺入主观的因素,这是非常危险的。对此问题,我国刑法学者陈兴良教授正确地指出,从行为理论与控制原则的相关考察中,我们面临这样一种选择:是坚守行为的确定性从而确保刑法人权保障机能的实现,从而牺牲某些法律理论上与技术上的圆满与完善;还是以控制原则取代行为理论,从而获得法律理论上与技术上的圆满与完善,而牺牲由于控制的虚幻性可能导致

----

　　① 参见李海东著:《刑法原理入门(犯罪论基础)》,法律出版社1998年版,第29页。

　　② 参见[美]胡萨克著:《刑法哲学》正文前《胡萨克及其〈刑法哲学〉》一文,中国人民公安大学出版社1994年版,第6—7页。

的刑法擅断性？不言而喻的结果只能是选择前者而非后者。①

以上分析了种种行为理论，可谓瑕瑜互现。如果从把握不作为的行为性角度，社会行为论和人格行为论都可以相对较为合理地对不作为的行为属性作出解释。虽然社会行为论也遭到了概念模糊、不明确的批评，但相比之下，其遭致的批评较少些，笔者亦赞成此理论。在我国，有的学者主张人格行为论与社会行为论复合的行为论，认为在这种复合行为论中，人格是行为主体自身的因素，尽管这种因素也是由一定的社会环境造就的；社会是对行为主体的评价因素，这种评价是在一定的人格支配之下的行为，而非单纯的因果行为或目的行为。② 但如果坚持此主张，就不得不对人格行为论中的人格含义予以重新界定，也就是说，从承认人是具有人格意义上的人之一般的人格含义来界定。但这样一来就与社会行为论相差无几了。因为我们说人之所以具有人格，就在于人的社会性，只有站在人的社会性角度才能够肯定人格的存在，否则即无意义，而这已经为社会行为论所包含。

二、不作为与作为的区分
（一）不作为与作为区分的一般标准

关于作为与不作为的区分，学说上主要存在两种不同的立场：一种是着眼于物理的身体动静来区分作为和不作为；另一种则侧重于规范的、价值判断的立场来区分作为和不作为。早期的行为论，在区分作为与不作为的界限上，往往着眼于物理的身体动静，

---

① 参见陈兴良：《"无行为则无犯罪"——为一条刑法格言辩护》，载《中外法学》1999 年第 5 期。

② 参见陈兴良：《"无行为则无犯罪"——为一条刑法格言辩护》，载《中外法学》1999 年第 5 期。

即出于意思决定而表现为身体运动的,为作为;出于意思决定而表现为身体静止的,为不作为。如德国学者贝林格将不作为的定义为:"不使筋肉作相应运动"。"人正如它能有意驱使筋肉运动一样,也能有意识地克制其运动。"这种有意识地克制筋肉运动即为不作为。① 在日本也有学者持这种观点,认为:"行为可做作为与不作为的分类,作为即身体的任意运动,不作为即身体的任意静止。"②我国台湾学者洪福增教授也认为,行为系基于意思决定而为之身体动静。其中,出于身体运动者为作为;出于身体静止者为不作为。③

但这种观点在今天看来是不妥当的。即便从物理上观察,作为虽然通常表现为身体运动,而不作为却可能是身体静止,也可能是身体运动。如果将作为理解为实施身体运动,那么在不作为之际实施的身体运动是属于作为,还是单纯的身体运动? 例如,在不退去罪中,行为人在主人要求退去的情况下不是不退去,而是于主人住处来回踱步行走。很显然踱步行走是身体的运动,但这种身体运动能够评价为作为吗? 如果按照物理的身体运动与静止的观点来考察,答案是肯定的。而不退去罪显然是不作为犯,于是持这种观点的学者为了对这种现象以合理的解释,提出了所谓"作为的不作为犯"的概念。④ 但这种把作为、不作为的概念作二异使用

① 转引自日本《法学杂志》第 33 卷第 3 号,第 85 页。
② [日]泉二新雄著:《日本刑法论》(总论),日本有斐阁 1927 年版,第 291 页。
③ 参见洪福增著:《刑法理论之基础》,(中国台湾)三民书局 1977 年版,第 56 页。
④ 此种见解在德国过去曾被主张,后来对此持赞同意见的是洛克信(Roxin)。见 An der Grenze von Begehung und Unterlassung, Engisch-Festschrift, 1969. , S. 380ff。转引自西原春夫:《作为与不作为之概念》,载(中国台湾)《刑事法杂志》第 24 卷第 3 期。

的做法是不妥当的,势必造成概念、用语上的混淆。诚如西原春夫教授所批评的,若依此种见解,则在"作为"犯、"不作为"犯的场合,其作为、不作为是指"什么"之作为、不作为,反之,在"不作为的"作为犯、"作为的"不作为犯的场合,其作为、不作为则指"身体运动"的作为、不作为。如此将同一名词作不同使用,非但使人混淆,而且也足以诱发若非在总则作一般性的规定,而对于以不作为手段触犯规定形式上的作为犯者加以处罚,系违反罪刑法定主义的误解。① 于是,西原教授主张,从行为论角度,"所谓作为是指实施一定的身体运动,所谓不作为是指不实施一定的身体运动"。从以上的定义可以明确:作为、不作为与运动、静止本身不同,与一定的身体运动的关系常常是前提。因而它不以一定的身体运动为标准,就不能明确。……作为虽然常常是身体运动,但不作为不论身体运动还是身体静止的场合,都存在。某种身体运动是作为,还是不作为期间实施的单纯的身体运动关键是以怎样的身体运动为标准而不相同。② 笔者认为,西原教授的上述见解是完全正确的。而"一定的身体运动"和"怎样的身体运动",就包含了价值判断因素。遗憾的是,西原教授并没有对这"一定的身体运动"、"怎样的身体运动"的具体含义作进一步的明确。

对此,日本学者野村稔认为,在构成要件该当性、违法性等等刑法评价以前的现实社会生活中,不作为就已存在。亦即,作为围绕有关社会生活而形成的社会规范,在不喂奶婴儿就会死亡的场合,为了防止这样的事情发生,期待着喂奶行为的实行。因此在不

---

① [日]西原春夫:《作为与不作为之概念》,载(中国台湾)《刑事法杂志》第24卷第3期。

② [日]西原春夫著:《刑法总论》(改定版)(上卷),日本成文堂1995年版,第101—102页。

作为的场合,作为基准的、被期待的身体运动,在社会规范上就可以确定,而不用等到拿出作为义务这样的刑法观念。基于此,这种社会规范对于为一定身体运动的期待,并不仅限于有作为义务者。① 当然,野村教授并不否认仅仅对于作为义务者才有法定的为一定身体运动的期待。

笔者认为,把野村教授的观点置放于大陆法系的刑法理论中,确有其道理。因为,大陆法系的刑法理论往往区分构成要件前的行为论中的行为与构成要件中的行为。这是因为行为论与构成要件该当性理论各有其任务和研究的重点。在行为论中研究行为的目的,重要的是使行为发挥其界限性机能,确立在何种标准上成立行为,是认定该行为是否具备构成要件该当性的前提。基于这种分层考虑的方法论,野村教授主张区分社会规范中的不作为和法律规范中的不作为。台湾学者洪福增教授曾指出:"吾辈在论述行为时,应区别犯罪论体系上的行为(法的观点之行为)与犯罪论体系以前的行为(自然的行为)。前者系以法规范所规范的行为为内容,具有法规范的意义;后者则系物理的(有体性)行为,亦即存在论的行为。"②教授的这段话即表示了这种思想,不过即便在犯罪论体系前的行为,如果完全是物理、自然的行为,也是不妥当的。同规范意义的作为、不作为一样,在法律评价之前的存在论概念上的作为、不作为也应作适当的限定,方为妥当。

与大陆法系的理论体系不同,在我国的犯罪构成理论体系下,理论上一般并不作这样的区分,事实上也并无这种区分的必要,理

① 参见[日]野村稔著:《刑法总论》,全理其、何力译,法律出版社2001年版,第200—201页。

② 洪福增著:《刑法理论之基础》,(中国台湾)三民书局1977年版,第66页。

论上对于作为、不作为的探讨,主要是就刑法意义上(也就是犯罪构成意义上)的作为、不作为而展开。在我国刑法中,作为行为的作为、不作为与作为犯、不作为犯中的作为、不作为,其界定的标准应当一致。这种一致有两层含义:一是,我们反对如前述西原教授所批评的存在所谓"作为的不作为犯"的观点。简言之,这种观点在理解作为行为的"不作为"时,是站在身体运动与静止的立场,另一方面,在理解不作为犯意义上的"不作为时",又站在法律的立场。二是,我们没有必要再区分法之前的不作为与作为法规范中的不作为。在刑法领域,探讨作为与不作为,就是刑法意义上的作为与不作为。这样,在理解刑法上的不作为时,就应以一定的作为义务为其内容。①

对此,我国刑法学家王作富教授作了非常全面、精要的分析,他说:"在理论上有的把作为和不作为说成是'动'和'静'的两种不同形态,这是不确切的。因为,这并不是二者的实质区别。例如,偷税行为本质上是不履行纳税义务的行为,即不作为,但是,并非为此而什么事也没有做,相反地,行为人往往为此要进行伪造账目等活动。但是,有的著作说,偷税人伪造账目,弄虚作假,是作为;应纳税而不纳税是不作为。我认为,这在概念的运用上是不准确的,刑法上的作为与不作为的特有含义,是指犯罪行为的基本形式,不能把任何一种积极的动作,就叫做作为。否则,就找不到纯粹的不作为的犯罪了。"②这种观点很有说服力,目前已成为我国

① 在我国,有的学者认为将行为中的作为、不作为与作为犯、不作为犯中的作为、不作为作一致的理解,是将此二者混为一谈。笔者认为这种批评并无道理,事实上该学者也并没有对二者有何不同作进一步的分析。参见黎宏著:《不作为犯研究》,武汉大学出版社1997年版,第26—27页。

② 王作富著:《中国刑法研究》,中国人民大学出版社1988年版,第113页。

学界的通说。

笔者认为,刑法作为规范,本身就是一个包含价值评判的规范体系,作为刑法规范对象的行为,也只能在规范意义上来识别、把握。虽然事实判断意义上物理的身体动静,对于我们认识作为与不作为具有一定的意义,如作为通常表现为身体的运动,而不作为则既可能是身体的静止,也可能是身体的运动,但其意义也仅止于此,因为"事实判断不涉及事物之本质,只不过对现存之事物予以认识判断,亦即就事论事之意。吾人之认识虽出诸吾人之主观,但只借五官作用而对事物之有无为认识判断,果如此,判断之对象不外为事物之本身,而判断之结果,仅确认或否认该项事物之存在而已"。① 而无助于对事物本质的把握。这样,作为与不作为不是单纯地从身体动静来加以区分,而应从法律评价的角度看,如果是行为人为法律不得为的行为,则属于作为;相反,如果不为法律所期待、命令的应为的行为,则为不作为。因此,区分作为和不作为,只能以一定的法律义务(或法律所期待的行为)为标准。由于在法规范上,一定的法律义务主要表现为两种,一种是禁止规范(也称法律禁令),一种是命令规范(也称法律命令),当行为人的行为违反禁止规范时,即为作为,当违反命令规范时即为不作为。因此,行为人的行为是违反法律禁令还是法律命令,就成为作为与不作为的区分标准。

具体事案中,纵然行为人实施了法律所期待的特定行为之外的其他身体动作(包括积极的身体运动),而其没有进行法律所要求的行为,如果其实施的这种法律期待的特定行为之外的行为,并

① 蔡墩铭著:《刑法上犯罪判断与实例》,(中国台湾)汉林出版社1987年第5版,第2页。

无相对独立的法律上的评价意义的话,则应认定为不作为。如在前述所举的不退去罪中,行为人在主人要求退去的情况下,默默站立等物理上的静止固然属于不退去,但于主人住处来回踱步这种物理的身体运动,也属于不退去。从而在这种纯正不作为犯中,行为人不退去的实行行为包括了身体运动和静止两种情形。事实上,就不退去这种法的不作为角度来看,行为人来回踱步的身体运动并非不作为的本质,其本质要素在于法律所命令的退去,行为人不实施这种身体运动即为不作为。再如,母亲不给婴儿哺乳,而从事其他的打扫、洗衣等活动,尽管打扫、洗衣属于身体的运动,但其本身并无法律评价的意义,在这种情形中唯一具有法律评价意义的是母亲没有给婴儿哺乳,因而应当认定为不作为。诚如西原教授所言,"是否有构成这种不作为之样态的身体运动,还是仅限于静止,在此并不重要。"在母亲不给婴儿哺乳导致婴儿死亡的场合,"构成结果之原因的是不给婴儿喂奶这一不作为,在这一不作为的过程中所实施的运动或者静止,从其与不作为的关系上看,并非本质的东西。无论母亲是否在从事家务,如果其给婴儿喂奶的话,婴儿就不会死亡;由于其没有喂奶,因此才发生了婴儿死亡这一结果。这里的标准是给婴儿喂奶这一身体运动,与此相一致的是作为,不一致的是不作为。除此以外的身体运动,在此并不是作为。"①

近来,有学者通过危害行为与危害结果的因果关系角度来区分不作为与作为,并将这种理论称为"法益状态说"。② 认为,作为

---

① [日]西原春夫著:《犯罪实行行为论》,戴波、江溯译,北京大学出版社2006年版,第88—89页。

② 参见聂立泽、肖鹏:《法益状态说——作为犯与不作为犯的区别标准新探》,载《学术研究》2003年第10期。

是行为人实施的与危害结果具有直接因果关系的危害行为,不作为是行为人实施的与危害结果具有相对的间接的因果关系的危害行为。以作为和不作为各自与危害结果的因果关系结构为基础对作为和不作为进行界定,不存在循环定义之虞。但是由于危害行为与危害结果的因果关系结构不为人们熟知,上述界定会使人费解。因此,在借助危害行为与危害结果的不同因果关系结构区别作为和不作为的基础上,也可做如下界定:作为是行为人实施的能够直接引起一定危害结果发生的行为;不作为是在法益危险状态时、能够实施阻止危害结果发生的行为的情况下,行为人实施的对危害结果的发生没有原因力但对客观因素持续支配法益具有原因力并由支配法益的客观因素直接引起危害结果的行为。这种观点不能为我们所赞同。一方面,这种观点似乎很难在纯正不作为犯中贯彻下去;另一方面,它认为不作为的因果关系只具有间接因果关系特征,甚至否定不作为对危害结果的原因力。这就意味着在间接因果关系中充当中间环节的只能是发生在行为之后的因素,但不作为犯罪中的因果关系未必都是间接的,与不作为共同造成危害结果发生的其他因素主要存在于不作为之前或同时,而非不作为之后,从而不作为不是因果链条发展过程中又介入了其他原因力而间接产生危害结果。对此,本书在不纯正不作为犯的因果关系一章中有专门讨论。

(二)对两个具体问题的分析

以上提出了区分作为与不作为的基本标准,基于这个标准,笔者认为,对学界存有争议的两个重要问题有加以重新探讨和论证的必要。

1. 关于不作为犯罪分类中的"作为与不作为同时包含"说

在学界,有学者在对不作为犯进行分类时,从行为的方式角度

（即以作为和不作为为区分标准），主张将刑法规定的各种犯罪划分为四类，即：只能由作为构成的犯罪；只能由不作为构成的犯罪；既可以由作为方式也可以由不作为方式构成的犯罪；同时包含作为和不作为两种方式的犯罪。其中，同时包含作为和不作为两种方式的犯罪，就是同时由作为和不作为构成一个犯罪行为的犯罪，论者常以偷税罪为例加以说明，认为偷税并非单纯不履行纳税义务，还要求实施"偷"的行为，行为人的不纳税是不作为，而"偷"的行为则属于作为，因而偷税罪就是同时由作为和不作为构成的犯罪。① 近年来，有本来不承认这种情况的学者也开始认可其存在，不过其理由颇为不同。论者认为，就偷税罪来说，其弄虚作假的偷税行为目的还是为了不履行纳税义务，就不纳税而言仍然是不作为，因而不应认为其存在作为和不作为两种形式。但对于抗税罪不能作同样的解释，没有暴力、威胁就不成其为抗税，而暴力、威胁显然是作为，虽然它也是为了不履行纳税义务而实施的，但具有相对独立性，是与拒不缴纳税款相并列的构成抗税罪不可或缺的要件。所以，从刑法规定的实际情况出发，应当承认同时存在作为和不作为两种形式的犯罪。② 这种观点尽管有一定新意，但立论并不正确，且不说偷税、抗税是否同时由作为和不作为构成，其区分偷税罪与抗税罪，认为前者只能是不作为而后者同时由作为和不作为构成的理由就不充分。事实上，如果站在认可"存在同时由作为和不作为构成的犯罪"之立场上，在偷税罪和抗税罪情形中就不应得出不同的结论。

---

① 参见高铭暄主编：《新中国刑法学研究综述》，河南人民出版社 1986 年版，第 152—154 页；张明楷著：《刑法学》（上），法律出版社 1997 年版，第 134 页。

② 参见马克昌主编：《犯罪通论》，武汉大学出版社 1999 年版，第 179 页。

接下来我们就以抗税罪为例,来说明主张"作为和不作为结合为一个犯罪行为"的观点的不合理性。首先,我们应当看到,偷税罪、抗税罪中行为人不履行纳税义务(不作为)的同时,行为人的"偷"与"抗"在这两个犯罪中意义与前述所举的不退去罪中行为人不退去(不作为)的同时,在主人住处"来回踱步"在不退去罪中的意义,的确不同。因为在构成要件上,行为人是否来回踱步不是法律所关心的,也不是构成要件所规制的,但偷税罪、抗税罪中的"偷"、"抗",则属于构成要件明确规定的要素,具有法律意义。但是否因其具有法律意义就可以将其独立地评价为犯罪的不作为呢? 这就涉及在对作为、不作为的区分问题上刑法评价的重点、重心的问题(关于这一问题,在接下来关于"双重行为"的分析中还将有详细的论述)。如果从刑法评价的重心角度看,上述两种情形的不同只是表面上的不同,而并非本质上的差别。我们认为,行为人采用暴力方法抗拒纳税,从行为人不履行纳税义务这一法律评价角度,行为人的抗拒纳税行为属于不作为。尽管行为人的不作为是以积极的身体举动——暴力方法加以体现的,但暴力方法与不履行纳税是一个问题的两个方面,与偷税罪中不能把"偷"另外独立评价一样,也不能将这种暴力举动另外独立地评价为作为,因为,如果没有行为人的暴力手段,行为人不纳税也就无从体现,在法律评价上,二者是同时性的评价,而非纵向序列的可以分别相对独立地评价。这也就是林山田教授所说的"同一个行为一经法律评价,要么是作为,要么是不作为,不能同时既是作为,又是不作为"。① 而传统观点把行为人的暴力举动与不纳税分别作相对独

---

①　参见林山田著:《刑法通论》(上),(中国台湾)1998 年作者自版(增订六版),第 106 页。

立的累加评价,实际是对一行为的重复评价。也就是说,从刑法意义上的行为出发,传统观点在把某一行为评价为作为的同时,又评价为不作为,把本来是一个具有法律意义的行为(不作为),评价为作为和不作为的结合。另外,需要指出的是,作为与不作为的判断是相对的。如暴力手段,尽管在抗税罪中不能将其独立地评价为作为,但在故意杀人、强奸等犯罪中,这种暴力手段则应毫无疑问地被评价为作为。

2. 关于所谓的"双重行为"及其判断

"双重行为"的概念由德国学者提出,根据学者的解释,所谓双重行为,就是一个构成要件该当结果是同时由同一行为人的作为和不作为所造成,也称多重行止。① 例如,日本刑法第 192 条规定的不经死亡检查而埋葬死者罪,即由作为(埋葬)和不作为(不经死亡检查)相结合构成。对于这种行为究竟成立作为犯还是不作为犯,学界存在不同的区分标准。

笔者认为,从法律评价上,这种所谓的双重行为最终仍要赋予作还是不作为从而是构成作为犯还是不作为犯的属性,通过所举的例子,很显然主张"双重行为"概念的学者把作为犯、不作为犯中的作为、不作为与作为概念的作为、不作为割裂开来。一方面,在分析作为、不作为本身的概念时站在规范的立场进行区分;另一方面,在作为犯、不作为犯的探讨中,又不自觉地将这里的作为、不作为站在物理的角度进行评价。基于这种立场,也就出现了所谓的"作为的不作为犯"、"不作为的作为犯"的概念。因此,所谓"双重行为"的提法并不足取。

---

① 参见林山田著:《刑法通论》(下),(中国台湾)1998 年作者自版(增订六版),第 519 页。

尽管如此,其所反映的问题却值得考虑。也就是在比较难以判断这种行为在刑法上究竟属于作为还是不作为时,究竟采取何种标准进行区分。这种情况尤其集中在过失犯的场合。在大陆法系的犯罪论体系下,由于对这一问题的判断标准不同将会产生不同的法律效果(如果认定为不作为,则行为人必须具有保证人地位,才具备构成要件该当性,否则即为不可罚的行为),学界较为重视对这一问题的研究。概括起来,大致有以下几种主张:

(1)优先判断作为说。这种学说主张在作为与不作为较难区分时,应优先判断为作为。其中又有两种不同的观点:一种观点认为,如果有迟疑难解者,宜优先判断为作为。如 Spendel 认为,我们可以从法秩序主要是以不为不法行为的禁令所表现,唯有在例外情况下才有适当行为的诫命来证明,法秩序主要是处罚危害社会的作为,而非危害社会的不作为,因此,对于无法明确判断行为人的行为是作为还是不作为的案例,应认定为作为犯。① 另一种观点主张,由于以作为导致结果的发生,较之以不作为而导致者,具有较高的应罚性,故原则上应优先判断为作为,而成立作为犯;只有在例外情况下不作为具有独特的非价,始就不作为而评价,成立不作为犯。② 上述两种观点没有正确地评价不作为作为行为的意义,虽然根据这一标准在许多情况下可以得出正确的结论,但实际上没有提供多少有用的帮助。

(2)经验法则说。该说从经验法则出发,看行为人对于作为或不作为所关系的重点分量而定,这种判断标准为德国早期司法

① Spendel:Zur Unterscheidung von Tun und Unterlassen, in:FS. Eb. Schmidt, S. 194.

② Kienapfel, AT. 1984,S. 477.

判例所采,但由于所谓重点的判断,其概念并不明确,难免有依情感判断之嫌疑。

(3)刑法非难重点说。此说为德国通说,认为作为与不作为的区别非事实认定问题,而是价值判断问题,因此判断的关键点应以刑法评价(非难)的重点所在为标准。即应以行为所具有的社会意义在刑法判断上的重点在何处作为根据。① 然而又如何判断刑法非难的重点呢? 不同学者可能会得出不同的答案。如在山羊毛一案中②,判例认为刑法评价的重点在于交付带菌原料的行为,故属作为犯。而 Mezger 则认为,此案必须从不作为犯角度观察,因为对工厂主人的非难重点在于其不为消毒而将羊毛交付给工人加工。③ 在韩国刑法学界也有类似主张。认为在该情况下区分作为与不作为应该根据法律责难的重要性在何处予以判断。其根据在于,作为与不作为的区分并不是自然科学的因果性分类,而是法律评价的对象。④

笔者认为,区分作为还是不作为,尽管一般的经验法则在多数场合可以提供标准,但在具体案件中行为究系作为还是不作为,存在疑问时,仍应站在规范的立场进行价值判断。因此,上述刑法非难重点说值得肯定,但站在谁的立场来判断刑法非难的重点,通说没有进一步提供操作标准。在一些场合,什么是刑法非难的重点

① Wessels, AT. 1995, Rn. 700; Mezger, Anmerkung, JZ 1958, S. 281.
② 该案的基本案情是:毛笔工厂主人进口一批中国山羊毛,依当时的规定,必须先经消毒杀菌才可加工。工厂主人未依规定将未经消毒的山羊毛交给工人加工。由于该批羊毛带有炭疽病杆菌,致使四名从事羊毛笔加工的女工因感染病菌而死亡。RGSt 63,211.
③ Mezger, Anmerkung, JZ 1958, S. 282.
④ 参见[韩]李在祥著:《韩国刑法总论》,[韩]韩相敦译,中国人民大学出版社 2005 年版,第 104 页。

是比较容易得出结论的,如医生甲对于患者乙不给注射医疗规则上一般公认有效的针剂,而注射对于病情无关痛痒的针剂,导致病人死亡。很显然,此例中刑法非难的重点不在于其毫无作用的注射,而在于没有给予有效的注射,因而甲的行为属于不作为。但在有些场合对于非难的重点的判断,可能会有不同的意见。这时就需要有可供操作的具体标准以适用。德国学者耶赛克主张,如果行为人通过客观的构成要件该当的积极作为,故意或过失地引起结果,该行为首先是对于刑法而言具有重要意义的连接点(因果标准)。当行为欠缺违法性或责任时,还必须进一步斟酌,行为人是否没有为避免结果的可期待的行为。[①] 这种判断思路值得参考,但还不够具体。笔者认为,在判断是作为还是不作为存疑问的场合,应综合行为的外部形态、因果关系等因素,站在规范的立场进行综合的价值判断。在上述场合之所以存在究竟该行为是作为还是不作为的判断迟疑,就在于案件中存在作为起果条件的积极举动,既然如此不妨首先对这一积极举动进行构成要件该当性的判断,之后再考察行为人的故意或过失的情节。如果能够确定这一出于故意或过失的积极举动成立,则进一步考察是否存在由于社会相当性、违法阻却事由等而为刑法所不罚。如果存在这些情节,则不成立"作为行为"。之后继续考虑行为人是否具有作为义务而没有防止侵害结果的发生,即进行不作为犯要件的探讨。尽管这种判断也是基于先判断是否成立作为再考虑不作为的思路,但与上述的"作为优先说"不同,后者不需要作上述细致的审查,而是直接得出结论应以作为论之。例如,在酒店老板为已经喝醉

[①]　参见[德]汉斯·海因里希·耶赛克、托马斯·魏根特著:《德国刑法教科书(总论)》,徐久生译,中国法制出版社2001年版,第724—725页。

的司机提供酒,后来不予阻止其开车回家,司机发生肇事而死亡的案例中,如果酒店老板继续给喝醉了的司机斟酒,此时首先应考虑过失的积极作为的可能,但假如在劝酒的当时并不知道司机已喝醉,应当说,酒店老板的劝酒行为是一个社会常见且容许的行为,因而这种积极的举动不具有可罚性。这样再进一步考虑其行为是否属于不作为的情况。假如在酒店老板劝酒后发现司机已陷于无责任能力状态,此时酒店老板就具有作为义务,其不阻止司机开车的行为就应评价为不作为。

当然,作为与不作为的判断也是相对的,对于不同行为人针对同一法益实施相同的行为,在判断结果上可能会有所不同,即对一部分人而言,属于作为行为;而对于另一部分人而言,则属于不作为行为。之所以会出现这种现象,也是对作为与不作为进行价值判断的结果。例如,主治医师为其急诊病人接上心肺机,以维持其血液循环和呼吸功能,其后发现,该昏迷多日的患者,已是回生乏术,以心肺机为其从事人工呼吸和血液循环,似无医疗功效,于是关掉心肺机。因医生对其诊疗的病人居于保证人地位,即从刑法价值判断来看,医生所为者属于不为患者延展生命的消极不作为,应成立不纯正不作为犯。反之,如果是并不居于保证人地位的第三人,因无保证义务,其关掉心肺机导致病人立即死亡的行为,则属于积极的作为,即行为人所为者属于缩短患者生命的积极作为,构成杀人罪的作为犯。①

---

① 参见陈培峰编著:《刑法体系精义——犯罪论》,(中国台湾)康德文化出版社1998年版,第113页。

三、不作为的概念

通过上文关于作为与不作为区分问题的探讨,我们对不作为的特征有了基本的把握,其实在作为与不作为的区分中,已经部分地包含了不作为的概念,但这只是侧重与作为的相对角度来概括不作为的特点,没有给不作为下一个完整的定义。在此特作专门剖析。

上文已指出,在作为与不作为的区分问题上,大致存在两种不同立场,由于站在单纯物理的身体运动与静止的立场无法说明不作为的本质,几无人采,在此不多赘,主要分析一下站在规范立场的学者对不作为的定义。

法国刑法理论认为,不作为是指不完成法律为整体利益规定的应当完成的行为。[①] 苏联学者 H. A. 别利亚耶夫等在其著作中指出,犯罪的不作为是指人的消极行为,即某人违反刑事责任规定没有履行他所承担的、按照一定方式行动的义务,或者,主体对那些应该而且也可以阻止的犯罪没有予以阻止,从而产生了危害社会的结果。[②] 我国台湾学者林山田认为,不作为是指不为法律诫命应为之行为。[③]

我国大陆学者对不作为的定义,比较有代表性的有:(1)刑法上的不作为,是指"行为人负有实施某种特定法律义务,并且能够

[①]　参见[法]卡斯东·斯特法尼等著:《法国刑法总论精义》,罗结珍译,中国政法大学出版社 1998 年版,第 215 页。

[②]　参见[苏联]H. A. 别利亚耶夫等主编:《苏维埃刑法总论》,马改秀等译,群众出版社 1987 年版,第 125—126 页。

[③]　参见林山田著:《刑法通论》(上),(中国台湾)1998 年作者自版(增订六版),第 105 页。

实行而不实行的行为"①;(2)"不作为,是指行为人在能够履行自己应尽义务的情况下不履行该义务。"②(3)"不作为,亦指犯罪的不作为,是指行为人负有刑法要求必须履行的某种特定义务,能够履行而没有履行的行为"。③(4)不作为是指"负有防止某种危害社会结果发生的特定义务人,在能够履行该种义务时,消极地不履行的行为"。④(5)刑法上的不作为,是指"当为而不为,即行为人在意志支配下,违反命令规范,消极地不为法律所要求或期待的行为"。⑤(6)不作为是指"行为人负有实施某种积极行为的特定义务,并且能够履行而不履行的行为"。⑥

以上各种观点都不同程度地把握了不作为的本质,尤其是在强调行为人具有特定的义务这一点上值得肯定,但在以下几方面存在不同:(1)不作为的定义中是否要包含履行义务的可能性;(2)应履行义务的限定因素。下面对此作具体分析:

首先,不难发现,我国大陆学者在定义不作为时通常以行为人能够履行义务(能够实行)为限定要素。笔者认为,如果探讨刑法上的不作为,也就是作为犯罪的不作为,以行为人能够履行来限定不作为的成立,是合理的。因为如果行为人不能够履行,其不作为也就不是刑法意义上的不作为。

---

① 高铭暄主编:《刑法学原理》(第一卷),中国人民大学出版社 1993 年版,第 534 页。

② 张明楷著:《刑法学》(上),法律出版社 1997 年版,第 132 页。

③ 马克昌主编:《犯罪通论》,武汉大学出版社 1999 年版,第 167 页。

④ 杨春洗等主编:《刑事法学大辞书》,南京大学出版社 1990 年版,第 35 页。

⑤ 何秉松主编:《刑法教科书》(上卷),中国法制出版社 2000 年版,第 347 页。

⑥ 熊选国著:《刑法中行为论》,人民法院出版社 1992 年版,第 136 页。

其次,关于应履行义务的限定因素,上述大陆学者的第二、六种观点都没有明确特定义务的性质,而不作为中行为人应当履行的义务只能是法律义务,而不是包括道德义务在内的一般社会要求的义务,从这一点来看,第二、六种观点美中不足。第四种观点则将这种义务限定为防止某种危害社会结果发生的义务。笔者认为,这种限定也不妥当。这在许多以犯罪结果为要件的不纯正不作为犯的场合,是适当的,但有些义务,尤其是纯正不作为犯,其义务内容不在于防止危害结果的发生,而在于实施特定的行为,例如向国家纳税,其积极意义在于要求公民以积极行为为国家作贡献,而不是防止某种危害结果的发生。因而这种限定犯了以偏概全的错误。另外,第一、三种观点强调了行为人实施某种特定的法律义务,这是完全正确的,但严格地讲,法律义务有积极义务和消极义务,对于不作为来说,这种特定的法律义务,只能是实施积极行为的法律义务。从限定的明确性上,这两种观点稍嫌不足。在这一点上,第六种观点有可取之处。

在上述诸观点中概括视角较为特殊的是第五种观点,该观点从禁止规范与命令规范的角度来界定不作为,值得肯定,不足之处是没有把实行的可能性因素概括进来。不过也有学者对此种定义持反对意见,认为从命令规范与禁止规范的角度无法正确理解不作为。因为,纯正不作为固然是违反了命令规范,但不纯正不作为违反的是禁止规范,而非命令规范,如果把不作为限定为对命令规范的违反,则不能包括不纯正不作为犯的情形。① 笔者认为,这一问题涉及不作为究系违反命令规范还是禁止规范的重大问题,学

---

① 参见肖中华著:《犯罪构成及其关系论》,中国人民大学出版社2000年版,第347页。

者立场的不同,对这一问题认识也不同,从而影响到对不作为的定义。不过,笔者认为所有的不作为(包括纯正不作为犯和不纯正不作为犯中的不作为),违反的都是命令规范。关于这一问题,在本书不纯正不作为犯与罪刑法定主义一章中还将作详细论述。实际上,行为人违反命令规范与行为人负有实施特定积极行为的法律义务,在表达的内容上是一致的,只不过是同一问题的不同表述罢了。

综合以上分析,笔者认为,可以对刑法中的不作为作如下定义:刑法中的不作为,是指行为人负有实施某种特定积极行为的法律义务,能够实行而不实行的行为。从法律规范的角度,这种不实施特定积极行为的行为违反了命令规范。

第二节　关于持有性质的判断

在关于不作为与作为概念的讨论中,有一种情况特别值得关注,这就是刑法中的"持有"。"持有"概念在二战以后迅速进入一些国家的刑事立法,如日本、法国、意大利、美国、英国等。1961 年联合国《麻醉品单一公约》则将持有毒品行为明确规定为一种独立的犯罪行为,标志着"持有"已经成为国际社会公认的犯罪方式。但如何认识持有犯罪的法律性质,可以说,"这个概念,从有效的刑法典存在开始,即被多次重新加以定义并被更正,但迄今为止却从未能成功地找到一个可以将所指称的类型精确地予以表达的定义。"[1]而关于持有法律性质的讨论,亦从未停止过。本节将在介绍、分析国内外关于这一问题认识的基础上,提出作者的

---

　　① 　转引自张明楷著:《刑法学》(第二版),法律出版社 2003 年版,第 157 页。

观点。

一、英美法系国家关于"持有"性质的认识

英美法系国家的刑法学者对持有行为方式的性质、特点等进行了较为深入的探讨,认识不尽一致。

(一)英国学者的看法

《英国刑法导论》指出,"犯罪是一种非法的作为、不作为或者事件。"[1]有的学者认为,"有时,犯罪定义与其说是涉及一个作为或不作为,还不如说是仅仅涉及一个外部事件。只要有事件就可以构成的所有犯罪,都是由制定法明文规定。"如根据1968年的《盗窃罪法》第25条的规定,如果一个人在其居住场所之外,随身携带了任何用于非法侵入、盗窃或诈骗的物品或与之有关的物品,他就构成了一种可处三年以下监禁的犯罪。[2]

英国学者史密斯和霍根认为,事件(或事态)(State of affairs)是一种犯罪行为,作为犯罪行为的"事实状态",有的犯罪尽管没有上述意义的行为也可以成立。没有必要存在"有意志的肌肉运动",只要证明某种特定的事件或情况就可以了。这些犯罪行为有时称之为"状态"或"情况"。而事态就包含持有。他们指出,在普通法中认为持有不足以构成犯罪行为,但根据成文法和许多实际判例已经构成了,诸如持有毒品、爆炸物、引火物以及伪造的银行支票等。起初是合法的持有,也可能因为情况变化而变成犯罪。

---

① 参见[英]鲁伯特·克罗斯、菲利普·A.琼斯著:《英国刑法导论》,赵秉志等译,中国人民大学出版社1991年版,第1页。

② 参见[英]鲁伯特·克罗斯、菲利普·A.琼斯著:《英国刑法导论》,赵秉志等译,中国人民大学出版社1991年版,第28页。

持有仅仅是一种事态,在某种情况下,与刑事责任有关。①

(二)美国学者的看法

在美国刑法中,有些犯罪定义既没有要求积极的作为,也没有要求明确规定消极的不作为,只要求"占有"某种物品就构成犯罪。而占有是一种状态,这种状态,起始点是人的作为,而状态本身更接近于不作为,但是占有又不同于一般的不作为,因为不作为总是和不履行义务相联系,而占有状态并不同义务直接相关。占有可以被认为是作为与不作为的结合,既不同于一般的作为,也不同于一般的不作为,所以20世纪60年代开始制定的新刑法典总则特定把"占有"规定为作为的一种形式,有人认为,这也可以理解为犯罪行为的一种形式。②

美国学者Lafave和Scott认为,虽然从严格意义上看,持有不是作为,也不是不作为,但持有犯罪受到普遍的赞同。

美国《模范刑法典》则将持有与作为、不作为并列为三种行为样式,"如果持有人有意识地获得或者接受了该持有物,或者在能够终止其持有的充分时间内知道自己控制着该物,则此种持有即为一种行为。"

美国道格拉斯·N.胡萨克对持有的行为性提出了质疑,指出:"如果'行为'被界定为身体运动,那么持有并不在专门的法律意义上构成一种行为。"作为美国刑法理论七项原则之一的"行为要件"是不必要的,而应代之以"控制原则"。因为行为要件理论不能很好地解释"不作为"、"持有"、"身份犯"和"无意识行为"的

---

① 参见[英]J. C.史密斯、B.霍根著:《英国刑法》,马清升等译,法律出版社2000年版,第52—53页。

② 参见储槐植著:《美国刑法》,北京大学出版社1987年版,第49—50页。

刑事责任问题。而控制原则与行为理论比较起来,具有较强的理论张力。其控制原则的主要内容是:"一个人,如果他不能防止事情的发生,就是对事态不能控制。如果事态是行为,他应当能不为该行为;如果是后果,他应当能防止其发生;如果是意图,他应该能不具有这个意图。"①

通过上面列举代表性学者的看法,可见,"持有"作为一个法律术语,源于英美,在理论研究上,英美学者对持有的研究也较早,但由于英美法律传统注重司法实务,因而有关"持有"的研究更大程度上仍局限于事实层面,即往往将持有定位为第三种行为方式,而不深入探究持有与作为、不作为的深层关系。

二、大陆法系国家关于"持有"性质的认识

在大陆法系国家,很少有教科书或论著专门探讨持有问题,几乎是没有争议地认为其属于作为。② 从目前国内的资料来看,意大利刑法理论对此有论述。意大利刑法理论通说认为,犯罪是一种以行为为基础的"客观事实",因而把犯罪构成的客观要件称为"典型事实"。但有人认为行为不是典型事实的必要因素,有些犯罪是"无行为的犯罪",又称为"纯粹怀疑犯"或"状态犯"。例如,根据意大利刑法典第707条和708条的规定,"有特定犯罪记录的人被发现持有变造、伪造的钥匙、撬门入室的工具不能说明其用途,或持有贵重物品不能说明其来源者"就构成犯罪。对于这种观点,意大利著名刑法学者杜里奥·帕多瓦尼提出了有力的批评,

---

① 参见[美]道格拉斯·N.胡萨克著:《刑法哲学》,谢望原译,中国人民大学出版社1994年版,第11、88、103页。
② 参见张明楷著:《刑法学》(第二版),法律出版社2007年版,第157页。 **65**

他说:"持有本身是一种行为,即一种以 I' animus rem sibi habend(意大利语的意思是:作为自己的东西而持有的意图——引者注)的心理而保留(拿、握)某种物品的行为。"①

三、我国学界关于"持有"性质的认识

随着我国刑事立法关于持有行为的规定,我国刑法理论界对持有行为的性质进行了深入的研究,其研究深度之大、研究兴趣持续时间之长,称得上罕见。不仅有大量的有关于此的论文发表,而且也有专门以此为研究内容的硕士论文、博士论文和专著出版,由此形成了异彩纷呈的各种理论学说,就持有的法律性质,大致存在"状态说"、"行为说",其中,"行为说"占据统治地位,而在"行为说"中有存在"作为说"、"不作为说"、"第三种行为说"、"择一说"等观点的分歧。

（一）状态说

状态说认为,"持有"是一种状态而不是行为,传统刑法中危害行为的概念并不能解释"持有",说到底它只是现象上的归属关系,而绝非任何意义上的行为。② 应当说,该说是英美刑法理论的中国版本,这种主张很少为我国学者采纳。

（二）行为说

该说认为"持有"不是单纯的客观存在状态,而是包含持有人的主观意思要素的刑法中的危害行为的一种。这也是目前我国绝大多数学者的观点。但对持有"行为性"的论证上,不同学者有不

① ［意］杜里奥·帕多瓦尼著:《意大利刑法学原理》,陈忠林译,法律出版社1998年版,第107—108页。
② 参见冯亚东:《试论刑法中的持有型犯罪》,载《中国刑事法杂志》2000年第1期。

同的理由。有的认为,既然持有所表现的是人对物品的支配、控制
关系,而且持有本身是对人的身体动静的体现,所以持有应是刑法
上的行为。把持有解释为一种状态易与大陆法系刑法理论中的不
可罚的事后行为相混淆。① 有的从规范的意义上把握持有的行为
性,认为:"从规范的层面上考察持有是刑法意义上的行为,但从
事实层面观察则有不少特殊之处。"②还有的论者认为持有是一种
状态行为,即持有是以状态形式表现在外的人的行为:"'持有',
是一种状态,是与特定物之间的一种存在关系的持续状态。持续
状态的存在,反映了人对物品的控制,这种控制本身是人的主体性
的表现,因而具有社会危害性,应当把它视为刑法上的行为。"③应
当说,"行为说"的论者从主体与物之间的控制、支配关系以及持
有是主体性的表现、持有所具有的社会危害性等方面来把握其行
为性,抓住了事物的本质,对我们研究持有的行为性具有参考价
值。下面对学界存在的几种具体观点加以分析、介绍。

1. 作为说

该说认为持有属于作为形式的危害行为。持"作为说"的学
者又有不同理由。有的认为,持有行为违反的是禁止性规范,是
"不应做而做",因而是刑法上的作为。④ 有的认为,持有是一种特
殊的作为,"持有是过去作为行为的结果,或是将来作为行为的对
象"。持有的作为性还体现在"行为人积极地保持这种非法状态

---

① 参见龙洋:《非法持有型犯罪问题的研究》,载《中外法学》1999 年第 3
期。
② 石英:《持有型犯罪争点探微》,载《政法论坛》2001 年第 1 期。
③ 张智辉著:《刑事责任通论》,警官教育出版社 1995 年版,第 126 页。
④ 秦博勇:《也谈持有型犯罪——非法持有应是作为犯罪》,载《中外法学》
1994 年第 2 期。

或事实。"①有的认为对于持有犯罪,法律所责难的重点仍是"取得"这些物品,关于取得这些物品之后的"状态",则与盗窃财物后仍据有财物的状态一样,属于犯罪的自然延续,不构成不作为犯。② 有的论者指出,作为行为的社会危害性蕴含在行为本身,反之,如果行为本身就明显体现出社会危害性的就是作为;不作为的社会危害性则体现在不作为人不为作为义务所要求的行为之中。持有行为本身具有严重的社会危害性,所以,持有是作为。③

2. 不作为说

该说认为持有是违反法律上的作为义务,是"当为而不为",因而是不作为。如有的学者认为,法律禁止持有特定物,本身暗含着法律命令持有人将特定物品上缴给有权管理部门的内容。行为人持有特定物品是对法律的命令性规范的违反,是不作为。该论者同时指出,持有行为与典型的不作为是有区别的。④ 有学者指出:"就导致危险状态存在的原因看,可能是由作为行为造成的,也可能是由不作为行为造成的,甚至可能由多种因素互相结合而造成;持有人对这种原因可能负有责任,也可能没有责任。"但是从持有本身看,既然法律将其规定为犯罪,就意味着法律禁止这种状态的存在,而这种禁止暗含着当这种状态出现的时候法律命令持有人将特定物品上缴给有权管理的部门以消灭这种持有状态。因此,在法律禁止持有某种物品的情况下,持有该物品的人就负有将该物品上缴有权管理该物品的部门的义务。如果持有人违反这种义务,不主动上缴该物品,而是继续维持持有状态的存在,就是

---

① 韩轶:《论持有行为》,载《人民检察》1997年第7期。
② 参见熊选国著:《刑法中行为论》,人民法院出版社1992年版,第125页。
③ 参见李立众:《论"持有"行为的形式》,载《法学评论》2000年第4期。
④ 参见陈兴良著:《刑法适用总论》,法律出版社1999年版,第292页。

一种刑法禁止的不作为。①

3. 第三种类型说

该说也称独立说，认为持有既不同于犯罪的作为，也不同于不作为，而是与作为、不作为相并列的第三种形式的危害行为。该说为我国著名刑法学者储槐植教授所力倡，并得到不少学者的支持。关于该说的论证，储教授在其有关论著中指出，"对物品的控制状态，通常起始于作为，如取得、收受等，以不作为（无动作之意）维护其存在状态，具有作为与不作为相交融的特点。但持有本身是一种状态，没有积极的动作，既区别于作为，也有别于不作为，因刑法上的不作为以不履行法定义务为前提，而持有未必以此为前提。在这个意义上，持有是与作为、不作为并列的一种犯罪行为形式。"②在论及第三种犯罪行为形式存在的可能性时，他指出，"作为"与"不作为"并非形式逻辑中"白"与"非白"的关系，"不作为"并非"作为"的全称否定，因而在作为和不作为之外尚有第三种行为形式存在的可能。③

该说得到国内一些学者的支持。如有的学者指出，持有行为不同于作为和不作为。持有与作为的区别主要表现在：作为是积极的身体动作，而持有具有静态性特征。持有与不作为的区别表现在："第一，就刑法评价的基点与核心而言，不作为犯罪中，特定的积极行为义务是不作为犯罪中刑法评价的基点与核心。而持有犯罪中，'行为人与持有物之间存在着的事实上的支配与被支配状态'是刑法评价的基点与核心；持有行为人仅负有一般法律意

① 张智辉著：《刑事责任通论》，警官教育出版社1995年版，第124页。
② 储槐植著：《美国刑法》，北京大学出版社1996年版，第54页。
③ 储槐植：《三论第三犯罪行为形式"持有"》，载《中外法学》1994年第5期。

义上的不得非法持有特定物品的消极行为义务,而不负有构成不
作为犯罪所必需的积极行为义务。第二,就行为与行为造成的不
法状态之关系而言,不作为犯罪中,行为人的不作为行为与这种行
为造成的不法状态(或曰危害后果)是两项先后相继产生的无论
在理论上还是在现实中都可以截然分离的不同因素。在持有型犯
罪中,是二者合一,行为即状态,状态即行为。第三,就犯罪行为所
造成的危害后果的形态而言,不作为犯罪中,危害后果都是具体、
明确的、甚至是可计量的。而持有犯罪中,危害后果是行为人非法
持有特定物品的一种非法状态,因而不可能是具体的。假若行为
人因非法持有特定物而客观上产生了其他明确具体的危害后果,
那么构成相关的其他犯罪,而不再以持有犯罪认定"。① 我国著名
刑法学者陈兴良教授起初认为持有属于不作为,在他后来的有关
论著中也主张持有应当是第三种行为形式。

有的学者则从法律规范的性质角度对持有行为的独立性进行
了论证。指出,持有行为具有独立的违反法律规范结构和义务特
点,这是持有作为独立行为形式的最根本的依据,具体而言,持有
行为违反的法律规范既不是禁止性规范,也不是命令性规范,而是
任意性规范。论者认为,任意性规范对行为人的要求属于"可为
可不为而为",因而不同于作为的"不应为而为",也不同于不作为
中的"应为而不为"。例如,行为人在路上发现毒品,既可以不予
理睬,不予捡起并上缴有关公安、毒品管理部门,也可以将发现的
毒品拾起并上缴有关公安、毒品管理部门,对此法律没有设置禁止
性或命令性义务,但是由于某些物品本身的属性、特征具有潜在的

---

① 杨春洗、杨书文:《试论持有行为的性质及持有型犯罪构成的立法论意
义》,载《人民检察》2001 年第 6 期。

社会危害或对国家、社会安全、利益具有特殊意义,国家法律将其规定为违禁物品、禁止流通物品,加以特别严格管理。如果行为人在可为可不为的情况下而为的,则行为人负有排除社会危害的一般义务。例如,行为人在可为可不为的情况下,如果选择不为,如不拾起路上发现的毒品,则行为人不存在违反法律而承担法律责任的问题;如果捡起毒品后立即上缴有关部门,立即履行排除危害社会的义务,同样也不存在违反法律而承担责任的问题;但如果既"为之",而又不履行排除危害社会的义务即将其持有,从而触犯刑法的,则构成犯罪。由此可见,持有行为违反的义务是任意性规范所设置的在可为可不为的情况下所负有的排除危害社会的一般义务。其不同于作为和不作为所违反的法律规范特征和义务类型。①

4. 择一说

该说认为持有行为的形式应根据具体情况分别认定,有时是作为,有时是不作为。又可具体分为几种观点:

第一种观点认为持有既可在作为范畴中体现,也可体现在不作为犯罪中,只是立法和司法实践尚无不作为的实例。②

第二种观点认为应当根据持有的原因行为是否合法行为来决定持有行为的性质。当行为人以犯罪手段取得特定物品进而持有之,实质上是犯罪行为的继续,是作为;当行为人以非犯罪手段取得管制物品时,则法律要求行为人有主动交出的义务,这种情况下

① 参见陈正云著:《持有犯罪研究》,中国方正出版社 2004 年版,第46—49页。

② 参见秦博勇:《也谈持有型犯罪——非法持有应是作为犯罪》,载《中外法学》1994 年第 2 期。

属于不作为。①

第三种观点主张持有在通常情况下是不作为,只有在行为人知道是违禁品却获取持有,且在持有的起始点就终结的情形是作为。如有的论者认为,持有具体可分为两种情形:不知是违禁物品而事实上有控制,只是后来才知道;知道是违禁物品而获取并维持对其控制。前者是违反命令性规范的不作为,后者又根据获取持有与维持持有分别认定为作为和不作为。②

四、本书的观点

对于以上众说纷纭的观点,笔者赞同作为说。(1)判断持有行为的性质,只能从持有本身来考虑,将持有行为性质的归属交给其先行行为的合法性与否是不正确的。(2)从"刑法禁止持有特定物品"这一命题中并不能导出行为人负有上缴特定物品的义务这一结论,即不能从禁止规范中导出命令规范,否则就混淆了禁止规范与命令规范的界限。对此,本书在下一章还有专门论述。(3)刑法规定持有型犯罪,旨在禁止人们持有特定物品,而不是命令人们上缴特定物品。例如,行为人发现他人将毒品放在自己家中,并未上缴至有关管理部门,而是立即销毁了毒品,如果因为行为人没有履行上缴义务而认为其构成犯罪,这显然是不恰当的。只有在行为人发现毒品后继续支配、控制毒品,才构成犯罪。当然,如果其上缴,也表明其不再控制、支配毒品,从而亦不构成犯罪。(4)关于第三类型说违反形式逻辑问题。如果认为,作为是行为人实施了法律所禁止的行为,不作为是没有实施应当实施的

---

① 参见刘璇:《论持有型犯罪的若干问题》,载《政法学刊》1996年第4期。
② 石英:《持有型犯罪争点探微》,载《政法论坛》2001年第1期。

积极行为。在这种意义上,作为与不作为中的"作为"并不是等同的含义,从而可以说作为与不作为不是 A 与 A 的关系,但本书认为,对作为与不作为的区分,只能从其违反的法律规范的性质来区分,即作为违反的是禁止规范,不作为违反的是命令规范。一个单一的行为要么违反了禁止规范,要么规范了命令规范,不可能违反的是授权性规范(任意性规范),因此,一个单一的行为要么是作为,要么是不作为,不可能是第三种类型。至于上述有的论者所说的持有违反任意性规范,更是匪夷所思。既然是任意性规范,怎么又产生作为的义务呢? 即便如论者所说,在这种情况下产生排除社会危害的一般义务,那就应当认定为不作为,而不可能是第三类型。(5)现实生活中,持有的本质体现在对特定物品的实力支配、控制上,而持有在表现方式上多种多样,可以表现为携带、私藏等。但携带、私藏只能认定为作为。(6)如果将持有的行为属性理解为不作为,那么构成犯罪时,就要考察其作为义务的来源,但寻找持有型犯罪的作为义务来源并非易事,甚至不可能。司法实践中,判定持有犯罪时,也从来没有对其作为义务来源问题进行实际的考察。综上,笔者认为,持有属于作为行为。

第三节　不纯正不作为犯的称谓和概念

一、不纯正不作为犯的称谓

不纯正不作为犯(delicta commissiva per ommissionem)究竟是"纯正的"[①]作为犯,还是"纯正的"不作为犯。考察点不同,称谓

---

① 有的论著称为真正,"纯正"与"真正"只是译法的不同,并无实质区别,在本书中并不对这二者作严格区分。

也不同。与此相关联,在学界有的把不纯正不作为犯称为不纯正作为犯。如此复杂的称谓,究竟哪一种更为合理呢?

对不作为犯最早提出纯正不作为犯和不纯正不作为犯分类的德国学者 Luden 认为,不纯正不作为犯的不纯正在于,行为人不限于纯粹的不服从,而是以不作为实现通常由积极的作为才能实现的结果,从这个角度看,不纯正不作为犯是真正的作为犯。①

有的学者则从刑法规范的内容出发,认为不纯正不作为犯与纯正不作为犯在本体论性质的构造和规范构造上是完全相同的,其作为义务都是从命令规范中推导出来,并不包含在刑法为作为犯规定的禁止规范中,因而是真正的不作为犯。

与上述第一种观点相对应,有的学者认为不纯正不作为犯称为不纯正作为犯更为恰当。我国台湾学者林山田教授即指出,单纯就行为形态而言,行为人系以不作为之行为方式犯罪,并非"不纯正";但从不法构成要件的结构而言,这种不作为犯是以不作为而违反通常以作为才能违犯的犯罪,与作为犯较为接近,宜称为不纯正作为犯(Unechte Begehungsdelikte)。因此,将此种行为形态与犯罪类型不相符合的不作为犯,命名为"不纯正"不作为犯,似有不妥之处。②

此外,对于不纯正不作为犯,在学界有学说承认基于不作为的作 为 犯(Begehungsdelikte durch Unterlassung;Kommissivdelikte durch Unterlassung)的观念,也有的学说承认基于作为的不作为犯

---

① 参见[德]汉斯·海因里希·耶赛克、托马斯·魏根特著:《德国刑法教科书》(总论),徐久生译,中国法制出版社2001年版,第727页。
② 参见林山田著:《刑法通论》(下),(中国台湾)1998年作者自版(增订六版),第515页。

的观念。① 大抵分别与"不纯正作为犯"、"不纯正不作为犯"相当。

德国学者 Drost 则从纯正不作为和不纯正不作为犯的法律后果角度,主张分别以"单纯的"和"加重的"不作为犯代替。雅克布斯教授则赞同区分"首要的"和"补充的"不作为犯。Freund 认为应当以"与作为犯等价的"不作为犯代替"不纯正的"不作为犯。②

还有的学者力主舍弃纯正与不纯正之名,而以"原文之不作为(Wortlautunterlassen)"与"解释之不作为 (Auslegunfsunterlassen)"代之。③ 与之相类似的观点认为,纯正的不作为犯的规定见于法律之中,不纯正的不作为犯则是根据判例、学说创制的,处于法律之外。但这种观点也受到了批评,因为这样一来,区分纯正和不纯正不作为犯就会失去意义。法律本身就包含了不作为的应受处罚性取决于特定结果发生的这样一些情况。而且对于不纯正不作为犯也不能说不是法律规定的,否则处罚不纯正不作为犯就违反了罪刑法定主义。

在上述诸多称谓中,最为学界、实务部门广为接受的概念就是"不纯正不作为犯"(或不真正不作为犯)。这或许是基于约定俗成的原因,然而仔细分析该概念尽管存在一定的问题,相比之下,其仍然是目前最为科学、合理的概念。比较"不纯正不作为犯"与"不纯正作为犯"的称谓,从作为犯与不作为犯的区分角度看,既然从不作为的角度可以称为不纯正不作为犯,那么从作为犯的角

① 　[日]大塚仁著:《刑法概说》(总论),冯军译,中国人民大学出版社 2003年版,第 135 页。

② 　参见[德]汉斯·海因里希·耶赛克、托马斯·魏根特著:《德国刑法教科书》(总论),徐久生译,中国法制出版社 2001 年版,第 728—729 页。

③ 　见德国学者 Schmidhäuser, AT. 1975, S. 658, 655。

度,也可以称之为不纯正的作为犯。这在逻辑上是成立的,但二者反映了基本立场上的不同。因为在这里,"不纯正"是作为"作为犯"或"不作为犯"的限定词加以使用的,如果限定的是前者,则其基本立场认为不纯正不作为犯实质上是作为犯,相反,如果限定的是后者,则其基本立场认为不纯正不作为犯实质上是不作为犯。笔者认为,只有在区分了作为犯和不作为犯的前提下,才能进一步讨论是否存在不纯正不作为犯的问题。而作为犯和不作为犯的区分,正如作为与不作为的区分一样,是法律评价的产物,只能从法律规范的角度加以解释。而刑法规范从其内容上可以分为禁止规范和命令规范。这种分类不仅为刑法学界所普遍认同,也为法理学界所普遍采用。违反禁止规范的行为构成作为犯,违反命令规范的行为则构成不作为犯。从不纯正不作为犯所违反的法律规范角度看,其与纯正不作为犯一样都违反了命令规范,从这个角度看,应当将不纯正不作为犯的本质界定为不作为犯更为妥当。但不纯正不作为犯相对于纯正不作为犯而言,又具有其特殊之处:纯正不作为犯只能以不作为构成,并只能以法律明确规定的形式体现出来;而不纯正不作为犯不仅可以不作为的方式体现,更主要的或者通常体现为作为的方式,并且法律通常并不作明确规定而是蕴涵于刑罚法规中。

基于以上考虑,笔者认为,"不纯正不作为犯"的称谓更为妥当。本书即采取这种称谓。

二、不纯正不作为犯的概念

由于不纯正不作为犯是与纯正不作为犯相对的概念,因而国内外的学者在界定不纯正不作为犯的概念时,往往是与纯正不作为犯一起并作为相比较的概念而同时界定的。

在大陆法系刑法学界,关于不纯正不作为犯的概念,主要存在以下三种表述:

第一种表述侧重从实际实施犯罪的形态角度加以概括,认为与纯正不作为犯相比,不纯正不作为犯是结果犯。但具体表述略有不同,如有的认为,"只要不实施法律上期待的一定行为,不论该不作为是否导致一定的结果都构成犯罪的是真正不作为犯,而把不实施期待的一定行为并因此导致一定的结果方构成犯罪的叫不真正不作为犯。"①有的表述为,"必须以发生犯罪结果为犯罪成立必要条件的不作为犯。"②这一观点是德国的通说。如最早提出区分纯正不作为犯与不纯正不作为犯的德国学者 Luden 即认为,纯正不作为犯的本质仅在于对要求的违反上,而不纯正不作为犯则是以法益侵害为方向的。纯正不作为犯是纯粹行为犯的对应物,而不纯正不作为犯则是结果犯的对应物。③ 中国台湾学者林山田也持此观点,认为"作为不纯正不作为犯,系指对于构成要件该当结果之发生负有防止义务之人,不为应为之防止义务,致发生与以作为方式实现不法构成要件情况相当之不作为犯。"④

第二种观点从法律规定的形式出发来界定,认为由不作为而实现以作为形式所规定的犯罪构成要件的场合即为不纯正不作为犯。这种观点在日本居于通说地位。如大谷实认为,不纯正不作

① 参见[日]日高义博著:《不作为犯的理论》,王树平译,中国人民公安大学出版社 1992 年版,第 82 页。

② 陈忠林著:《意大利刑法纲要》,中国人民大学出版社 1999 年版,第 96 页。

③ 参见[德]汉斯·海因里希·耶赛克、托马斯·魏根特著:《德国刑法教科书》(总论),徐久生译,中国法制出版社 2001 年版,第 726—728 页。

④ 林山田著:《刑法通论》(下),(中国台湾)1998 年作者自版(增订六版),第 515 页。

为犯"是指用不作为实现以作为的形式所规定的构成要件的犯罪"。① 日高义博教授也持此观点,认为从这种角度区分纯正不作为与不纯正不作为,是犯罪法规范上的区分,是价值结构的区分,相比其他两种观点更为明确。② 国内也有持此见解的,如"以不作为形式而犯以作为形式实施的犯罪,在刑法理论上称为不纯正不作为犯。"③

第三种表述着重不纯正不作为的外在表现形式,以通常情况下实现犯罪的行为形态为标准,认为以不作为方式构成通常以作为方式实施的犯罪为不纯正不作为犯。如佐伯千仞认为,"通常由作为而实行的犯罪,偶尔用不作为来实现的场合"即为不纯正不作为犯。④ 我国学者陈兴良教授也持此观点,认为所谓"不纯正不作为犯是指以不作为形式而犯通常以作为形式实施的犯罪。"⑤

应当指出,尽管上述表述在形式上存在差异,但大部分学者并未在三者之间严格加以区分,即使采取第三种表述的学者,在区分纯正不作为犯与不纯正不作为犯时往往也指出,前者系行为犯(或举动犯),后者则为结果犯;同时,在分析不纯正不作为犯的具体特点时也通常指出,不纯正不作为犯是以不作为形式实现刑法以作为犯为规定形式的犯罪。尽管如此,仔细分析比较起来,上述几种表述仍各有利弊。

对于第一种观点,学界存在以下几种批评意见:(1)依该说,

---

① [日]大谷实著:《刑法讲义总论》,日本成文堂 1992 年版,第 156 页。
② [日]日高义博著:《不作为犯的理论》,王树平译,中国人民公安大学出版社 1992 年版,第 85 页。
③ 高铭暄主编:《中国刑法学》,中国人民大学出版社 1989 年版,第 99 页。
④ [日]佐伯千仞著:《改定刑法讲义》,日本有斐阁 1974 年版,第 142 页。
⑤ 陈兴良:《犯罪不作为研究》,载《法制与社会发展》1999 年第 5 期。

只有结果犯才成立不纯正不作为犯,行为犯不能成立不纯正不作为犯,但通常认为,作为行为犯的侵入住宅罪也可以成立不纯正不作为犯。[①] (2)有的学者指出,纯正不作为犯也并非绝对地不存在结果犯,纯正不作为犯的性质如何,应依其构成要件定之。不退去罪通常认为是形式犯,非以一定结果的发生为要件,从而否定其有既遂未遂观念的存在。但不保护罪(台湾地区《刑法》第294条第1项),系对个人生命、身体发生危险,应属于实质犯,而实质犯属于结果犯的范畴。[②] (3)将不纯正不作为犯限于发生了结果的场合,只有某种结果确实发生,才对该种结果负责,否认了不纯正不作为犯有未遂的存在,与通说不符。[③] (4)该说的根本缺陷在于,该定义假设法律条文中包含了一定期待行为人为一定行为的要素,但这种期待的具体含义是什么,在什么场合存在,并不明确。[④] (5)不纯正不作为犯是结果犯固然正确,但与纯正不作为犯的根本区别是,它是以不作为的方式实行作为也能实施的犯罪。[⑤]

对于上述五点批评意见,笔者认为,第三、四点意见并没有切中问题的实质。虽然将不纯正不作为犯理解为不防止一定危害结果发生的场合,但这并不等于在罪与非罪的意义上,只有发生危害结果的情况下,不纯正不作为犯才能成立,而是应当理解为不纯正不作为犯既遂的成立。学界通常所说的结果犯也正是在犯罪既遂形态意义上加以使用的,即以一定的物质性损害结果的发生为犯

---

① 　[日]日高义博著:《不作为犯的理论》,王树平译,中国人民公安大学出版社1992年版,第83页。
② 　参见陈朴生著:《刑法专题研究》,(中国台湾)1985年作者自版,第105页。
③ 　参见熊选国著:《刑法中行为论》,人民法院出版社1992年版,第153页。
④ 　参见黎宏著:《不作为犯研究》,武汉大学出版社1997年版,第49页。
⑤ 　参见熊选国著:《刑法中行为论》,人民法院出版社1992年版,第153页。

罪既遂条件的是结果犯。当然，如果理解为必须以发生犯罪结果为犯罪成立必要条件的不作为犯才是不纯正不作为犯，确实存在表述不周延的问题。我想这或许与学界往往没有对犯罪的成立条件与犯罪在成立的基础上之犯罪既遂条件严格加以区分有关。至于第四点批评，我们首先应当承认，不纯正不作为犯的成立必须以行为人具有一定的作为义务为前提，所谓"不为法律所期待的一定行为"也就是违背法律要求实施一定积极行为的义务之意，本来研究不纯正不作为犯的核心问题也就在于确定作为义务，而关于作为义务，学界的观点众说纷纭，理论芜杂，试图在概念上予以明确，是不可能的。虽然这一问题是不纯正不作为犯的本质问题，但第一种定义所存在问题的本质并非在此。

问题是，从行为犯、结果犯的角度能否区分纯正不作为犯和不纯正不作为犯？上述第一、二点意见综合起来就是，一方面不纯正不作为犯并非一定是结果犯，另一方面，纯正不作为犯也并非一定不是结果犯。如果这一点成立的话，从结果犯角度来界定不纯正不作为犯就是不可能的。

首先，应当说，不纯正不作为犯、纯正不作为犯与结果犯、行为犯之间并无必然的联系。将二者分别对应起来，是从实定法考察的结果。在类似德国刑法总则明确规定不纯正不作为犯以行为人负有防止构成要件该当结果发生为前提的国家或地区的立法中，在已经明确限定不纯正不作为犯为结果犯的情况下，将不纯正不作为犯作为结果犯的对应物、纯正不作为犯作为行为犯的对应物是完全正确的。这也是第一种观点在德国成为通说的重要理由。即使在没有采取这种立法例的国家和地区，从限缩不纯正不作为犯处罚范围的立场出发，我们认为将不纯正不作为犯定位为结果犯也未尝不可。至于上述第一点批评意见所举的侵入住宅罪的例子,论者也仅能在间接正犯的场合认可其存在。但这正如我们承认妇女可以成为强奸罪的间接正犯,但在讨论强奸罪主体时却认为只有男子才能成为本罪的实行犯一样,不能因为侵入住宅罪是行为犯而在间接正犯的场合存在不纯正不作为犯,而否认不纯正不作为犯作为结果犯的一般特征。更何况,从可罚的违法性角度,这种情况下行为人的不作为究竟是否值得处罚,还值得考虑。结合我国的司法实践和理论学说,我们认为将不纯正不作为犯限定在结果犯的场合是比较妥当的

其次,从实定法的角度看,尽管我们可以将不纯正不作为犯与结果犯相对应,但从我国现行刑法的规定来看,不能率然认为纯正不作为犯只能是行为犯,而不能是结果犯。在这里,需要对行为犯与结果犯作出区分。目前,学界对行为犯与结果犯的区分标准并不统一,大致有以下几种观点:第一种观点认为,二者区分标准在于构成要件要素是否包含结果,构成要件中只规定了行为内容的犯罪是行为犯,除规定行为内容外还规定结果内容的是结果犯。第二种观点认为,二者的区别在于行为终了与结果发生之间是否具有时间的间隔,结果犯具有时间间隔,行为犯则无。第三种观点认为,二者的区别在于行为是否侵害了特定对象,对行为对象的侵害属于构成要件要素的犯罪是结果犯,反之,则为行为犯。第四种观点反对行为犯的概念,认为只有结果犯。第五种观点认为,行为犯是指只要实施刑法分则规定的某种危害行为就构成既遂的犯罪,结果犯是指不仅实施犯罪构成客观要件的行为,而且必须发生法定的危害结果才构成既遂的犯罪。与行为犯的不同之处在于,结果犯以发生一定危害结果作为构成要件。该观点为学界通说。第六种观点认为,行为犯也必须具有侵害法益的性质,进而倾向于以犯罪的成立(而非既遂)是否需要以发生结果为标准,即发生结

果才构成犯罪的为结果犯,过失犯罪即属于此类,没有发生结果也构成犯罪的,是行为犯,如故意杀人、抢劫等,这种行为犯存在既遂、未遂、中止、预备形态之分。该观点在结论上与通说观点相左,即通说认为属于结果犯的,该说认为是行为犯。[①] 笔者基本赞同通说的立场,但通说也欠周全。笔者认为,对于结果犯的理解,应区分故意犯罪与过失犯罪的不同场合,即在故意犯罪和过失犯罪中都存在结果犯,其中,过失犯罪中的结果犯之成立,以发生特定危害结果为必要;故意犯罪中的结果犯,则是以发生特定危害结果为既遂条件的犯罪。由此出发,笔者认为,目前我国刑法中的确存在纯正不作为犯为结果犯的情形,如刑法第135条规定的重大劳动安全事故罪、第138条的教育设施重大安全事故罪、第139条的消防责任事故罪,对这三种犯罪而言,刑法处罚的是行为人"对事故隐瞒仍不采取措施"、"不采取措施或者不及时报告"、"经消防监督机构通知采取改正措施而拒绝执行"的不作为行为,但均以发生重大伤亡事故或者造成严重后果为犯罪成立条件,一般认为,上述责任事故犯罪属于过失犯罪,而且属于纯正的不作为犯,但根据上述关于结果犯的分析,它们同时属于结果犯。因此,可以说,不纯正不作为犯是结果犯,而纯正不作为犯在通常情况下是行为犯,但不能绝对说纯正不作为犯就是行为犯。

需要指出,我们虽然认可纯正不作为犯可以是结果犯,但前述第二点批评意见所举的台湾地区《刑法》中的不保护罪并非结果犯。台湾地区《刑法》第294条第1项规定:"对于无自救能力之人,依法令或契约应扶助、养育或保护,而遗弃之,或不为其生存所必要之扶助、养育或保护者,处六个月以上五年以下有期徒刑。"

---

① 参见张明楷著:《刑法学》(第二版),法律出版社2003年版,第165页。

尽管《刑法》规定本罪包含有对生命、健康法益保护的宗旨,但并不等于该罪就是结果犯。对于故意犯罪而言,判断一种犯罪是属于行为犯还是结果犯的标准,只在于法律规定是否以一定的危害结果的发生为构成既遂的条件,从该条的表述上,我们可以看出该罪只要求行为人有遗弃行为即可,并不以具体物质性损害结果的发生为必要。如果照此理由大陆刑法典规定的遗弃罪也是结果犯,这显然是不正确的。可以说,该点理由实属对结果犯界定方向上的错误。

综上,从给事物下定义的角度出发,我们认为第一种观点的确没有触及不纯正不作为犯的本质,在这点上,上述第五点批评意见可谓中肯。是否结果犯只是纯正不作为犯、不纯正不作为犯的表象,而并非它们的本质。

持第二种观点的学者从不纯正不作为犯的规范结构角度进行定义,思路可取,但认为以不作为方式实施的犯罪实现的是以作为犯形式规定的构成要件,就无法摆脱来自罪刑法定主义的质疑。既然不纯正不作为犯违反的是命令规范,又如何实现禁止规范规定的构成要件呢?如果我们联系持此观点的日高义博教授关于不纯正不作为犯规范结构的分析,就会发现尽管他从刑法规范的复合性特点出发,认为刑法规范既是行为规范,也是审判规范,但又以审判规范是以作为形式规定的构成要件为前提,认为不纯正不作为犯违反了命令性规范而实现的却是以作为形式规定的作为犯的构成要件,这样仍摆脱不了来自罪刑法定主义的纠缠。因而此说并不可取。其实这种观点存在一种假设的前提,即刑法中类似杀人罪的构成要件就只是以作为犯为规定模式的。而这种观点并不恰当,正如大塚仁教授所言,在社会观念上,母亲想杀死婴儿而故意不给喂奶,很明显会看成是对婴儿的杀人行为,可以解释为刑法中的"杀人"已经包含着它。①

对于第三种观点,学界也存在批评意见,认为以通常的行为形态为标准多是基于常识、凭直观来判断,不好掌握。因为随着时代的推移和科学的进步,行为的形态也会随之变化,通常以作为的方式还是以不作为的方式,很难做出判断,而且按照这种观点,通常以不作为实施,如果以作为来实施,则又是什么犯罪呢?② 但是,真理不是绝对的,我们在给事物下定义时也要随着客观外界的变化而作适当的调整,所谓"通常",是不具有恒定的意思,但我们识别事物,只能在特定的时空条件下进行。在一定的时空环境下,某个犯罪的通常行为形态是作为还是不作为,还是可以判断出来的,而且这种常识也是基于一种客观的根据,并不像否定者所担心的那样具有不确定性。况且,这个定义传递出这样一个信息:有些犯罪通常或可能由作为构成,但也可能由不作为构成,当由不作为构成时,就是不纯正不作为犯。这样,就与罪刑法定主义不相矛盾。

另外,是否存在通常以不作为实施,而以作为来实施则是例外的情况呢? 其实提出这种假设也是多余的。近代以来,在保障公民个人自由和权利的理念下,一般认为,为维护社会共同体秩序的存在,公民原则上只要求不去积极干涉他人的自由和权利就可以了,因而刑法上规定的犯罪也主要是以作为的形式出现,只有在特殊情况下出于法益保护之目的,法秩序要求个人不仅不去积极干涉他人合法权益,而且当他人合法权益受到侵害时还要积极地加

---

① 参见[日]大塚仁著:《犯罪论的基本问题》,冯军译,中国政法大学出版社1993年版,第83页。

② [日]日高义博著:《不作为犯的理论》,王树平译,中国人民公安大学出版社1992年版,第84—85页;熊选国著:《刑法中行为论》,人民法院出版社1992年版,第153页。

以救助。这样作为现代刑法规制对象的犯罪,在形态上自然是以作为形式为原则,而处罚不作为犯则为例外。因此,从某一时间、某一领域进行局部地看,可能不作为会以经常形式出现,但从整体上、在较长一段时期看,则只能是作为犯形式为常态。因此,笔者认为,该定义一方面充分照顾了来自罪刑法定主义的需求,另一方面又充分地考虑作为犯、不作为犯在现实生活中的实际状况(尤其是二者相对的比例),因而相对比较合理。

需要特别提出的是,考虑到上述诸观点所招致的批评,国内有学者在综合上述诸界定优点的基础上,对不纯正不作为犯进行了重新概括。如有学者认为,不纯正不作为犯是指"以不作为形式而犯作为也能实施的犯罪"。[①] 还有的将其定义为"负有防止危害结果发生的作为义务的人,不履行该防止义务,以致发生危害结果而构成的也可以由作为形式构成的犯罪"。[②] 应当肯定的是,从罪刑法定的要求来看,这两种定义都是没有问题的,这是其合理性的一面。但仅强调"以不作为形式而犯作为也能实施",并没有反映出作为与不作为这两种不同形态的犯罪在现实生活中的实际特点;相反,这种概括给人的印象倒像是以不作为实施为一般、通常形式,作为反倒成为特殊、例外形式。不过,后一种定义强调行为人的结果防止义务倒有其可取之处。

在综合上述分析的基础上,结合我国目前处罚不纯正不作为犯的司法现状,并充分考虑将来不纯正不作为犯的立法,笔者认为,可以将不纯正不作为犯定义为:负有防止危害结果发生的作为义务之人,不履行该防止义务而构成的通常以作为形式构成的

[①]　熊选国著:《刑法中行为论》,人民法院出版社1992年版,第154页。
[②]　高憬宏硕士论文:《不作为犯研究》,吉林大学法律系1985年印。

犯罪。

该定义主要有以下优点:首先,该定义符合罪刑法定主义的要求;其次,标明了不纯正不作为犯作为结果犯的特征,同时又避免给人留有不纯正不作为犯只存在构成与否、不存在犯罪未遂的印象;最后,该定义反映出作为与不作为在现实生活中的实际发案状况。

第四节　不纯正不作为犯与纯正不作为犯的区分

由于学界对不纯正不作为犯概念的界定往往是在与纯正不作为犯的对比中进行的,通过第二节对不纯正不作为犯诸种定义的分析,我们也可大致了解二者的区别。一般认为,纯正不作为犯是指刑法规定只能以不作为构成的犯罪。如德国刑法中的见危不救罪,日本刑法中的不退去罪,台湾地区刑法中的知情不举罪,我国大陆地区刑法中的遗弃罪、非法持有国家绝密、机密文件、资料、物品罪、拒不执行判决、裁定罪、拒绝提供间谍犯罪证据罪,等等。

笔者认为,不纯正不作为犯与纯正不作为犯的区别,主要体现在以下几个方面:

一、违反的不法构成要件不同

对纯正不作为犯,在刑法规范上仅就不作为作出规定;而不纯正不作为犯则与以作为方式实施的行为共同适用同一刑罚法规。对于纯正不作为犯而言,其构成要件法律有明确的规定,只需按照规定的构成要件适用即可。而对于不纯正不作为犯,至今仍有不少国家包括我国在内在刑法典没有明确规定其具体的构成要件,为了避免违反罪刑法定主义,有些国家在刑法总则中规定了不纯正不作为犯的一般构成要件(如德国、韩国等),但其适用的具体犯罪构成要件,仍需靠学说、判例加以补充。

二、违背的作为义务不同

不作为犯从作为义务究系一般人均能违背的一般义务,还是特定人始能违反的特定义务角度考察,也可以区分为纯正不作为犯与不纯正不作为犯。一般而言,纯正不作为犯所违反的作为义务,有的属于特定人所违反,而更多的属于一般人所违反。而不纯正不作为犯,只有具有保证人地位、具有作为义务的特定人才能构成。基于此,在学界有学者称纯正不作为为一般不作为,而不纯正不作为为保证人不作为。[①]

在作为义务的内容上,纯正不作为犯和不纯正不作为犯关系如何? 对此,学界有两种不同观点:

第一种观点认为,虽然许多场合,纯正不作为犯的作为义务与不纯正不作为犯的作为义务内容不同,前者无法包容后者,例如,不退去罪的作为义务内容是行为人受退去之要求时,应积极地退去,而非防止结果的发生。但也有些场合,纯正不作为犯的作为义务内容包含了不纯正不作为犯的作为义务,例如,台湾地区《刑法》第294条第1项后段的不作为遗弃罪,以"不为其生存所必要之扶助、养育、保护"为其作为义务内容,但考虑到行为人与被害人之间的关系,还包括防止结果发生之作为义务,这时纯正不作为犯与不纯正不作为犯发生法规竞合关系,纯正不作为犯的作为义

---

① Schmidhäuser, AT. 1975, S. 654f.

务内容可以认为包含了不纯正不作为犯的作为义务。① 日本学者平野龙一教授也指出,"即使在有杀人故意,但没有成立杀人罪的足够的作为义务的情况下,要以保护责任者遗弃罪从轻处罚。这样,在不作为场合,从重罪逐渐到轻罪的处罚,就分别由作为义务的强弱来决定。"②

第二种观点则认为,纯正不作为犯与不纯正不作为犯在作为义务方面,存在着内容上的根本不同,而不是义务的高低或强弱问题。如大塚仁教授认为,"作为结果犯的构成要件要素的作为义务必须以防止其犯罪中的一定的犯罪性结果的发生为内容。与此不同,真正不作为犯、特别是行政性刑罚法规所规定的真正不作为犯的作为义务中,一般不包含应该防止与其相关联的一定的犯罪性结果的发生的义务。"③我国也有学者持此观点,认为在遗弃罪与不作为杀人的场合,形式上两种情形都需要行为人负有作为义务,但二者内容有实质差异。从所起的作用上看,行为人若履行了救助义务或许能够防止死亡结果的发生,但在作为义务内容上,防止死亡结果发生的义务虽然包括了救助义务,但救助义务的内容并非必然能够防止死亡结果的发生。所以,不纯正不作为犯的作为义务是防止结果发生的义务,同与其对应的作为犯中的不作为义务具有等价性;而纯正不作为犯的作为义务只是应当实施某种行为的义务。④

---

① 参见朱俊雄:《不作为犯罪之成立及其罪数》,(中国台湾)中兴大学法律学研究所硕士论文 1992 年印,第 7 页。

② 参见[日]平野龙一著:《刑法总论Ⅰ》,日本有斐阁 1972 年版,第 157—159 页。转引自张明楷著:《刑法格言的展开》,法律出版社 1999 年版,第 148 页。

③ [日]大塚仁著:《刑法概说(总论)》,日本有斐阁 1992 年改订增补版,第 142 页。

④ 参见冯军著:《刑事责任论》,法律出版社 1996 年版,第 46—47 页。

　　上述第一种观点认为在有些场合纯正不作为犯与不纯正不作为犯的作为义务内容是相同的,在对具体案件进行判断时要考虑行为人作为义务程度的高低或强弱;第二种观点则认为,二者的区分不在于作为义务程度的强弱,而在于作为义务内容上的实质不同。笔者认为,在具体判断一个行为符合哪个犯罪构成要件的时候,上述两种观点尽管观察点不同,但可能得出完全相同的结论。诚如有的学者所指出的,就不作为的故意杀人罪与遗弃罪的区分而言,"从罪质区别来说,这是故意杀人罪与遗弃罪的区分问题;从不作为犯论来讲,是作为义务的程度问题。对义务的程度这一概念还难以下定义,但可以肯定的是,即使作为义务来源于相同的法律规定或法律事实,但如果作为义务的程度不同,就可能构成不同的犯罪。"①但相比之下,第一种观点更为合理。固然,为了区分纯正不作为犯与不纯正不作为犯,可以认为纯正不作为犯的作为义务内容不包括防止危害结果发生的义务,但这种区分只具有抽象的意义,对于司法实践而言,可能不会有太大的帮助。而第一种观点比较切合司法认定的思路。不管是否具有防止结果发生义务的判断,还是这种救助义务程度高低的判断,都需要结合案件的具体事实才能予以明确,但从作为义务的来源——无论是法律规定还是法律事实——来看,我们不能率先就该法律规定或法律事实是否包含防止危害结果发生这一义务内容作出肯定或否定的答案,所以,我们不妨这样看待:首先,对特定的法律规定或法律事实而言,它们都包含了防止结果发生的义务(当然,正如上述第一种观点所指出的,并非所有的纯正不作为犯的作为义务内容都属于这种情况);其次,再根据案件的具体事实,考察作为义务程度的

　　①　张明楷著:《刑法格言的展开》,法律出版社2003年第2版,第142页。

强弱;最后,根据作为义务程度高低的不同,对案件作出不同的处理。这样比较符合人们根据案件事实来认定犯罪的司法思维习惯。

事实上,从实定法的角度看,我们也不能否认有些纯正不作为犯的作为义务内容包含了防止死亡结果发生的义务,否则我们无法解释为什么有些国家立法明确规定遗弃致死伤的行为要负加重责任。如德国、日本以及我国台湾地区刑法都规定了遗弃致死伤罪。这种情况下,应当认为行为人的行为包含了防止死亡、伤害结果发生的作为义务。而这种情况与不作为的故意杀人罪的区分,恰恰不在于作为内容的不同,而在于作为义务程度的高度。

另外,分析这种作为义务程度的高度,不能根据法律规范规定义务形式上的层级作为标准。对此,我国台湾学者黄荣坚教授认为,从刑法的立场来看,形式上一样的保证责任,实质上有不同程度的效力:最高度的保证责任就是构成不纯正不作为犯的保证人地位的保证责任;其次一个较高层次的保证责任,如上述台湾地区《刑法》第294条消极遗弃罪中义务人的保证责任;最后,法律上还有最低层次的义务规定,这些规定的义务人,根本就不负任何保证责任,如交通法规规定的交通肇事时过往行人的救助义务即是。① 也就是说,不同层级、不同效力的规范规定的作为义务的层级是不同的,违反高层级法律规范的义务,须负高度的刑事责任;违反低层级规范的义务,须负低度的刑事责任,甚至不负刑事责任。这就是说,从作为义务来源来讲,低层级规范规定的义务不能作为构成高度刑事责任的犯罪的作为义务来源,例如,交通法规规

---

① 参见黄荣坚:《论保证人地位》,载(中国台湾)《法令月刊》第46卷第2期。

定的肇事者救助伤者的义务,不能成为肇事者有可能构成不作为杀人罪的作为义务来源。但这种观点受到了批判,如中国台湾学者许玉秀教授指出,上文黄荣坚教授所举的杀人罪的规定、消极遗弃罪的规定以及道路交通管理条例上的救助义务规定,好像立法者在制订这三种规定时已经充分考虑了不同层次的保证义务,但诚如有的学者所指出的,上述三种规定时间不同,而且甚至看不出意外凑合而成的立法智慧。其实上述三种规定中作为义务之间本没有所谓的层级区分,只要能被刑法认同,因而产生刑法效果的义务,其层级都是相同的。一般人一旦被法律认定为有救助义务,就和保证人相同,违反义务的效果之所以不同,是因为实现的构成要件不同所致,而并非因为义务层级不同所致。①（在这里,需要明确的是,许教授所说的"义务层级"不同于本文所说的"作为义务程度的高低或强弱"问题。）

那么,应如何判断作为义务程度的高低或强弱呢?有学者分析认为,作为义务的强弱,取决于作为义务与法益的关系,具体来说,可以从三个方面来考察:其一,法益所面临的危险是否紧迫;其二,法益对作为义务的依赖程度;其三,履行作为义务的容易程度。② 这种观点对于认定不纯正不作为犯,具有较强的司法指导意义。当然,这个问题涉及不纯正不作为犯作为义务的判断问题,对此,笔者将另作他文专作分析。

三、犯罪形态不同
纯正不作为犯,单纯违反法律规定的一定作为义务即可构成,

---

① 参见许玉秀:《保证人地位的法理基础——危险前行为是构成保证人地位的唯一理由?》,载(中国台湾)《刑事法杂志》第42卷第2期。
② 张明楷著:《刑法格言的展开》,法律出版社1999年版,第150—151页。

其犯罪形态为形式犯,并不以引起一定法益侵害结果为必要;而不纯正不作为犯则必以引起一定法益侵害结果为必要。前者在决定其违法性时只着重于行为无价值,后者则着重于结果无价值。

由于不纯正不作为犯系结果犯,在故意犯罪的场合,存在犯罪的未遂形态。对此,学界几无疑议。但对于纯正不作为犯是否存在未遂,学界则存在不同观点。

今日德国通说认为,无论是纯正不作为犯还是不纯正不作为犯,均可能出现未遂,而且既可以是以能犯未遂形式出现,也可以不能犯未遂形式出现。① 但纯正不作为犯的未遂在理论上只有不能犯未遂这个形式,而且处罚这类未遂的情形也极为罕见。目前主要见于枉法裁判的情形。

台湾地区刑法学界对此也存在肯定说与否定说的对立。否定说认为,纯正不作为犯的成立,不以结果发生为要件,故无所谓未遂问题;②且纯正不作为犯的特色在于故意犯与举动犯,故一定的作为如为法律所期待,便出现现状的变更或现状停止的诫命要求,倘若行为人相应不理,则就其态度即可认为不作为。所以,不作为系对于人的一定态度的否定;若有要求一定的态度必须持续一定时间者,倘有未达该当时间阶段之情形,即应认为该纯正不作为犯的构成要件不该当,而不得认为未遂。③ 采肯定说的学者则认为,纯正不作为犯是以单纯违反一定的法定作为义务而成立,但凡法

---

① 参见[德]汉斯·海因里希·耶赛克、托马斯·魏根特著:《德国刑法教科书》(总论),徐久生译,中国法制出版社2001年版,第770页。
② 参见高仰止著:《刑法总则之理论与实用》,(中国台湾)五南图书出版公司1983年版,第308页以下。
③ 参见蔡墩铭著:《刑法总则争议问题研究》,(中国台湾)五南图书出版公司1988年版,第225页。

律对于行为人要求在一定时期、一定场所为一定行为者,如果于此法定场合违反作为义务而"迟延不作为",其犯罪即告成立;其着手时期即实行完毕时期,故无成立中绝未遂的可能,但纯正不作为犯的缺效未遂则有时非无成立的可能。[①] 例如,对于无自救能力人,依法令应负抚养义务,而不为其生存所必要的抚养,构成第294条的遗弃罪,如果行为人于法律义务上应为抚养之际,而决意不抚养,在时间及客观条件上其不抚养有相当缓慢的接续进行过程,故行为人决定不继续供给抚养之后,如其实际仍在雇用人或前所供给的安养储蓄照顾之下,尚未具体发生生活上的危险时,仍有成立普通未遂的可能。不过这些学者多认为,纯正不作为犯纵有未遂状态,也仅属于理论上的探讨而已,实际上并不成立未遂犯。

从实定法的角度看,日本、韩国等刑法中对不退去罪设立了处罚未遂的条款。[②] 但日本通说认为,"对第132条关于不退去罪处罚未遂的条款,理论上且不论,实践上也并不值得考虑。"[③]而持肯定意见的大塚仁教授则认为,"被要求退出者,在要求退出的时间之前,被家人推出门外,这可以看作是本罪的未遂。"[④]但只要行为人在主人要求退去的最后宽限时刻行为人退去的,就应当认为其

---

① 在中国台湾,持此观点的有韩忠谟、陈朴生等。参见韩忠谟著:《刑法原理》,中国政法大学出版社2002年版,第178页;陈朴生:《犯罪行为之着手时点》,载《法令月刊》(中国台湾)第42卷第9期。

② 日本刑法第130条规定,无正当理由侵入他人的住宅或者他人看守的宅邸、建筑物或者船舰,或者经要求退出但仍不从上述场所退出的,处三年以下惩役或者十万元以下罚金。第132条规定,该罪的未遂应当处罚。同样,韩国刑法第322条也规定了对侵入住宅拒不退出罪的未遂的处罚。

③ [日]大谷实著:《刑法讲义总论》,日本成文堂1992年版,第129页。

④ [日]大塚仁著:《刑法概说(总论)》,日本有斐阁1986年版,第120页。

履行了退去义务,而不论这种退去的方式如何(例如被主人或其他人推出去),如果认为在主人提出要求的那一时刻,行为人就构成了不退去罪的着手,对于行为人而言过于苛刻。

目前,国内刑法学界对纯正不作为犯的未遂问题进行探讨者不是很多,对这一问题较早进行研究的是赵秉志教授,他在其专著《犯罪未遂的理论与实践》中专门对不作为犯的未遂问题进行了探讨。就纯正不作为犯而言,他区分了以情节严重或情节恶劣为要件的纯正不作为犯和没有这些限定情节的纯正不作为犯。对于前者而言,这些附加的情节要素是作为区别罪与非罪的构成犯罪必备的基本要件规定的,不是作为构成犯罪的基础上区别犯罪完成与否的标志来规定的,因此,这些犯罪只有构成与否的问题,不存在既遂与未遂的区别。对于后者而言,这些犯罪特定的不作为实行着手实施即可视为完成,其犯罪构成也不包含物质性的犯罪结果,因此其既不可能有未实行终了的未遂,也不可能有实行终了的未遂,只有实施行为的情况下罪与非罪的区别。[1] 笔者认为这种见解是非常有道理的。结合我国刑法关于纯正不作为犯的规定,所有的纯正不作为犯均不存在犯罪未遂的问题,而只有构成与否的问题。

另外,有些学者主张从不作为犯的刑法规范性质角度也可以区分纯正不作为犯和不纯正不作为犯。认为,刑法规范就内容而言,分为禁止规范和命令规范,作为犯违反的是禁止规范,纯正不作为犯违反的则是命令规范,而不纯正不作为犯在实质上是以不

---

[1] 参见赵秉志著:《犯罪未遂的理论与实践》,中国人民大学出版社1987年版,第200—201页。

作为而违反的作为犯,故其违反的是禁止规范。^① 但也有反对者认为,从这个角度无法区分二者,同纯正不作为犯一样,不纯正不作为犯在本质上也是违反了命令规范,在这种意义上,不纯正不作为犯可以说是真正的不作为犯。^② 笔者认为,这涉及不纯正不作为犯的本质究竟是作为犯还是不作为犯的问题。由于这个问题在很大程度上与罪刑法定主义的关系有重要牵涉,在此不作深入分析,下文将作专门分析。可以说明的是,不纯正不作为犯与纯正不作为犯一样,在本质上都是违反了命令规范,因此,从刑法规范的角度无法区分二者的界限。

---

① 参见林山田著:《刑法通论》(下),(中国台湾)1998 年作者自版(增订六版),第 517 页;陈培峰著:《刑法体系精义——犯罪论》,(中国台湾)康德文化出版社 1998 年版,第 117—118 页。

② 参见 Armin Kaufmann, aaO. S. 3 ff. Welzel, Lehrbuch, 1969, S. 200. 转引自林山田著:《刑法通论》(下),(中国台湾)1998 年作者自版(增订六版),第 518 页。

第三章 不纯正不作为犯与罪刑法定主义

本 章 要 旨

本章从三大方面探讨了不纯正不作为犯与罪刑法定主义之间的关系,包括:罪刑法定主义的嬗变与作为开放性构成要件的不纯正不作为犯;明确性原则与不纯正不作为犯具体类型的判断;禁止类推原则与不纯正不作为犯的规范结构。

1. 不纯正不作为犯是开放性构成要件,用开放性构成要件理论结合罪刑法定原则的嬗变可以解释不纯正不作为犯并不违背罪刑法定主义。笔者指出,相比于大陆法系的犯罪论体系,我国的犯罪构成理论体系与开放的构成要件理论更具有亲和性。开放的构成要件将各种行为通过成文法予以类型性规定,实现了刑法的稳定性,实现了法治国人权保障的基本机能;而对不同犯罪的构成要件采取一定程度的开放性,赋予司法人员一定的自由裁量权,以使其根据社会发展变化作出不断与之相适应的解释,从而弥补成文法与社会相脱节的问题。就不纯正不作为犯而言,承认其构成要件属于开放的构成要件,一方面,为刑法对其加以处罚提供了坚强的理论基础,从而可以有效实现法益保护的机能;另一方面,为解释其与罪刑法定主义之间的紧张关系也提供了新的诠释视角。笔者分析了罪刑法定主义的演变过程,指出在形式法治国向实质法治国理念转变的同时,罪刑法定主义原则也开始了由形式罪刑法定向实质罪刑法定的转变。实质罪刑法定主义观认为,传统的罪刑法定主义观应当做某种程度的调整,罪刑法定原则若过于偏重个人利益的保护,对于其如何与法益保护之间的调和则稍嫌不足,应当调和刑法保护机能与保障机能的关系,使两者相互对立的观念得以缓和。在这种意义上的罪刑法定正可以解释作为开放性构成要件的不纯正不作为犯。

2. 关于罪刑法定主义的明确性原则。笔者认为,不仅要正视明确性的局限性,而且还要看到模糊性的相对独立价值。刑法语言的模糊性是立法者基于刑事政策的考虑而有意作出的积极选择,是立法者的一种"次优选择"。之所以提出明确性的要求,其意在于获得法的确定性或者说法的安定性,以最大限度地实现刑法的保障机能。然而法的确定性是否存在以及如何求得,不同法学派和法学家之间展开过激烈的论争。笔者认为,法的确存在不确定性的一面,采取中庸的立场是比较妥当的。为了维护法的安定性,以国民预测可能性为标准来判断明确性相对比较妥当。就处罚不纯正不作为犯而言,从司法实践来看,发生的处罚不纯正不作为犯案件,多集中于杀人罪、放火罪等常见多发的自然犯。而这些犯罪,就以不作为方式实施的情形而言,往往并没有超出国民的预测可能,而恰恰是基于社会通念的结果。

3. 不纯正不作为犯是否违反罪刑法定主义,是否属于类推解释,学界往往从不纯正不作为犯的规范结构出发加以讨论。关于不纯正不作为犯的规范结构,学界存在诸多观点,如禁止规范违反说、命令规范违反说、禁止规范命令规范同时违反说等,笔者在剖析了这些观点之后指出,不纯正不作为犯只能是违反命令规范。应当区分刑罚法规与刑法规范之间的界限,刑法规范具有复合性质,但这并非说不纯正不作为犯因违反命令规范而实现了以作为形式规定的作为犯的构成要件,毋宁说对于特定犯罪而言,刑罚法规本未预设作为犯的类型。不纯正不作为犯违反的是命令规范,而符合的却是同作为犯一样适用的刑罚法规。

可以说,自有不纯正不作为犯的系统学说以来,法学家们就开始面对不纯正不作为犯与罪刑法定主义的紧张关系。倡导形式法治国理念并将罪刑法定贯彻到刑法体系之中的刑法启蒙大师费尔巴哈就基于罪刑法定的要求,将作为义务限定于法令和契约的场合,尽管这时他还没有明白考虑处罚不纯正不作为犯是否违反罪刑法定主义的问题。尤其是纳格拉提出"保证人说"以来,把保证人地位(保证义务)纳入构成要件中,处罚不纯正不作为犯是否违反罪刑法定主义就成为学者首先面临的问题。有的学者认为,处罚不纯正不作为犯是类推适用作为犯的构成要件,从而违反了罪刑法定主义(如考夫曼、金泽文雄);有的学者则基于容许类推解释的立场,而认可处罚不纯正不作为犯的合法性(如香川达夫);还有的学者基于否定罪刑法定主义的立场来考虑不纯正不作为犯问题。但罪刑法定主义已成为当今刑法和刑法理论的指导原则,试图否认罪刑法定来为处罚不纯正不作为犯提供理论依据,是不妥当的。然而,如果站在肯定罪刑法定主义的立场,在目前的立法现状下处罚不纯正不作为犯,的确存在一定的疑虑。从实定法的角度看,为了避免来自罪刑法定主义的批评,一些国家和地区尤其是大陆法系国家和地区(如德国、奥地利、韩国、我国台湾地区)在刑法总则中规定了处罚不纯正不作为犯的条款,但由于立法技术和法律语言自身特点等方面的原因,立法者仍无法将不纯正不作为犯的全部构成要件明确记述下来,因而仍面临来自罪刑法定主义之明确性原则的疑问。

为了说明处罚不纯正不作为犯并不违反罪刑法定主义,学者们进行了种种努力和探索。"不纯正不作为犯可罚性理论发展及成熟之期间,正值传统之犯罪理论迭受新说冲击而发生变动。……而不纯正不作为犯理论之研究亦对各种理论之提出,多少产生冲击、诱导作用。……就刑法基本原则而言,则是对罪刑法定原则之修正。整体言之,乃一种形式趋向于实质之发展情形,而不纯正不作为犯之处罚最能表征此种趋势。盖自法典规定之形式以观,无论据以处罚不纯正不作为之凭据,无论系因果关系说、违法性说或构成要件说,目的皆在于突破法规之形式,以解释不纯正不作为犯实质的可罚依据。尤其构成要件说之主要内涵,更在于突破形式构成要件合致性之观念,以实质之构成要件合致性解释不纯正不作为之可罚性。再就现行法而言,以总则概括规定'保证人地位'为不纯正不作为犯可罚之前提要件,而将个别的'保证人地位'类型,委由审判者依其自由裁量权以确定之,亦为将严格之罪刑法定主义修正为弹性之罪刑法定主义之表现。"①因此,探

---

① 许玉秀:《论西德刑法上保证人地位之实质化运动》,载(中国台湾)东海大学法律学系《法学论丛》1987年第3期。

讨罪刑法定主义的学说变迁对于解释不纯正不作为犯问题具有重要意义。概言之,形式法治国理念向实质法治国理念的转变、绝对法定主义向相对罪刑法定主义的演变、形式罪刑法定主义向实质罪刑法定主义的过渡,为解释不纯正不作为犯与罪刑法定主义之间的紧张关系提供了深刻的理论背景和强力的理论支撑。

本章将分三节来探讨不纯正不作为犯与罪刑法定主义之间的关系,包括:罪刑法定主义与不纯正不作为犯构成要件的开放性;明确性原则与不纯正不作为犯具体类型的判断;禁止类推原则与不纯正不作为犯规范结主义。

第一节　罪刑法定主义与不纯正不作为犯构成要件的开放性

一、罪刑法定主义原则概述

在科学化的犯罪学与刑法学研究兴起之前,西方社会对犯罪人的处罚是以神学救赎或国王的面子而恣意加诸犯罪人的残酷刑罚。随着资产阶级经济地位的上升,政治意识的觉醒,在启蒙思想家的理性主义大旗下,西方资产阶级展开了轰轰烈烈的资产阶级革命。对自由意志的尊崇成为至高无上的原则,也成为政府、社会在运行其控制行为时的基本要求。由此,在刑罚方面有了巨大的突破,从而导出了现代法治国家要求下的罪刑法定主义。但18世纪的罪刑法定主义主要在于提升刑法的规范机能,不过这种努力不能见容于当时的司法实务界。例如,由于贝卡里亚提倡罪刑法定主义以及公平的审判等主张,而被当时的意大利法官与审判员指为强盗、杀人犯的庇护人。之后,由于西方大陆自由主义与立宪运动的发展,"法律未禁止者,人人享有绝对自由",成为人们的神圣契约。而刑法由于作为最后手段,最能勾勒出宪法基本人权的面貌,以其所规定的罪刑法定主义,成为实质意义上的"小宪法"。自费尔巴哈于19世纪提出"无法律即无犯罪,无法律即无刑罚"的罪刑法定主义原则之后,刑法由传统的规范机能而一变成为同时具有保障人权的机能,并且,保障人权的机能成为刑法的最重要机能,以致认为刑法是犯罪人的大宪章。在这种意义下,罪刑法定主义派生了以下几个原则,即:明确性原则、禁止溯及既往原则、禁止类推原则、实定法原则(有的学者称为法律主义)。之后,又有的学者提出了刑罚法规的正当原则、禁止恣意原则。

而与处罚不纯正不作为犯有密切关系的主要是罪刑法定主义中的禁止类推原则和明确性原则。其中,禁止类推原则要求,禁止以类推解释的方式,作为新创或扩张可罚行为或加重刑罚的方法,即禁止比附援引。该原则旨在保护公民的自由权利不受国家公权力的不可预料的剥夺,最大限度地维护公民的自由权利。而明确性原则要求,刑法所规定的犯罪与刑罚,必须尽量明确,不能运用不确定的法律概念技术,由司法官做自由的裁量。刑罚的明确则是指刑法对于犯罪行为的处罚必须明确,对于刑罚的种类必须确定,但基于刑罚个别化的要求,对于刑罚幅度的规定,可以采取相对不定期刑。

接下来将在分析不纯正不作为犯构成要件特点的基础上,从罪刑法定主义的嬗变过程中来分析处罚不纯正不作为犯符合罪刑法定主义。

二、不纯正不作为犯构成要件的特点

从目前各国、各地区刑法的规定来看,对于不纯正不作为犯除了在总则中规定其一般的成立条件外,其应当具体适用的罪名并不具有独立性，而是与作为犯共用一个构成要件，但又不是当然地与作为犯适用同一构成要件，只有具有保证人地位（作为义务）的行为人的不作为才可能与作为相当。而对于保证人地位，尤其是作为具体不纯正不作为犯犯罪类型中的保证人地位，刑法并没有明确的规定，一般认为这种未明文规定的要素只能通过法官的解释和判例加以补充。这就涉及与不纯正不作为犯有密切关系的法理学问题——法律体系是开放的体系还是封闭的体系。因此，在对不纯正不作为犯的构成要件特点作出分析之前，首先让我们了解一下法律体系的开放性与封闭性的问题。

法律体系究竟是开放的体系还是封闭的体系？站在不同的法哲学立场，其结论也不相同。自然法学派 W. Blackstone 基于实定法上永恒存在一般高层次而具有永恒不变性质的自然法观点，认为法律是因发现而来，法官的职责只是揭去埋藏在习惯法中既存的法律外皮，进行法律的宣示而已，从而认为没有法律漏洞的存在，即法律体系是封闭的体系。与此相同，纯粹法学派排除了混入实定法以外的事项，认为法官如果以立法者的身份判决案件，且非以现行有效的法律填补漏洞，毋宁是在现行有效的法律中增加一个别规范，同时无异于说现行法的适用将会引起不公正的结果，致使法官获得在案件中创立实体法规范的特权。概念法学派则主张，法律体系的逻辑具有自足性，任何问题均可自既存的法律加以解决，不须以其他法源补充成文法，从而拒绝法官的造法，并否定有法律漏洞的存在。作为概念法学派的健将 Karl Bergbohm 即曾乐观地认为："对于法律是有漏洞的这种观念是应该要加以彻底扬弃了。法律将是一个永无漏洞的完美存有者……它永不需要由外部引入任何东西来补充之，因为它永远是完满的……。这可不是'荒诞的杜撰'，而是无法不这么认为

的事实。"① 而由 Savigny 发展而出的实证法学派,认为法官适用
法律的作用,是借包摄作用将法律与案件之间的客观范围作相互
的安排和配置,并不作价值判断,所以认为个案的法律适用纯系概
念的客观认知作用,并进一步禁止法律的创设,因此,这种学说也
认为法律体系毫无法律漏洞。当代英美世界自由主义法理学的重
要代表德沃金也宣称法律是一个无漏洞的体系,从而确保法的安
定性,排除法官的主观武断,以求公民权利得到完美的保障。

德国学者 Karl Larenz 则指出:"法律涉及形形色色及不断演
变的生活事态,对这些事态,立法者无法事先一览无遗。"②因此,
法律必然有漏洞,也就是法律体系呈现出不圆满性。虽然法官应
避免使自己卷入政策的决定,但毋庸讳言,法官无法自外于所属的
社会或团体,且难与该社会或团体所蕴涵的价值形态相隔离,抑或
消除此类因素所产生的影响,因此,倘若发现法律不圆满,却故作
忽视,进而否认其漏洞的存在,绝对反对适用法律者于制定法明文
规定之外,以其认知的价值评价具体案件,一味限制司法造法,恐
怕不仅是不切实际的,也是基于错误的想象,同时也背离了法律的
正义。更何况,漏洞补充的主要功能在于消除法秩序中的"体系
违反",使法律追求的价值可以充分圆满地得以实现。基于此,
Larenz 主张用类推适用、回归法律原则及事物本质取向等方法来
填补法律漏洞。

法律作为封闭完美的体系之观念,在西方 19 世纪大立法化的
时代曾盛行一时,后来也有不少追随者。但今天这一想法已被扬

---

① 转引自林立著:《法学方法论与德沃金》,中国政法大学出版社 2002 年
版,第6—7页。

② Karl Larenz,Methodenlehre der Rechtswissenschaft ,Berlin 1992,S.205.

齐,一般的法学家对此皆持保留的看法。事实上,人类面对错综复杂的生活事态,要求得问题的合理解决,必然要诉诸各种价值利益的衡量,而这是一件高度评价性的工作。即便法律体系本身提供了许多价值原则,但这些原则在不同个案中所优先考虑的顺序也会有所不同,这样就会造成不同的结果。而我们无法事先列举一切案件的形态,并规定好价值衡量的先后次序。因此,我们必须承认法律漏洞的客观存在。正如 Engisch 所言:"法律秩序的封闭完美性永远只能被当作一个'范导'(regulative)的理念,即作为'理性的原则,其是充当规范而应被吾人设定,而不应被预设为客观存在之物'。"①其实,只要我们具体分析上述不同学派的观点,就会发现尽管有些学者没有将之称为法律漏洞,只不过对于这一问题的解决、解释方法不同罢了。如德沃金即是通过将法律原则解释为法律的形式,来维护法律体系的无漏洞性。

就刑法而言,因其本质上的不完整性,"故在刑法本质即存有为数甚多之漏洞。况且,刑法对于可罚行为仅就点,而非就面设定处罚规定,为数甚多之社会有害行为中,只有一些典型之不法行为,始经由刑事立法而成为科处刑罚之犯罪行为。此外,刑法并非就一个系统结构而成之法律,而是以道德规范为根源,逐渐进展而成者。因此,刑法之规定,必然地存在法律漏洞"。②

在刑法中,不纯正不作为犯就属于存在法律漏洞的犯罪构成。目前学界一般认为,不纯正不作为犯系开放的构成要件,也称空缺

---

① 转引自林立著:《法学方法论与德沃金》,中国政法大学出版社 2002 年版,第 162 页。

② 林山田著:《刑法通论》(上),(中国台湾)1998 年作者自版(增订六版),第 50 页。

的构成要件①。开放的构成要件理论由德国学者 Welzel 提出,他认为犯罪的构成要件不仅是封闭的,许多情况下,立法者对构成要件中的禁止内容没能"通过物本质(即行为本身)、客观具体的要素的描述竭尽所能地予以规定"。所谓开放的构成要件,就是指在刑罚法规的构成要件上只记载了一部分犯罪要素,其他部分预定在适用时由裁判官来补充。② 在封闭性构成要件中,法官通常只需要通过消极程序来查明违法性,即确定没有违法阻却事由便可确定行为的违法性;而在开放的构成要件中,法官必须通过对违法性的积极查明,即判断法律规范中的违法性要素的存在,来确定行为的违法性。③ 就不纯正不作为犯而言,"对应当成为决定不作为的实行行为性的根据的作为义务,并没有特别的明示,一般需要解释来补充。"④对此,威尔兹尔说,在不纯正不作为犯的情形中,把不作为人的所有情况都比较详细具体地规定在构成要件中是不可能的。关于这部分内容以没有规定的构成要件来加以补充,这并不是由于解释上困难才这样做,而是由事物本身的性质决定的。⑤

---

① 参见[德]汉斯·海因里希·耶赛克、托马斯·魏根特著:《德国刑法教科书(总论)》,徐久生译,中国法制出版社 2001 年版,第 305 页。不过,开放的构成要件并非完全没有规定构成要件的类型特征,只是部分地需要补充,因而相比之下,开放的构成要件之称谓更为妥当。

② 参见[日]大塚仁著:《刑法概说(总论)》,冯军译,中国人民大学出版社 2003 年版,第 118 页。

③ 转引自刘艳红著:《开放的犯罪构成要件理论研究》,中国政法大学出版社 2002 年版,第 9 页。

④ [日]大塚仁著:《犯罪论的基本问题》,冯军译,中国政法大学出版社 1993 年版,第 81 页。

⑤ 参见[日]日高义博著:《不作为犯的理论》,王树平译,中国人民公安大学出版社 1992 年版,第 31 页。

关于开放的构成要件是否存在或者说开放的构成要件理论应否提倡,在学界尚存在争议。持否定意见的主要理由来自于两个方面:

(1)构成要件具有类型性特征,因而只能是封闭的,在大陆法系犯罪论中,构成要件具有违法推断的机能,如果承认开放的构成要件,就使得构成要件丧失了违法推断机能。例如,德国学者耶赛克等人认为,开放的构成要件理论必须被拒绝,因为如果构成要件被理解为不法类型,它只能被认为是"封闭的",原因在于它恰恰缺少类型特点。这意味着,构成要件必须毫无例外地包含全部的对某一犯罪类型的不法内容具有共同决定作用的特征,关于违法性的问题,只能是消极地,也就是说,在排除合法化事由的意义上提出来。① 日本学者内藤谦教授也指出,承认开放的构成要件,就会承认由裁判官的价值判断来补充构成要件,从罪刑法定主义、刑罚法规的明确性原则来看,是有疑问的。② 另一位德国学者洛克信(Roxin)也指出,由于开放的构成要件不具有违法性征表功能,使构成要件概念成为一个缺乏可把握内容的、纯形式的范畴,违背了构成要件价值判断性的本质,威尔兹尔所做的封闭构成要件与开放构成要件的区分,不可能清楚地区别构成要件特征、违法性要素和正当化事由。因此,在刑法系统中没有开放的构成要件的存在空间。③

① 参见[德]汉斯·海因里希·耶赛克、托马斯·魏根特著:《德国刑法教科书(总论)》,徐久生译,中国法制出版社2001年版,第305页。
② 参见[日]大塚仁著:《刑法概说(总论)》,冯军译,中国人民大学出版社2003年版,第119页。
③ 参见刘艳红著:《开放的犯罪构成要件理论研究》,中国政法大学出版社2002年版,第34—35页。

（2）构成要件是违法的类型,在价值上具有中立性,就不纯正不作为犯而言,如果将作为义务解释为构成要件的要素,则构成要件就包含了价值判断。例如,我国台湾学者陈志龙认为:"开放性构成要件的概念,最主要是其所持的构成要件概念与一般当今的构成要件概念不相一致,并且以开放性构成要件作为封闭的构成要件的例外,其结果乃是存在二个相互矛盾的构成要件概念。详而言之,如果将构成要件理解为价值中立,则所有的构成要件应均属于开放的构成要件,而不含有违法性在内。所以,此时应无'封闭性构成要件'之存在可能。基于此意义,将得出任何构成要件均属'开放性'构成要件的结论,也就是说,在构成要件该当性之后,承办的法官仍必须在确定阻却违法事由之前,作违法性要素的正面审查。"另外,他还认为,不纯正不作为犯的构成要件设计自有其要求,并不必要与作为犯的构成要件全然一致。①

但上述批评是缺乏充分说服力的。首先,开放的构成要件是否具有违法推断机能问题,尽管连提出开放构成要件理论的威尔兹尔本人也认为开放的构成要件并不具有违法推断机能,但是,对于开放的构成要件,当法官补充构成要件要素的内容后,即在由刑罚法规中推导出来的指导形象补充了其构成要件时,就同封闭的构成要件一样,承认符合构成要件的行为的违法推断机能。② 更为重要的是,即便我们通常意义上构成要件类型,在某些情况下也并非当然地具有违法推断机能,只能说基本上可以推断它的违法性。这些情形主要表现在两个方面:一是在超法规违法阻却事由

① 参见陈志龙:《"开放性构成要件理论"》,载(中国台湾)《台大法学论丛》1991 年第 21 卷第 1 期。

② 参见[日]大塚仁著:《刑法概说(总论)》,冯军译,中国人民大学出版社2003 年版,第 118 页。

的情况下,必须借助成文法之外的评价来证明行为的合法性。例如,有些国家在实定法上仅规定了正当防卫和紧急避险的违法阻却事由,并没有规定其他的违法阻却事由,但毕竟还存在一些从实质违法性的观点来看,不应加以处罚的情况,尽管它们在表面上符合构成要件的类型形象。于是,无论立法、司法部门还是刑法学界都承认超法规违法阻却事由的存在。在这种情况下,我们并不能根据构成要件的该当性,加之法定的违法阻却事由而推断行为的违法性。在进行法定违法阻却事由的判断之前,还必须积极地考察其存在超法规违法阻却事由的情况。因此,这种情况下构成要件类型性意义对于违法性判断显然是不充分的。另一种情况就是,即便在法定违法阻却事由的情况下,判断行为的违法性,也不能仅仅根据构成要件的该当性以及法定违法阻却事由,就草率认定,也必须在检验是否存在法定合法事由之前,进行积极的违法性判断。这种情况主要属于构成要件的违法性推定机能不起作用的情况。例如,侵入住宅罪和逮捕监禁罪那样有特殊规定"无故"、"不法"等要素的构成要件,阐明了这种精神,即外观上同类行为在社会生活中都属于正常行为,只有这种行为违法时,才可以认定是犯罪类型。对于这类行为,只有表明特殊的违法性要素被确定的场合,构成要件的类型性意义才得以完全确立。①

其次,关于构成要件类型是否只能保持价值中立的问题。对此学界经历了一番变迁。从犯罪理论的演进来看,古典犯罪论将构成犯罪的要件区分为客观要件与主观要件,构成要件该当性与违法性属于客观要件,罪责属于主观要件。构成要件并无价值判

---

① 参见[日]福田平、大塚仁著:《日本刑法总论讲义》,李乔等译,辽宁人民出版社1986年版,第87页。

断问题,只在违法性领域才进行价值判断。如最早将构成要件概念作为犯罪论基本概念的贝林格即认为,构成要件是犯罪类型的外部轮廓,是中性、无色彩的,"构成要件的本质是单纯的不具有任何实体内容的犯罪类型的轮廓,是纯粹的记述,它与规范要件相连,但其自身并没有包含任何法律效果。"[①]但到了晚年,贝林格部分地修正了自己的观点,"他的这一指导形象,仍是强调记述的、客观的要素,然而即使构成要件论中,已经在法律的世界,纵然是记述的要素,还是承认多多少少包含规范的要素,在遗稿之中认为主观的要素可能成为违法的要素。"[②]德国学者 M. E.迈耶继承并发展了贝林格的构成要件理论,并与后来的麦兹格一起建立了影响深广的新古典犯罪论。迈耶认为,在构成要件中,除记述的要素、客观的要素外,还存在规范的要素和主观的要素。构成要件该当行为违法性的判断,并非仅就客观存在的表象,而应就法规范的价值体系,并兼就行为人的主观心态进行价值判断。在关于构成要件与违法性、有责性的关系上,尽管迈耶同意贝林格所提出的严格区分构成要件该当性与违法性观点,但他认为,构成要件符合性同时是认识违法性的根据,二者的关系就如同烟与火的关系,具有违法推定机能。麦兹格则在迈耶所提出的"认识根据说"的基础上更前进了一步,他认为行为符合构成要件并非单纯的违法性认识的根据,也是其存在的根据,行为符合犯罪构成,原则上就成为违法性的根据。这样,犯罪论经由贝林格中性、无色的古典犯罪论,发展到迈耶、麦兹格的违法认识根据说、违法性类型说,犯罪构

---

① 转引自马克昌主编:《近代西方刑法学说史略》,中国检察出版社 1996 年版,第 227 页。

② ［日］木村龟二编:《刑法学入门》,第 212—213 页,转引自马克昌主编:《近代西方刑法学说史略》,中国检察出版社 1996 年版,第 202 页。

成要件与违法性之间的关系,由最初的没有关系发展成为具有密切联系的概念。并且,目前构成要件是违法类型说已取得通说的地位。尤其是规范的构成要件要素的提出,对贝林格的客观、中性、无价值、记述的构成要件形成巨大的冲击。今天,学者们已普遍承认规范性构成要素的存在,"记述性要素和规范性要素都包含在构成要件要素之中,几乎不存在什么异议"①。而开放的构成要件需要补充的部分,一般都是规范性要素。就不纯正不作为犯而言,作为义务这一属于价值判断的要素就属于规范性的构成要件要素。

再次,即使不承认开放的构成要件而只认可封闭的构成要件的学者,也不得不认为,"禁止内容形成的程度在具体的刑法规定中是不同的。法官从一般之价值判断或从与其他特征的联系中获得的补充,重新产生构成要件特征,……。"②

此外,还有的学者认为,开放的构成要件经过补充之后成为封闭的构成要件,在这个意义上,只存在开放的刑罚法规,不存在开放的构成要件。③ 开放与封闭是就寓于刑罚法规中的立法上的构成要件而言的,并非就适用中的构成要件而言,的确,开放的构成要件经过补充后可以成为封闭的构成要件,但并不能因此而否定开放构成要件的存在。如果承认构成要件具有法定性的特征,那么我们就不能否认,刑罚法规除了法定刑内容之外,与构成要件具有内容上的一致性。

---

① [日]大塚仁著:《犯罪论的基本问题》,冯军译,中国政法大学出版社1993年版,第52页。

② 参见[德]汉斯·海因里希·耶赛克、托马斯·魏根特著:《德国刑法教科书(总论)》,徐久生译,中国法制出版社2001年版,第305页。

③ 参见张明楷著:《外国刑法纲要》,清华大学出版社1999年版,第81页。

　　笔者认为,相比于大陆法系的犯罪论体系,我国的犯罪构成理论体系与开放的构成要件理论更具有亲和性。基于犯罪现象的复杂性、法律语言的相对不明确性、立法技术的局限性等因素之考虑,提出开放的构成要件概念具有重要的理论与实践价值,正如有的学者所指出的:"开放的构成要件将各种行为通过成文法予以类型性规定,实现了刑法的稳定性,实现了法治国人权保障的基本机能;而对不同犯罪的构成要件采取一定程度的开放性,赋予司法人员一定的自由裁量权,以使其根据社会发展变化作出不断与之相适应的解释,从而弥补成文法与社会相脱节的问题。"①

　　就不纯正不作为犯而言,承认其构成要件属于开放的构成要件,一方面,为刑法对其加以处罚提供了坚强的理论基础,从而可以有效地实现法益保护的机能,这也是刑法处罚不纯正不作为犯的基本动因;另一方面,为解释其与罪刑法定主义之间的紧张关系也提供了新的诠释视角。当然,基于不纯正不作为犯这种开放性构成要件的特点,接下来要做的事情就是,必须进一步明确应当站在怎样的立场来理解罪刑法定主义,否则,仍然避免不了来自罪刑法定主义的质疑。

三、从罪刑法定主义的嬗变看不纯正不作为犯

　　法治国原则是现代民主宪政的一项重要指导原则。该原则发展至今,已不只是一种政治理念或法律思想,配合民主政治的基本人权观念,在实证的法律体系上,已经树立了法理上的具体实践原则。在人类的法治历史上,经历了由形式法治国家向实质法治国

---

　　①　刘艳红著:《开放的犯罪构成要件理论研究》,中国政法大学出版社2002年版,第317页。

家嬗变的过程。形式的法治国家理念起源于 18 世纪末 19 世纪初期。其以启蒙思想家提出的"天赋人权"、"主权在民"的口号为理论前提,经由卢梭的"契约论"、"主权在民"以及孟德斯鸠的三权分立理论、康德的理性论的理论支持,完成了形式法治国家理念的基本构架。对法律形式的推崇是形式法治国家理念的重要标志。

在形式的法治国发展过程中,也出现了与当初法治理念之提出不同的观点,以致价值中立成为形式法治的重要观念。如英国学者詹宁斯教授认为,法治是一匹桀骜不驯的烈马,既可形成保障人权的机制,也可形成专制以及强权侵占他国的借口。法治并非法律和秩序的同义词,毋宁是区分民主宪政体制和专制的代名词。同样站在形式法治观立场的艾德教授也认为,法治概念的第一要义,便是政府及政治势力都必须被已制定及周知的规范来限制,且此规范应该公正地适用于全体之上;其次,法一经制定,全体应一致遵守,即使当初不赞成者亦然。艾德教授把法制视为单纯的工具论,法治概念并不涉及法的品质问题,即并不涉及法是否保障人权或授予政府滥权的问题。他认为,要防止政府冒法治之名,行滥权之实,就必须借助其他机制如权力分立等方法。与此相对,实质的法治观则将法的"品质"与法治观念合二为一,将价值观带入法治概念内。①

实质的法治观诞生于 19 世纪末 20 世纪初,受狄骥团体主义法理学思想的影响,强调法律为社会大众服务、强调实质的正义观念,而淡化法律对公民个人权利的保障(当然并非忽视对公民权利的保障)。实质法治国的主要特点在于,考虑更多的实质性内

---

① 参见陈新民:《国家的法治主义——英国的法治与德国的法治之概念》,载(中国台湾)《台大法学论丛》第 28 卷第 1 期。

容和价值判断,但也在一定程度上包括全部或几乎全部形式的法治国理论的制度形态。① 正如德国学者哈特穆特·毛雷尔所指出的:"法治国家是指公民之间、国家与公民之间以及国家内部领域的关系均受法律调整的国家,其标志是所有国家权力及其行使均受法律的约束。法治国家具有形式意义和实质意义之分。形式意义的法治国家以法律为中心,凡对公民自由和财产的侵害必须具有议会法律的授权;而只要国家活动形式上符合法律,即视为达到法治国家的要求。实质意义的法治国家不仅要求国家受法律的约束,而且要求法律本身具有社会的正当性。实质意义的法治国家是形式意义的法治国家的补充和发展。"②可见,从法治国家的发展演变进程来看,当今的法治国家是在补充、发展了形式意义的法治国家的实质法治国家,它克服了形式法治国家的固有弊端,但它又不是脱离形式法治国家基本理念的纯粹实质性法治国家。

形式法治国向实质法治国理念的转变表明了,法治国必须承继传统形式意义的法治国的杰出理念,例如最大限度地维护人民基本权利、基于自由主义的对国家权力可能滥权的质疑、以及确保这两个原则所必须采取的法律保留及所衍生的信赖利益保护、禁止溯及既往、可预测性原则等。同时,必须符合国家追求整体实质正义以及将国家行为确实用法而非单纯用法律来加以约束,使得法治国无疑可透过违宪审查制度等,来摈弃恶法亦法,而达到良法之治。因此,法治国的精神已将实证的法律工具论视为下位的执行原则,而追求法的品质论,这无疑是今后法治国理念发展的最主

---

① 参见[英]罗伯特·萨莫斯:《形式法治理论》,载夏勇主编:《公法》第2卷,法律出版社2003年版,第113页。

② [德]哈特穆特·毛雷尔著:《行政法学总论》,高家伟译,法律出版社2000年版,第105页。

要内容和趋势。

　　与此相适应,罪刑法定主义原则也开始了由形式罪刑法定向实质罪刑法定的转变。自启蒙时代后,刑法思想家们认识到,允许政治介入的刑法、依统治者意思自由决定犯罪形态与刑罚类型的刑法以及罪刑擅断的刑法,对个人的自由造成极大的摧残与干预,从而非常重视刑法的保障机能,认为通过罪刑法定主义可以限制国家公权力的行使,防止公权力的滥用,使刑法充分发挥保障公民自由权力的机能。费尔巴哈将法治国的思想运用于刑事审判中,主张对国家的刑罚权进行限制,限制的手段或方法主要有:第一,通过法律的限制,此即罪刑法定主义原则;第二,通过行为进行限制,科处刑罚应以行为为标准,而非以行为人为标准;第三,通过法律与伦理的区别进行限制,犯罪不是违反伦理而是违反法律,立法者应当尊重良心的自由,法律不是伦理的审判者,严格区分法律与伦理的界限。①

　　可见,形式的罪刑法定主义的特点在于强调刑法的人权保障机能,强调对国家权力的限制,认为"刑法是犯罪人的大宪章"。形式的罪刑法定主义观,其背景是法国大革命时代的人权思想的存在,在这一背景下,其观点具有合理性。但随着时代背景的变化,实质罪刑法定主义观认为,传统的罪刑法定主义观应当做某种程度的调整。罪刑法定原则若过于偏重个人利益的保护,对于其如何与法益保护之间的调和则稍嫌不足,应当调和刑法保护机能与保障机能的关系,使两者相互对立的观念得以缓和。

　　但在实质化的内容和程度方面,学者也有不同见解。有的学

---

　　①　参见张明楷著:《法益初论》,中国政法大学出版社2000年版,第8—9
页。

者认为,从法益保护的观点而论,扩张刑法解释进行法律适用时,其扩张的结果如果严重地侵害到被告的人权,且依社会通念与一般法律常识判断得知,该侵害业已达到被告无法忍受程度的情况下,此种扩张解释应予限制。相对的,属于可以要求被告人忍受程度的解释,或许类推也可以接受。即便是依目的论解释结果受到处罚,其解释只要是在未达一定程度的人权侵害时,基于与社会秩序维护的平衡考虑,也应忍受此种解释。① 曾经主张形式的罪刑法定论的日本学者前田雅英教授也开始主张从实质的观点修正罪刑法定主义,他认为,罪刑法定主义的民主主义与自由主义的思想基础,使得刑法在规制行为时必须考虑宪法上的必要性,即罪刑法定主义与实体的正当程序具有密切关系,因此必须从实质上理解罪刑法定主义。在解释刑法时,首先应考虑用语尽可能具有的含义,然后确定该刑罚法规的保护法益;其次,当符合构成要件的行为具有一定价值时,要对该价值与被害法益的价值进行衡量;再次,计算处罚该行为对其他案件的影响效果;最后,考虑解释结论与其他法律规范的协调统一性。另外,前田教授还认为,强调形式的犯罪论是不充分的,构成要件符合性的判断是从实质上判定是否达到值得科处刑罚的法益侵害;违法性的判断,也必须以优越的利益为中心进行实质的判断;责任必须扎根于国民规范意识的实质的非难可能性。② 这种充分权衡刑法双重机能之间的互动、辩证与调和关系的见解,为我们理解处罚不纯正不作为犯并不违反罪刑法定主义提供了强大的理论支撑。

---

　　① 参见[日]西山富夫著:《刑法解释的论点》,载《名城法学》第43卷第1、2号,第206页以下。
　　② 参见李海东主编:《日本刑事法学者》(下),中国法律出版社、日本成文堂1999年版,第328页。

但有的学者在理解实质罪刑法定主义的道路上走得很远,如意大利刑法学者曼多瓦尼等人认为,实质的罪刑法定原则在刑法渊源上,除了制定法外,实际为人民所遵循的习惯法或司法创造的法,只要能作为适用刑罚的参考,都应该是刑法的表现形式;在犯罪本质上,强调"无社会危害不为罪",在认定犯罪时可以直接以行为对社会的危害性作为标准,而撇开法律规定的形式;在法的价值取向上,着重强调个人利益应服从社会需要,把维护社会生活的基本条件作为刑法的首要任务。① 但这种实质的罪刑法定观完全抛却形式罪刑法定主义的合理内核,认为只要行为达到实质的社会危害程度,即使在没有法律明文规定的情况下也要处罚的观点是不恰当的。正确的态度应是,在坚持法治国家理念和罪刑法定主义的框架内,对形式的法治国家观和形式的罪刑法定主义观点进行实质的、包含价值判断的修正。

在我国,究竟是采形式的罪刑法定还是实质的罪刑法定,主要存在两种对立的观点:一种观点认为,"人治与法治的区别并不在于是否有法律,在人治社会里也可能存在十分完备的法律。两者的区分仅仅在于:当实质合理性与形式合理性发生冲突的情况下,是选择实质合理性还是形式合理性。因此,法治是以形式理性为载体的。只有这种形式理性才能保障公民个人的自由。……在由法律构造的形式合理性的社会里,国家或者政府的行为更多地受到公法的制约,行政上与司法上的自由裁量权也在更大程度上受到公法的限制。只有这样,在政府之下公民的个人自由与权利才能得到保障。在刑法中,主要是在刑事司法中,我们经常面临着这

① 参见陈忠林著:《意大利刑法纲要》,中国人民大学出版社1999年版,第10—11页。

种实质合理性与形式合理性的冲突,传统的以社会危害性为中心的刑法观念是以实质合理性为取舍标准的。而罪刑法定所确立的刑事法治原则,却要求将形式合理性置于优先地位。因此,形式理性是法治社会的公法文化的根本标志。"[①]另一种观点则主张,在刑法没有明文规定的情况下,固然应以形式合理性排除犯罪的成立,但在刑法有"明文规定的情况下",则需要以实质的合理性排除犯罪的成立。对于有明文规定的情况下,是采取形式的犯罪论,还是实质的犯罪论?该观点认为,对于刑法规定的构成要件,仍然应从实质意义上进行解释,将不具有实质刑事违法性的行为排除在犯罪之外。[②]

针对有些形式的罪刑法定主义论[③],有的学者指出,我们在理解和运用罪刑法定主义过程中,特别需要注意的一种倾向就是,将罪刑法定当作死的教条,并要求构成要件绝对精确性,将罪刑法定的明确性原则等同于构成要件的面面俱到、精确无疑;强调罪刑法定的人权保障机能,忽视其社会保护机能。这是当前我国刑法理论和实务界所面临的最为紧迫的问题。[④]从该论者的有关论述来看,很显然持实质的罪刑法定观,但与上述实质罪刑法定观不同,后者是在除罪意义上的实质法定观,但前者究竟采何种意义上的

[①] 陈兴良主编:《刑事法评论》第 4 卷,中国政法大学出版社 1999 年版,主编絮语第 3 页以下。

[②] 参见张明楷著:《法益初论》,中国政法大学出版社 2000 年版,第 262—265 页。

[③] 这当然并非直接针对上述第一种观点,实际上第一种观点在理解刑法规定的明确性时,也并非认为就是构成要件具体、精确无疑地对行为作出规定,而恰恰认为存在一个"找法的过程"。

[④] 参见刘艳红著:《开放的犯罪构成理论研究》,中国政法大学出版社 2002 年版,第 326 页。

实质观,或者说这种实质的内涵是什么,则并不明确。

笔者认为,第一种观点强调形式的罪刑法定主义尤其是在当前我国由前现代向现代转变的"依法治国"过程中,其作为宣言式的价值理念或许要比在理论和实践操作中的实际价值更有意义,但其忽略了形式法治国家观向实质法治国家观、由形式罪刑法定向实质罪刑法定转变的这一国际大背景。法治的确以形式理性为载体,但纯粹价值中立的形式法治观早已为包含价值判断和实质正义思想的实质法治观所替代,我们不能把罪刑法定主义的全部内涵解读为对公民自由权利的保障,而忘却刑法之所以为刑法的最基本的秩序维持或法益保护机能。事实上,从我国刑法第3条对罪刑法定原则的规定来看,也并非仅强调刑法的保障机能。有的学者指出,我国刑法规定的罪刑法定原则包括了积极的罪刑法定原则和消极的罪刑法定原则两个方面的内容。消极的罪刑法定原则是指"法律没有规定为犯罪行为的,不得定罪处刑。"从消极方面限制刑罚权的适用,防止国家滥用刑罚权侵犯人权。而积极的罪刑法定原则就是指"法律明文规定为犯罪的,依照法律定罪处刑。"从积极方面要求正确运用刑罚权,惩罚犯罪,保护人民。论者认为,积极的罪刑法定原则与消极的罪刑法定原则的统一,运用刑罚权,惩罚犯罪,保护人民与约束刑罚权,防止滥用,保障人权的统一,是我国罪刑法定原则的全面的正确的含义。① 因此,从实定法的角度看,主张实质的罪刑法定原则观,是有法律根据的。

上述第二种观点强调在法无明文规定的情况下,即使具有实质的社会危害性,也不得定罪处刑,但即使在有"明文规定"的情

① 参见何秉松主编:《刑法教科书》(上卷),中国法制出版社2000年版,第67—69页。

况下,如果不具有实质的危害性也不应定罪处罚。这种实质解释的立场是完全恰当的。但从不纯正不作为犯的角度看,笔者认为,问题还在于如何看待明确性原则。如果首先认为处罚不纯正不作为犯并不违反明确性原则,则从对处罚不纯正不作为犯进行限定的角度看,可以说是恰当地体现了这种实质的罪刑法定观点,因为,尽管处罚不纯正不作为犯是出于法益保护,但实践往往将其限定在重大法益如生命、重大身体健康受侵害的场合。但在明确性存在一定疑问时(尤其是介乎明确与不明确之间的"灰色"状态时),这时我们能否就直接将其排除在刑法制裁的范围之外? 笔者认为,这时就应充分考虑牺牲的利益与刑法所保护的受害法益之间的衡平关系,以及处罚的法律效果、与其他法律规范的协调等多方面因素,加以综合平衡,来确定是否处罚。在确定有处罚必要的基础上,还要作进一步的限定。就不纯正不作为犯而言,一方面出于实质罪刑法定主义的合理性要求,法律如果不处罚不纯正不作为犯,对于维护法益(尤其是重大法益,如生命和身体健康)来说,显然不能认为符合实质的正当处罚原理,即不符合实质正义的要求;另一方面,出于维护形式的罪刑法定主义的要求,有必要在总则中对不纯正不作为犯的共通要件作一般性的规定,同时,在充分考量公民自由与法益保护之间的衡平关系的基础上,有必要通过具体的司法适用过程对不纯正不作为犯进行处罚范围上的实质限定。而承载这一实质限定任务的主要就是保证人地位(或者说作为义务)。对此,本书将作专章分析。

那么,在我国刑法尚未在总则就不纯正不作为犯的共通要件作出规定的现实条件下,从实质的罪刑法定出发,处罚不纯正不作为犯是否具有正当性呢? 这的确值得大家思考。不过,由于我国目前的理论学说和司法实践往往将行为人作为义务的来源限定在很有限且内涵与外延相对比较明确的几种形式的义务根据上,在一定程度上,缓解了来自罪刑法定主义方面的压力。可见,如何理解并界定明确性的范围,对于解读不纯正不作为犯是否违反罪刑法定主义,具有重要的意义。

第二节　法的明确性原则与不纯正不作为犯具体类型的判断

　　明确性原则是罪刑法定原则的一个重要派生原则,且不说类似于我国没有在总则和分则明确规定不纯正不作为犯构成要件的立法例,即便在总则中规定了不纯正不作为犯一般成立要件的德国、奥地利等国家和地区的立法,由于不能具体地规定作为义务的来源或者说保证人地位类型,也还存在不明确的问题。由于不纯正不作为犯说到底是刑法分则具体构成要件类型的判断和适用问题,因而这里所谈的明确性原则,在很大程度上也就不纯正不作为犯适用分则规定的构成要件类型存在的明确性而言的。例如,在分则故意杀人罪的构成要件类型中,母亲不哺乳导致婴儿饿死的行为是否该当于"杀人"行为,就存在明确性与否的问题。

一、明确性原则的概念

　　关于法律的明确性,无论是早期的资产阶级启蒙思想家,还是当代的法理学、法哲学学者都有精辟的论述。如孟德斯鸠曾提出,法律的用语,对每一个人要能够唤起同样的观念。刑事古典学派人物贝卡里亚强调说,如果"法律是用一种人民所不了解的语言写成的,这就使人民处于对少数法律解释者的依赖地位,而无从掌握自己的自由,或处置自己的命运。"①被认为中国刑法现代化之父的沈家本受西方民主法治观念的影响,也强调构成要件的明确性,避免使用含糊不清的用字与概念。他主张"律例中一二紧要字眼,关系罪名之生死出入,不得有含糊笼统之词也。"②

关于明确性原则的含义,学界有不同的表述。有的学者将其概括为"刑法对什么行为是犯罪、应处何种刑罚的规定,必须是明确的,由于不明确的刑法规范违反罪刑法定原则的基本理念,根据规定实体的正当程序的宪法条文,被认为是无效的。"③有的概括为:"刑法所规定之犯罪与刑罚,必须尽量求其明确,包括构成要件的明确以及法律效果之明确。"而构成要件的明确,是指立法时不能运用不确定的法律概念技术,而委由司法者自由裁量加以类型化而弹性适用。④

以上表述大同小异,但都表达了基于法治国理念下罪刑法定主义对犯罪构成要件的要求,然而,从罪刑法定的提出发展至今的理论和实践充分表明,绝对的明确是不现实的,明确性原则毋宁说是一种价值上的宣示以及对司法者在适用刑法时应尽量考虑明确性的告诫。如果不考虑立法者的有意回避明确这种可能情况的话,法律明确性要求之难以真正实现,主要来自于法律语言自身的障碍。

这是因为,刑法的载体是语言文字。"语言是法律性质的中

---

① 〔意〕贝卡里亚著:《论犯罪与刑罚》,黄风译,中国大百科全书出版社1993年版,第15页。
② 沈家本:《寄簃文存卷三》。
③ 张明楷著:《刑法格言的展开》,法律出版社1999年版,第38页。
④ 参见郑逸哲:《罪刑法定主义七十年》,载《刑法七十年之回顾与展望纪念论文集(一)》,(中国台湾)元照出版公司2002年版,第93页。

心。"没有语言也就没有法律,也就没有刑法。因此,法律规范的表述必然要受到语言文字的制约和影响。而语言本身固有的张力、模糊性也决定了"构成法文的许多语言,或多或少具有不明确之处,语言的核心部分,其意义固然明确,但愈趋边缘则愈为模糊,语言边缘之处的'边缘意义'一片朦胧,极易引起争执,而其究属语言'外延'之领域内或其外,亦难确定。"凯尔森也表达了同样的观点,他认为,"法律规范之事项,如在'框(Rahmen)'之中心,最为明确,愈趋四周,愈为模糊,以至分不出框内或框外"。①

今天,我们不仅要正视明确性的局限性,而且还要看到模糊性的相对独立价值。我们可以看到很多关于这方面的论述,例如:"法律只能订立一些通则,不能完备无遗,不能规定一切细节,把所有的问题都包括进去。"②试图颁布一个毫无遗漏、完全封闭的法律来处理来自丰富、复杂的现实生活中的一切案件只能是乌托邦式的幻想。而刑法典作为"立法者认识预测犯罪行为并进行处置的逻辑体系很难穷尽所有的犯罪行为,人类深谋远虑的程度和文字论理能力不足以替一个广大社会的错综复杂情形作详尽的规定。"③"无论从法律的性质、法律所面对的社会生活抑或从法律语言来看,刑事立法都被证明不可能对犯罪构成要件规定精密得类似于算术的计算公式,完全封闭的构成要件只可能是一种不切实际的幻想;模糊性与不确定性成为犯罪构成要件的特点,构成要件

① 转引自杨仁寿著:《法学方法论》,中国政法大学出版社1999年版,第75、74页。
② [古希腊]亚里士多德:《政治学》,吴寿彭译,商务印书馆1983年版,第163页。
③ [美]哈罗多·伯曼著:《美国法律讲话》,生活·读书·新知三联书店1988年版,第20页。

的适用也无法离开法官的解释、补充等价值判断。"①

应当承认模糊性的意义,在逻辑上明确与模糊是一对矛盾,二者只能是相对意义上的。美国著名的控制论专家 L. A. 扎德举了一个古老的希腊悖论来说明二者的关系。他说,"一粒种子肯定不叫一堆,两粒也不是,三粒也不是……另一方面,所有的人都同意,一亿粒种子肯定叫一堆。那么,适当的界限在哪里? ……""确实,一粒与一堆是有区别的两个概念;但是,它们的区别是逐渐的,而不是突变的,两者之间并不存在明确的界限。换言之,'一堆'这个概念带有某种程度的模糊性。因此,明确与模糊,是一对矛盾。有些现象本质上就是模糊的,如果硬要之精确,自然难以符合实际。"关于模糊性与明确性的关系,我国数学院士刘应明也有一个恰当的概括,他说模糊性是精确性的另一半。② 如果我们认识到模糊性是不可避免的,那么,我们就可以认为在某些方面,刑法语言的模糊性是立法者基于刑事政策的考虑而有意做出的积极选择,是立法者的一种"次优选择"。③

二、法的安定性价值的实现

之所以提出明确性的要求,其意在于获得法的确定性或者说法的安定性,以最大限度地实现刑法的保障机能。然而法的确定性是否存在以及如何求得,不同法学派和法学家之间展开过激烈

---

① 刘艳红著:《开放的犯罪构成要件理论研究》,中国政法大学出版社 2002年版,第 297 页。
② 参见刘应明、任平著:《模糊性——精确性的另一半》,清华大学出版社、暨南大学出版社 2000 年版,第 11 页。
③ 参见杨书文:《刑法规范的模糊性与明确性及其整合机制》,载《中国法学》2001 年第 3 期。

的论争。

早期的概念法学主张对抽象的概念和法律规范进行像自然科学研究方法那样的科学研究,通过对自然发生的社会现象的研究,从中发现一定的法律原则及其相互关系,从法律的一般材料中经过科学研究得出原则,用复杂的组合形成一个体系,使法学高度系统化。① 概念法学以对人类把握世界的理性能力的坚信不移为认识论基础,在立法上追求包罗万象、逻辑统一、内容完备的法典;以维护个人自由和平等竞争权为出发点主张限制甚至取消司法自由裁量权。"概念主义法理学是从这样一个假设出发的,即实在法律制度是无缺陷的,因此只要通过适当的逻辑分析,便能从现实的实在法制度中得出正确的判决。"②概念法学反映了18、19世纪以来自由主义的法治理念,但随着政治、经济、文化制度的变迁,这种在19世纪被认为是西方法律实践理论基础的信念在20世纪受到了强烈的挑战。出于对形式理性法抽象性和自负性的巨大失望,许多具有怀疑主义倾向的法学流派展开了对概念法学的批判。

最先起来反对概念法学的利益法学派代表人物耶林强调用法律的目的来评价法律,而法的目的是平衡社会中的各种利益,因此,法官应有一定的自由裁量权,由法官根据法律目的通过严格解释法律达到平衡社会利益的目的。

如果说利益法学还是坚持了概念法学所主张的法的形式理性、坚持法官遵守法律规则的必要性和可能性的话,自由法学则更进一步主张国家形式化的法律应该完全统一到社会中实体化的

---

① 参见杨联华:《德国概念法学的产生、影响及其历史地位》,载《法学译丛》1985年第2期。

② [美]E.博登海默著:《法理学、法律哲学与法律方法》,邓正来译,中国政法大学出版社1999年版,第144页。

"活法"之中。自由法学代表人物埃利希即表示:"无论是现在或者其他任何时候,法律发展的重心不在立法,不在法学,也不在司法判决,而在社会本身。"①在自由法学看来,如果反映社会实体价值的"活法"、"自由法"是汪洋大海,那么,"国家法"、"正式法"只不过是其中的沧海一粟,而且还不具备随波沉浮的灵活性。

现实主义法学的代表人物弗兰克也毫不留情地批判了关于法律确定性的传统观念,提出了著名的"事实怀疑论"。他认为,在一个动态社会中,人们永远不可能制定出包罗万象、永恒不变的法则,法律的适用往往因人、因时而异而不可能具有确定性。不仅法律规则是不确定的,连确定事实的过程也是不确定的。②

与上述利益法学、自由法学、现实主义法学关于法的确定性提出怀疑甚至彻底否定的观点相对,坚持"法治"的纯粹法学、分析法学以及实用主义法学等法学流派则通过对怀疑论提出的挑战进行回应,来维护传统法治观念的基本价值,当然,他们也不是完全回到概念法学的老路上。

实证法学家凯尔森坚持法律规则体系内部实现高度逻辑一致的可能性,认为实在法是由假定的基础规范到一般规范再到个别规范组成的规范体系,从高级规范到低级规范的法律效力是层层赋予的,上下间总能保持一致。凯尔森同时承认,在法律规则由一般到个别、由抽象到具体的过程中,不论一般规范如何具体,司法判决所创造的个别规范始终将加上某些新的东西。但是,法官仍没有填补一个有效法律的空隙,因为法官是得到授权而创制个别

---

① 转自沈宗灵主编:《现代西方法理学》,北京大学出版社1992年版,第271页。

② 参见刘星著:《法律是什么》,广东旅游出版社1997年版,第71页。

规范,仍然是依法判案。① 另外,凯尔森也暗示,即使法律存在某些不确定因素,法律仍可以通过采用一定的法律技术自身处理这些局限。这样,在总体框架内法律仍是确定的,从而维护了法律能够获得大致确定性的立场。

分析法学家哈特也从"内在方面"和"意思中心"的角度维护了法的确定性立场。他把人们对待法律规则的心理态度分为规则的内在方面和规则的外在方面。前者是指行为人自觉把规则要求作为自己行动的指南并同时作为评价他人行为的理由;后者则指,行为人对规则持消极抵制态度,即使遵守了规则也是一种被迫的心理遵守。哈特认为,现实生活中人们对规则的内在方面态度的存在至少可以表明,有相当一部分人会自觉遵守规则的约束,法律被自觉遵守说明法律的确定性是客观存在的。但另一方面,哈特从分析人类语言的特征出发,认为构成规则的日常用语同时具有"意思中心"和"开放结构"的双重特征。这就决定了由语言构成的法律规则在具有一定确定性的同时,也具有一定的不确定性。从法律规则的这种双重特点出发,哈特主张法律存在"间隙"时,法官可以自由裁量。② 与哈特肯定法官自由裁量的主张不同,德沃金通过确认原则也是法律的观点,否定法官自由裁量权的同时,又比较彻底地坚持了法律的确定性。在通过法律的内在态度来确保法律一致性方面,德沃金与哈特的观点具有一致之处,但哈特只承认法官采取内在观点的可能性,而德沃金则将此视为一种必然性,从而将对法官的道德要求提升到一个极端的高度。基于这种

---

① 参见[奥]凯尔森著:《法与国家的一般理论》,沈宗灵译,中国大百科全书出版社1996年版,第182页。

② 参见[英]哈特著:《法律的概念》,张文显等译,中国大百科全书出版社1996年版,第129—130页。

原因,哈特认为德沃金的法律理论是在做一个"高贵的梦"。但是,德沃金将法律原则也视为法律的观点受到了批评,如波斯纳指出:"德沃金理论的讽刺性在于法律被界定得越宽,'法治'就变得越不确定,而不是越确定。"①

通过简要地回顾不同法学流派关于法的确定性问题的不同态度,我们可以发现:怀疑论者对法的确定性的怀疑固然不能否认以法律确定性为基础的法治的存在,而法治论者也无法仅以法律实效性的存在来排除法律的不确定性因素。通过双方的争论焦点和推理过程可以看出,这两大对立的观点看似矛盾,但在批评与反批评的交锋中,双方也出现相互融合的趋势。其实,两种观点只不过是对各自真理性的过度夸张,结论的绝对性只是表明各自的立场在于强调法的确定性的一面还是不确定性的一面。

那么,从今天的立场来看,尤其是从我国正在进行的"依法治国"的法治实践来看,采取哪种立场是妥当的呢? 面对我国与西方发达国家处于同一个"地球村"和"共时态"结构,本来尚未成熟的法治建设,被鬼使神差地抛入"后现代主义"的语境中,我们必须具体分析西方的后现代思潮和我国法治理想的历史语境问题。法治怀疑主义是西方社会完成现代化工业革命、法治社会基本建成后才出现的一种思潮,其使命在于批判概念法学、形式主义法学理论和实践中出现的种种弊端,以适应福利国家的现实需求,虽然怀疑主义猛烈批判现代法治的实践,但毋庸置疑的是,法治在西方社会已经成为一种现实,且观念深入人心。与西方国家完全不同,我国目前正处于从前现代到现代的过渡阶段,法治还远没有内化

_____

① 　[美]波斯纳著:《法理学问题》,苏力译,中国政法大学出版社1994年版,第29页。

为全民的普遍实践,法治的理念刚刚受到启蒙,在这种情况下,我们不能断然地否定法治。同时,我们也应清醒地看到法的确存在不确定性的一面。正如怀疑论者所指出的那样,由于语言和规则的局限以及权力和人性的弱点,司法过程完全形式化只能是乌托邦式的幻想,一定程度的不确定性和主观性在所难免;允许法官一定限度的自由裁量,是目前法治实践的一种"次优选择",即便像凯尔森所暗示的,法律系统采用技术性的规定使之合法化,也仍改变不了权力运作存在自由空间的客观事实。

因此,确定性尚不足以把法治与人治真正地区别开来,一味地尊崇制定法的权威,强调确定性价值的法学不过是满足于概念计算所带来的论理的精美,但却忘记了其现实的使命。全面正义的法治观承认确定性是权利保障的必要要求,但确定性并不足以真正揭示法效力的根据。法治之所以值得人们孜孜以求,是因为它内涵了正义、平等、基本权利等价值的要素。而当这些价值被抛却之后,法治的真正意义也在发生异化,"力图实现安全的法律就会变成对人民最不安全的法律。"①因此,法治文化意义上的合法性、法定性,不仅仅意味着守法和依法行事,法律权威的根基在于它的正确性与合理性、正义性与合适性。笔者认为,采取中庸的立场是比较妥当的。即一方面我们仍要坚持法治国的理念,另一方面,我们又要看到法的不确定性因素的存在。

三、法的明确性的判断

尽管我们主张实质的法治国理念和实质的罪刑法定主义,但

① 参见徐国栋著:《民法基本原则解释——成文法局限性之克服》,中国政法大学出版社 1997 年版,第 334 页。

这种实质性仍要受到形式的制约,并以形式要素为基础。因此,基于罪刑法定主义的要求,必须实现法的安定性。Henkel 将法的安定性与法的目的性在概念上加以混同,使法的安定性固有范畴丧失,刑法的保障机能也因此不复存在。他认为,法的安定性概念取决于一种法秩序的保护目的理念。新的法的安定性概念基础和目的乃在于民族体的生活法则。基于自由主义的法的安定性概念是,基于保障自由的考虑,国家干预权利的法律限制明确性;而纳粹主义法秩序中法的安定性概念则是,贯彻基于民族整体的法思想的法之确定性。个人主义以罪刑法定主义来拘束刑事法官,表现刑法保障机能的形式主义,但这种形式主义已被新原则消弭:法官应该受到强调不拘泥于形式的实质保障机能拘束,使每一个实质不法、实质有责且应罚的行为得到其应得的刑罚。[①] 这种完全抛弃形式的束缚而过分强调实质正义的观点不是我们所主张的。

为实现法的安定性,理论学说和审判实务在具体判断明确性的标准上进行了积极的探索。

首先,关于依照哪些人的标准来判断是否明确,日本的理论和判例一般认为根据通常人或一般人的标准来进行。如日本最高裁判所采取的立场是,"判断某个刑罚法规是否因含混、不明确而违反宪法第 31 条,应根据具有通常判断能力的一般人的理解、在具体场合能够判断某行为是否适用该法规为基准来决定。"[②]大谷实教授认为,"应当以有通常的判断力者能够认识、判断的程度为明确的标准。"金泽文雄教授也主张,"关于犯罪的构成要件,成为该

---

① 参见郑逸哲:《德国刑法学者与纳粹主义》,载《现代刑事法与刑事责任》,(中国台湾)刑事法杂志社 1997 年版,第 793—795 页。
② 参见日本《最高裁判所刑事判例集》,第 29 卷第 7 号,第 489 页。

刑罚法规的适用对象的国民层的平均人,根据法规的文字不能理
解什么被禁止的场合,是不明确的、违宪的。"①作为最先把明确性
原则作为罪刑法定主义内容的美国基本上也采取的是这种立场。
美国最高法院的判决认为,刑法规定是否含混,应以刑法的规定是
否能够充分明确地就禁止的行为表达警告的意思,且对于普通智
力的人能够事先理解为准。如美国联邦最高法院 1939 年在"兰泽
塔诉新泽西州"一案中,新泽西州 1934 年刑法典第 4 条规定,"任
何没有合法职业,且作为一个由二人或更多的人组成的团伙的成
员,若其因违反治安而被处罚三次以上,或在本州或其他任何一州
曾受有罪判决者,均为歹徒,可处以罚金一万元以下,或监禁二十
年以下,或同时处以罚金和监禁。"其中"gang"一词既可理解为一
群有组织的犯罪集团的成员,也可理解为一群有组织的工人,其含
义不明,"人们不应当承担财产、生命、自由受审的危险去臆测法
律的内涵,刑法应当明确使人们有效地加以理解,否则便违反了正
当程序的实质要求",因此,联邦大法官 Butler 将某组织的成员改
判无罪。② 上述标准代表了理论学说和审判实践通行的主张,是
比较妥当的。

其次,关于明确性的范围,或者说一般国民在何种程度上认为
规范是明确的,目前学界也存在不同观点。由于类推解释是受到
禁止而扩张解释是罪刑法定所允许的,因此,是否符合明确性,也
就成为区分类推解释与扩张解释的重要界限。对此,学界大致有

---

① 转引自马克昌著:《比较刑法原理——外国刑法学总论》,武汉大学出版
社 2002 年版,第 74 页。
② 参见[美]D. 布迪、C. 莫理斯著:《中华帝国的法律》,朱勇译,江苏人民出
版社 1995 年版,第 432—433 页。

以下几种观点①:(1)以用语文义可能范围为标准。主张类推与扩张解释的不同,在于扩张解释仅在刑法用语文义可能的范围内进行,而类推则是跨越了用语文义可能范围所为的法规适用。但由于语言的模糊性和灵活性,用语的文义并非只有一种,不仅在不同时期、不同场合,其意义可能不同,即使以何种意义使用该用语也属于自由判断的范畴,因此,直接以用语的多种意义和模糊性而以用语文义可能范围为划分二者的标准,不能成为区分类推与扩张解释的有效界限。(2)以国民预测可能性为标准。即主张对刑法条文用语的理解是否超出了国民预测可能性的范围为标准,如果超出了预测可能性,则为类推解释,反之,则为扩张解释。(3)定型性的解释观念。这种观点主张,对有关构成要件的解释,以是否超越了刑法各本条所预想的犯罪定型的范围为标准,如果超越此范围,则属于不被允许的类推;反之,则属于构成要件定型范围内的扩张解释。对此,有学者提出批评,认为构成要件定型性的定型概念本质上并非属于封闭性、限定性的概念,其仍无法显现出禁止类推与允许的扩张解释之间的界限。(4)以存疑时有利于被告之考量原则作为标准。具体操作如下:首先从有利于被告的角度考察,对法律条文的解释是否存疑问,在存在疑问的情况下,关键是看存疑问的程度,对存疑问轻微的部分,允许扩张解释;如果疑问程度重大或者疑问程度介乎前两者之间,即使对被告的有利的类推也不允许。但如何看待存疑问的情形,如果是对超越文义可能范围或预测可能性范围存在疑问,则这种见解似乎与前述文义可

---

① 参见黄朝义:《罪刑法定原则与刑法之解释》,载林山田等合著:《刑法七十年之回顾与展望纪念论文集(一)》,(中国台湾)元照出版公司2001年1月初版,第137—147页。

能性和预测可能性标准并无太大的差别。(5)基于调和处罚要求与人权保障的观念确立的标准。该观点强调,刑法的目的在于法益保护与人权保障,因而在刑法的解释方面,也无不在求取此二者间利益的调和。因此,如果扩张解释的结果,严重地侵害到被告的人权,且依社会通念与一般法律常识判断得知,该侵害已达到被告无法忍受的程度时,这种扩张解释应予以限制。相对地,如果属于需要被告忍受程度的解释,即使类推也可能被接受。这种观点强调实质地把握罪刑法定的立场是比较妥当的,但直接以此作为区分扩张解释与类推解释的标准,显得过于原则和模糊。当然,其他几种观点都存在模糊性,事实上"明确性"的概念本来就具有模糊性,试想拿一个相对精确的标准来界定这种具有模糊性的概念,是难以实现的。不过,相对来说,第二种观点是基本可取的。

就处罚不纯正不作为犯而言,从司法实践来看,并非如理论上所说的几乎绝大多数构成要件允许不纯正不作为犯的成立,不纯正不作为犯"几乎遍布于刑法分则的各章之中"。[1] 从日本的判例来看,主要集中于杀人罪、放火罪、遗弃罪、诈骗罪等场合;在我国,从目前发生的处罚不纯正不作为犯案件,更集中于杀人罪、放火罪这两类犯罪中。而这两类犯罪,就以不作为方式实施的情形而言,往往并没有超出国民的预测可能,而恰恰是基于社会通念的结果。对此,日本学者堀内捷三教授认为,不纯正不作为犯,不问古今东西,都是基于国民的朴素的法感情中所具有的经验的、刑事政策的要求而被肯定。[2] 大塚仁教授也指出,在现实上对母亲想杀死婴

---

[1] 马克昌主编:《犯罪通论》,武汉大学1999年版,第576页。

[2] 参见[日]堀内捷三著:《不作为犯论》,日本青林书院新社1978年版,第1页。

儿故意不喂奶、放置不管的不作为,刑法能付之不问?从社会观念上看,这样的不作为无疑是当罚的。对上述母亲的不作为,在社会观念上,很明显会看成是对婴儿的杀人行为,因而可以解释为故意杀人罪中的"杀人"行为已经包含着它。①

第三节 禁止类推原则与不纯正
不作为犯的规范结构

在刑法学界,谈及不纯正不作为犯是否违反罪刑法定主义的问题,除了在法律规定的明确性方面值得考虑外,学者们在很大程度上是围绕着不纯正不作为犯的规范结构而展开。可以说,对不纯正不作为犯法律规范结构理解的不同,往往直接导致对处罚不纯正不作为犯是否违反罪刑法定主义这一问题上结论的不同。本书拟在全面分析国内外学说、观点的基础上,结合法律规范的基本法理,对不纯正不作为犯的规范结构进行深入剖析,以图从规范的角度更圆满、更彻底地诠释、解决不纯正不作为犯与罪刑法定主义之间的内在紧张关系。

由于从规范结构角度探讨不纯正不作为犯与罪刑法定主义的观点是建立在不纯正不作为犯中保证人地位(作为义务)属于构成要件的内容这一前提下进行的,而在此之前,关于不作为犯的理论体系,学说史上还存在因果关系说、违法性说,故在展开本节问题的分析之前,有必要对因果关系说,尤其是违法性说的弊端加以扼要的剖析。

---

① 参见[日]大塚仁著:《犯罪论的基本问题》,冯军译,中国政法大学出版社1993年版,第83页。

一、不纯正不作为犯的理论体系与禁止类推

有的学者为了说明处罚不纯正不作为犯并不违反罪刑法定主义,主张在不作为犯的犯罪论体系上的违法性说。关于不作为犯的理论体系,在学说史上有影响的主要是因果关系说、违法性说和构成要件说。因果关系说认为不作为犯的中心问题是不作为犯的因果关系问题。但判断因果关系是在构成要件该当性阶段进行的,因而因果关系说与后来的构成要件相符说在犯罪论体系上是相同的,只不过二者考察的侧重点不同罢了。构成要件相符说是在承认不作为因果关系的基础上,进一步考察不作为犯的作为义务以及与作为犯的等价值问题。但由于不纯正不作为犯的作为义务是法无明文规定的构成要件要素,因而构成要件说面临来自罪刑法定主义的质疑。而违法性说则把作为义务当作判断违法性的标准,因而即使刑法没有明文规定作为义务,通过学说和判例来丰富和限定作为义务,这种实质的违法性论丝毫不违反罪刑法定主义。但违法性说的致命弱点在于其无法解决与犯罪论体系的矛盾。因为,正如 M. E. Mayer 所指出的,"符合构成要件的行为,只要根据法规或法秩序不被认为是正当的,就是违法的;与此相对,符合构成要件的不作为,只要不是法规或法秩序所禁止的,就不是违法的。因此,在不真正不作为犯的领域,原则与例外是倒过来的。"①但这样一来,就颠倒了犯罪论体系。

根据大陆法系国家的犯罪论体系,犯罪是符合构成要件该当性、违法且有责的行为。判断某一行为是否构成犯罪,首先要判断

---

① M. E. Mayer, Der Allgemeine Teil des Deutschen Strafrechts, 2. Aufl. , 1923, S. 191.

其是否具有构成要件的该当性(合致性)。而且,该当的构成要件具有违法性推断的机能(这被认为西方犯罪论体系的最重要的特色之一),即只要符合构成要件的该当性,原则上就可以推断该行为具有违法性,而往往不需要进行积极判断其违法性。但在不纯正不作为犯中,行为人的作为义务就需要积极的判断。而且这种观点不适当地扩大了在构成要件该当性阶段判断的范围。按照这种观点,如果没有作为义务的人只要采取积极的行为就可以防止危害结果发生的话,他的不作为就和危害结果之间存在因果关系,从而该当构成要件,也就是说没有作为义务的人的不作为也符合构成要件。但如此一来,在不纯正不作为犯中构成要件的该当性就丧失了违法推断的机能。即使后来支持此说的 Jurgen Baumann 也没有回答上述对违法性说的批评。① 目前该说随着保证人学说的推广,已鲜有人主张。

二、不纯正不作为犯的规范结构与禁止类推

可以说,在刑法学界谈及不纯正不作为犯是否违反罪刑法定主义的问题,学者们在很大程度上是围绕着不纯正不作为犯的规范结构而展开。对不纯正不作为犯法律规范结构理解的不同,往往直接导致对处罚不纯正不作为犯是否违反罪刑法定主义这一问题上结论的不同。②

---

① 参见[日]日高义博著:《不作为犯的理论》,王树平译,中国人民公安大学出版社 1992 年版,第 23 页。

② 在学界,有的学者为了说明处罚不纯正不作为犯并不违反罪刑法定主义,主张在不作为犯的犯罪论体系上的违法性说,认为作为义务是违法性问题,但这种观点的弊端在于无法解决与犯罪论体系上的矛盾,使构成要件该当性失去了违法推断的机能,因而少有人采。

(一)国外学者观点评析

在大陆法系的刑法学说中,关于不纯正不作为犯违反的法律规范的性质,学界大致存在以下几种观点:

第一种观点为违反禁止规范说。德、日刑法学界传统观点认为,作为犯违反的是禁止规范,纯正不作为犯违反的是命令规范,而不纯正不作为犯是以不作为的形式实现符合禁止规范的作为犯的构成要件,因此其在本质上属于违反禁止规范。我国台湾也有学者持此观点。如林山田教授认为,不纯正不作为犯在实质上是以不作为而违犯的作为犯,其触犯的规范应属禁止规范,不应就其不作为的外形,认定其触犯命令规范。① 持这种观点的学者认为,由于作为犯与不纯正不作为犯在本质上都属于违犯禁止规范的行为,因而可以适用刑法关于作为犯的规定,从而处罚不纯正不作为犯并不违反罪刑法定主义。

第二种观点为违反命令规范说。针对第一种观点,德国学者考夫曼通过分析刑法规范,在坚持作为犯是对禁止规范的违反而纯正不作为犯是对命令规范的违反这一基本立场的同时,认为不纯正不作为犯一样违反了命令规范,而不应认为其符合规定了禁止规范的作为犯的构成要件。考夫曼认为,纯正不作为犯与不纯正不作为犯的区别仅在于前者是被法规类型化的不作为犯,而后者则是没有被类型化的不作为犯。② 前者的规定见于法律之中,

---

① 参见林山田著:《刑法通论》(下),(中国台湾)1998年作者自版(增订六版),第518页。

② 转引自日本《司法研修所论集》70卷,第20页。

后者则是根据判例、学说创制的。① 考夫曼的这一观点在德国得
到了威尔兹尔的支持。在日本也得到了金泽文雄、饭田忠雄等学
者的赞同。② 但基于这种观点，不仅考夫曼等人认为处罚不纯正
不作为犯违反了罪刑法定主义，反对者也认为违反了罪刑法定主
义。理由是，若根据这种观点，对不纯正不作为犯的处罚就要通过
对作为犯的类推解释来实现，而这与罪刑法定主义明显相悖。既
然要尊重罪刑法定主义，就应当否定对不纯正不作为犯的处罚。
但考夫曼并未给出否定不纯正不作为犯处罚的结论。

　　第三种观点为双重违反说，即既违反了命令规范，也违反了禁
止规范。这种观点在日本学界成为通说。其中又有两种不同的见
解：一种见解认为，从法的义务角度看，行为人违反了命令规范，但
从造成危害结果的角度看，则触犯了禁止规范。即行为人首先是
违反了命令规范，并以作为义务为媒介间接地违反了禁止规范。
在母亲不授乳造成婴儿死亡的案例中，母亲负有授乳义务却未进
行法规范所要求的授乳行为，据此其违反了命令规范；但作为结
果，是孩子死亡事实的发生，而这一结果是为故意杀人罪禁止规范
所规范，从而间接违反了禁止规范。③ 另一种见解认为，在禁止规

---

　　① 卡夫曼（Armin Kaufmann）：《不作为犯》，第 206 页、第 275 页，转引自
[德]汉斯·海因里希·耶赛克、托马斯·魏根特著：《德国刑法教科书》（总论），
徐久生译，中国法制出版社 2001 年版，第 729 页。

　　② 如金泽文雄认为，虽然以存在构成上与真正不作为犯没有区别的不作
为为内容，但是属于其本质要素的作为义务是从处于刑法之外的其他法领域的命令
规范中推导出来的，并不包含在刑法的作为犯所规定的禁止规范中。参见[日]金
泽文雄：《不作为的构造》，广岛大学政经论丛第 15 卷第 1 号，第 43 页以下。

　　③ 在日本，刑法学者川端博、石桥恕等即持此观点。参见[日]川端博：《刑
法讲义总论（Ⅰ）》，日本成文堂 1995 年版，第 227 页以下；[日]石桥恕等：《不作为
犯与罪刑法定主义》，载三原宪三编著：《ゼミナール刑法（总论）》，日本成文堂
1998 年版，第 24、25 页。

范中同时包括命令规范,如在"不要杀人"这一禁止规范中还可能包含着"在特定场合下要做一定行为"的命令规范。提出保证人说的 Nagler 即是借重于"禁止规范包含命令规范"来解释之。上述第一种见解将不纯正不作为犯一个整体的行为分为不作为行为和危害结果两个部分分别进行法规范的评价,割裂了二者的有机联系,实际上是对一个行为的两次法律评价,并不妥当。第二种见解则存在逻辑上的矛盾,既然禁止规范和命令规范是相对的概念,对同一刑法规范而言,不可能既是禁止规范又是命令规范,或者说禁止规范中包含命令规范。

最后,值得一提的是日本刑法学者日高义博的见解。日高教授指出,刑法具有复合规范性的特点,既是行为规范,也是裁判规范,而行为规范包括禁止规范和命令规范,不纯正不作为犯是违反了命令规范而实现的是以作为形式规定的作为犯的构成要件,并非违反禁止规范。上述第二种观点只看到不纯正不作为犯违反命令性规范的一面,而没有看到刑法规范的复合性特点是片面的。总之,不纯正不作为犯是违反命令性的行为规范,而实现的则是以审判规范规定的作为犯的构成要件。这样,对不纯正不作为犯的处罚,不是根据作为犯的构成要件类推适用,而正是因为符合作为犯的构成要件而被处罚。①

(二)国内学者观点评析

与国外学者不同的是,关于不纯正不作为犯的规范结构,国内学者的观点主要是"违反命令规范说"和"双重违反说",以及基于否认从禁止规范、命令规范角度来探讨不作为犯结构的"规范否

---

① 参见[日]日高义博著:《不作为犯的理论》,王树平译,中国人民公安大学出版社1992年版,第91—92页。

认说",但又有细微的差别。兹分述之。

第一种观点认为既违反禁止规范也违反命令规范。其中又有两种不同见解:第一种见解认为,对于不纯正不作为犯不能仅看到其作为义务违反命令规范,应当看到其整体行为违反的是禁止规范。在命令规范与禁止规范双重结构中,两种规范不是等量齐观的,是由于违反命令规范而违反禁止规范。其中违反禁止规范是一切犯罪所共同的刑事违法性,而违反命令规范则是不作为犯所特有的义务违反性。① 第二种见解与此恰恰相反,认为不纯正不作为犯以不作为形式实施违反禁止规范的行为,该禁止规范又因行为人特定法律义务的存在而转化为命令规范的基础,即禁止规范在行为人负有特定法律义务、能履行而不履行的情况下又派生了命令规范的性质。前一种见解认为不纯正不作为犯是因违反命令规范而违反禁止规范,后一种见解则认为是因违反禁止规范而违反命令规范,为便于区分这两种不同的观点,有的论者将前者称为"双重说",将后者称为"派生说"。②

第二种观点基于刑法规范系行为规范与裁判规范的复合性特点,在肯定不纯正不作为犯违反命令规范的同时,主张不纯正不作为犯实现的是以裁判规范形式规定的作为犯的犯罪构成要件。③ 有的论者将该观点称为"复合说"。④ 很显然,这种观点是从日高

---

① 参见陈兴良:《论不作为犯罪之作为义务》,载陈兴良主编:《刑事法评论》第3卷(1999年)。

② 参见叶良芳、姜社宗:《试论不纯正不作为及其立法规定》,载《许昌师专学报》1999年第3期。

③ 参见熊选国著:《刑法中行为论》,人民法院出版社1993年版,第155—156页;黎宏著:《不作为犯研究》,武汉大学出版社1997年版,第96—98页。

④ 参见叶良芳、姜社宗:《试论不纯正不作为及其立法规定》,载《许昌师专学报》1999年第3期。

义博教授的学说借鉴而来。

第三种观点则认为从禁止规范与命令规范的角度来认识不纯正不作为犯是徒劳的。禁止规范和命令规范实际上是同一义务规范的正反两个方面，不是两种不同的规范。如一个人有生命权，与此相应，他人就有尊重其生命的义务。如果表示为"尊重他人生命"则是命令规范，如果表示为"不得杀人"则为禁止规范。① 我国台湾也有学者持相同见解，认为就禁止规范而言，虽为"禁止为某一行为"，但其义则与"命令不为某一行为"相同；而就命令规范而言，其虽为"命令某一行为"，但其义则与"禁止不为某一行为"相同。②

（三）本书的观点及论证

从物理意义上，不作为本为"无"，但刑法中的行为概念应当是规范的概念，是一个包含价值判断的评价性概念，也只有在这种意义上不作为才能获得刑法中的"行为"属性，由此对不纯正不作为犯进行法规范的评价，其思考的方向是正确的。在法理学上，一般认为按照法律调整方式的不同，可以把法律规范分为授权性规范、命令性规范和禁止性规范。③ 在刑法上则主要存在命令性规范和禁止性规范两大类。尽管谈及禁止规范、命令规范都是相对意义上的，但二者是针对同一对象而言的，例如当我们说禁止杀人时，它与命令不杀人是截然不同的概念，禁止杀人与命令不杀人虽

---

① 参见李居全：《浅议英美刑法学中的行为概念——兼论第三行为形态》，载《法学评论》2002 年第 1 期。

② 参见陈志龙：《刑法第十五条至第十七条之评释研究》，台湾大学法律系1995 年 10 月印。

③ 参见沈宗灵主编：《法学基础理论》，北京大学出版社 1988 年版，第 37页；张文显主编：《马克思主义法理学》，吉林大学出版社 1993 年版，第 168 页。也有的教材把命令性规范称为积极义务规范，实质上是一回事。

然是等值的,但二者针对的对象不同,而作为法理学意义上的禁止规范与命令规范显然指的是前者,通过改变对象来指称二者,显然混淆了这两种规范的差别,在逻辑上是偷换概念的做法。因而上述"规范否定说"是不足取的,它无助于我们深化对不纯正不作为犯规范结构的认识。

其余各观点无论是违反禁止规范说,还是违反命令规范说,抑或二者兼违反的观点,其共许的前提都是承认禁止规范与命令规范是针对同一对象而发出的要求,承认二者的相对含义。但违反禁止规范说,无法说明本由命令规范产生的作为义务如何就成了违反禁止规范的媒介。对此,有的学者进一步主张不纯正不作为犯的作为义务不是由命令规范直接产生,而是由禁止不作为的禁止规范产生的。① 但这种观点又回到上述"规范否认说"的套路上。我国学者在解释故意杀人罪时也没有说明当行为人以不作为构成此罪时为何就破坏了"不得为杀人行为"这一禁止规范的内容。②

而"双重违反说"和"派生说",无论是不纯正不作为犯因违反禁止性规范而违反命令规范,还是因违反命令规范而违反禁止规范,它们都不否认违反了命令规范,这是其正确的一面,但为了说明适用作为犯构成要件不违反罪刑法定,转而又认可其触犯了禁止规范,这种试图调和禁止规范与命令规范的做法,终究因其违反了矛盾律而陷入逻辑上的混乱,这种做法与违反禁止规范说存在同样的问题,都无助于说明不纯正不作为犯与罪刑法定主义的关

---

① 参见[日]中谷瑾子:《不真正不作为犯和作为义务》,载《综合法学》第6号,第32页。

② 参见肖中华著:《犯罪构成及其关系论》,中国人民大学出版社2000年版,第359页。

系。另外，"派生说"试图消除"双重违反说"将刑法规范理解为兼含禁止规范和命令规范的误解，认为一个具体的刑法规范既为禁止规范则不能同时又为命令规范，但禁止规范如何又能派生出命令规范，如果能够派生不恰恰说明禁止规范本身已内涵着命令规范吗？这正如学界常说的"禁止类推解释"是罪刑法定原则的派生原则一样，难道不是罪刑法定本身已内涵着禁止类推的原则吗？

如果从规范论理的角度，我们不得不说不纯正不作为犯与纯正不作为犯一样都违反了命令规范，在这点上违反命令规范说是恰当的。但考夫曼等人又将对不纯正不作为犯的处罚理解为对禁止规范的类推适用，问题在于其是否类推适用禁止规范？笔者认为，考夫曼等人的见解错误的实质，是混同了禁止规范与刑罚法规之间的界限，将刑罚法规等同于禁止规范。而日高教授等人从刑法规范的复合性角度入手来解释不纯正不作为犯的结构，可以说是正确地找到了突破口，但日高教授的见解也不彻底。日高教授认为在审判规范中同时存在以保护该法益为目的的禁止性行为规范和命令性行为规范，这样不纯正不作为犯既违反了命令规范，也违反了裁判规范。这是其正确的一面，但他同时认为裁判规范是以作为犯的形式体现的，这样不纯正不作为犯实现的是以作为形式规定的作为犯的犯罪构成要件。[①] 我国学者黎宏博士也认为，"不真正不作为犯，违反的是作为命令规范的行为规范，实现的却是以裁判规范形式规定的作为犯的构成要件。"[②]这样，一方面认为裁判规范包括了命令规范和禁止规范两种表现形式，另一方面

---

① 参见[日]日高义博著：《不作为犯的理论》，王树平译，中国人民公安大学出版社1992年版，第91—92页。

② 参见黎宏著：《不作为犯研究》，武汉大学出版社1997年版，第97页。

又认为刑法中裁判规范是规定作为犯的犯罪构成要件的,从而不能完全摆脱"不纯正不作为犯违反命令规范同时也违反禁止规范"的影响。

那么,刑罚法规是否仅仅体现了禁止规范的内容,或者刑罚法规作为裁判规范是否仅规定了作为犯的构成要件呢? 在展开问题分析之前,笔者认为有必要在法理上廓清法律规范(法律规则)与法律条文之间的界限。学界对刑法上的刑法规范与刑罚法规之间关系的模糊认识也与对这一问题的认识有关。一般认为,法律条文表述、反映规范,但不等于规范,一个条文可以表述一个逻辑上完整的规范,但这种情况并不多,多数的情况是几个条文表述一个完整的逻辑规范,或者一个条文表述几个规范的不同部分。① 中心意思就是法律规范不同于法律条文。

具体到刑法中,刑法规范也与刑法条文尤其是具体规定犯罪构成要件的刑法分则条文(连同对法律后果的规定即法定刑的规定一起称为刑罚法规)也不同。对这一问题作出重要贡献的刑法学家宾丁(Binding)在其《规范论》中,从对实体法构造的分析出发,明确将刑罚法规与规范区别开来。他认为,刑罚法规是处罚犯罪行为的法规,与禁止、命令一定的行为规范,在逻辑上是分离的,二者具有不同的机能。犯罪并不是违反刑罚法规的行为,相反,恰恰是符合刑罚法规前句所规定的构成要件的行为。因此,犯罪所违反的不是刑罚法规本身,而是违反了作为刑罚法规前提的一定的行为法即规定禁止或命令一定行为的规范。国家从实现共同生活目的的立场出发,禁止有害的行为、命令有益的行为,这种国家

---

① 参见孙国华主编:《法理学教程》,中国人民大学出版社1994年版,第356页。

意志通过法的形式体现出来时,就是行为法或行为规范。这种规范是制定刑法的前提,犯罪所违反的就是这种规范。宾丁的见解对后世产生了重要影响。贝林格(E. Beling)、麦耶(M. E. Mayer)都在宾丁"刑罚法规与规范相分离"这一基本见解的基础上发展了规范论。

那么,这种规范存在何处呢? 宾丁认为,在命令或禁止规范没有被成文化的场合,对于刑法分则中各本条所规定的行为来说,其规范已被作为数千年来积累下来的社会遗产而为人们所熟知。因此,它并没有成文化的必要,在刑法的范围内,可以根据刑法分则各本条的规定来设立。而"刑罚法规可以根据是否惩罚一定的作为或不作为,将该规定的前段(构成要件)变更为与该规定相符合的行为的禁止规范和命令规范。"这样,符合刑法的构成要件的行为便具有了可罚的违法性。①

贝林格尽管赞同宾丁"犯罪是违反作为刑罚法规前提的规范的行为"的思想,但他认为行为规范并不具有与刑法各本条的构成要件相同的禁止对象的、被"细分化"了的各种不成文的规范,而是在"作为现行法全体的法律秩序"的精神或者内含于该整体法律秩序中的"国家的规范意思"中所认识到的抽象的"一般的规范"。所谓违法,不是指行为违反反映在各具体法条中的个别的规范,而是指违反作为普遍的、一元的评价标准的"一般规范"。犯罪的特征不是对甲规范或者乙规范的违反,犯罪的特质是内在于犯罪之中的精神反抗了国家的一般规范意思,因而是对法律秩序的不服从。从而不管是对私法的反抗还是对公法的反抗,都是

---

① 参见竹田直平著:《法规范及其违反》,转引自马克昌主编:《近代西方刑法学说史略》,中国检察出版社1996年版,第210—211页。

对国家一般规范意思的反抗,都可能对他们设立相同性质的罚则。麦耶更进一步地提出犯罪所现实否定和违反的既不是具体的禁止或命令规范,也不是法规范,而是作为一切法规范前提或渊源的前实定的社会规范,即在人类历史社会生活中自然发生和成立的,内在于现代所有成人意识中、从内部指导其社会行动的道德、宗教、习俗等文化规范。他认为,要回答贝林格所说的"作为全体的法律秩序"的精神或"社会的正常性"是什么,只能依靠社会的一般观念、条理、道德、习俗等文化规范。人的行为也正是受这样一种文化规范支配,而非受法规范所支配。而法规范的规范机能不是基于法规范的法律性质,而是由于法规范自身与文化规范一致的缘故。当法规范所生之义务与文化规范所生之义务一致时,公民便不会有被自己所不知道的法规范处罚的情况。但麦耶的观点也受到了纳格拉等学者的批评。如那格拉说,麦耶将违法性作为违反国家所承认的文化规范,法规范仅是法官有用的工具,国家的任务也只不过是将文化上的义务变为法的义务,但法本身并非处于文化的绝对从属地位,倒不如反过来说,法本身也是一个重要的文化要因,也是文化的共同创造者。尽管法的义务与文化上的义务具有一致性,但也有尖锐对立的可能。①

　　在刑罚法规与规范之间的关系问题上,宾丁、贝林格、麦耶都强调刑罚法规不同于规范本身,但在规范的内容及抽象化程度上则有很大不同。宾丁强调规范的内容是具体的禁止或命令,理解其内容离不开具体犯罪构成要件的规定,如刑法规定,"故意杀人

---

　　①　相关材料请参见马克昌主编:《近代西方刑法学说史略》,中国检察出版社1996年版,第230页以下;张明楷著:《法益初论》,中国政法大学出版社2000年版,第66—71页。

者,处……。"则作为行为规范的禁止规范应当是"禁止杀人"。而贝林格则将规范的内容抽象化为一般的规范,这种规范可以从作为全体的法律秩序的精神中推知。麦耶更进一步将其抽象化为文化规范。依笔者浅见,透过"违法是对规范的违反",贝林格、麦耶这种抽象性地理解规范来源——作为全体的法律秩序和国家承认的文化,已经实质地触及犯罪的本质问题。相比之下,宾丁对规范的理解多少还有些形式化,正如贝林格所批判的,如果说作为刑罚法规前提的规范所禁止的行为,就是刑法各本条的构成要件所规定的行为,那么,符合构成要件的行为就是违反规范的违法行为,这就完全可以排除虽然符合构成要件却并不违反规范的违法阻却事由,犯罪成立条件只要有构成要件符合性与有责性就可以了。①另外,与他们上述各自的见解紧密相关的是,尽管宾丁、贝林格、麦耶都强调行为规范的根据是不成文法,但宾丁认为可以从刑罚法规的构成要件来推知,因而宾丁的见解实质上也表明了行为规范蕴涵于刑法各条文中。贝林格、麦耶则完全强调从刑法之外来寻求行为规范。不过他们也不能忽略刑法之外的行为规范与刑罚法规之间的关系,否则按照"一般规范"和"文化规范"理论无法解释同样是违反一般规范或文化规范的行为,有的构成犯罪,有的仅是普通的违法行为。对此,贝林格的回答是,违反一般规范的行为是违法行为,而违法行为中只有符合刑法各本条所规定的构成要件时,才能给予刑罚制裁。② 而麦耶的解释则是,虽然决定行为的反规范性、实质的违法性的基准是文化规范,但违反文化规范的行为

---

① 转引自张明楷著:《法益初论》,中国政法大学出版社2000年版,第66页。

② [日]竹田直平:《规范及其违反》,日本有斐阁1961年版,第103页以下。

并不直接成为处罚对象。只有当这种行为同时符合刑法各本条所规定的构成要件时才具有可罚性。① 可见,贝林格、麦耶二人对这一问题的回答基本一致。

对于行为规范是否应当从刑法之外来寻求,尽管有不同意见,但这并非本文关注的对象。本文所关注的是,他们强调的刑罚法规与行为规范完全是两个不同的概念(尽管它们的联系密切)之观念,给我们提供了一把打开"不纯正不作为犯与罪刑法定主义之间的紧张关系"的钥匙。或许站在更为抽象的立场来理解规范——即从贝林格或麦耶的立场上,来理解不纯正不作为犯的规范结构,更有助于我们解释处罚不纯正不作为犯并不违反罪刑法定主义。事实上,也有学者表达了这种倾向。如西田典之教授认为,在"不许杀人"这一禁止规范中还可能包含特定情况下要做一定行为的命令规范,但这种理解是拘泥于不作为的作为犯的考虑方法,倒不如说,作为杀人罪构成要件基础的某一规范的内容,根本上是"要尊重人的生命",因这一规范内容可以通过作为和不作为两种情况加以违反,因此,将此规范构成要件化的"杀人者……"中,同时包含着对禁止规范的违反和命令规范的违反,只是要求二者是同价值的。② 应当说,如果按照西田典之教授把作为故意杀人罪构成要件基础的规范内容界定为"要尊重人的生命"的观点,来解释故意杀人罪中同时包含了作为和不作为两种行为方式,不会产生违反罪刑法定主义之疑问,不过这样考虑问题的方法往往容易造成解释的任意性,甚至在某种程度上消解了在

---

① 参见张明楷著:《法益初论》,中国政法大学出版社2000年版,第74页。

② 〔日〕西田典之:《不作为犯论》,载芝原邦尔等编:《刑法理论的现代展开(总论Ⅰ)》,日本评论社1988年版,第71页。

不纯正不作为犯中探讨其法律规范结构的意义。因为当产生了处罚某一行为是否违反罪刑法定主义,或者说需要立法者慎重考虑这一问题时,往往反映了社会公众的普遍疑问。只有针对具体的疑问作出的解释才具有现实的意义。既然人们对处罚不纯正不作为犯是否违反罪刑法定主义产生普遍怀疑,那么,理论工作者就有必要解释其是否违反罪刑法定主义;既然人们从禁止规范与命令规范的角度对处罚不纯正不作为犯违反罪刑法定主义提出怀疑,则理论工作者首先就有必要从这一角度加以解释,如果这一角度又不失科学、合理的话。因此,在这里我们完全可以按照宾丁规范说所提供的思路来说明处罚不纯正不作为犯并不违反罪刑法定主义。

也就是说,根据宾丁的规范说,作为刑罚法规的刑法分则条文是规定具体犯罪构成要件及其刑罚幅度的。刑罚法规各本条的规定模式是"实施……行为的,处……刑罚。"从这种规定的模式看,刑法是对一定行为规定处罚的"罚则"。这种刑罚法规在显性上是作为裁判规范出现的。它为法官适用法条定罪量刑提供了标准和尺度,而体现为禁止和命令内容的行为规范则是隐性的。它蕴藏于裁判规范之中。不能说裁判规范只针对禁止规范而设,应当认为刑罚法规(或裁判规范)同时包含了禁止规范和命令规范的内容。对此,德国学者安德鲁拉基斯更为明确地指出,作为与不作为系两个不同的行为方式,然其构成要件合致性并非必然不同,在不作为的构成要件以作为的构成要件为依据的情况下,构成要件合致性乃二者共同之处。安德鲁拉基斯所说的"构成要件合致性",是作为构成要件包摄不作为构成要件观念下的"构成要件合致性"。他认为一般法定构成要件皆系复合规范,复合规范所规范的是复合之行为,具有实行的复合性之行为,包括作为与不作为。① 德国学者贝尔汶科则提出了制定法上的构成要件与解释论的构成要件的概念。他认为,制定法上的构成要件具有复合性质而能涵盖作为之构成要件与不纯正不作为之构成要件。所谓解释论的构成要件,即体系上的、概念上的构成要件。概念上的构成要件与制定法上的构成要件不同之处,在于前者可以完全表现不法的实质内涵,后者则囿于立法技术,不能完全反映实质不法,但作为保护法益的构成要件,其借着刑事法律效果——刑罚——对于违反规范的情形,判断为刑事不法的评价形式,既及于禁止规范,亦及于命令规范。因为保护法益以及对侵害法益之情形予以不法评价,乃禁止规范与命令规范共同的内涵。所以在解释论上、概念上不同的构成要件可以共同纳入制定法的构成要件中。② 尽管贝尔汶科提出制定法上的构成要件与解释论的构成要件是两个不同的概念,但其与安德鲁拉基斯的观点并无实质的不同,他也肯定了作为制定法的构成要件是同时包含了禁止规范和命令规范的。应当指出,尽管上述两位学者不是从刑罚法规与刑法规范的区别角度来分析,而是直接认为作为规定具体犯罪类型的构成要件本身包含了禁止规范和命令规范,但这与笔者基于刑法规范与刑罚法规不同之角度所作的分析,在结论上是完全一致的。因为,站在刑罚法规的立场,刑法分则规定的构成要件就是刑罚法规而非刑法规范本身。

---

　　① 有学者认为,安德鲁拉基斯的观点根本上仍是纳格拉的所谓"禁止规范包括命令规范"主张。笔者认为,尽管二者存在渊源关系,但却不是完全相同的概念。构成要件中包含了禁止规范和命令规范,不等于禁止规范本身包含命令规范。参见许玉秀:《论西德刑法上保证人地位之实质化运动》,载(中国台湾)东海大学法律学系《法学论丛》1987 年第 3 期。
　　② 参见许玉秀:《论西德刑法上保证人地位之实质化运动》,载(中国台湾)东海大学法律学系《法学论丛》1987 年第 3 期。

本来,犯罪构成要件,尤其是刑法分则规定的具体罪名的罪状,是类型化的犯罪成立条件的抽象浓缩,是对一类具体犯罪共性特征的高度概括,我们不排除立法在设定刑罚法规时考虑的往往是一般的、典型的犯罪类型形象,尤其是对于自然犯而言,但即使是自然犯,如故意杀人罪,也会出现这样一种现象:在一段时期出现了极个别的、非典型的杀人方式,但随着社会的发展、科技的进步、犯罪手段的智能化、犯罪人群的相互效仿,这种非典型的行为方式会被人们逐渐认识从而演化成典型的行为方式。相反,原来可能被称为典型的行为方式可能不再成为"典型"。例如,通常所说的故意杀人罪,从生活的常态来看,最典型、最经常表现出来的样态是作为的形式,但刑法是成文法,它要通过语词来表达立法意图,而解释者或适用者只能通过立法者所使用的语词的客观含义来理解立法意图。而立法意图一旦定格为符号化的语词,它便同时获得了自在的含义。因而尽管立法者在规定故意杀人罪构成要件时或许是针对作为犯考虑的,但从理论上,应当认为既包括禁止采用积极的作为方式杀人的禁止规范,也包括对于一些行为者为防止引起死亡的结果而应该作出一定作为的命令规范。"'杀人'或者'偷盗'这种用语,只是表明将通过身体的实行作为原则,是通过积极的形式来描述杀人罪或者盗窃罪,因此,如果认为'杀人'或者'偷盗'是以通过行为积极样态的身体运动的实行为前提的,那么就大错特错了。刑法没有在任何地方作出这样的规定。"①

这种理解在过失致人死亡罪中体现得更加鲜明。以我国刑法

---

① [日]西原春夫著:《犯罪实行行为论》,戴波、江溯译,法律出版社2006年版,第91—92页。

第 233 条的规定为例,该条的内容是:"过失致人死亡的,处三年以上七年以下有期徒刑;……"作为刑罚法规,我们没有理由否认在基于犯罪过失的情况下引起他人死亡结果的情形不包括行为人的不作为。说到底,这是对犯罪构成要件的解释问题。

综上所述,笔者认为,站在不纯正不作为犯的规范结构角度,基于刑法规范的复合性质,处罚不纯正不作为犯并不违背罪刑法定主义。但这并不是说不纯正不作为犯因违反命令规范而实现了以作为形式规定的作为犯的构成要件,毋宁说对于特定犯罪而言,刑罚法规本未预设作为犯的类型,或者说本不是专为作为犯设定构成要件。因为如前所述如果按日高义博教授等的见解,仍存在逻辑上的矛盾——不作为犯如何能够实现以作为犯规定的构成要件? 我们只能说,对于特定的刑罚法规而言,刑法基于禁止规范在处罚作为犯的同时,也包括了基于命令规范而处罚的不作为犯。至多我们只可以说,不纯正不作为犯违反了命令规范而实现的却是通常以作为形式实现的特定的犯罪构成要件。①

① 这一问题影响到对不纯正不作为犯概念的界定。有不少学者将其定义为:"用不作为实现以作为的形式所规定的构成要件的犯罪"或者"以不作为形式而犯以作为形式实施的犯罪"。(参见[日]大谷实著:《刑法讲义总论》,日本成文堂 1992 年版,第 156 页;[日]日高义博:《不作为犯的理论》,中国人民公安大学出版社 1992 年版,第 85 页;高铭暄主编:《中国刑法学》,中国人民大学出版社 1989 年版,第 99 页。)笔者认为,这种定义不妥,在形式上违反了罪刑法定主义。我国刑法学者张明楷教授指出,处罚不真正不作为犯本身,并不是类推解释,而要得出这种结论,就必须否认不真正不作为犯是以不作为方式实施得作为犯的提法;也不能认为,刑法关于杀人罪、放火罪等构成要件的规定,在条文上预想了只能由作为构成。事实上,不真正不作为犯,是指在某种犯罪既可以由作为实施也可以由不作为实施的情况下,行为人以不作为方式实施的犯罪。(参见张明楷著:《刑法格言的展开》,法律出版社 2003 年第 2 版,第 136—137 页。)基于以上考虑,笔者给不纯正不作为犯下的定义是:"负有防止危害结果发生的作为义务之人,不履行该防止义务而构成的通常以作为形式构成的犯罪。"

第四章　不纯正不作为犯构成要件概说^①

本 章 要 旨

　　本章首先剖析了不纯正不作为犯能否与作为犯等价的问题,指出,基于罪刑法定主义和保护法益的双重考虑,为了处罚不纯正不作为犯,使不作为与作为等价不仅必要而且可能。

　　关于不纯正不作为犯在构成要件的该当性上,需要具备哪些要件,学界存在两要件说、三要件说、四要件说、五要件说、六要件说,本章分析认为,上述学说主要在等值性是否不纯正不作为犯成立的独立要件以及履行义务的可能性是否不纯正不作为犯的独立要件方面存在争议。笔者在剖析了各种寻求等价性的方法之观点后指出,等价性不是不纯正不作为犯的独立要件,也不是限定作为义务或者限定构成要件成立的一个具体要件,而是不纯正不作为犯与作为犯适用同一构成要件的综合判断或者说用以说明二者可以适用同一构成要件的指导原理。因此,所谓的等价性,只能是构成要件的整体的等

－－－－－－－－－－

　　① 这里所说的构成要件,不是我国刑法理论意义上的犯罪构成要件,而是指大陆法系的构成要件该当性。

价。而在等价性的具体判断上,一般情况下对不作为与作为等价性的判断,只需在作为义务论中考虑即可。但由于不作为与作为的等价说到底还是刑法分则具体构成要件类型的等价,因而对于这些构成要件类型,除了考虑作为义务外,还必须考虑构成要件的特别行为要素。简言之,不作为与作为构成要件的等价,在判断标准上应考虑两个因素:一是行为人的作为义务,二是具体构成要件的特别行为要素。

关于作为可能性,笔者认为在理论体系上仍有将其作为独立要件的必要。

关于不纯正不作为犯构成要件的该当性判断,是就相关的具体案情而断,因此应采个人标准说;关于判断的基准,站在事后判断的立场是比较妥当的;关于判断的素材,作为可能性属于不纯正不作为犯的客观要素,行为人有无作为可能性应进行客观判断,具体可从以下几个方面加以综合考虑:身体的动作能力、生理缺陷、时空环境、行为人的技术、智力因素。

第一节　不纯正不作为犯能否与作为犯等价[①]

从当今世界各国的刑事立法、审判实践以及理论学说来看,由于不纯正不作为犯在具体构成要件的适用上,要与作为犯适用相同的构成要件,为了避免来自罪刑法定主义的质疑,往往要使作为

---

① 这里所说的等价,与等置、等值是同一的概念,只是不同的学者用语习惯不同而采用不同的称谓。在接下来的分析中,本书并不对此细加区分。

与不作为在法律的负面评价上同价值,然而在说明二者的同价值之前,遇到的首要问题就是,不作为能与作为等价吗?

对此问题,学界存在两种截然相反的观点。持否定观点的考夫曼认为,不纯正不作为犯违反的是命令规范,而作为犯违反的禁止规范。既然不纯正不作为犯系不作为犯(而非作为犯),且其构成要件合致性以具备附加的构成要件要素——保证人地位为前提,比作为之构成要件要素多出一个"保证人地位",则构成要件的构造与作为之构成要件构造迥然有别。不作为与作为的等价问题,因而不在于不作为是否以及在何种条件下得以实现作为犯的构成要件,而在于不作为如何能实现不纯正不作为犯的独立要件。但考夫曼认为命令作为的构成要件亦即禁止不作为之"不作为构成要件",加上保证人地位,即组成不纯正不作为犯的构成要件。在此"保证人地位"扮演等价要素的角色。借着不作为者的保证人身份,使得违反命令规范,与违反禁止规范具有相同的不法内涵、相同的罪责非难程度以及应罚性。基于不纯正不作为犯构成要件的独立性,考夫曼认为应于刑法分则个别规定不纯正不作为犯的各种犯罪类型,此即著名的分则说——以分则规定不纯正不作为犯各种犯罪构成要件。

同样持否定观点的我国台湾学者许玉秀教授认为,不作为不可能也不需要和作为等价。首先,二者存在结构上的差别。作为是积极操纵法益受侵害的因果流程,不作为则是消极不介入法益受害流程。虽然在作为犯我们可以说因为没有其他的干扰,所以行为人操纵的法益受害流程顺利完成,而在不作为犯,也可以说因为没有其他干扰,法益受害流程顺利完成,看起来好像旗鼓相当,但其实除了在前行为保证人类型的情况外,所有不纯正不作为犯曾经面对的法益受害流程都是由第三人或被害人自己积极惹起,而作为犯所面对的法益受害流程却是作为犯自己积极惹起的。作为的因果流程是可以物理检验的,而不作为的流程是假设出来的,结果是否真的不会发生,永远无法证实。其次,将不作为纳入刑法规范,并不表示不作为和作为等价,而不作为也并非得先想办法和作为等价才可以被入罪化,其实只要说清楚不作为对法益的侵害、应该被入罪化的理由,即已达到法益保护的目的,不一定要强将不作为和作为作相等的评价。再次,德国刑法第 13 条虽然要求不作为需具备与作为的等价性,才成立不纯正不作为犯,但却明确规定不纯正不作为犯可处以较作为犯为轻的处罚。这也说明作为犯和不作为犯不等价。①

不过,学界的通说认为,不作为可以与作为等价。笔者认为,对于不作为是否与作为等价的问题,首先应当明确的是,不作为是否有必要和作为等价? 从形式上看,适用同一个构成要件,在法的非难评价上具有同价性,但实质地看,之所以不同具体情形可以或需要适用同一个构成要件,就是因为在立法者看来,它们具有同样的非难价值。但这并不等于说,当立法者对不同情形规定了不同构成要件时,就必然表示它们不具有法的非难的等价性。这与立法者设定具体构成要件的立法技术、立法习惯以及在立法者看来的必要性等因素有关。例如,我国刑法对故意杀人的各种行为只规定了故意杀人罪一个类型,但世界其他主要国家或地区更为普遍的做法是分别规定了不同的杀人类型。例如,德国刑法规定了谋杀、故意杀人、受嘱托杀人、杀婴、堕婴等 5 种具体杀人罪的构成要件;再如,法国刑法规定了谋杀、故意杀人、毒杀等 3 种类型。我

① 参见许玉秀:《保证人地位的法理基础——危险前行为是构成保证人地位的唯一理由?》,载(中国台湾)《刑事法杂志》第 42 卷第 2 期。

国封建社会的刑律往往也区分不同的杀人类型。尽管这些具体杀人方法适用的具体构成要件类型不同，但我们并不能因此而认为它们不具有法律非难的同价值性。我说这段话的意思在于说明：考虑到不纯正不作为犯与作为犯存在的诸多不同，立法上固然可以在分则给它们设定不同的构成要件类型，但从立法成本和立法技术的可能性来看，连否定论者也不得不承认这是不现实、不可能的。例如，要规定不纯正不作为的杀人罪，就必须把所有可能的保证人类型——列出，详细规定什么人在什么样的场合不救助什么人的生命，应当受到处罚。尽管有学者（如格林瓦尔德）作过这方面的尝试，但仅仅一个杀人罪就已足够惊人。① 因此，立法者现实和明智的选择就是将不纯正不作为犯置于通常认为由作为构成的构成要件中进行评价。这就是说，从立法选择来看，实现不作为与作为的等价，具有必要性。

那么，将不作为与作为等价值评价，从而适用同一构成要件，是否可能呢？解决这一问题首先面临的问题就是，不作为与作为适用同一构成要件是否违反罪刑法定主义。对此，持不作为和作为可以等价的肯定论者在解释上进行了积极的努力。关于这个问题，在不纯正不作为犯与罪刑法定主义一章已作过详细介绍。笔者认为，从刑罚法规不同于刑法规范的角度，可以认为通常被认为是作为犯的构成要件实质上包含了禁止规范和命令规范的内容，因此，不作为与作为适用同一构成要件并不违反罪刑法定主义，从而在同一构成要件之下，对不作为与作为作等价值评价就成为可能。

---

① 参见［日］日高义博著：《不作为犯的理论》，王树平译，中国人民公安大学出版社 1992 年版，第 177 页。

另外,否定论者以德国刑法第 13 条规定的裁量减轻规定而作为作为与不作为不能同价值的理由,也是不充分的。这可以从两个层面加以分析:首先,假设德国刑法的这一规定是完全合理的,那么,能否以此为理由而否认作为与不作为的等价呢? 笔者认为不能。我们所论述的等价性,是就作为与不作为能否适用同一构成要件而言的。我们说,不作为与作为可以等价,并不表明二者完全等量。等价是一个价值判断,等量则是数量上的判断。这就如同罪刑均衡论中的等价报复说与等量报复说一样,尽管不作为在许多场合无法与作为获得等量的评价,但这并不表明二者不可以等价(等置、等值)。众所周知,对于未遂犯,法律一般规定要比照既遂犯从轻或减轻处罚,但我们并不会因法律上对未遂犯的裁量从轻、减轻规定而否认其与既遂犯在适用同一构成要件上的等价值性。也就是说,未遂犯要同既遂犯一样适用同一构成要件,只不过一个是修正的构成要件,一个是基本的构成要件罢了。不作为与作为适用同一构成要件的道理也一样。当然,在这里将其与未遂犯、既遂犯的关系相类比,并不意味着我们认为作为犯属于基本构成要件,而不纯正不作为犯属于修正构成要件。在我国也有学者为了说明不纯正不作为犯并无独立的构成要件,而主张作为犯与不纯正不作为犯之间并非构成要件的差别,而是二者的形态不同,也表示出了同样的思想。不过,这种主张似乎有将不纯正不作为犯认定为构成要件的修正形态之嫌。[①] 笔者认为, 更精确地讲, 相比于作为犯, 不纯正不作为犯属于需要补充的构成要件, 即开放的构成要件。但二者适用的构成要件在基本要素上是一

---

① 参见肖中华著:《犯罪构成及其关系论》,中国人民大学出版社 2000 年版,第 362 页。

致的。

其次,让我们分析一下德国刑法的这一裁量减轻规定是否合理。在1962年的德国刑法草案中并未设立对不纯正不作为犯裁量减轻的规定,其理由是:"违背诸文献的观点,草案在规定不作为犯时,未规定减轻刑罚的可能性。这不等于没有看到主张规定减轻处罚观点的诸根据,当然也没有忽视由不作为实现的构成要件在大多情况下,其违法内容比由作为实现的要轻。但是,这种情况并非全部如此。使婴儿饿死的母亲就不比不逐渐增加痛苦而采取绞杀的办法杀死婴儿的母亲的违法更重。在由不作为实施的重大过失犯罪领域,不作为的违法决不是轻的,忘记扳道叉使列车脱轨的扳道工的违法程度不亚于因为手误而扳错的人。况且,允许减轻处罚与不作为所为的等价性明显对立。规定减轻处罚,难免就会产生这个要件不太重要的疑问。按照草案的规定,不必担心对违法非常轻微的不作为予以不公正的处罚。因为在刑罚范围内可以斟酌这样的情况,加之从等价值性的观点,在这种情况下,通过认定不作为的帮助,也可以依照刑法第六十四条第一款减轻处罚。"①但德国刑法最终还是设立了裁量减轻的规定,其主要理由是考虑到二者的责任内容不同。如耶赛克认为,决意实施犯罪行为比不履行阻止向侵害法益方向发展的事态的义务必须花费更多的犯罪能量,所以,不作为的责任内容通常比积极的作为轻。当然,这种责任差别并不是存在于所有的不作为犯中,如母亲使自己的婴儿饿死的情形就与以作为实施的犯罪在犯罪内容上没有什么不同,所以,设立裁量减轻的规定是基本适应于大部分事例而考

① 参见[日]日高义博著:《不作为犯的理论》,王树平译,中国人民公安大学出版社1992年版,第195—196页。

虑。① 对此,日高教授认为,设置这种规定主要是由于没有考虑产生原因的形态而笼统认为都成立不纯正不作为犯而得出的结论。按照日高的见解,只有在由于不作为人的故意或过失导致向着侵害法益方向发展的因果关系情形中,也就是在不作为行为人的原因设定场合下,才构成不纯正不作为犯。如果作这样的限制,则这种情形在违法内容、责任内容上与作为犯没有什么不同,从而没有必要设立量刑减轻的规定。② 笔者尽管不赞同日高教授基于这种限定(对此后文还将作专门的剖析)而所作的分析,但也不赞同那种认为不纯正不作为犯的责任程度比作为犯一定要轻的观点。笔者也不主张对不纯正不作为犯有特别设置减轻处罚规定的必要,这倒不是因为设置此规定就同不作为与作为具有等价值性相矛盾,对此已如前述,而是主要考虑在很多场合不纯正不作为犯的违法、责任内容未必比作为犯轻,甚至还要重,这样就没有必要设立特别条款予以减轻处罚,诚如上述1962年草案说明报告理由所指出的那样,一方面在刑罚范围内可以考虑具体案件的具体情况予以斟酌处罚,另一方面通过认定不作为犯的帮助犯而获得相应的从轻处罚,从而不必产生处罚不公正的疑问。

综合以上分析,笔者认为,基于罪刑法定主义和保护法益的双重考虑,为了处罚不纯正不作为犯,使不作为与作为等价不仅必要而且可能。那么,如何实现二者等价呢? 这就是下一节所重点探讨的问题。

----

① 参见[日]日高义博著:《不作为犯的理论》,王树平译,中国人民公安大学出版社1992年版,第195—196页。

② 参见[日]日高义博著:《不作为犯的理论》,王树平译,中国人民公安大学出版社1992年版,第195、197、198页。

第二节　不纯正不作为犯的构成要件

不纯正不作为犯在构成要件的该当性上,究竟需要具备哪些要件,学者的观点不尽一致。本节在介绍诸种观点的基础上,重点对存在重大分歧的等价性要件和作为义务可能性要件作一探讨。

一、不纯正不作为犯构成要件诸观点分析

综观各国、各地区的理论学说,对于不纯正不作为犯的成立条件,大致存在以下几种观点:

(一)两要件说

持两要件说的台湾学者韩忠谟教授指出,"一般认为不纯正不作为犯是否成立,系于下列两点:一为防止法益侵害结果发生之义务问题,一为不作为在如何情形与作为等价之问题,……。"就不作为与作为的等价要件,他认为,判断是否等价应以各种法定构成事实所蕴含的违法性为基础,与法所要求的作为义务性质尤有密切关系。[①] 同样持两要件说的日本学者小野清一郎教授则认为,这两个要件是:一为,行为人负有一定构成要件结果发生的法律上的义务,也就是作为义务;一为,在能防止事态发生的情况下没有履行该义务,即能履行而不履行。[②] 在我国也有学者坚持两要件说,如黎宏教授认为,不纯正不作为犯的成立,"一是行为人

---

① 　参见韩忠谟著:《刑法原理》,中国政法大学出版社 2002 年版,第 78—80 页。

② 　参见[日]小野清一郎著:《新订刑法讲义总论》,日本有斐阁 1950 年版,第 102—103 页。

必须具有一定程度的作为义务,二是行为人能履行该义务而不
履行。"①

可见,尽管同样持两要件的观点,但具体内容各不相同:他们
都肯定作为义务是成立不纯正不作为犯的中心要件,但除此之外
的要件,一种意见认为是能履行而不履行,一种意见则为不作为与
作为的等价性。而黎宏教授所主张的"一定程度的作为义务",实
际上包含了不作为与作为的等价性因素,只不过他把等价性要素
作为作为义务内容的一部分而已。

(二)三要件说

三要件说主要是融合了上述两要件说的不同观点,将不纯正
不作为犯的成立条件概括为以下三点:一为法律上的作为义务;二
是具有防止结果发生的可能;三是该不作为与作为在构成要件上
具有同等价值。② 有的学者将第三个要件概括为"违反作为义务
之不作为具有同作为一样的反社会性的强度"。③ 但也有不同意
见,我国学者陈兴良教授认为这三个要件是:一是不作为犯罪的作
为义务;二是能够履行而没有履行;三是作为义务之不履行与危害
结果之发生具有因果关系。④ 还有的学者认为三要件为:作为义
务的违反;引起一定侵害法益的结果;罪责相等,即不作为与作为

---

①　黎宏著:《不作为犯研究》,武汉大学出版社1997年版,第52页。

②　参见[日]江家义男著:《刑法总论》,日本千苍书房1952年版,第115—
117页;洪福增著:《刑法理论之基础》,(中国台湾)三民书局1977年版,第179—
186页。

③　[日]大谷实著:《刑法讲义总论》,日本成文堂1991年版,第158—164
页。

④　参见陈兴良著:《刑法哲学》,中国政法大学出版社1997年版,第230—
244页。

的等价问题。①

(三)四要件说

在四要件说内部也有分歧,一种观点认为,不纯正不作为犯之成立,应具备下列数个条件:"第一,作为义务必须系防止结果之义务,且该结果必须系能防止者;第二,违反作为义务之不作为,其反社会性强度,必须与作为义务之违反社会性具有相同之程度,亦即不作为与作为等价之问题;第三,须为能防止结果之发生而不予防止或怠于防止;第四,须对于结果之发生有认识。"②有的则主张,这四个要件为:"行为人有作为义务;行为人有作为的可能性;不作为导致发生结果(即不防止);不作为与作为等价。"③国内有学者认为,不纯正不作为犯仅以结果发生的防止义务为已足,即使结果未发生,仍有可能成立犯罪,故将不作为导致发生结果这一要件改为不履行,从而形成以下四要件:"一是行为人依法具有特定的作为义务;二是具有作为可能性;三是不履行;四是不作为与作为等价。"④

(四)五要件说

该说认为不纯正不作为犯的成立条件有五:"一是作为义务;二是履行义务的可能性;三是没有履行义务;四是发生了危害结

---

① 参见陈培峰著:《刑法体系精义——犯罪论》,(中国台湾)康德文化出版社 1998 年版,第 114—117 页。

② 蔡墩铭主编:《刑法总则论文选辑》,(中国台湾)五南图书出版公司 1984 年版,第 301—304 页。

③ 郭君勋著:《案例刑法总则》,(中国台湾)三民书局 1988 年版,第 97—99 页。

④ 熊选国著:《刑法中行为论》,人民法院出版社 1992 年版,第 165 页。

果;五是不作为与结果之间具有因果关系。"①

(五)六要件说

台湾学者林山田教授认为,不纯正不作为犯的客观不法构成要件包括六个要素:"(1)构成要件该当结果之发生;(2)不为期待行为;(3)防止结果发生之事实可能性;(4)不作为与结果间具有因果关系与客观可归责性;(5)行为人具有保证人地位;(6)不作为须与作为等价。"②

综览上述诸种观点对不纯正不作为犯成立要件的概括,可谓五花八门。由于各自的着眼点不同以及对成立要件本身的要求认识之不同,导致在概括具体要件上的上述分歧,其中有些分歧是实质性的,有些则属于非实质性的,即尽管概括的要点不同,但从归纳的实质内容来看是一致的。在评说上述诸观点之前,笔者认为有必要厘清几个前提:首先,界定不纯正不作为犯的构成要件应当具有高度的概括性,即这些要件应当是故意不纯正不作为犯和过失的不纯正不作为犯所共通的要件;其次,有必要区分必要要件和选择要件,这里所谈的不纯正不作为犯的成立要件不包括选择要件;再次,作为要件应当具有独立性,即不可缺少性;最后,这里所说的成立要件,仅指成立犯罪意义上的要件,不是指在犯罪成立基础上构成犯罪既遂意义上的要件。

在上述前提下,我们就可以发现:(1)对于完整的不纯正不作为故意犯罪的既遂犯和不纯正不作为犯的过失犯而言,构成要件该当结果的发生是不可缺少的条件,但就不纯正不作为犯的成立

---

　　①　肖中华著:《犯罪构成及其关系论》,中国人民大学出版社2000年版,第363页。

　　②　林山田著:《刑法通论》(下),(中国台湾)1998年作者自版(增订六版),第525页。

而言,如果从故意犯和过失犯的共通要件来说,危害结果的发生并非必要条件。因而上述以发生危害结果为要件的观点是不妥当的。(2)因果关系是否有必要作为独立要件?前文已指出,不纯正不作为犯是结果犯,在故意犯罪的情况下,以构成要件该当结果的发生为犯罪既遂的标志;同样,在过失犯罪的情况下,以构成要件该当结果的发生为构成犯罪的标准。因此,行为人的不作为与危害结果之间必然要求具有因果关系。但并不等于要求因果关系作为不纯正不作为犯成立的独立要件。在这一点上,不作为犯与作为犯并无不同。而对于作为犯,学界通行的观点是,因果关系只是研究犯罪客观方面中的一个重要问题,但刑法因果关系只是危害行为与危害结果之间的联系,并不是犯罪客观方面的要件。①也就是说,因果关系在犯罪构成要件中并不具有作为其中一个要件的独立意义。同样地,不纯正不作为犯的因果关系尽管非常重要,甚至曾经被学界认为是不纯正不作为犯的中心问题,但从构成要件的角度,仍不宜将其作为一个独立的要件。(3)与作为犯一样,行为人的不作为是不纯正不作为犯成立的必要条件。因此,在不纯正不作为犯的成立要件中,行为人没有履行作为义务应当是不可缺少的独立要件。

在澄清了上述问题之后,我们就会发现关于不纯正不作为犯的成立要件,学界在以下两个方面的争议尤为突出:一是等价性是否不纯正不作为犯成立的独立要件?二是履行义务的可能性是否不纯正不作为犯的独立要件?下面重点对这两个问题进行分析。

---

① 参见高铭暄、马克昌主编:《刑法学》,北京大学出版社、高等教育出版社2000年版,第65页。

二、等价性是否不纯正不作为犯成立的独立要件

等价性是否不纯正不作为犯的独立要件问题,最初的争论主要集中于在作为义务中考虑等价问题,还是自作为义务中分离出等价性;而分离出的等价性的判断究竟是着眼于客观方面的判断,还是从主观方面来考虑,学界也存在争议。后来,学说上出现了构成要件等价值理论。那么,等价性问题究竟是不纯正不作为犯与作为犯适用同一构成要件的综合判断或者说用以说明二者可以适用同一构成要件的指导原理,还是限定作为义务或者限定构成要件成立的一个具体要件? 对这些问题的不同认识,直接影响着等价值性在不纯正不作为犯成立条件中的地位。因此,对等值性是否不纯正不作为犯独立构成要件的探讨,与学说上各种寻求不作为与作为等价的理论密不可分。本书将在分析各种寻求等价性方法的理论之基础上,对这一问题作出适切的结论。

(一)各种寻求等价性的方法

1. 在作为义务中考虑等价问题

为了处罚不纯正不作为犯,同时又不违背罪刑法定主义,自纳格拉提出保证人说将不纯正不作为犯的中心问题由违法性问题转向构成要件该当性问题之后,如何实现二者的等价,就成为学者探讨的话题。最初的理论是以保证义务(作为义务)为媒介来判断不纯正不作为犯与作为犯的等价值。如纳格拉认为,是保证义务决定了两者在同一构成要件下被等价性判断。况且,不纯正不作为犯和作为犯在同一构成要件规定下等值,如此解释并非构成要件的扩张,而是依据目的论对构成要件进行的正确解释。[①] 在日

①　参见[日]日高义博著:《不作为犯的理论》,王树平译,中国人民公安大学出版社1992年版,第101—102页。

本亦有部分学者持此观点,如福田平教授认为:"为了能使该当不作为与依作为之实行行为,在构成要件评价上为同等价值,该当不作为之行为人和被害法益间的特别关系,必须是负有防止构成要件该当结果发生之保证人义务者。"①江家义男教授也主张:"为了得将一定的不作为以不真正不作为犯来处罚,单只是要求其不作为须对结果之发生有因果关系,及违反作为义务是不够的,更有进者,尤须考虑行为人违反一定强度之作为义务之不作为,与因作为而为法益侵害间具有同等价值之反社会性。"②

从上述观点的具体内容来看,成立不纯正不作为犯,并非只要求作为义务的违反就足够,还须具备一定强度的作为义务的违反,这种是否达到一定强度的作为义务的违反,正是等价性的判断内容。

2. 自作为义务中分离等价性

针对上述在作为义务中考虑等价性的观点,不少学者给予了批评,主张应在作为义务之外考虑同价值性。然而在作为义务之外所考虑的等价性,是着眼于客观方面,还是着眼于主观方面,仍存在学说的对立。

(1)着眼于主观方面的见解。

最初持这种观点的赫尔穆特·迈耶认为,把作为义务作为不纯正不作为犯构成要件该当性内容,存在着与罪刑法定主义相抵触的问题,为此,他主张把保证义务从不纯正不作为犯的成立要件中分离出来,而主张从主观方面来解决不作为与作为的等价问

---

① 〔日〕福田平著:《刑法总论》,日本有斐阁1984年版,第82页。

② 〔日〕江家义男著:《不真正不作为犯的理论构成》,江家义男教授刑事法论文集,日本1959年版,第48页。

题。他认为，作为是积极追求敌对法的意志，而不作为是像玩忽那样满足一般意志要求，不过是弱意志，为了实现不作为与作为的等值，要求不作为必须有与作为同等程度的"敌对法的意志力"。[①]

在日本，也有学者主张从行为人的主观方面来限定不纯正不作为犯的成立。如藤木英雄教授以保证者的地位、先行行为、物的管理者的地位三者作为作为义务的实质根据，并且认为要实现对这些人的不作为与作为同视，需要"利用既发的状态至少是有意图的放置"。正因为有"利用既发火力"的结果发生的积极态度，与因作为放火可同视的违法性有了根据。另外，团藤重光教授要求"对构成要件事实发生有特别的积极的人格态度"，也是强调了行为人的主观内容。与理论学说相呼应，日本二战前大审院关于放火罪的判例即强调了行为人须有"利用既发火力的意思"、"利用既发危险的意思"，这种做法也是通过主观方面来实现不作为与作为的等值。

另外，有学者在探讨单纯逃逸的场合是否成立不作为的杀人罪时指出，这种情况下一般具有基于先行行为的作为义务的救助被害者义务、作为的可能性及容易性的要件，但是为了使不作为同由于作为的杀人在违法上等置，作为主观要件必须是积极的故意，未必的故意是不充分的。理由主要是，不纯正不作为犯本来仅对于业已存在的因果流程加以利用而已，具有消极性存在，而未必故意，也具有消极性存在。两种消极性相加，其消极性更为显著，无法与积极作为同视。为弥补此项违法性薄弱的缺陷，使其具有与

---

① 转自［日］日高义博著：《不作为犯的理论》，王树平译，中国人民公安大学出版社1992年版，第95—96页。

作为同等的违法性，在主观上应有结果发生的积极意欲存在为必要。①

但这种从主观方面来限定或实现不作为与作为等价的做法受到了广泛的批判。本来，处罚不纯正不作为犯就面临来自罪刑法定主义的质疑，这种通过主观方面来进行限定的理论，将使得不纯正不作为犯的处罚范围变得极不明确。诚如有的学者所指出的，这是以"坏的动机"为基准的心情刑法，并不妥当。② 在不作为是否成立之际，如果考虑"利用既发的火力的意思"等，就极容易混入动机的因素，因此，这不仅将不作为犯的成立委由伦理因素，而且也会大幅度扩大不作为犯的成立范围。③ 另外，仅认为在直接故意的情况下成立不纯正不作为犯，而间接故意不成立也是没有说服力的。刑法处罚不纯正不作为犯重在其结果无价值，即重在法益的保护。在不履行结果防止义务，造成法益受侵害结果的情况下，无论直接故意还是间接故意，其社会危害性是相当的。因此，试图从主观方面来构筑不作为与作为的等值的观点不仅是徒劳的，也是有害的。

（2）着眼于客观方面的见解。

与起初的在作为义务中考虑等价问题相同，这种观点即便在作为义务之外考虑等价问题，仍是着眼于从客观方面解决等值问题。相对于纳格拉提出的保证人说，有的学者把这种观点称为

---

① 参见［日］川端博：《不作为犯における主观要件（反论と批判）》，载植松正等编《现代刑法论争Ⅰ》，日本劲草书房1985年版，第98页。
② 参见［日］西田典之：《不作为犯论》，载芝原邦尔等编：《刑法理论的现代展开（总论Ⅰ）》，日本评论社1988年版，第70—71页。
③ 参见［日］堀内捷三著：《不作为犯论》，日本青林书院新社1978年版，第223页。

"新保证人说"。① 这种观点强调，为了使不作为符合构成要件，仅有对结果防止义务的侵害还不够，该不作为还必须与据作为引起结果同价值。这一主张也被德国的刑法改正草案采用，其1962年草案(第13条)规定："在其举动、在其情况上与通过作为实现构成要件同价值的情况下，……。"

在学界首先明确主张在作为义务内容之外考虑等价性的是德国学者考夫曼教授。考夫曼认为，不纯正不作为犯并非是满足作为犯的构成要件，而是满足了未写明的不作为犯的构成要件(保障人的命令的构成要件)，要确定这一构成要件需要考虑三点：作为构成要件的存在、结果防止命令的存在以及命令违反同作为有相同程度的违法性责任，即具有当罚性。不纯正不作为犯的构成要件符合性，仅在保障人地位的前提条件存在以及不法内容中同价值性被确定的情况下才能成立。德国学者 Henkel 也赞同上面的主张。据他的观点，作为犯的构成要件在不作为犯是被二重地打开，需要补充：第一是关于正犯，只有作为保障人负有危险防止义务的不作为才可以作为行为；第二必须确定其不法内容与作为是同价值的。其中第二点有其独特的意义，因为，虽通过肯定保障人的地位，制造出法律责任(例如民事责任)一般的基础，但关于刑法的责任即当罚性，却没有任何决定。与保障人的问题相对，同价值性问题则是不纯正不作为归责的特别前提。② 另外，明确主张这种同价值性的理由，还由来于其在理论上否定结果防止义务与单纯作为义务的区别。即历来是认为结果防止义务＝不纯正不

① 参见［日］中森喜彦：《保障人说について》，载《法学论丛》第84卷第4号。
② 参见［日］中森喜彦：《保障人说について》，载《法学论丛》第84卷第4号。

作为犯,单纯作为义务=纯正不作为犯。由于主张纯正不作为犯与不纯正不作为犯在作为义务内容上可以具有一致性,即不单不纯正不作为犯具有结果防止义务,纯正不作为犯也具有结果(危险)的防止义务,这样仅从作为义务方面来认定不纯正不作为犯是不充分的,为了进一步区分纯正不作为犯与不纯正不作为犯,还要考虑作为义务的程度问题,这样就有必要在保证义务(作为义务)之外单独考虑同价值问题。

在日本,也有学者采此观点。例如,大塚仁教授将等价性视为作为义务前提下进一步确定作为义务具体内容的标准。他说,"在违反保证人义务的场合,不用说,在相当程度上是进行实质性的判断,但是进一步说,在判断其是否符合某种构成要件的实行行为时,从罪刑法定主义的观点出发,必须慎重。为保证适合其要求的构成要件符合性的判断,有必要考虑该不作为同作为的同价值性。"[①]"关于这一点,特别应该考虑不作为的具体情形。例如,将他人轧成濒临死亡的重伤,以未必的杀害故意逃走的犯人,在其场所是白天、行人很多的城市的医院门前等,被害人被救助的可能性很大时,不救助被害人的不作为很难说是杀人行为,相反,如果是在严冬的深夜,把被害人丢在没有行人的山路上时,就可能是杀人行为。在确定具体的作为义务时,也要考虑这一点。"[②]

不过上述观点也受到了批判,如福田平教授认为,在等价性是作为义务的内容,还是同作为义务相并列的要素这一问题上,无论是属于哪一种观点,将等值性这种漠然的价值判断直接放入构成

---

① 〔日〕大塚仁、福田平著:《对谈刑法总论》,日本有斐阁1979年版,第133—134页。

② 〔日〕大塚仁著:《刑法概说(总论)》,冯军译,中国人民大学出版社2003年版,第141页。

要件之中,则法的明确性和法的安定性从何谈起? 与其将作为义务作为一个独立的要件来把握,倒不如将其作为对作为义务进行类型化的一个要素来把握,从而主张等价性要素是作为义务内容的一部分。①

比较上述新旧保证人说,可以发现它们在本质上具有相通之处:前已指出,在作为义务中考虑等价性问题的学者,只是以作为义务为媒介,甚至说以作为义务决定不作为与作为等值的关键,但并非充要条件,这种作为义务还必须是达到一定程度的作为义务,只有这样不作为才能与作为适用同一构成要件;而自作为义务分离等价性的观点,也无非想说明除了以作为义务为前提之外,还必须使不作为与作为具有同样的结果无价值,而这种无价值的判断也要综合考虑行为人违反义务的具体情况、刑法分则规定的具体犯罪构成要件的具体情况等进行判断。因此,如果着眼于上述考夫曼、大塚仁教授等的等价性独立说的实质内涵,这种将等价性作为独立要素的观点实际上同在作为义务中考虑等价性并无本质的不同,只是考虑的方法不同而已。对此,平野龙一教授更为明确地指出,上述两种不同见解,在对不纯正不作为犯的限定上并无实质的不同,只是二者在"法律上的作为义务"、"保障人的地位"这些概念的内容不同而已。②

然而,将等价性独立出来是否真的没有任何意义呢? 如果上述考夫曼、大塚仁的主张还不能让我们得出非常明确的答案的话,那么,同样主张等价性独立要件说的林山田、苏俊雄教授等学者的

---

① 参见[日]大塚仁、福田平著:《对谈刑法总论》,日本有斐阁1979年版,第134—135页。
② 参见[日]平野龙一著:《刑法总论Ⅰ》,日本有斐阁1972年版,第153页。　*171*

观点或许对我们有所启发。二位学者认为,不作为与作为等价是指以不作为而实现不法构成要件与作为实现不法构成要件,在刑法上的非价,彼此相当。绝大多数犯罪,均无实施方法的限制,行为人对于此等行为实施方法没有限定的犯罪,只要具备保证人地位,则该不作为即与作为相当。倘若在限定实施方法的犯罪类型中,则该不作为必须与构成要件所描述的作为具有同样的社会意义,始具有该构成要件所彰显的特别行为非价。例如,在限定行为实施方法的诈欺罪中,由于被害人的财产损害必须由行为人的诈术所导致,因此,不作为是否可以被认定为诈术行为,必须探究其是否与积极传递错误信息的诈术行为相当,并将这种等价性的判断,称为"第二等价准则"。① 上述二位学者肯定等价性的理由与大塚仁教授不同,他们认为强调等价性是因为在刑法规定以特别行为方式或手段的构成要件中,不作为必须在社会意义上与这种特别方式同价值,如诈术的使用、暴力的使用等。当然这种等价性的判断关系到多项构成事实的实行,具有多种特定行为方式的关联性,因而如何判断颇为困难、复杂,于是不得不以"综合评断"的方式进行,具体来说就是应分别从其侵害性、责任性领域着眼,参酌行为人是否由因认识错误之非故意性之情形或有无违反特别密切的信赖关系等等因素,具体认定。② 这样,最终又陷入了要件不明确、判断模糊的泥潭。但是,由此促使我们不得不考虑的问题是:如果有些情况(如大塚仁教授所举例的情况)还可以从作为义务的程度方面对作为义务进行限定,从而还可以固守在作为义务

---

① 参见林山田著:《刑法通论》(下册),(中国台湾)1998年作者自版(增订六版),第541页;苏俊雄著:《刑法总论Ⅱ》,(中国台湾)1998年作者自版,第569页。

② 参见苏俊雄著:《刑法总论Ⅱ》,(中国台湾)1998年作者自版,第571页。

内容中考虑等值性问题的观点的话，那么，像上述仅属具体构成要件对特定行为方式限制要素的认定，是无法通过作为义务本身的内容来实现的。这些特别要素尽管在一般的不纯正不作为犯中并不存在，但对于特殊的不纯正不作为犯而言，缺少这些要素是无法实现与作为犯的等价的。

由于不纯正不作为犯的等价性问题说到底仍是刑法分则具体构成要件的等价问题，因此，我们在考虑不作为与作为的等价性问题时，也不得不考虑某些具体构成要件的特别要求。从这个意义上，强调等价性从作为义务分离出来的观点也并非全无道理。不过，由于这种观点把等价性作为不纯正不作为犯成立的一个独立要件，实际上就混同了不作为与作为在构成要件整体上的等价要求与具体构成要件特殊行为要素等价性的要求，尽管有的学者将后者的等值性称为"第二等价准则"以示与前者的不同。因为，从提出等价问题的初衷来看，由于不作为要与作为适用同一个具体的构成要件，为了避免来自罪刑法定主义的质疑和合理地限定不纯正不作为犯的处罚范围，刑法上就要求不作为与作为等价，可见这种等价只能是构成要件整体上的等价。因此，笔者尽管赞同等价性要件独立说所讨论的实质内容的独立意义，但基于不作为与作为的等价问题是构成要件的等值这一基本观念，并不主张将其探讨的实际内容以"等价性"要件加以概括。在这方面，日高义博教授的构成要件等价值理论具有重要的参考和借鉴价值。

3. 日高义博的新客观说——构成要件等价值说

日高教授一反历来的观点，认为由于不纯正不作为犯与作为犯的存在结构完全不同，作为犯设定了由作为产生的向法益方向发展的因果关系，并支配、操纵这一因果关系来侵害法益，而不纯正不作为犯是不阻止已经产生的向着侵害法益方向发展的因果关系,以放任这一不作为来实现侵害法益,为了让二者等置,就必须采取填补二者存在结构上的空隙的办法,使二者价值相等。他认为仅靠作为义务或主观上的"不能是未必故意"、"必须有利用已经发生危险的意思"或"敌对法的意志力"等并不能实现不作为与作为的等价值,但应当肯定的是应从客观方面来考虑等价值问题,进一步来说,应当在构成要件相符性阶段考虑等价值问题。由此他提出了著名的构成要件等价值性理论,他的这一理论在我国也得到部分学者的支持。① 其具体判断标准就是:(1)构成要件的特别行为要素;(2)该行为事实;(3)不作为人的原因设定。其中前两个标准是考虑刑法条文的犯罪构成要件的特殊性;后一个标准起着填补不纯正不作为犯存在结构空隙的媒介作用。这一个标准也是决定不作为与作为等置的关键因素。②

笔者认为,日高教授的上述观点在以下两方面的把握是完全正确的:第一,由于不纯正不作为犯的问题是不作为与作为适用同一构成要件的问题,因而所谓的不作为与作为的等价性,只能是在构成要件该当性这一层面整体上的等价性。第二,即便是构成要件的等价性,也是从客观方面的判断,而不包括主观要素。这倒不是因为成立不纯正不作为犯不需要主观因素,而是从等值性判断的要求出发,无法通过主观方面的某种限定来实现不作为与作为的等值。无论是故意还是过失,无论是直接故意还是间接故意,都存在不纯正不作为犯成立的可能。而这些主观要素,则通过犯罪

---

① 对此表示支持的有陈兴良教授、刘艳红博士。参见陈兴良:《犯罪不作为研究》,载《法制与社会发展》1999 年第 5 期;刘艳红著:《开放的犯罪构成要件理论研究》,中国政法大学出版社 2002 年版,第 186 页。

② 参见[日]日高义博著:《不作为犯的理论》,王树平译,中国人民公安大学出版社 1992 年版,第 112 页。

论体系"构成要件的该当性——违法性——有责性"中的"有责性"来判断。在我国的犯罪构成体系下,不作为与作为的等值性判断则属于犯罪构成客观要件的内容,至于其主观心理态度,则在犯罪主观方面来加以探讨。

从日高教授构成要件等价值性的实际判断标准上,我们可以发现这与前述自作为义务中分离出等价性的学说,最大的不同就是日高教授强调不作为人的原因设定,这也是其特色所在。至于另外两个判断因素,即构成要件的特别行为要素和该行为事实,与前述等价性独立说并无本质的不同。如主张等价性要件独立性说的内藤谦教授认为,不纯正不作为犯的成立要件,除了保证人地位外,还应有"同价值性",通过考虑构成要件的特别行为要素及各个行为事实,在类型化了的违法、责任上,该不作为和由作为实现的构成要件价值相等。在这种情况下,才肯定不纯正不作为犯的成立。① 可见,内藤教授所说的同价值性就包括了日高教授所说的构成要件的特别行为要素和该行为事实这两个因素。

(二)等价性是不作为与作为适用同一构成要件的指导原理

探讨不作为与作为的等价问题,首先必须明确等价性的含义,只有在概念明确的前提下,才能够进一步明确等价性在不纯正不作为犯构成要件中的地位和意义。一般认为,等价性是指"以不作为而实现法定构成要件与以作为而实现法定构成要件,在刑法上之非价,彼此相当。"②或"违反作为义务所生侵害在法定构成犯

---

① 参见[日]日高义博著:《不作为犯的理论》,王树平译,中国人民公安大学出版社1992年版,第101—179页。

② 林山田著:《刑法通论》(下),(中国台湾)1998年作者自版(增订六版),第541页。

罪事实上与以作为手段所引起者有同等价值。"①尽管对等价性作上述界定的学者皆把等价性作为不纯正不作为犯的独立要件,但从概念本身我们无法将其理解为不纯正不作为犯的独立要件,相反,结合提出等价性的出发点,我们认为将这种等价性理解为构成要件的等价性是非常妥当的。即等价性实际上对不纯正不作为犯构成事实特征的综合性价值判断,它仅是把不作为犯适用作为犯构成要件的一种解释原理和指导观念,其自身既非作为义务的限定原理,也非限定不作为犯成立的独立原理。

那么,在对不纯正不作为犯的等价值判断方面,应考虑哪些因素呢?日高教授提出的构成要件等价值理论,我们是否可以直接拿来采用?笔者认为,尽管其出发点完全正确,尽管其试图弥补不作为与作为存在结构空隙的视角也非常独特,但这种观点是存在问题的,一方面它可能不适当地扩大不作为的处罚范围,另一方面,又可能不适当地缩小了不作为的处罚范围。对此,后文还将有详述。再者,不作为与作为本来就存在结构上的差异,试图通过原因设定来弥补这种结构上的空隙是徒劳的。尽管日高教授区分了这种原因设定与不作为的因果关系,但当他以不作为人的原因设定来实现与作为的因果关系同值时,还是混淆了原因设定与因果关系之间的界限。对此,有学者指出,用不作为中的先行原因设定来补充不作为中原因力的欠缺的构想——只要不犯将先行行为与后续的不作为相混淆的根本性错误——是根本不可能的。② 因此,他这种主要通过不作为人的原因设定来实现不作为与作为等

---

① 韩忠谟著:《刑法原理》,中国政法大学出版社2002年版,第79页。
② 参见黎宏著:《不作为犯研究》,武汉大学出版社1997年版,第117—118页。

值的做法并不足取。

笔者认为,等价性的判断不仅是存在结构上的等价性判断,更重要的在于不作为与作为规范价值上的等价判断,等价性判断本身就是规范、价值判断的体系。因此,原则上还是要在作为义务内容中通过对作为义务的实质限定来实现不作为与作为的等值。但这只具有一般意义和通常意义。对于特殊的犯罪构成类型而言,如诈骗罪,还必须考虑行为方式上不作为能否与作为相当,而这不是可以通过作为义务的限定就能够圆满解决的。事实上,综观各种作为义务的限定理论,它们都无法将这种情况考虑在内。① 因此,在考虑等价性问题时,还得给这些因素留有必要的位置,但如前所述,不能将这些因素概括为等价性。对这些因素的概括,日高教授归纳为两个方面,即"构成要件的特别行为要素"和"该行为事实"。但是,假如不通过教授所举的实例,仅从字面上我们无法了解这两者的具体含义所指,尤其是不清楚二者之间有什么区别。而且,即使在教授本人那里,二者的界限也并不是十分清楚的。② 其实,并没有将二者分开、并列的需要,所谓的"该行为事实"也无非是考虑了构成要件的特别行为要素罢了,所以,仅以"构成要件

① 在我国,也有学者批评把等价性从作为义务中独立出来的观点,认为应在作为义务中考虑等价性,并通过作为义务的层级程度限定和作为义务的违反程度限定来实现不作为与作为的等值。但从论者所设的诸限定因素中我们没有发现"构成要件的特别行为要素"的存在位置。见李晓龙:《论不纯正不作为犯的等价性》,载《法律科学》2002年第2期。

② 日高教授指出,由于作为犯的犯罪构成要件中特别行为要素的原因,事实上由不作为来实现是根本不可能的,因此,在讨论不纯正不作为犯与作为犯的等价性时,应当考虑这种特别行为要素。而"该行为事实"指的是哪些情形呢? 他举例说侵入住宅罪可以由间接正犯构成即属此例。但在另一场合,他又将此例作为考虑"构成要件的特别行为要素"的证明。由此可见,在"构成要件的特别行为要素"与"该行为事实"之间,日高教授本人也没有明确的区分。

的特别行为要素"概括即可。

综合以上分析,我们可以对等价性因素作如下归纳:首先,不作为与作为的等价是构成要件的等价,是从客观方面考虑的等价,是综合判断的结果,不是不纯正不作为犯独立的构成要件内容。其次,一般情况下对不作为与作为等价性的判断,只须在作为义务论中考虑即可。但由于不作为与作为的等价说到底还是刑法分则具体构成要件类型的等价,因而对于这些构成要件类型,除了考虑作为义务外,还必须考虑构成要件的特别行为要素。只有二者共同实现与作为的等价,不作为才能与作为适用同一的构成要件。简言之,不作为与作为构成要件的等价,在判断标准上应考虑两个因素:(1)行为人的作为义务(保证义务);(2)具体构成要件的特别行为要素。

在这里需要特别指出的是,关于不作为犯中行为人的保证义务,与过失犯中的注意义务,具有一定的相似性。但二者概念并不一致,在适用时不能混淆。所谓注意义务,是指每一个人对于法律所禁止的法益侵害结果之发生,应注意避免的义务,适用于一般具有因果相关的人。而保证义务,则是相对于对侵害结果之发生,法律上负有特别防止义务(即居于保证人地位)而言。保证义务的有无以及可能程度,是按照行为个人条件而定,注意义务的预见可能及注意能力程度,则是按一般社会善良管理人的注意程度而定。因此,如果行为人同时违反注意义务与保证义务,必须视行为人所触犯法律规范的法益保护目的、行为特性,是否有优先论以不作为犯责任的必要。否则,应先按一般违反注意义务的过失犯论处。在不构成过失犯情况下,再审查有无违反特别防止的义务,而且,对于过失犯,也必须以法律明文规定处罚为限。但这也仅意味着

行为人对于过失犯的结果,在法律上负有防止的义务,能防止而不

防止,其违反作为义务与过失行为具有等价性,应依过失犯的责任论处,而并不是说其符合过失犯的构成要件(在构成要件该当性角度而言)。①

三、作为可能性是否独立的要件及其判断

作为可能性的概念,在理解上,具有多义性:(1)作为可能性,是指有可能做出作为,是客观的·主观的行为能力;(2)作为可能性是回避结果的可能性。② 笔者认为,保护法益是刑法处罚不纯正不作为犯的重要因由,法律所期待或要求的行为,必然是能够有效防止结果发生的行为,如果这种行为本不具有有效防果可能性,即便行为人采取了一定的行为,也不是法律所期待的行为,从而仍然可以对行为人归责。例如,负有救生义务的救生员,遇到游客溺水有生命危险,这时法律所期待的行为是救生员立即跳入水中,将游客救起,并进行人工呼吸。假如救生员不是立即跳入水中,而采取将池中水放掉的办法,由于放水时间太久,不具有迅速防止游客死亡结果发生的有效性,因而尽管其采取了一定的积极行为,但这种行为并非有效防止结果发生的行为,因而救生员仍有可能构成不纯正不作为犯。因此,从法所要求的行为来看,这种作为可能性,并不仅仅是实施某种行为的可能性,而且是实施有效防止结果发生的可能性。从而,这里所说的作为可能性,应当是行为人做出有效防止危害结果发生行为的可能性。

---

① 参见苏俊雄著:《刑法总论Ⅱ》,(中国台湾)1998年作者自版,第492—493页。
② 参见[日]山中敬一著:《刑法总论Ⅰ》,日本成文堂1999年版,第230页以下。

（一）作为可能性的地位

关于作为可能性的地位，主要的问题有两个：一是作为可能性在犯罪论体系中的地位；二是与作为义务的关系。

1. 作为可能性在犯罪论体系中的地位

关于作为可能性在犯罪论体系中的地位，学界存在不同观点：（1）认为作为可能性是作为义务的基础或前提，是构成要件的要素。木村龟二、大塚仁持此说。（2）作为可能性是违法性的要素。内藤谦、藤木英雄持此说。（3）认为作为可能性与作为义务均属于构成要件同价值的问题，即也属于构成要件的要素。日高义博持此说。（4）特别不重视这一要件。前田雅英教授即持此说。①

笔者认为，作为可能性应属于构成要件的内容。如果把作为可能性与作为义务置于违法性阶段探讨，则使构成要件丧失违法性推断的机能。刑法处罚不纯正不作为犯，问题的重心在构成要件的等价值方面，在犯罪论体系上，不作为犯与作为犯不应有实质上的不同，不纯正不作为犯在违法性、有责性阶段探讨的内容与作为犯一样。另外，如果把作为义务作为构成要件的内容探讨，而把作为可能性作为违法性内容探讨，也不妥当，这样就割裂了作为义务与作为可能性之间的内在有机联系。甚至还有的学者把作为可能性作为违法性要素，并认为在违法性阶段探讨的作为可能性属于一般人或社会通念为标准，而具体的行为人的作为可能性则放在有责性阶段探讨，认为这属于责任的问题。② 这种观点固然是遵循了判断上层层推进的逻辑体系，但其一方面割裂了作为可能

①　转引自马克昌著：《比较刑法原理——外国刑法学总论》，武汉大学出版社 2002 年版，第 194—195 页。

②　参见马克昌著：《比较刑法原理——外国刑法学总论》，武汉大学出版社 2002 年版，第 194 页。

性与作为义务的有机联系,另一方面,也无必要。既然不能无视不纯正不作为犯在构成要件该当性阶段具有规范、价值判断的内容,就没有必要再将其置于违法性阶段甚至有责性阶段探讨。实际上,所谓以一般或社会通念为标准判断的作为可能性或防果可能性,已经在不作为的因果关系中加以认定。因为,要确认不作为与危害结果之间因果关系的存在,必然以防果可能性为必要,而因果关系的客观性特征则决定了这种防果可能性必然是以社会一般人为标准的防果可能性。如果将上述内容分别置于违法性和有责性阶段探讨,不知作为在构成要件该当性阶段探讨的不作为因果关系的内容又当如何确定?

当然,以上争论主要发生在以"构成要件该当性——违法性——有责性"为犯罪论判断体系的大陆法系国家。从我国的犯罪构成理论体系出发,作为义务属于犯罪客观要件的一个要素,是没有任何疑问的。

2. 作为可能性与作为义务的关系

作为不纯正不作为犯的中心问题,作为义务自然属于不纯正不作为犯的独立成立要件之一,而鉴于作为可能性与作为义务之间的密切关系,作为可能性能否作为不纯正不作为犯的独立要件,学界则有不同观点:一种观点认为,防止结果之可能性,已包括于作为义务之内,故毋庸特别探讨。[1] 但多数意见认为,作为可能性仍具有作为独立要件的意义,如陈朴生教授认为:"不纯正不作为犯之成立,除具有作为义务外,尚须有作为可能性,即以有防止其结果发生之可能为必要。盖所谓作为义务,并非单纯指其义务而

---

① 参见蔡墩铭著:《刑法总则争议问题研究》,(中国台湾)五南图书出版公司1991年版,第62页。

已,系指具有可能限度之义务。必有防止其结果发生之可能,始得指其为违反作为义务。既无防止之可能,即不得指其为违反义务。……"①林山田教授也认为,"行为人必须具有个人作为能力,而对防止构成要件该当结果之发生,具有事实可能性者,其不作为始具不法品质,方有构成不纯正不作为犯之可能。"②

笔者赞同多数学者的意见。尽管从最终成立不纯正不作为犯的角度,上述两种意见并无本质的差别,但是在理论体系上作为可能性仍有作为独立要件的必要。理由是:首先,无论形式的作为义务论,还是实质的作为义务论,在对作为义务的来源和作为义务内容的探讨上,皆没有包括对作为可能性问题的探讨。像前田雅英教授那样完全不重视作为可能性要件,是不足取的。尤其是,根据我国的通说,作为义务本身是指根据法律明文规定或基于法律、职责、契约等所产生的防止结果发生的义务,其来源是法律、职务或业务要求、契约等;但作为可能性则是指行为人是否能够防止结果的发生,其取决于行为人的能力。因而在逻辑上作为义务并不当然地能够包容作为可能性。其次,从实定法角度看,在总则规定不纯正不作为犯的德国、奥地利,虽然没有把作为可能性明确作为独立要素,从而也为作为可能性独立要件否定论者提供佐证,但也有的立法明确规定了作为可能性的要件。如我国台湾地区刑法第15条第1项规定:"对于一定结果之发生,法律上有防止之义务,能防止而不防止者,与因积极行为发生结果者同。"该项规定即把作为义务与作为可能性分开。另外,我国学者一般也是把作为可

---

① 陈朴生著:《实用刑法》,(中国台湾)1975年作者自版,第61—62页。
② 林山田著:《刑法通论》(下),(中国台湾)1998年作者自版(增订六版),第527页。

能性与作为义务分作不纯正不作为犯的两个独立要件而理解的。综合以上考虑,笔者主张还是把作为可能性作为独立要件理解为宜。

需注意的是,不作为犯中的作为可能性不同于过失犯中的注意可能性。在一般法律秩序所要求的注意之外,法律还要求保证人为具体的防止举措,以避免危害结果的发生。

(二)作为可能性的判断

如何判断作为可能性,是不纯正不作为犯探讨的重要内容。但采取何种判断标准、以哪些事项作为判断材料,学界存有争议。兹分述之:

1. 判断的标准

作为可能性是指行为者的个人的行为可能性,还是平均人的一般的行为可能性,也即对于判断作为可能性,是采"个人标准说"还是采"一般人标准说",观点不一。日本的通说认为,构成要件符合性的判断,是一般的、类型的判断,应以一般人为标准。[1]而在德国,最近个人标准说,开始占据有力地位,认为行为人的"个人行为能力"属于不作为犯的构成要素之一。[2] 国内学者对此少有探讨,我国台湾地区的实务则采个人标准说,以行为人本人的能力为标准。

笔者认为,不纯正不作为犯构成要件的该当性判断,是就相关的具体案情而断,必须视每一个不作为的行为者个人的行为能力而定,才能确定其不作为是否具有不法的内涵。故采个人标准说是妥当的。另外,如前所述,对于一般人意义上的作为可能性已经

---

① 参见[日]山中敬一著:《刑法总论Ⅰ》,日本成文堂1999年版,第230页。
② 参见苏俊雄著:《刑法总论Ⅱ》,(中国台湾)1998年作者自版,第549页。

在不作为因果关系中加以确定了,在作为可能性这一要件中,所探讨的只能是具体个人的、事实的可能性。否则就混淆了两个范畴上的作为可能。对此,也有学者指出,"此处所说的作为可能性,并非在不作为因果关系中的一般的结果防止可能性,而是以此为前提的基础上,对不作为者来说的事实可能性。例如,即使一般来说救助溺水儿童是可能的,但在具体的不作为者,其既不会游泳,又没有其他办法的情况下,不存在作为义务。"①山中敬一教授也提出了若根据一般人标准,那么与不作为因果关系中防果可能性的判断是否重了的疑问。②

2. 判断的基准

即对作为可能性的判断,是采取事前的立场仅对作为可能性有无作出判断,还是站在事后的立场,以事前和事后发生的情况,进行事后回顾性的有无防止结果发生可能性的判断? 笔者认为,站在事后判断的立场是比较妥当的。前已指出,不纯正不作为犯是以行为人防止危害结果的发生为作为义务的重心,同样,考察行为人是否有作为的能力,也应与此协调一致,考察是否有防止结果发生的可能性。

3. 判断的素材

所谓判断的素材,就是以哪些事项作为判断行为人是否有作为能力的材料。对此,学界也存在不同观点:部分学者仅以客观的观点为依据;部分学者则认为除了身体的行为可能性外,要求对行

---

① 参见[日]西田典之:《不作为犯论》,载[日]芝原邦尔等编:《刑法理论的现代展开(总论Ⅰ)》,日本评论社1988年版,第81页。不过西田典之教授是把作为可能性作为作为义务的一个前提加以讨论的,并不认为作为可能性属于独立的构成要件要素。

② 参见[日]山中敬一著:《刑法总论Ⅰ》,日本成文堂1999年版,第230页。

为目的的认识作为"认识基础";还有的学者则以不作为行为人的责任能力、甚至自由的动机可能性,作为行为能力的前提条件。①更有的学者主张,行为人除对于构成要件该当情状的存在有所认识,而具备作为的外在条件外,并拥有作为必要的能力(如体力、知识、智力等),则该行为人始对防止构成要件该当结果的发生,具有事实可能性。②

德国学者耶赛克则采取综合考察方法论,他这一方法为德国判例所肯定。他认为:"中庸地寻求真理的方法是正确的。行为能力首先要求,已经具备实施被要求的行为的外在的前提条件(场所的远近、适当的救济手段),具备必要的自身能力(身体上的力量、技术知识、智力)。此外,不作为者必须将被要求的行为想象为可能的意志目标,或者在履行注意义务时至少能够这样想象。关于这两点,应当设定客观的标准:它取决于具有洞察力的观察者在对案件事实进行'事前的'斟酌时,是否能够将法律所要的行为想象为意志目标,是否认为外在的可能性已经很充分。"③

笔者认为,作为可能性属于不纯正不作为犯的客观要素,所以对行为人有无作为可能性(防果的事实可能性)进行客观的判断,即为足矣。至于行为人主观上有无认识到有无作为能力、是否具备救助能力等情况,则属于其主观罪过的存在与否问题,与客观的作为可能性无关。另外,耶赛克教授所提出的"不作为者必须将被要求的行为想象为可能的意志目标",也属于主观范畴,尽管他

---

①　参见苏俊雄著:《刑法总论Ⅱ》,(中国台湾)1998年作者自版,第550页。

②　参见林山田著:《刑法通论》(下),(中国台湾)1998年作者自版(增订六版),第528页。

③　[德]汉斯·海因里希·耶赛克、托马斯·魏根特著:《德国刑法教科书(总论)》,徐久生译,中国法制出版社2001年版,第740页。

提出要进行客观的判断,但这种判断仍具有不确定性、在司法操作上仍有困难。

结合上述诸观点,笔者认为,在判断行为人是否有作为能力时,可从以下几个方面加以综合考虑:(1)身体的动作能力。如果行为人因昏迷、麻痹或手脚被捆绑等被外界所控制,则无作为能力。(2)生理缺陷。例如,行为人系聋哑或盲人、患病或其他身体残疾等。当然行为人有生理缺陷是否就足以否定其作为能力,必须就具体情况加以判断,不可一概而论。(3)时空环境。如果行为人所在地与足以防止结果之地,相距很远,行为人实施作为的可能性也很小或没有。(4)行为人的技术、智力因素。尽管行为人可能有从事身体运动的能力,但其并不具备相应的技术能力或实施作为所必要的知识、经验、认知水平,则不具有作为的可能性。

另外,学界一般认为,行为人本身虽不具备履行作为义务的能力,但附近如有防止结果发生能力的第三人,可资救助。在此情况下,行为人具有促使或请求该第三人从事防止结果发生之能力者,则仍具有防止结果发生之事实可能性。[①] 不过,防止结果发生的能力,不是单纯防止结果本身,而是包括了防止结果在内的一系列行为过程在内。例如,肇事司机虽不懂医术,但附近有医院,行为人有将重伤者送往医院的义务。在这里,我们谈论的司机防止结果发生的义务有无问题,往往不是指司机本人有无为伤者施加手术的能力问题,而考虑的是他有无将其送往医院进行救治的能力。如果有这个能力,我们就认为他有防止结果发生的作为可能性。

综合本节的分析,笔者认为,不纯正不作为犯除了具有犯罪的

---

① 参见林山田著:《刑法通论》(下),(中国台湾)1998年作者自版(增订六版),第528页。

故意或过失外,在客观方面为了能够与作为犯等价,其成立需要具
备以下要件:(1)行为人具有实施某种特定积极行为的法律义务;
(2)具有履行可能性;(3)行为人没有履行;(4)构成要件的特别
行为要素。一般情况下,成立不纯正不作为犯只需要前三个要件
即可,但对于特定的不纯正不作为犯,还要考虑这些具体犯罪构成
要件对行为方式、手段等的特别要求。

第五章　不纯正不作为犯的因果关系

本　章　要　旨

　　本章首先详细剖析了国内外学者关于不作为犯因果关系的种种理论。就国外的观点而言,存在否定说与肯定说,肯定说有自作为的观点说明因果关系的立场,包括他行行为说、先行行为说;自不作为的观点加以说明的立场,主要存在他因利用说、干涉说、因果关系支配说、社会秩序说。此外,本章还特别分析了日本学者梅崎进哉教授提出的"法益平衡关系打破说",此说在国内几乎没有人加以介绍,笔者认为,这种观点从法益维持平衡关系的打破原理,动态地把握不作为的因果关系,相比于机械的因果关系无疑是一大进步。但其在认可不纯正不作为犯的因果关系是实际的因果关系的同时,也大大限定了因果关系的存在范围。

　　就国内学者的观点而言,主要存在防止义务违反说、防果可能性说、转辙说、破坏内外因平衡关系说以及部分不作为起果条件说。笔者指出,"转辙说"硬性地认为事物原理趋于危险结果的方向不代表事物发展的必然趋势,而新出现的良性的方向才是合乎规律的方向,并无哲学和实践根据。"破坏内外因平衡关系说",根据马克思唯物主义哲学的事物矛盾原理来说明不作为对危害结果的原因力,其基本立场是可取的。但该说在解释行为人的不作为行为作为事物发展的外部矛盾时,没有说明为何它对事物的发展就起到了决定性作用,即该说没有说明作为外因的不作为何以成为决定事物发展方向的因素。对于"部分不作为起果条件说",笔者认为,能否将这种起决定性作用的原因称为起果条件,尚有疑问。起果条件与防果条件是相对而言的,是推动事物向前发展的力量,是引起事物发展变化的因素,但对于整个因果过程来说起果条件未必就起决定性作用,反过来说,我们也不能把凡对事物发展变化起决定性力量的因素都称为起果条件。

就不作为犯因果关系的特点而言,笔者认为,不作为因果关系应当以行为人具有特定作为义务为前提;在不作为因果关系锁链中,不作为不能单独引起危害结果的发生,行为人的不作为对危害结果的原因力是就防果条件而言的,从引起危害结果产生的原因这个方面来看,可以将不作为的原因力同其他引起危害结果产生的原因作为一个原因系统来看待,不作为只是这个众多原因中的一个原因。因而不作为作为原因力具有对来自其他方面原因力的依附性,但不能将这种依附性理解为间接性。另外,不作为因果关系的存在并不以行为人具有实际作为能力为必要。

关于不作为因果关系的具体判断,笔者认为,出于法益保护目的,对不纯正不作为犯进行处罚是完全必要的。但由于不纯正不作为犯是一种开放的构成要件,在实际认定不纯正不作为犯的过程中应力求最大限度地限定其成立范围,而不是扩张其适用范围。危险升高理论在不纯正不作为犯领域的运用,从程序的角度的确能够极为方便地证明因果关系的存在。但是,这一理论对于作为犯而言已经导致处罚范围的扩张,而对于不作为犯来说这种扩张倾向更为严重。不作为原本已经将归责基础建立在"可能性"上,如今危险升高理论将作为犯的归责基础也建立在"可能性"上。在双重可能性的基础上,是否能够理直气壮地归责不作为,很值得怀疑。但另外一方面,如果按照德国的通说,要求具有几近确定的结果避免可能性时才肯定不作为因果关系的成立,对于许多案件来讲的确过于严格,容易造成对法益保护的不周。因而必须寻求法益保护与保障个人自由之间的平衡,使对不纯正不作为犯的处罚,既能够充分地实现法益保护的目的,又不致造成对公民自由的过分限制。笔者认为,在认定不纯正不作为犯的因果关系过程中,应采取"相当因果关系说",而这种相当性究竟应精确到何种程度,似乎很难予以定量考虑,但至少并不要求达到"几近确定的可避免程度"或者说"十有八九"的程度。对于社会一般人来说,如果能够有60%以上的防果机会而行为人没有采取积极的救助措施造成结果发生的,就可以肯定不作为因果关系的成立。但对于特定领域尤其是具有专业知识的人,由于其具有更高的防果义务,因而如果其采取积极的救助措施具有50%以上的防果机会的话,也应确立不作为因果关系的成立。当然这里的60%、50%的防果可能性的判断基准,仍应以社会一般人的眼光来衡量。

在 19 世纪之前,学界对于不作为犯的因果关系并无明确的问题意识,受自然科学分析方法的影响,从 19 世纪初叶开始,关于不作为原因力的有无问题逐渐成为探讨的话题,并引发了旷日持久的论争。人们常说,真理往往愈辩愈明,而学界关于不作为因果关系的争论,不仅没有使之更加明晰,反而使之更加错综复杂;不但肯定论者关于不作为原因力的说明五花八门,更有如 Kraus、Liszt 等否定论者认为这个问题是最没有价值的论争之一,什么意义也没有,毫无研究价值。① 但不作为因果关系问题往往和不作为犯罪的其他问题联系在一起,不同的学说立场在影响不作为因果关系认定的同时,也影响着对其他问题的态度。因此,关于不作为因果关系问题的重要意义是不容否定的。而且,目前学界越来越倾向于认为,不纯正不作为犯的因果关系尽管并不像作为犯那样是可以感知的,具有物理上的因果关系,但探讨刑法上的因果关系不应局限于物理的因果范畴,仅仅从存在论角度加以考虑,更应当站在规范的价值论立场来把握不作为犯的因果关系。不过取得这一基本共识并非一帆风顺,尤其是随着对这一问题研究的深入,即便当今学界亦仍有完全固守"无不能产生有"的思想而否认不作为犯的因果关系的主张。相反,即便不从价值论角度来考虑不作为犯的因果关系,也有学者对不纯正不作为犯因果关系的实在性给予了新的诠释。因此,为全面、深入地探讨不纯正不作为因果关系问题,有对不作为因果关系的学说史加以评析的必要。

---

① 参见[日]森下忠:《不作为的因果关系》,载《法律时报》第 32 卷第 11 号。 *191*

第一节　国外学者关于不纯正不作为犯 因果关系的理论述评

关于不作为犯是否存在因果关系、不作为犯的原因力来自何处,国外学者大致存在以下几种观点①:

一、否定说

这种主张产生于 19 世纪初,其主导思想是受当时自然科学机械因果论的影响,基于"无不能产生有"的观念,认为从物理意义上不作为是人身体消极的静止,是"无",因而对外界现象并无任何变动或影响,如果外界有法益受损或危险的事件发生,必然不是

---

① 目前国内学者在介绍国外关于不作为因果关系的学说时,分类标准及对所属的具体学说的概括,认识不统一。马克昌教授的分类是:否定说、准因果关系说、肯定说(具体又分为作为原因说、不作为原因说;其中作为原因说包括他行行为说和先行行为说,不作为原因说包括干涉说和他因利用说)、期待说。参见马克昌著:《比较刑法原理——外国刑法学总论》,武汉大学出版社 2002 年版,第 222—227 页。笔者认为这种分类不甚妥当。准因果关系说和期待说不应是独立于肯定说与否定说的另外两种学说,在学界有将准因果关系说列入肯定说的,也有列入否定说的,本文将其归入否定说之列。而期待说则应归入肯定说中的不作为原因说。另外,这种分类概括也不全面,如防止可能性说等观点没有列入。黎宏教授的分类是:肯定说(包括他行行为说、先行行为说、干涉说、作为义务违反说、防止可能性说)、否定说(包括拟制的因果关系说)。参见黎宏著:《不作为犯研究》,武汉大学出版社 1997 年版,第 73—77 页。这种分类比较妥当,但概括也不全面,如没有将"他因利用说"列入。我国台湾学者韩忠谟教授的分类概括相对比较合理、也比较全面。其具体分类是:消极说(即否定说,包括拟制因果关系说)、积极说(其中又分为作为原因说和不作为原因说。前者包括他行行为说与先行行为说,后者包括他因利用说、作为义务违反说、防果条件压抑说、防止可能性说)。参见韩忠谟著:《刑法原理》,中国政法大学出版社 2002 年版,第 92—96 页。

因不作为所致,而是由其他的作为或自然事件所致。从物理的、机械的因果关系论角度来把握不作为的因果关系,从而否认不作为犯因果关系的存在,这是否定说的主要内容。这种观点尽管受到了后来绝大多数学者的批判,但并不是"现在已无人采用这种学说"。① 在当前学界仍有一些学者基于这种立场来否定不作为因果关系。雅科布斯(Jakobs)教授即认为,只有"事件(Ereignis)"才能引起结果,事件的不存在即不作为,对于结果不具有因果作用,只能在实行行为的假设之下,对于"结果的不发生"具有因果作用。② 他表示,中断一个救助行为虽然是结果的条件,但并不意味着不为救助行为也是结果的条件。不存在不是一个事件,而是一个事件的不发生,虽然在逻辑上可能具有一些结果,但在刑法上的结果所依附的现实上,却是什么事也没有。某个事实的不存在,如果不附加上其他的假设条件的话,对于结果而言是没有意义的。因为未发生的事件,是没有办法成为引起结果的事实,正如拉丁法谚所说"无中不能生有"③。雅科布斯(Jakobs)甚至说,不作为并非具有消极的意义,而是根本没有意义,是一个零,既然是零,就无法想象其存在或不存在。因此,想要以条件理论运用到不作为犯来说明不作为犯的因果关系是不可行的。支持不作为也有因果关系的体系,不但没有任何实益,反而会造成用语的混乱,对于不作为犯而言,欠缺因果关系并非问题所在,真正的问题应该在于结果的归责。④

---

① 马克昌著:《比较刑法原理——外国刑法学总论》,武汉大学出版社2002年版,第223页。

② Jakobs, AT, 29/15.

③ Jakobs, AT, 7/25.

④ Jakobs, AT, 29/16;29/18.

这种拘泥于物理、机械领域探讨因果关系的观点,实质上否定了不作为本身的存在。现代观点认为,不作为并非是"无"或者什么也没做,而是没有做法律所期待的行为。同界定作为与不作为一样,探讨包括不作为犯因果关系在内的刑法上的因果关系,应从规范的观点来考虑,即对不作为因果关系的探讨重点应从物理界转移到社会价值层面。目前这种学说已没有多少市场。另外,像雅科布斯(Jakobs)教授所主张的在不作为犯领域不存在因果关系,只存在结果归责问题的观点,也令人费解(或许是由于本人理解有误)。因为无论是德国学界的通说,还是雅科布斯(Jakobs)教授本人都认为,因果关系的存在是客观归责的基础。但雅科布斯(Jakobs)同时认为,归责原则可以决定因果关系是否必要,即归责关系同时也是因果关系。① 既然如此,在肯定不作为犯结果归责的同时,为何又否定了不作为的因果关系呢?

与上述机械、物理的因果关系论不同,在学说上还有一种观点认为,不作为本质上是"无",本没有原因力,但在有防止结果发生的义务时,违反此义务不予以防止,以致发生了危害结果,在法律上视为与对于结果赋予原因力者相同,此即法的因果关系说或准因果关系说、拟制的因果关系说。德国学者巴尔(L. V. Bar)、特雷尔(L. Traeger)、日本学者冈田朝太郎、宫本英修、泉二新熊等人即持此说。如宫本英修教授认为,法律上的因果关系不同于自然因果关系,前者是价值判断范围的关系,后者则是事实本身的因果关系。存在事实上的因果关系不等于有法律上的因果关系,反之没有事实上的因果关系却可能有法律上的因果关系。不作为犯理论最重要的问题就是不作为尤其是不真正不作为的因果关

---

① Jakobs,AT,29/15;7/26.

系。①

　　之所以将这种主张也列入否定说,主要是因为它同上述否定说一样,将不作为仍然理解为自然、物理意义上的"无",只是从法的价值上不作为与危害结果的关系同作为相等。该观点侧重从法的价值角度来探讨不作为的因果关系是值得肯定的,但其基于自然因果论的前提却是错误的。这就等于完全否认了不作为因果关系的客观性。因而这种主张受到了以下的批判:(1)既认为不作为与结果间没有因果关系,而又认为不作为与作为的因果关系相同,在理论上自相矛盾;(2)不作为中的违反作为义务问题,属于违法性问题或者犯罪构成要素的问题,将违反作为义务作为"视为有因果关系"的原因,显有将违法性或构成要件适当性与因果关系混为一谈之嫌;(3)对不作为之原因力不求证于不作为本身,而求助于法律的拟制,也显得不妥。②

　　同样基于法的因果关系立场,考夫曼否定不作为因果关系的见解特别引人注目。考夫曼认为,对于行为人具有行动能力却没有实行行为的不作为来说,并不具有现实的因果关系,只是具有从行为可以防止结果产生意义上来讲的潜在的因果关系。与上述法的因果关系立场不同的是,在考夫曼看来,因果关系中最重要的是人的因果关系的存在。在不作为的情况下,与作为不同的是,不管有无不作为者,防止结果发生的行为没有被实施这一点是不变的。从这一点上来说,在不作为中欠缺人的因果关系因素。也就是说,作为不作为的要素的行为缺乏(即没有实施作为)与结果之间具

---

　　①　参见李海东主编:《日本刑事法学者》(上),中国法律出版社、日本成文堂联合出版1995年版,第102—103页。

　　②　参见洪福增著:《刑法理论之基础》,(中国台湾)刑事法杂志社1977年版,第133—134页。

有因果关系,对此考夫曼并不否认,但是不作为者与行为缺乏及结果之间并不具备因果关系。这种从行为缺乏与不作为者两方面来考察不作为的因果关系,并由后者来否定不作为的因果关系的观点,是考夫曼理论的独特性所在。[①] 但这种割裂不作为者与不作为之间的关系来探讨不作为因果关系的方法受到了批判。恩基希(Engisch)指出,人是与其行为一体存在的,没有不作为者的不作为是不可想象的。西田典之教授也指出,在不作为与不作为者自身加以区别,并就前者来肯定因果关系,是论理性的错误。刑法上因果关系的判断,是行为与结果之间的判断,这就要求考虑是谁的不作为,仅考察不作为自身与结果之间的因果关系是没有意义的。可以说,能够实施作为的 Y1——Yn(所有人)的不作为,作为一个总体与结果具有因果关系,肯定了这个意义上的因果关系之后,再具体确定谁应该实施作为,具有这种选择机能的就是作为义务。[②]因此,从行为主体方面来否定因果关系的做法是不妥当的。考夫曼这种把不作为者与不作为本身并列引入对不作为因果关系的考察方法,造成了因果关系概念的混乱。一方面,从行为缺乏角度,实施行为可以防止危害结果的发生,这里的因果关系采用的是"法的因果关系概念",另一方面,当从不作为者角度来考察时,则采用物理性的因果关系概念。这样一来,尽管考夫曼把不作为只具有潜在因果关系作为其理论出发点,但是结果却不得不走到其反面,而最终站到了物理性因果关系的立场上了。

[①] 参见[日]中森喜彦:《不作为犯论的逆转原理》(一),载《法学论丛》107卷第5号。

[②] 参见[日]西田典之:《不作为犯论》,载芝原邦尔等编:《刑法理论的现代展开》(总论Ⅰ),日本评论社1988年版,第74页。

二、肯定说

持肯定说的学者之立论,更是众说纷纭。传统上,学界一般将其分为两类:一类是自作为之观点来说明不作为因果关系及其原因力的观点(也称"作为原因说");另一类则是自不作为本身来说明因果关系及其原因力的观点(也称"不作为原因说")。兹分述之:

(一)自作为之观点说明不作为因果关系的立场①

此说虽承认不作为因果关系的存在,但其否定不作为本身与结果之间的因果关系,即否认不作为本身有原因力,而是从不作为之外的作为中寻求结果的原因力。其中又有两种见解:

1. 他行行为说(Theorie des Andershandeln)

该说由德国学者 Luden 首倡,又称为同时作为原因说、同时共同原因说。认为不作为是与作为相对的概念,在不作为时必然有其他的作为,致使未予履行义务,这一其他作为,或者与该不作为相结合,造成一定结果,而与该结果之间有因果关系。例如,母亲不哺乳婴儿而进行其他工作如外出旅行、进行缝纫工作等,以致婴儿饿死,则母亲不哺乳的不作为,对于该婴儿的死亡并无原因力,其外出旅行或进行的缝纫工作才是造成婴儿死亡的原因。再如,医生正在对病人施行手术,忽然想起八点钟有电视连续剧,遂放下手术刀,前往观赏,致使病人死亡。医生前往观赏电视剧的作为,与未继续进行手术的不作为,与病人的死亡有因果关

---

① 在此应说明的是,应当说,"作为原因说"试图从不作为之外来寻求不作为犯罪的因果关系,实质上仍是否定不作为因果关系,只是基于约定俗成,学界把这种观点列入肯定说。笔者也遵循这一传统分类方法。

系。①

2. 先行行为说(Theorie des Vorangegangenes Tun)

又称为先行作为原因说、先行共同原因说,认为不作为本身虽然不能发生结果,但在不作为之前,已有积极作为的存在,这个先于不作为的作为,对于结果有原因力。例如,受铁路局雇用的看守平交道叉的工人,因受雇的先行为而负有看守义务,如果其疏于看守,在火车通过时,未将栅栏放下,导致火车与通过的汽车相撞,那么工人受雇的先行为,与其疏于看守的不作为相结合发生撞车的结果,则可认定该不作为与撞车之间存在因果关系。

上述两种学说的共同点在于,不是从不作为本身寻求原因力,而是从不作为之外的作为或作为与不作为的结合中寻求原因力,因而受到学界的批评,认为这两种学说没有把刑事责任归结为不作为自身,而是归结为不是刑法上价值判断对象的某种行为,放过了应该评价的对象。② 况且,不作为时并非一定同时有一个作为存在,至于先行行为说,如果先行行为系合法行为,如何将此等合法行为视为犯罪结果的原因,存在法理上的矛盾。上述两种学说已少有人采。

(二)自不作为之观点说明不作为因果关系的立场

这种学说主张不作为自身对于结果具有原因力,但所主张的理由各有不同。学界主要有以下几种观点:

1. 他因利用说

此说认为惹起外界事物变动的因果联系很多,有基于人的意

① 参见周冶平著:《刑法总论》,(中国台湾)1963年作者自版,第173页;洪福增著:《刑法之基本问题》,(中国台湾)刑事法杂志社1977年版,第36页。

② 参见[日]日高义博著:《不作为犯的理论》,王树平译,中国人民公安大学出版社1992年版,第14页。

思而实现,也有出于自然事实者。就人的意思而言,其对于因果进程的进行,具有支配之力,则结果的发生对该人应有所归责。因此,当他一原因力进行时,能够防止其结果发生而不予防止,并任意加以利用,则该不为防止结果发生的不作为,应与自己使其发生相同。该说强调"能够防止而不防止"在不作为原因力中的重要作用,具有正确的一面,但把行为人的意思要素纳入进来,混淆了责任要素与因果关系的区别,同时该说强调行为人"任意利用"的意思,也无法说明过失的不作为的因果关系。

2. 干涉说(Interferenztheorien)

又称为心理原因说、排除防果条件说、防果条件压抑说。认为对于一个事件的发生,可以区别为起果条件和防果条件。作为之所以有原因力,是因为对结果赋予了起果条件;不作为之所以有原因力,则在于对防果条件的排除。就是说,对于一定结果的发生,除了具有起果条件外,尚须防果条件不存在。如果有防果条件,则起果条件极有可能丧失对结果的原因力。所以应防止而不防止,导致结果发生的,实属防果条件的压抑、排除,其不作为与作为同有原因力。例如,驾车撞伤路人的行为引起死亡结果的发生,此即为死亡结果的起果条件;如果行为人将被害人送往医院救助以防止死亡结果的发生,则为防果条件;加害后不予救助,导致死亡结果的出现,则为排除防果条件,与起果条件同样具有因果关系。当然,干涉说并非认为任何未为防果条件的人,均与该结果的发生有因果关系,而仅限于有作为义务而不作为的情况。对于该说,学界有反对意见认为,以作为义务为媒介而决定不作为因果关系的存否,混淆了因果关系与违法性的问题。另外,持该说的学者也有的认为,不作为系内部的犯罪决意积极地排除防果条件而使之发生,所以不作为有原因力。但内部的决意并不存在过失的不作为之中,且对于故意的不作为,也难以证明,因而无法说明不作为的原因力。

3. 因果关系支配说

此说又称为作为可能性说、防止可能性说。主张应将作为义务与不作为因果关系分别研究,后者所探讨的作为可能性与作为义务无关,即就无作为义务之人,也应当探讨其因果关系。能防止其他原因进行者,行为人不为防止时,该不作为即具有原因力。反之,如果没有防止可能者,纵有防止义务,其不作为也无原因力可言。

对于该说的妥当性,学界存在争议。有的学者认为,该说将因果关系与违法性加以区别,固然较为妥当,但其所讨论的重点在于作为可能的情形,即如果有防止结果发生的作为可能,无论行为人有无作为义务,都有因果关系,只是在无作为义务时,阻却违法性,而不成立犯罪。但若就有作为义务而无作为可能时,因果关系应如何解释,则有不足之处。另外,何谓防止结果发生的可能,也难有统一明确的理解,且有将因果关系的存在与责任问题相混淆的缺陷。①

4. 社会秩序说(Kausalismus der Sozialen Ordnung)

该说又称为社会原因说、法律原因说。主张在社会的秩序尚可以防止发生一定结果之人,其怠于防止时,从社会的立场观察,其不作为与惹起结果者相同。申言之,个人对于社会中引起一定结果的力量而言,在某些情形下,有防止该力量作用的义务。个人出于此义务而为该结果的防止,则可阻断因果行程的发展;如果行为人没有实施此阻断行为而任其发展,则该结果的发生与自己使

---

　　① 参见周冶平著:《刑法总论》,(中国台湾)1963年作者自版,第174页。

其发生结果的情形,应作相同的处理。

由于此说以社会上的义务作为因果关系成立的基础,故又称为作为义务违反说。至于这种作为义务,究竟应从社会的观点还是进一步从法的观点来考察,又有不同见解。与此说相类似的"期待说"是当今日本的通说。该说的中心问题就是,行为人是否实施可期待的行为,以及实施后结果能否防止。如果行为人实施了可期待的行为,结果可以防止,而行为人没有这样做,则其不作为与危害结果之间具有因果关系。但什么是"可期待的行为",学说上有两种不同观点:一种观点是包含有物理的(场所的)可能性的人的所有行为这样广义的解释(内藤谦、中义胜);一种观点认为是社会上可期待的行为(左伯千仞、中山研一)。这两种观点都是站在"法"以前的立场。第三种观点则认为,法以前的因果关系即使被认定,那就成为连法的作为义务不存在的人的作为被假定,如果考察处于保障人地位的人的不作为因果关系是正确的,那么将这种人以外的人的不作为也纳入不作为因果关系考察范围是徒劳无益的。在认定不作为因果关系时,首先认定符合构成要件的不作为,进而考察它与结果的因果关系的方法才成为可能(山中敬一)。①

从学说史的角度看,以上肯定与否定的观点基本上概括了学界关于不作为因果关系的学说争鸣状况。尤其是自不作为本身来说明不作为因果关系的原因力的诸见解,被学界认为是正确地把握了不作为因果关系的研究方向,尽管其中的具体见解意见纷呈。接下来介绍的是通过"作为向不作为的转化"这一动态的视点来

---

① 参见[日]山中敬一著:《刑法总论Ⅰ》,日本成文堂1999年版,第216—217页。

把握不作为的因果关系,并进而说明不作为的因果关系是一种实在的因果关系的学说。与上述诸学说不同,这种观点既非单纯地从不作为之外寻求不作为的原因力,也非单纯地从不作为本身来寻求不作为的原因力,而是在作为向不作为的转化层面上肯定不作为的因果关系。笔者将这种观点称为"法益平衡关系打破说"。

(三)法益平衡关系打破说①

该观点由日本学者梅崎进哉教授提出,他认为,包括把不作为作为"结果的意识性的不妨害"而否定其因果关系的 Liszt,将作为与不作为在 A 与非 A 的关系中把握从而否定不作为因果性的 Radbruch、Welzel,以及认为在不作为的场合,将特定行为的欠缺作为本质的情况下对于行为(作为)来说是逆转,并由此提倡对于不作为犯进行"逆转解释"的所谓"可逆原理"的 Armin Kaufmann 在内,这都是把现象作为时间上固定了的东西而不是时空间发生的事这样一种静止的"事象"来把握。这种观点受当时自然科学分析方法的影响,认为"无不会产生有"。此即所谓的"机械的因果论"。由于这种观点是从"事象"的"存在"与"不存在"二元的世界把握因果关系的,因而被称为二元的因果构成。梅崎指出,机械因果论之所以否定不作为因果关系的实在性,主要是因为这种观点是机械的、静止地观察问题,而没有在事物的动态变化中把握因果关系。他认为,只要我们的现实世界存在于时间的流程中,那么追究的因果结合,也不应作为静止的"存在"间的几何学的结合,应该作为"发生的事情"间的时空的结合。并还进一步说明了机械因果论在说明"发生的事情"方面的不充分性。他举例说,在电

---

① 参见[日]梅崎进哉:《いわゆる不真正不作为犯の因果论の再构成》,载《九大法学》第44号。

磁起重机的操作人员于作业中切断电流,落下的铁片导致作业人员的死亡的设例中,在电流被切断的那一时刻(见下图 t2),具有决定性意义的事实是,电流不是不流了(不存在),而是变得不流了(由存在向不存在转化)。在电磁起重机被挂于空中的时点(t1),电流的流动是铁片在空中的现实原因。此时此处,铁片处于继续承受重力,因电磁力的反作用被支持于空中的一种"平衡状态",在这样的情况下,在 t2 时点,电流被切断,电磁力不作用了,打破了现存的平衡状态,铁片在重力的作用下落下了。"平衡状态"被打破这一事实,即"电流从存在转化成不存在"这一"事件",以"电磁力从作用转向不作用"这一形式与"在空中吊着的铁片落下"这一"事件"之间因果性地联系着。即电流从"存在向不存在的转变"(从有到无的转化)才是铁片落下的现实原因。"发生的事情"并非仅能还原为"事象"的存在与不存在,只要是包括时间在内的人类世界中的现象,就只能作为"态度的变化"用动态的观点来理解。而这种动态性的观点的欠缺以及由此产生的只能将人类的态度还原为行为的"存在"或"不存在",这一点才是无法在历来的不纯正不作为犯中说明其因果性的最大理由。

接下来,梅崎教授基于"动态的视点"及"从作用向不作用的转化"这一基本原理分析了不作为的因果关系。他举例说,对于在自己失足而溺水的儿童,偶然经过的行人尽管有救助能力而未予以救助致使孩子死亡的案例中,行人与孩子的死亡关系只是"若救助的话,可能会避免溺死"这种由行人的救助能力支持着的预测的因果性,而不存在现实的回顾的因果关系。即使行人是孩子的母亲且负有作为的义务,情况也不会不同。但在母亲不授乳致使婴儿饿死的情形中,在观察婴儿"生"这一平衡状态时,孩子摄取营养是不可或缺的前提,而母亲的授乳行为是孩子摄取营养

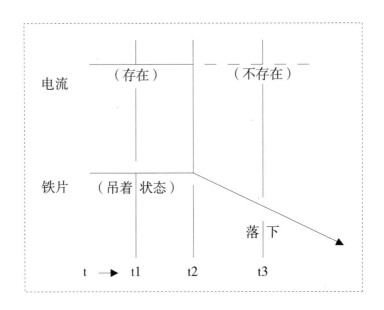

的来源。母亲的断续授乳活动是婴儿维持"生"的平衡状态的前提,当母亲由断续的授乳转为不授乳时,这一平衡状态被打破,母亲通过放弃授乳活动致使婴儿死亡。在这种情况下,母亲不是因具有作为义务才成为婴儿死亡的惹起者,而是因为母亲作为现实地维持婴儿生命的原因作用者,该机能的放弃才成为婴儿死亡的原因。

从上述分析中可以看出,梅崎教授分析不作为的因果关系不是从作为义务的角度出发的,即行为人是否具有作为义务不是判定不纯正不作为犯中因果关系的必要前提(这也是限定不作为因果关系成立范围诸方法中的一种)。在这里梅崎教授引用了 Glaser 说过的一句话:"某人的态度与其义务是否一致并不能改变其态度的客观性质及其对外界的作用。"在这里,他认为首先分析作为法益被维持现状的平衡状态是重要的。其次,特定法益的现状在以人的具体现实的作为为前提后才被维持,即该人不论是持续的还是断续的,总之是继续地给法益以具体的作用,通过这一作用来维持该法益的平衡状态。在这种情况下,行为人放弃了"具体作用的继续",其结果是,在以该作用为前提成立的法益的现状中产生了变化,由"作用向不作为转化"。从另一方面分析,行为人放弃继续的作用,在刑法上也具有重要意义。"法益现状的变更"意味着法益现状的恶化,意味着反法的价值的实现。而人只好进行着日常最小限度的事情,不管他是散步还是看电影,都有免受"作为义务"的存在被突然作为杀人者这种国家性的干涉的保障。行为人履行以前从未履行过的义务,从根本上是刑法守备防卫以外的事情。即使承认履行的必要,也必须在衡量必要性与因履行义务被加诸个人身上不利益的基础上,通过设定具体明确的处罚范围的明文规定来进行。

梅崎教授从法益维持平衡关系的打破原理,动态地把握不作为的因果关系,相比于机械的因果关系无疑是一大进步。但这种观点在认可不纯正不作为犯的因果关系是实际的因果关系的同时,也大大限定了因果关系的存在范围。尽管在一些场合这种限定有其合理性①,如在交通肇事的场合,只有在行为人实施了救助之后又放弃救助的情况下,才存在法益维护平衡状态的被打破,从而存在因果关系②,但也会出现不合理的现象。当我们顺着教授的思路分析就可以发现,不作为与危害结果之间之所以存在因果关系(或者说不作为因果关系存在的场合)只在于法益平衡状态被打破的情况,而被打破的原因是"作为向不作为的转化",也就

---

①　尽管认定不纯正不作为犯因果关系与在此基础上为限定不纯正不作为犯的成立范围而提出的各种实质义务根据学说是两个不同的范畴,但如果限定因果关系的成立范围必然要缩小不纯正不作为犯的成立范围。

②　即便在这种场合,也有学者认为缩小了因果关系的存在范围。

是要确立不作为因果关系的存在必须以行为人的具体、现在的维持法益平衡状态的"作为"为前提。因此，尽管他不是像"先行行为说"或"他因利用说"那样，直接从不作为之外寻求不作为的因果关系，但实际上仍离不开作为前提的"作为"。于是，他的这种主张在许多场合与"先行行为说"具有一致之处。例如，在外科医生为病人开刀，开刀后产生杀人故意，不继续实施手术，致病人失血过多死亡的设例中，"先行行为说"和梅崎教授的观点都认为存在不作为的因果关系。医生进行了开刀行为，如果继续实施开刀，法益保护状态得以维持，但医生放弃了继续的手术，这种由作用向不作用的转化打破了法益维持平衡状态，从而肯定了不纯正不作为的原因力。所不同的是，先行行为说直接以不作为之前存在的积极的先行行为（作为）作为引起结果的原因，而梅崎教授的观点则是在"作为向不作为的转化"这一动态关系中来把握不作为的因果关系。另外，实际上不作为因果关系存在的场合不独"作为向不作为转化"的过程中，以教授所举的母亲不授乳的情形为例，教授认为母亲不授乳之所以会成为婴儿死亡的原因，就在于母亲在最后的不授乳之前存在断续的授乳行为，母亲由之前的授乳转向不授乳才是婴儿死亡的现实原因。但如果母亲一开始就不予授乳，即在婴儿一出生时就不授乳，由于不存在由断续授乳转向不授乳的转变过程，按照教授的观点似乎母亲一开始的不授乳行为不能成为婴儿死亡的原因，即在这种情况下母亲的不授乳与婴儿的死亡之间不存在因果关系。但这种结论显然是不能让人接受的。

与其说梅崎教授的这种观点是在探讨不作为中的因果关系是否存在，倒不如说他的这种判断不作为因果关系的方法是在为实现作为犯与不纯正不作为犯的等置寻求弥补二者存在构造上的不同空隙的方法，只不过有些因素不能在因果关系中作进一步的限定而已。如根据日本学者堀内捷三教授的"事实的承担说",只有在同时具备以下条件时才可肯定行为人的保证人地位:第一,具有意图使法益维护和存续的开始行为;第二,该行为必须具有反复性、持续性;第三,该行为对于法益具有排他性的保障,即完全控制了因果关系的发展趋势。堀内教授谈的前两点实际上在梅崎教授的因果关系中已经论述到了。

更为重要的问题是,根据马克思主义哲学原理,世界是普遍联系和发展的,因而整个物质世界是处于不断的发展、变化过程之中的,我们也只有以运动和发展的眼光看问题,才能认清事物的本质。对于因果关系的把握也是这样,要认识到原因和结果的辩证统一性,认识到二者在一定条件下可以相互转化、相互过渡。但动态地把握因果关系之动态,也仅限于这种意义上,如果具体地考察作为因果链条中的"原因"和"结果",尤其是理解事物的"因"时,是否可能或应当再动态地把握这个作为原因力的"因",也就是把一个运动的动态过程本身作为"因"? 恩格斯指出,这种普遍的相互作用的观念"虽然正确地把握了现象的总画面的一般性质,却不足以说明构成这幅总画面的各个细节;而我们要是不知道这些细节,就看不清总画面。为了认识这些细节,我们不得不把它们从自然的或历史的联系中抽出来,从它们的特性、它们的特殊的原因和结果等等方面来分别地加以研究"[1];"只有从这种普遍的相互作用出发,我们才能达到现实的因果关系。为了了解单个的现象,我们必须把它们从普遍的联系中抽出来,孤立地考察它们,而在这里出现的就是不断变换的运动,一个表现为原因,另一个表现为结

---

① 恩格斯:《反杜林论》,《马克思恩格斯选集》第3卷,人民出版社1995年版,第359页。

果"。① 恩格斯的这些话告诉我们,为了分清哪个是原因,哪个是结果,必须人为地把一个统一的世界过程的某些方面孤立起来。因此,作为不作为犯因果关系的探讨内容,也必须是不作为这个现象与危害结果发生之间的因果联系。动态地把握不作为的因果关系,实质是把作为和不作为共同作为危害结果的"因",而非从不作为本身来解释不作为犯的因果关系。总之,梅崎教授的观点尽管有些新意,但实质上没有回答不作为与危害结果之间的因果关系究竟是否实际存在。

第二节　国内学者关于不纯正不作为犯因果关系的理论述评

与国外的学说相同,关于不作为的因果关系问题,国内刑法学者也存在否定与肯定的主张,然而否定的观点只是昙花一现②,目前学界几乎无人采纳否定的观点。而采肯定观点的学者也多是从不作为本身来说明不作为的原因力,同时国内刑法学者在探讨不作为的因果关系时也有自己的独到见解。

下面就国内学者关于不作为原因力的主要观点作一简要的述评。

一、防止义务违反说

这种观点强调不作为者没有对防果条件予以阻止,是产生危

---

① 恩格斯:《自然辩证法》,《马克思恩格斯选集》第4卷,人民出版社1995年版,第328页。

② 参见刘焕文:《罪与非罪的界限》,载《江西大学学报》(社科版),1983年第1期。

害结果的原因,但这种不作为因果关系的存在必以行为人特定的作为义务为前提。因为刑法上的不作为是以行为人具有某种特定义务为前提的,不作为的原因力就在于它应该阻止而没有阻止事物向危险方向发展,以至于引起了危害结果的发生。不作为犯罪因果关系的特殊性只在于,它要以行为人负有特定义务为前提,除此之外,它的因果关系应与作为犯罪一样解决。① 另外,有的学者在坚持不作为因果关系以作为义务为前提时,还强调了行为人能够防止危害结果发生这一因素。即不作为的原因力在于行为人具有作为义务的前提下,能够防止危害结果的发生,由于行为人没有履行自己的特定义务而发生危害结果。如高铭暄教授在其主编的高等学校法学教材《刑法学》中即指出,"在行为人能够防止危害结果发生的条件下,他没有履行自己的特定义务,致使危害结果从他的不作为中产生出来,他的不作为同危害结果之间当然就具有因果关系。"②

二、防果可能性说

持该说的伍柳村教授认为,不作为对于结果之所以能成为原因,其理由不在于负有应作为的义务,而在于行为人如起而作为,就有防止结果发生的可能。如果行为人能够防止其他原因的进行就不致发生危害结果,他却不起而防止,结果就必然发生,则这个不作为就是结果发生的原因。③

---

① 参见高铭暄、马克昌主编:《刑法学》,北京大学出版社、高等教育出版社2000年版,第85页。

② 高铭暄主编:《刑法学》,法律出版社1982年版,第131页。

③ 参见伍柳村:《刑法中的因果关系》,载西南政法学院1980年编《学术报告论文集》,第47—48页。

以上两种学说与国外的防果条件压抑说、因果关系支配说基本一致,这也是两种比较传统的观点,为了进一步深入论证不作为的原因力问题,我国有学者从以下一些角度进行了探讨。

三、转辙说

该说由陈忠槐教授提出。认为一切事物的发生都是曲线形式的,虽然从表面上看是直线运动的,但它并不代表事物发展的必然趋势,到了一定时候,它就发生转折,而朝着代表事物发展的新道路前进。这种转折有时并不能自然而然地实现,而必须依靠外力的作用,不作为犯罪正是这样。如消防队员若不及时扑灭火灾,火势就会继续蔓延下去,这是趋于危险结果的方向,但通过一定的外力——救火行为,进行“转辙”,就可以使火势减小直至熄灭。这才是主要的、合乎规律的方向。由于某些事物的发展在改变方向时,必须依靠人们的一定的作为行为,这样,负有作为义务的人,如果不履行自己的义务,进行必要的“转辙”,而是处于不作为的状态,那么他在实际上就是阻挡了事物朝着正常的健康的方向前进,而使之不得不沿着原来的危险的方向继续发展,从而导致危害结果的发生。负有作为义务之人的不作为的这种阻碍作用就是原因力。①

但这种观点也受到了批判,主要包括:(1)没有揭示出不作为与结果之间内在的必然的联系,只是从表面上对不作为犯罪的发展过程加以形象地描绘。(2)该说认为事物发展到一定阶段或程度时,出现了两个方向:一个是事物原来的趋于危险结果的方向;一个是新出现的良性的方向。前者并不代表事物发展的必然趋

---

① 参见陈忠槐:《论不作为犯罪的因果关系》,载《法学研究》1988 年第 1 期。

势,后者才是主要的合乎规律的方向。但事物的存在和发展,在于其内因和外因的相互矛盾性,在不同的外因作用下,会使事物的发展方向趋于不同的方向,既可能向好的方向发展,也可能向坏的方向发展,不论朝哪个方向发展,都是内外因交互作用的结果,都具有必然性,是合乎规律的。(3)没有论证作为义务对不作为因果关系成立的决定作用。①

笔者认为,上述批判只有第二点抓住了"转辙说"的根本缺陷。"转辙"也无非是行为人没有阻止或防止危害结果发生之意,因而仍未能脱离防果条件压抑说、防果条件破坏说的基本内涵。只是这种观点从事物的发展趋势角度更为生动地说明了不作为因果关系的具体体现过程。但诚如上述学者所批判的,该说硬性地认为事物原理趋于危险结果的方向不代表事物发展的必然趋势,而新出现的良性的方向才是合乎规律的方向,是毫无哲学根据的,也没有任何实践依据。可以说是为了阐明不作为对于危害结果发生的决定性原因力而作出的差强人意的解释。

四、破坏内外因平衡关系说

该观点在批判"转辙说"的基础上最早由高憬宏提出,后来也有学者持这种观点。② 该说认为,每一事物的存在和发展,都是内部矛盾和外部矛盾相互作用的结果,承认内部矛盾起决定作用的

---

① 参见黎宏著:《不作为犯研究》,武汉大学出版社1997年版,第80—81页。需要指出,根据笔者搜集的材料,最早对这一问题作出系统分析并进而提出破坏内外因平衡关系说的应为高憬宏。具体参见高憬宏硕士论文:《不作为犯论》,吉林大学1985年印。

② 参见高憬宏硕士论文:《不作为犯论》,吉林大学1985年印;黎宏著:《不作为犯研究》,武汉大学出版社1997年版,第83—86页。

同时,并不排除外部矛盾在一定条件下的决定作用。在一定条件下,当外部矛盾超过内部矛盾的力量时,外部矛盾就会起决定作用。不作为犯罪的因果关系完全可以用这一哲学原理来解释。不作为的对象——某一事物在其正常发展的条件时该事物内部矛盾和外部矛盾实现完美的结合,达到了相对的平衡。例如,婴儿之所以能够生存成长,是由于父母的抚养;火车之所以能够正常安全的转辙,是由于扳道工的工作。在这里,父母的抚养、扳道工的工作就分别与婴儿的成长、火车的行进本身构成对立统一体,是后者的外部矛盾。当这种对立统一关系保持平衡发展时,危害结果就不会发生;反之,这种平衡关系一旦遭到破坏,其外部矛盾发生了质的变化——行为人不作为时,内外因的对比关系则发生了重大变化,这时外部力量——行为人的不作为就起着决定性作用,事物就发生了相应的质变。在这里,父母、扳道工的不作为就成了危害结果发生的原因力。这就是不作为犯罪因果关系的真面目。

这种根据马克思唯物主义哲学的事物矛盾原理来说明不作为对危害结果的原因力,其基本立场和基本思路是正确的、可取的。但该说在解释行为人的不作为行为作为事物发展的外部矛盾时,没有说明为何它对事物的发展就起到了决定性作用,即该说没有说明作为外因的不作为何以成为决定事物发展方向的因素。

五、部分不作为起果条件说

以上四种学说,或者目前国内外刑法学者关于不作为的因果关系原理的说明,在肯定不作为具有原因力的前提下,都是从防果条件的角度来分析不作为的原因力的。即绝大多数学者都认为不作为不具有起果性,而只具有防果性,正是这种防果性的破坏成为不作为原因力的所在。

对此有学者认为,不作为可以分为两种情形:一部分不作为具有起果性;另一部分(或大多数)不作为则具有防果性。即认为在部分不作为犯罪中,不作为也同作为一样具有起果性,这主要表现在以下两种情形:(1)不作为直接引起某种自然或生理现象,某种自然或生理现象再直接引起危害结果的发生。母亲不给婴儿哺乳导致婴儿饿死就属于这种因果关系。(2)由不作为直接引起另一种行为,再由另一种行为直接引起危害结果的发生。例如,铁路扳道工不扳道,导致火车相撞就是适例。火车之所以相撞,是由于两列火车在同一条铁轨上相向行使引起,而两列火车所以在同一条铁轨上相向行使又是由扳道工不扳道引起的。不扳道直接引起了火车相撞,是火车相撞的直接原因,因而不扳道具有引起火车相撞的起果性。在这两种情形中,之所以认为不作为具有起果性,就在于不作为中包含着危害结果发生的主要根据,不作为对危害结果的发生起着根本的决定性作用。而对于防果性因果关系而言,不作为只是促成而不是决定危害结果的发生。即便如此,不作为也不仅仅是破坏了防果性,而且还帮助了起果性,因而也可以说不作为对危害结果的发生是一种积极的原因。①

这种观点在目前的不作为因果关系学说中可谓独树一帜。其看到了不作为因果关系中不作为作为原因力的复杂性、多样性,即不作为对于危害结果的发生既可以起决定性作用,也可以是一般的促进作用。这是完全正确的。通过上述介绍,我们的确可以发现,在父母亲不给婴儿哺乳的案例中父母亲的不作为对婴儿的死亡发生的作用程度与在保育员不及时救助失足落水儿童的案例中

---

① 参见侯国云、梁志敏:《论不作为犯罪的因果关系》,载《法律科学》2001年第1期。

保育员的不作为对落水儿童死亡结果发生的作用程度有很大的不同。后例中儿童的死亡可以说直接原因在于该儿童的失足落水，因而不好说保育员是推动儿童死亡结果发生的起果条件。但前例中，婴儿完全依赖于父母抚养的事实，决定了父母是否抚养对婴儿是否存活将起着决定性的作用。当然能否将这种起决定性作用的原因称为起果条件，笔者尚有疑问。起果条件与防果条件是相对而言的，是推动事物向前发展的力量，是引起事物发展变化的因素，但对于整个因果过程来说起果条件未必就起决定性作用，反过来说，我们也不能把凡对事物发展变化起决定性力量的因素都称为起果条件。因为，母亲不给婴儿哺乳导致婴儿死亡的情形和母亲采取积极行为将婴儿扼死或闷死等的情形毕竟有所不同。

第三节　不纯正不作为犯因果关系的特点及其判断

关于不作为犯因果关系的特点，国内学者对此进行了比较深入的探讨。对不作为因果关系特点的不同认识，直接影响了在不作为因果关系原因力问题上所采取的不同立场。因而了解不作为因果关系的特点，不仅有助于我们更科学地把握不作为的原因力，而且也有助于在司法实务中更科学、有效地判断具体案件中不作为因果关系的存在与否。我国刑法学者陈兴良教授指出，确定不作为因果关系，应当从阐述不作为因果关系不同于作为因果关系的特点着手。[1]

---

　　①　参见陈兴良著:《刑法哲学》,中国政法大学出版社1997年版,第241页。

一、国内学者关于不作为因果关系特点的概括

对于不作为犯的因果关系,国外学者往往重点围绕不作为的原因力问题加以探讨。国内学者除了对不作为的原因力提出了一些不同于西方传统理论的观点外,往往还就不作为因果关系的特点进行了剖析,了解这些特点,对于确定不作为因果关系的成立范围具有重要意义。下面对此加以分析。

第一种观点将不作为因果关系的特点概括为以下三点:(1)不作为因果关系首先在于它与作为义务的关联性。不作为的因果关系,指的是客观上违反刑法规定的不作为即不履行特定作为义务的行为同危害社会结果之间的因果关系。因此,不作为的因果关系与特定的作为义务密切相关。(2)不作为的因果关系具有与结果联系的间接性。即不作为之引起危害结果,往往须借助于某种自然力量或他人的行为。(3)不作为因果关系具有主观性。认为不作为因果关系无论是作为一种客观事实,还是价值评判,都具有主观性。这种主观性既表现在法律对因果关系范围的限定上,又表现在行为人履行作为义务能力对因果关系的影响上。前者将无法定义务的人的行为与危害结果之间的联系排除于刑法上的因果关系之外;后者与履行能力相关联,如果行为人没有能力实施某种作为,那么即使因此发生了危害结果,二者之间也不具有刑法上的因果关系。因此,无论是立法者的意志或者行为人的主观因素,都对不作为犯罪因果关系的成立影响甚大,它们的存在使不作为犯罪因果关系呈现出主观性的特征。①

简而言之,不作为因果关系具有与作为义务的关联性、与结果

---

① 参见陈兴良著:《刑法哲学》,中国政法大学出版社1997年版,第242页。　**215**

联系的间接性以及主观性的特征。

第二种观点则认为,不作为原因力与作为原因力显著不同的特性有三个方面:(1)不作为原因力的不特定性。这种不特定性是与作为犯罪中引起危害结果发生的作为行为所存在的范围比较而言的。在不作为犯的因果关系进程中,不作为一般只是消极地不防止结果发生,结果的发生有其自然而然的条件,而属于没有改变现状的举动太多太广,具有不确定性,由此也决定了不作为原因力的不特定性。从这种不特定性出发,引起危害结果的不作为不限于只有作为义务的人所实施的不作为。(2)不作为原因力的依附性。不作为只能与行为人先行行为、他人行为或自然事实等因素结合才能引起危害结果的发生,不可能单独导致危害结果的发生。在行为人不作为时,客观上已经存在或潜在着由行为人先行行为、他人行为或自然事实决定可能发生危害结果的因果锁链,行为人不作为本身不会单独引起这一危害结果,而有赖于上述业已存在的因果锁链的进程。可以说,不作为犯罪的因果关系,实际上是导致危害结果发生的原因结果这一"大因果关系"中的子系统。(3)不作为原因力的隐形性。由于不作为本身不能单独造成危害结果,因此就不作为而言,它在促成某种危害结果产生过程中所起的作用在外观上不具有有形性,而表现为隐形性的特点。①

第三种观点强调,与作为犯罪的因果关系相比,不作为犯罪的因果关系具有如下几个特点:(1)不作为犯罪因果关系中的原因具有特殊性。这种特殊性体现在特定的作为义务在不作为因果关系中占有重要地位,如果不存在特定的作为义务,就不存在不作

---

① 参见肖中华著:《犯罪构成及其关系论》,中国人民大学出版社2000年版,第381—386页。

为,从而也就不存在不作为的因果关系。(2)这种特殊性主要体现在造成危害结果的原因力往往不是直接出自不作为中,而是直接出自另一个原因中。当然这也不是绝对的,即有的不作为中,导致危害结果发生的原因力可以直接出自不作为本身。(3)不作为犯罪因果关系内部结构的特殊性。即不作为行为与危害结果之间的因果链条不是平行的,而且在不作为之外,还有其他原因在起作用。这个其他原因和不作为都是造成危害结果的原因,但真正的原因是不作为,其他原因只是形式上的原因。①

通过对上述几种观点的介绍,可以发现学者们在关于不作为犯罪因果关系的特点上主要存在以下不同认识:(1)确定不作为犯罪的因果关系是否以作为义务为前提。对此第一、三观点皆持肯定的立场,而第二种观点则主张不需要以作为义务为前提,认为肯定意见混淆了因果关系与违法性的问题,从而认为不作为原因力具有不特定性。(2)尽管都认为不作为因果关系具有复杂性,尤其是不作为作为原因力往往与其他原因共同造成危害结果,第一种观点将其概括为不作为原因力的"间接性",而第二种观点则概括为"依附性"。另外,第三种观点认为在少数不作为犯罪中,不作为具有直接原因力。(3)不作为因果关系的存在是否以行为人具有作为能力为必要条件。对此第一种观点坚持必要说,并以此认为不作为原因力具有主观性。

二、不作为因果关系特点的具体剖析

下面,围绕以上争议问题阐述笔者的几点思考。在分析此问

---

① 参见侯国云著:《刑法因果新论》,广西人民出版社 2000 年版,第 258—261 页。

题之前,笔者认为必须明确两个前提:一是刑法上的因果关系虽然以作为行为事实的因果关系为基础,但离不开价值的判断,只有经过价值评判的因果关系才是刑法意义上的因果关系。二是研究不作为的因果关系最终落脚点还是要具体判断具体案件中不作为因果关系的有无,因而在分析不作为原因力问题时应考虑司法实践的需要。

首先,法学上因果关系的探讨必然离不开评价的过程。原因与结果本是因果关系确定之后的派生概念,绝非先找到原因与结果之后,再说它们之间有因果关系,如果忽视这样的认定与评价过程,认为因果关系是对事物作一纯然客观绝对的考量,那么就是将"原因"、"结果"二词予以实体化,即认为世界上确实存在有可被称为原因或结果的东西。这种实体化的过程会使人们在讨论因果关系时,认为其是一个与价值无涉的概念,并忽视其实用性、规范性的意义。但事实上,当我们在使用"原因"一词时,最主要的其实还是基于实用的目的。所以,对于刑法上因果关系尤其是不作为的因果关系的探讨,不应采取纯粹自然描述的立场,而应以规范、价值的判断来看待因果关系。基于此,那种认为不作为犯不存在因果关系的否定说是不正确的。我们认为,这种从规范和价值角度考量因果关系的方法是由刑法理论中探讨因果关系与哲学上探讨因果关系不同的研究目的和使命所决定的。刑法上关于因果关系探讨的意义在于,从许许多多因果关系中确定何种因果关系同刑事责任有联系,考虑问题的出发点应体现出刑罚目的和刑罚功能。对此只要我们考察一下各国关于刑法因果关系判断的审判实务就会很清楚。无论大陆法系还是英美法系,在关于刑法上因果关系的判断上都包含了规范的评判因素。就大陆法系国家而言,关于因果关系的理论尽管存在条件说、原因说等各种学说,但最终获得垄断地位并为司法实务广泛认可的还是"相当因果关系说",这种学说在条件说的基础上,从"社会经验法则"出发来具体考察刑法因果关系的存否,就是一种包含价值判断的规范的因果关系理论。诚如有的学者所说的,"条件说关于条件是否存在的存在论的因果概念,必须与刑法意义上具有重要性的评价的因果关系的概念区别开来。存在论的因果概念的评价是关于因果关系的存在与不存在的评价。关于因果关系在刑法意义上具有何种重要性的评价,是指已确定了因果关系的存在,进而论到因果关系在刑法意义上的评价问题,亦即涉及犯罪构成要件该当性的各方面的要件要素的评价问题。在这个意义上说,相当因果关系说是以条件说的因果关系为基础,相互结合,形成了比较切合实际的价值论的因果论,是现代刑法学具有代表性,为一般刑法学者承认的。"①而在英美法系国家,如美国就存在事实因果关系和法律因果关系的"双层次原因说"。其中事实因果关系为第一层次,法律的因果关系为第二层次,而第二层次即是作为价值评判的因果关系,是刑法因果关系理论的核心。因而前述第一节、第二节关于不作为原因力的学说中,从不作为本身来探求不作为因果关系的防止义务违反说、防果条件破坏说、防果可能性说都是包含了价值判断的因果关系理论,均在不同侧面具有一定的合理性。总之,对于刑法上不作为因果关系的判断,不能拘泥于自然因果关系,而忽视刑法上的社会意义,否则与刑法规范的宗旨不符。

其次,关于不作为犯因果关系的判断要考虑司法实践的需要。尽管从防果条件来说,不作为对于危害结果是具有原因力的,但这

---

① 甘雨沛、何鹏:《外国刑法学》(上册),北京大学出版社 1984 年版,第293—295 页。

只是从宏观的角度回答了不作为犯罪中是否存在因果关系以及不作为本身对于危害结果是否具有原因力的问题。对于不作为因果关系的判断具有宏观指导意义,但这不能代替在具体案件中不作为因果关系的判断。就是说,在具体案件中某个不作为是否对于危害结果有原因力还须从其他方面、其他标准来进行判断。而司法实务的做法是,通过对条件公式的修正,通过一种假定的判断来确认具体案件中因果关系的有无。即如果行为人采取防止措施,危害结果是否能够避免。如果能够避免,则行为人的不作为即具有原因力;如果不能避免,则不具有原因力(当然在多大的可能性程度上能够避免,学界和审判实务也有不同见解)①。如果从这个角度看,可以说上述"防果可能性说"同时包含了价值判断和司法实务具体判断因果关系的要求,这也是使得防果可能性说能够获得大多数学者认可并最具说服力之处。当然防果可能性说完全不考虑行为人的作为义务问题是否合理,学界尚有不同意见。笔者认为,对这一问题的认识还与大陆法系国家的犯罪论体系有关。尤其是从我国的犯罪构成理论出发,是否能够完全采纳这种学说,更有可议之处。这就是接下来需要重点讨论的问题。

(一)不作为因果关系是否以行为人具有特定的作为义务为前提

有些学者从防果可能性出发,认为只要采取措施就能够防止结果发生而没有采取这种措施的人对被害法益的受损害都具有因果关系。例如,在母亲不授乳造成婴儿死亡的案件中,虽然母亲是

---

① 需要指出,这种假定的判断并不是说不作为因果关系本来是不存在的,是假定的,只不过法律拟制的产物而已。事实上,即便在作为犯的因果关系中也存在假定的因果经过的判断问题。

婴儿身边最近的人,但偶尔造访的推销员以及邻居只要采取了积极的措施都有可能防止婴儿死亡。从而推销员、邻居的不作为与婴儿的死亡之间也具有因果关系。之所以采取这种主张,主要理由有如下几点:一是,作为义务是不作为的违法性问题,而寓居于构成要件该当性中的因果关系的探讨阶段还做不到通过作为义务进行限定的程度。① 二是对于不作为的因果关系是构成要件的问题还是此前的行为论问题。从期待说出发,有的学者区分了法之前的"社会期待的行为"和法律期待的行为。其中前者主张,从伦理、道德的要求出发,如果存在社会可以期待的作为而行为人没有作为,就可以肯定不作为因果关系的存在。

对于第一点理由,笔者认为,这种认识与大陆法系的犯罪论体系有关,更为确切地说与这些学者所主张的犯罪论体系有关。很显然,持这种批评意见的学者是将不作为犯中行为人的作为义务作为违法性问题来探讨的,而因果关系的判断则是构成要件该当性的内容。如果坚持这一点,上述批评意见也就是理所当然的了。但问题是,作为义务究竟是违法性问题还是构成要件该当性问题,学界也存在不同意见。尤其是纳格拉提出"保证人说"以来,将保证人义务作为构成要件该当性问题考虑已成为学界的通说。② 笔者认为,这种见解是非常正确、合理的。就大陆法系的犯罪论体系而言,它是按照构成要件该当性、违法性、有责性这样的层进式顺序进行的。在前文笔者已提到,如果把作为义务视为违法性问题,则不具有作为义务的人的不作为也具备构成要件的该当

---

① 参见[日]中山研一著:《口述刑法总论》(第二版),日本成文堂1983年版,第63—64页。

② 也有的学者坚持保证人地位与保证人义务二分说,即前者为构成要件该当性问题,后者为违法性问题。

性，只是因为不具有作为义务而阻却违法。但这种判断就使得构成要件丧失了违法推断的机能，从而为大多数学者所不取。而第二点理由，则涉及犯罪论体系与行为论的关系问题。但即便这种因果关系是存在的，这种不作为能否说是刑法上的不作为，也值得考虑。日本学者山中敬一即认为，如果认为是构成要件的问题，那么首先认定符合构成要件的不作为，考察它与结果的因果关系的方法也才成为可能。① 可见对于第二点理由，学界也存在争议。

如果说上述第二点理由在大陆法系国家的理论体系中尚存在其合理性之处的话，那么，在我国的犯罪构成理论框架下再主张这种区分，则是完全没有必要的。我们所要考察的、确认的行为就是刑法意义上的行为，"法"之前的行为没有考虑的必要。基于此，我们认为那种确认刑法上不作为的因果关系不需要以作为义务为前提的主张是不恰当的。对此，上述持否定说的学者认为，查明因果关系存在，同时还要确认行为人有作为义务才能认定不作为犯罪的成立，因而将无作为义务之人的"不作为"排除于"因"之外，不会扩大刑事责任范围；实践中有时对某人有无作为义务不好当即下结论。② 但如此一来，论者就把不具有作为义务的人的"不作为"也看成是刑法上的不作为（在上述案例中，推销员、邻居有能力而没有对婴儿进行授乳的行为也构成不作为），而这与论者所主张的不作为概念存在矛盾之处。因为论者认为不作为是行为人负有实施某种特定法律义务，并且能够实行而不实行的行为。对

---

① 参见[日]山中敬一著：《刑法总论Ⅰ》，日本成文堂1999年版，第216—217页。

② 参见肖中华著：《犯罪构成及其关系论》，中国人民大学出版社2000年版，第383页。

此论者的解释是:"不作为"的含义具有两重性,在不作为犯罪因果关系的认定中,作为"因"的不作为是具有最广义的,不仅是对法益造成侵害的不作为。如果说事先既已知道某一"不作为"就是犯罪的不作为,那么就没有必要去考察因果关系了。① 笔者认为,这种在不同场合采用不同标准来认定不作为的考虑方法是不妥当的,造成了概念上的混乱。同时肯定只有具有作为义务的人的不作为与法益受侵害之间的因果关系才是不作为犯的因果关系,也并非如论者所说的事先既已知道某一"不作为"就是犯罪的不作为,那么就没有必要去考察因果关系了。因为在认定不作为犯的因果关系的司法过程中,即使一般性地肯定了要从具有作为义务的人那里去寻求原因,也还存在因果关系的具体判断问题,比如要进一步查明这个具有作为义务的人,如果采取积极行为是否就可以避免危害结果的发生。只有在肯定的判断中才可以认定不作为因果关系的存在。再者,如果像论者所言因为有时对某人有无作为义务不好当即下结论,所以不能以作为义务的存在为前提来判断不作为因果关系,那么,在无法判断某人是否具有作为义务的情况下去认定不作为的因果关系,又有何实益?

综合上述分析,笔者认为,确认不作为因果关系的原因力以及具体判断不作为的因果关系,都需要以行为人特定的作为义务为前提、为必要条件。当然,坚持这种观点对于不作为因果关系的判定来讲,仅具有限定或者说限缩探讨刑法上不作为因果的范围之意义。并不是说行为人具有作为义务就是不作为因果关系的原因

①　参见肖中华著:《犯罪构成及其关系论》,中国人民大学出版社 2000 年版,第 384 页。

力。行为人对作为义务的违反本身对危害结果并不具有原因力。从这个角度讲，前述"防止义务违反说"用以解释不作为的原因力，的确是不恰当的。

（二）不作为因果关系中不作为的原因力是"间接性"还是"依附性"

首先，我们应当看到，在不作为因果关系锁链中，不作为不能单独引起危害结果的发生，行为人的不作为对危害结果的原因力是就防果条件而言的，当不作为对危害结果具有原因力时必然同时伴随着起果条件，这种起果条件可能是自然事实，也可能是行为人的先行行为，还可能是他人乃至被害人自己的某种行为，从引起危害结果产生的原因这个方面来看，我们的确可以将不作为的原因力同其他引起危害结果产生的原因作为一个原因系统来看待，不作为只是这个众多原因中的一个原因。如果从这个角度看，我们不得不承认不作为作为原因力具有对来自其他方面原因力的依附性。那么，能否将这种依附性理解为间接性呢？笔者认为，如果将这种依附性理解为间接性，容易错把不作为与危害结果之间的因果关系理解为间接因果关系。我们知道，间接因果关系是与直接因果关系相对而言的，是指因行为通过介入某种中间环节而间接产生危害结果。这就意味着在间接因果关系中充当中间环节的只能是发生在行为之后的因素，但不作为犯罪中的因果关系未必都是间接的，与不作为共同造成危害结果发生的其他因素主要存在于不作为之前或同时，而非不作为之后，从而不作为不是因果链条发展过程中又介入了其他原因力而间接产生危害结果。因此，不能将不作为原因力的这种依附性理解为"间接性"。

另外，需要指出，承认不作为作为危害结果的原因系统中的一个因素,并进而作为追究行为人不作为刑事责任的客观基础,并非一定要承认这种不作为的原因力在整个因果链条中起决定性作用不可。前述"转辙说"、"破坏内外因平衡关系说"都是意在说明不作为对于危害结果发生所起的决定性作用,或者说因不作为而造成危害结果才是合乎规律的、必然的发展趋势,从而肯定不作为的原因力,似乎如果不作为对于危害结果的发生不具有决定性作用就不能称作原因。但持上述观点的学者并没有能够说明为何不作为在其中就是起决定性作用。其实,对于不作为因果关系的认定,重要的不在于这种不作为对于危害结果事实上原因力的大小及作用程度,而在于刑法基于保护法益的目的去选择其中的哪些因果条件作为客观归责的基础。在此意义上,不作为因果关系链条中不作为哪怕是最小的条件,我们也可以认定其在刑法上的因果意义。根据 Vogel 的观点,结果的原因不需要是结果的必要条件或结果的充分条件,毋宁只要是个案中结果的充分最小条件的必要部分,即为结果的原因。[1] 也就是说,只要不作为是结果发生的充分最小条件的必要部分,则不作为对于结果就具有原因力,而且是真实的、非假定的因果关系。[2] 这种理解有助于我们实事求是地分析不作为在因果链条中的原因力。在儿童失足落水保育员不予救助的案例中,儿童自己失足落水是造成其死亡的原动力,与保育员的不救助一起是儿童死亡结果发生的原因,在这里我们无法量化哪一个因素是儿童死亡的决定性原因,事实上我们也没有必要去作这种无谓的区分,问题的关键是,尽管儿童自己失足落水是导致其死亡的原因,但这种因果关系在刑法上并无太大的价值,甚至

---

[1]　Vogel, Norm und Pflicht, S. 150.

[2]　Vogel, a. a. o., S. 158.

说毫无意义,从法益保护的目的出发,刑法所要关注的只是保育员的不救助对于孩子死亡的原因力。这就是说,在不作为同其他因素共同引起某种危害结果发生的因果链条中,假如其他因素也可以作为归责基础,那么它与不作为一起构成刑法上的因果条件,共同对危害结果负责,然而在不作为犯罪中,除了不作为之外的其他原因因素往往是没有办法归责或把结果归属于它是没有法律意义的。比如在上述案例中,落水的儿童本来就是法益保护的对象,我们不能把他的落水死亡归责于他的失足,进而追究他的失足行为的责任。此外,前述有的学者认为儿童的失足落水对于他的死亡只是形式上的原因,真正的原因是保育员的不救助行为,也是不恰当的。为何儿童自己的失足落水只是形式上的原因,又为何把保育员的不救助行为称为真正的原因,其道理何在?论者并没有给予明确的回答或者有说服力的论证。

(三)不作为因果关系是否以行为人实际有作为能力为必要

前述主张不作为因果关系要以行为人具有作为能力为条件的学者认为,如果行为人没有能力实施某种作为,那么即使因此发生了危害结果,二者之间也不具有刑法上的因果关系。并基于此认为不作为因果关系具有主观性特征。

笔者认为对这一问题究竟采取何种立场,与对因果关系的判断标准有关。目前学界较为一致的观点是看具体案件中相当因果关系是否存在。然而即使采取相当因果关系说,由于站在不同的基准上也会得出不同的结论。如果以主观的相当因果关系说为标准,则以行为人有实际作为能力为必要来考察不作为因果关系,是当然之结论。不过更多的学者倾向于以客观的相当因果关系说或折衷的相当因果关系说为基准。如果采取社会一般人的立场,则

行为人是否有实际的作为能力对于因果关系的存在与否并不是重

要的。即,对于社会一般人而言,如果其可以、能够防止危害结果的发生,在其具有作为义务的情况下,则可以肯定其不作为与危害结果之间具有因果关系。即使具体的行为人本人可能并无作为能力,但这也不能否定其不作为与危害结果之间的因果关系的存在。只不过在行为人没有履行作为义务能力的情况下,不构成犯罪而已。也就是说,行为人是否有作为能力应当在因果关系之外,作为独立要件进行评价。相比而言,笔者更倾向于后一种观点。换句话说,在不作为因果关系的考察中无须以行为人具有作为能力为必要。

综合上述分析,笔者对不作为的因果关系问题作如下小结:(1)从说明不作为的原因力角度,不作为之所以对危害结果有原因力,就在于其能够防止危害结果的发生而不防止,从而破坏了防果条件。但这种防止可能性是以社会一般人的立场来判断。(2)从探讨刑法意义上的不作为因果关系角度考虑,结合我国的犯罪构成理论和行为理论,将刑法不作为因果关系限定在具有作为义务的人的不作为因果关系范畴是妥当的。但这并不是说行为人违反作为义务本身对危害结果具有原因力。

三、不作为因果关系的具体判断
(一)学说概况及判例见解
1. 大陆法系国家和地区的状况

在具体案件中如何判断不作为因果关系的存在,德国的通说是:在条件理论下,不作为的原因性,在于行为人不履行期待应为的特定行为,合乎法则地导致具体结果的发生,即对于具体结果的发生,不作为是其不可想象其不存在的条件,因为该想象中特定救助行为的出现,将会有效排除结果的发生;倘可想象行为人从事特

227

定救助行为,具体结果仍会发生的,则不作为与结果之间欠缺因果关系。同时为了避免刑事责任的过度扩张,德国实务界又将上述条件理论公式置于构成要件所描述的抽象结果是否依然发生,而不在于事实上已经发生的具体结果。就是说,在不纯正不作为犯构成要件的实现上,应以结果可避免性为前提。如果能够以"几近确定的可能性"认定行为人若为期待的行为,构成要件该当结果即不致发生的,则肯定二者之间具有因果关系;反之,则否定因果关系的存在。① 简言之,根据目前德国学界通说和实务的通行做法,假如不作为行为人做了被期待的应为的作为,有几近于确定的可能(an Sicherheit grenzende Wahrscheinlichkeit)可以避免结果的发生时,就可以肯定不作为与结果之间具有因果关系。②

---

① 参见林山田著:《刑法通论》(下),(中国台湾)1998 年作者自版(增订六版),第 529—531 页。

② 关于德国法院实务的见解,可以从以下判决中寻找:1. 帝国法院 1917 年 6 月 25 日的判决中表示,从前审法院的判决理由中可以得知,病童如果及时获得医疗救助,他就可以被救活或延长生命,然而并不需要确定救活病童或延长生命绝对会发生,只要确定在适当且及时的救助,能够有几近确定的可能救活或延长生命,就可以肯定因果关系的存在(见 RGHSt 51,127)。2. 帝国法院 1924 年 3 月 28 日的判决表示:被告 A 为一家脚踏车公司职员,负责从事输出工作。该公司拥有 a 牌脚踏车输往瑞士 25 辆的输出许可。该批脚踏车因工厂交货单的缘故,暂存在运送人 b 公司位于海关的仓库。A 因出差不在,遂授权他所信赖的职员 B,委托运送人将 10 辆脚踏车运送到瑞士。运送人 b 依约将脚踏车发出,并在运送单上注明,依前述之输出许可输出。但是职员 B 所寄交的脚踏车并非获有输出许可的脚踏车,因而该批脚踏车被没收充公。前审法院认定,被告 A 虽然没有直接促成非法输出,但他仍应为此非法输出负责,因为他在出发前没有给予全体员工必要的工作指示,因此判他有罪。帝国法院表示,如果想象此一不作为不存在,则结果不发生时,不作为与结果间即有因果关系的存在。相反,如果履行了防果行为,结果仍会发生,则不具有因果关系。根据刑事庭的观点,本案中已达到有几近确定的可能,透过被告的工作指示可以防止非法输出(RGHSt 58,130f)。

　　另外,根据笔者所掌握的材料,日本审判实务也是采取了这种观点。① 但是近年来,一部分客观归责论者认为,通说和实务的见解采用的"几近确定的可能,可以避免结果发生"的观点,过于严格,将使得刑法在不作为犯罪方面,对法益保护的功能大减,而认为不纯正不作为犯的结果归责不应取决于行为是否具有几近确定的可能性可以避免结果发生,而应取决于行为人的不作为对于结果的发生是否有贡献,即若采取行为是否能够降低结果发生的危险。因此,他们主张在不作为犯领域,以危险升高理论取代传统的因果关系的要求,对不纯正不作为犯而言,对因果关系的要求,并不需要具有几近确定的可能性可以避免结果的发生,只要行为能升高受威胁法益的救助机会即为已足。② 似乎是受学者批评的影响,德国联邦法院改变了上述过于严格的做法,改为只要行为能够延迟危害结果的发生,就可以肯定不作为与结果之间的因果

――――――

　　① 　日本刑集43卷13号879页有一则案例:被告人是暴力团成员,在旅馆给其同行的13岁少女注射兴奋剂,其后少女先是诉说头痛、想呕吐等症状,后陷于错乱状态,无法动弹。被告人知道少女有生命危险,但因害怕被发现使用兴奋剂,未采取叫救护车等措施就离去了,致使少女因急性心律不全而死亡。针对被告人被以保护责任者遗弃致死罪起诉的情况,第一审法院认为,遗弃行为与死亡结果之间不具有因果关系。与此相对,控诉裁判所和最高裁判所认为,如果被告人马上请求急救治疗的话,因为该少女还年轻,生命力旺盛,又没有特别的疾病等,十有八九能够救活。这样,可以认为救助该少女的生命具有超过合理怀疑程度的确定性,从而认为存在刑法上的因果关系是相当的,认定被告人成立保护责任者遗弃致死罪。转引自[日]前田雅英:《不作为犯论的现状》,载《法学教室》1991年第10期。另参见[日]大塚仁著:《刑法概说(总论)》,冯军译,中国人民大学出版社2003年版,第177页。
　　② 　Stratenwerth, Bemerkung zum Prinzip der Risikoerhöhung, Gallas-FS, S. 237.　**229**

联系。①

　　对通说持批评意见的德国学者 Brammen 认为,在认定不作为因果关系中,要求有几近确定的结果防止可能,不仅违背了社会及法规范的期待,而且使不作为未遂的可罚性事实上被取消,更使得在不作为犯方面,故意与行为决意不符,造成未遂犯及既遂犯在主观犯意上的差别和体系上的矛盾,从而主张用危险升高理论来解决。②（1）Brammen 认为,在某些案件中要求找到"几近确定的结

---

　　① 德国联邦法院 1980 年 5 月 20 日的判决是:被告为私立医院的医生,于 1975 年 6 月 4 日为一名 14 岁女学生进行切除盲肠手术。手术后出现了一些并发症。病人也向被告诉说有胃痛、眩晕的感觉等。在 1975 年 6 月 9 日医院院长诊断出有发炎的现象,并且告知被告。其后又出现一连串的警讯,例如白血球数目增加、脉搏升高以及剧烈胃痛,均未能促使被告进行必要的手术。及至同年 6 月 12 日下午,病人陷入精神错乱状态,并只剩下躺在床上的力气时,被告才同意转往教学医院进行手术。此时病人已陷入休克状态,立即进行手术发现整个胃部充满了脓。最后病人于 6 月 19 日死亡。联邦高等法院判处被告过失致死罪。鉴定报告显示,死亡原因为被告未及时发现并加以治疗的腹膜炎,被告最晚在 6 月 10 日以前进行手术的话,病人有完全康复或最少存活一天的可能。联邦法院根据鉴定报告,肯定在不作为与构成要件合致结果之间具有因果关系。根据联邦法院的意见,病人是否因为腹膜炎发作本来就会死,对于因果关系的肯定并不重要,只要病人的死亡早于没有违反义务的不作为时所产生的死亡,就足以肯定不作为因果关系的存在(BGHSt NSTZ 1981,S. 218.)。

　　② 危险升高理论最早由洛克信(Roxin)提出,以平等原则和保护法益为指导原则。该理论的提出是针对下面问题的探讨而来:如果在行为符合注意义务的情况下,结果仍可能发生时,违反注意义务的人应否对这一结果负责？当时提出的各种解决方法,无论是从不作为犯的观点,还是从因果关联性、义务关联性的观点出发,其思考的重点都在于如果行为符合义务时将会发生什么事。洛克信(Roxin)认为这是不正确的,根本不需要考虑符合义务时事情会如何进行。为此他提出了危险升高理论。根据这一理论,对上述问题可采取如下步骤:首先,根据容许风险的原则,确定哪一种行为不可以作为违反义务的行为而被归责于行为人;其次,将行为人的行为方式和被容许的行为方式加以比较,并确定,在具体判断的事实方面,相比被容许的风险,结果发生的机会是否因行为人不当的行为而升高？如果确定的结果是肯定的,则有构成要件合致的违反义务存在,并应论以

果可避免性"几乎是不可能的。尤其是在医疗案例中,医生与病人之间的关系属于一个由社会成员基于固有的经验所认识并完全信赖的先于法律的规范领域。病人找医生,就是希望医生能够给予治疗病痛所必要的措施。尽管病人知道,并非所有的情形都能成功地减轻或治愈病痛,但来到医生面前的病人总是抱着希望,期待医生能够尽力救助,哪怕只有 90% 或 70%,甚至更少的救助希望,医生都被期待能够实行符合医术规则或其他特殊的医疗方法。因而要求几近确定的结果可避免性,从行为时的观点来看,在医学的专业能力上几乎是不可能的。医生被期待在对治愈的希望有怀疑时,即便只能延长几个小时的生命,也应抓住任何机会进行救助。这才是医生符合义务的行为。否则,有对法益保护不周之虞。
(2)在不作为犯的未遂方面,Brammen 认为,通说要求有几近确定的可能避免结果发生的情况下才肯定不作为与结果之间的因果关系,如果将这一点贯彻到底的话,行为人必须认识到他所被期待的行为具有如此程度的结果避免可能性时,才负有作为义务,此时若行为人仍继续不作为,才有未遂的存在。否则,即使行为人采取被期待的行为能够提升存活的机会,其不作为也会因欠缺行为义务,

---

过失犯的责任。相反,如果危险并未被升高,行为人无须为此结果负责。依平等原则,没有升高危险就和被容许的风险一样。基于保护法益思想,只要遵守注意规范能明显提高保护法益的机会,纵使不是绝对肯定有好的结果,立法者也必然会要求遵守此一注意规范。在作为犯方面,危险升高理论以行为人的行为升高结果发生的危险为归责的前提,而在不作为犯方面,危险升高理论则是以一个相反的面貌出现,即违反义务不降低结果发生的危险,任由危险持续升高以致实现结果为不作为结果归责的前提。自洛克信(Roxin)于 1962 年提出该理论后,随即获得不少学者的支持,但也有来自反对方面的批评。在实务方面,德国联邦法院并未接受这一理论。参见 Roxin,pflichtwidrigkeit,ZStW 74(1962),S. 433.

而不被认为是犯罪未遂。这样的处理结果显然是不合适的。但通说并没有这样做，而是以违背保证人义务而不作为时为不作为的着手时点。(3)在不作为犯的主观方面，由于通说对于既遂犯罪要求有几近确定的结果避免可能性，而在未遂方面只要求有避免结果的可能，所以不作为的故意必须是行为人认识到被期待的行为有几近确定的结果避免可能性时才成立；而不作为的行为决意(着手)，则只要行为人认识结果有避免的可能性即可。这样就会产生不作为的故意与不作为的行为决意不符的现象。但如果采取降低危险的要求，即只要行为人被期待的行为可以降低结果发生的危险，就可以肯定存在因果关系，则上述冲突即可避免。①

但这种观点也受到了批判。汉兹伯格(Herzberg)认为，这种观点乍看之下似乎颇有说服力，但它将导致对于不作为犯的领域过分扩张刑事责任，并且与疑罪从无原则相抵触。② 针对这一批判，持危险升高理论的学者试图作进一步的修正，认为除了证明被期待的行为能够降低危险之外，还须进一步确定保证人未予降低的危险在法益侵害中实现了。但雅科布斯(Jakobs)认为，这是没有用的。如果行为人的不作为是怠于将高度危险降成低度危险，适用这一理论颇有说服力，但如果行为人不履行的行为所能够降低的危险有限，并仍有高度的剩余危险时，如对于一个已经陷于猛烈燃烧的建筑物，不打电话请消防队来救助，此时灭火的可能性已经很小，是否仍适用降低危险理论而认为行为人构成不纯正不作为的毁损罪？不管怎样，适用降低危险理论对于不作为的行为人进行归责，是不利于行为人的。另外，根据这种理论，只要结果发

---

① Brammsen, Erfolgszurechnung, MDR 1989, S. 124.

② Herzberg, Die Kausalität, MDR 1971, S. 882.

生了,从行为时的观点来看,不降低危险始终可以论以既遂犯,这将使得结果犯被曲解为危险犯,而结果只是成为客观的处罚条件。①

2. 国内学者的见解

在我国,学界在论述不作为犯的因果关系时,往往围绕不作为的原因力和不作为因果关系的特点而展开,很少论及不作为因果的具体判断问题。从已经处理的不纯正不作为案件来看,实务对这方面的分析也很少,即便有所分析,也显得不够精细。唯肖中华博士指出,判断不作为犯罪的因果关系的标准与判断作为犯罪因果关系的标准应当一致,在研究判断不作为因果关系的标准时,首要的仍是在总体上如何合理地确立刑法因果关系的判断标准,第二步才是将之运用于不作为犯罪中。我国刑法向来热衷于刑法必然因果关系、偶然因果关系的探讨,尽管具有重要的理论意义,但这种理论永远不会提出一个对刑法因果关系进一步判断的标准,从而主张以条件关系说和相当因果关系说作为判断不作为犯因果关系的具体标准。②

(二)作者的见解

笔者认为,出于法益保护之目的,对不纯正不作为犯进行处罚是完全必要的。但由于不纯正不作为犯是一种开放的构成要件,由于立法技术方面的原因,许多构成要件的要素无法在法典中明确加以规定,只能通过学说、判例加以补充。因而在实际认定不纯正不作为犯的过程中应力求最大限度地限定其成立范围,而不是

---

① Jakobs, AT, 29/20.

② 参见肖中华著:《犯罪构成及其关系论》,中国人民大学出版社 2000 年版,第386—392 页。

扩张其适用范围。这是我们在研究和认定不纯正不作为犯时应坚持的两个原则。危险升高理论在不纯正不作为犯领域的运用，从程序的角度，的确能够极为方便地证明因果关系的存在。但是，这一理论对于作为犯而言已经导致处罚范围的扩张，而对于不作为犯来说这种扩张倾向更为严重。诚如有的学者所指出的，不作为原本已经将归责基础建立在"可能性"上，如今客观归责将作为犯的归责基础也建立在"可能性"上。如果将作为犯的这个"可能性"归责基础套用到不作为原来的"可能性"的归责结构上，在双重可能性的基础上，是否能够理直气壮地归责不作为，成为一个严肃的疑问。①

因此，可以说危险升高理论如果被运用到不纯正不作为犯领域，的确是一个"危险的理论"，这种过于扩张不纯正不作为犯处罚范围的做法是不妥当的。但如果按照上述德国的通说，要求具有几近确定的结果避免可能性时才肯定不作为因果关系的成立，对于许多案件来讲，的确又过于严格，容易造成对法益保护的不周。因而如何在法益保护与保障个人自由之间寻求平衡，使对不纯正不作为犯的处罚，既能够充分地实现法益保护的目的，又不致造成对公民自由的过分限制，就成为研究不纯正不作为犯因果关系不得不考虑的问题。笔者认为，在认定不纯正不作为犯的因果关系过程中，仍应采取"相当因果关系说"。即行为人如果采取积极措施能够避免结果发生的几率应当具有"相当性"，而这种相当性究竟应精确到何种程度，似乎很难予以定量考虑，但至少并不要

---

① 参见许玉秀：《最高法院七十八年台上字第三六九号判决的再检讨——前行为的保证人地位与客观归责理论初探》，载（中国台湾）《刑事法杂志》第35卷第4期。

求达到"几近确定的可避免程度"或者说"十有八九"的程度。对于社会一般人来说,如果能够有60%以上的防果机会而行为人没有采取积极的救助措施造成结果发生的,就可以肯定不作为因果关系的成立。但对于特定领域尤其是具有专业知识的人(比如医疗行业),由于其具有更高的防果义务,因而如果其采取积极的救助措施具有50%以上的防果机会的话,也应确立不作为因果关系的成立。当然这里的60%、50%的防果可能性的判断基准,仍应以社会一般人的眼光来衡量。即对于一般的作为义务人(保证人),如果社会一般人认为其采取积极救助措施具有60%以上的结果可避免性的话,那么他的不作为应当对危害结果负责,即不作为因果关系成立;而对于特殊的具有专业知识的作为义务人(保证人),如果社会一般人认为其采取积极救助措施具有50%以上的结果可避免性的话,那么他的不作为也应当对危害结果负责,即他应因自己的不作为而对危害结果负责。

第六章　不纯正不作为犯的
作为义务(上)

本 章 要 旨

本章分析指出,作为义务由形式来源说向实质来源说转变的契机主要表现在三个方面:刑法的自觉或者说刑法的独立观,是作为义务实质化的直接动因;实质的违法概念和整体的考察方法,是作为义务实质化的深层理论背景;纳粹时期的全体刑法、政治刑法则为作为义务实质化探讨提供了客观环境的助力。

就作为义务的形式来源说,笔者重点剖析了我国学者关于作为义务来源的形式划分,指出先行行为不应属于法律行为的一种,而属于独立的作为义务来源形式;先行行为原则上可以是合法行为,但在被害人自我负责的场合,应排除行为人作为义务的纯在;先行行为一定情况下可以是故意犯罪或过失犯罪;本章区分了基于先行行为构成的不纯正不作为犯与结果加重犯的界限;同时,我国目前的"四来源说",尽管在很多场合是适用的,但从实质处罚的必要性角度考虑,范围仍显过窄。

　　关于不纯正不作为犯的中心问题,自从因果关系问题转向作为义务问题以来,学界就一直致力于不纯正不作为犯作为义务尤其是作为义务来源的探讨,其间经历了形式的作为义务来源说和实质的作为义务来源说(或形式义务与实质义务的二元说)。起初的形式义务来源说,尽管具有外在形式上的相对确定性、明确性,但由于不能给保证人地位(或作为义务)的理由以实质的回答,学界开始了为保证人地位寻求实质法理基础的征程。然而,最初寻求保证人地位实质基础的方法完全抛弃形式义务的约束,从社会领域探求作为义务的实质来源,被认为是过于抽象,并导致司法认定上的过度扩张。于是,试图弥补不纯正不作为犯与作为犯存在结构上的差异而着眼于不作为者与被害法益的关系来探求作为义务实质内容的学说,得到长足发展,并且在日本有渐成通说之势。

本书将在分析作为义务来源由形式说转向实质说的契机之基础上,对诸种形式义务来源说和实质义务来源说详加评说、分析,在考察其利弊的基础上,结合我国的司法实践,提出适合我国国情的作为义务理论。由于作为义务是不纯正不作为犯的中心内容,涉及问题颇多,故对作为义务的探讨拟分两章展开。其中,本章主要探讨两个内容:一是作为义务来源的学说概况;一是形式的作为义务来源说。关于实质的作为义务来源说以及对作者观点的展开,拟在下章加以探讨。

第一节 作为义务来源的学说概况

在刑法学说史上,对不纯正不作为犯作为义务来源的认识与判断,主要经历了形式义务说和实质义务说这两大阶段。

刑法启蒙思想家费尔巴哈基于形式法治国的思想,提出作为 **237**

义务的有无,只能根据法律和契约进行判断。之后,Spangenberg
和 Henke 等人进而将作为义务的范围扩大到婚姻、家庭的生活关
系领域;学者 Stuebel 则从生活的感觉和明白的法感情中得出了先
行行为这一种义务来源形式。在这几位学者所提出的作为义务来
源中,尤以费氏的法律、契约以及 Stuebel 提出的先行行为,影响甚
巨。在学界进行探讨作为义务的实质化理由之前,法律的规定、契
约约定和基于先行行为而产生的作为义务一直被认为是作为义务
的三大形式来源,直到 20 世纪 50 年代,这三种义务来源形式还是
通说和司法实务所承认的三种保证人类型。

但是,这种形式的作为义务来源逐渐受到了法学家们的怀疑,
就法律形式的作为义务来说,是否只要其他法律上规定的义务,刑
法都有必要认可将其作为不作为人的义务来源? 相反,如果其他
法律并未规定,是否刑法上就完全不予认可(仅就法律形式的义
务来源而言)? 例如,民法上规定了父母子女之间相互抚养的义
务,而刑法上往往规定虐待、遗弃罪等,可以说是对民法规定的抚
养义务的认可,但民法上的抚养义务为何能够直接转换成刑法上
的作为义务,使违反作为义务的人成为犯罪行为人? 或者说,刑法
认可这种义务的理由是什么? 刑法有无独立的考察标准? 再者,
能否根据民法上的抚养义务而认定父母(或子女)不救助子女(或
父母)导致死亡结果发生的行为构成不作为的杀人罪? 相反,同
居人之间虽无法律上的义务,当对方陷于火海之中时,是否可以见
死不救而不负刑事责任? 就契约形式而言,契约的效力是否影响
刑事责任? 例如,答应并实际承担看护幼儿的 16 岁保姆,因家中
发生火灾,保姆扔下婴儿不管致使婴儿被烧死,保姆的行为是否因
合同不发生效力而不负刑事责任? 再者,假如合同期满,在保姆未
将幼儿妥善转给幼儿的母亲时,是否即可径直离去而置正处于患

病中的幼儿于不顾？有的学者指出,形式说的不足之处在于:"首先,由先行行为产生的作为义务在刑法的等价性判断面前并不是以超刑法性特殊义务为前提的,因而无法与形式说达成一致;其次,刑法性义务违反与不作为和作为的等价性本应从刑法的角度判断,将其隶属于私法性思考的做法是不合理的;再次,按照形式说无法明确确定作为义务的内容与界限。"①

出于对上述问题的怀疑,学者们开始思考,刑事不法的界限究竟取决于民事不法,还是有其自身的决定标准？这种怀疑促成了刑法独立观念的形成。因此,刑法的自觉或刑法独立观的形成是推动作为义务来源由形式说转向实质说的重要契机。"之所以要寻求保证人地位的实质法理基础,原动力在于刑法的自觉,在于刑法应该有自己独有的不法标准。""在理论史的发展上,刑法必须自己决定自己的不法界限,是实质化最直接的动机。"②

一、刑法的自觉是作为义务实质化的直接动因

刑法的自觉或刑法独立化,由基尔学派的夏夫史坦(Schaffstein)教授提出。根据当时学说及实务界通行的形式义务来源说,作为义务的类型,不外乎法令、契约、先行行为三种。而法令的内容多半出自民法的规定。这种刑法上不作为犯的作为义务,受制于民法规定的现象,夏夫史坦称之为"刑法的民事化",被其认为是形式义务来源说的严重缺失之一。另外,由于不作为犯的作为义务取决于民法的规定,致使刑法违法性的概念产生双重标准的

① 参见[韩]李在祥著:《韩国刑法总论》,[韩]韩相敦译,中国人民大学出版社2005年版,第111页。
② 许玉秀:《保证人地位的法理基础——危险前行为是构成保证人地位的唯一理由？》,载(中国台湾)《刑事法杂志》第42卷第2期。

现象:就作为而言,刑法有其独立的违法概念,就不作为而言,刑法却倚赖民法上的违法概念。基于此,夏夫史坦(Schaffstein)极力倡导刑法的独立观。

夏夫史坦认为,将违法且可罚的不作为解释为违反义务,原本极为正确,却导致法义务被错误地限于实定法上的义务,将实定法和国民的风俗规范予以区分,必然导致道德义务与法义务分界错误的结果,既然法义务的概念是规范的、实定的概念,在应用之际必然产生流于形式以及将民法之概念和思考形式不当地运用于刑法上的弊端。

尽管在当前看来,对作为义务进行实质性的探讨,并非一定要依靠刑法的自觉来完成,但从学说史的角度讲,的的确确是刑法的独立观念促成了对作为义务的实质化运动。分析起来,这也有其中的道理。因为,与我国的传统法制不同,大陆法系国家,自罗马法以来一直以民法为重心,刑法只属于从属的法律领域,原则上只处罚那些其他法律认为是违法的行为,只是在特殊情况下,才会将其他法律领域未规定为违法的行为作为自己的不法。这种刑法对其他法律尤其是民法附从性的传统观念长期统治着整个法学界。然而,历史和现实表明,这种观念必须加以改变,这就是刑法独立观的由来。当然,我们注意到,刑法独立观是由夏夫史坦教授提出,而夏夫史坦作为基尔学派的代表人之一,最重大的贡献乃在于实质违法性观点的倡导。因此,有学者指出,刑法独立化问题,是基尔学派实质法义务说的孪生原则。①

----

① 参见许玉秀:《论西德刑法上保证人地位之实质化运动》,载(中国台湾)

东海大学法律学系《法学论丛》1987 年第 3 期。

二、实质的违法概念和整体的考察方法是作为义务实质化的深层理论背景

(一)骚尔和基辛的实质违法观[1]

骚尔(Sauer)和基辛(Kissin)所代表的实质违法观,旨在以一般的公平正义原则来弥补实定法的漏洞,以矫正法定构成要件的失平之处。他们认为行为构成要件的该当性,仅表征形式的违法性;实质的违法行为,应属于抵触一般的公平正义原则,而依该原则的实质内涵判断是否违法。根据这种观点,符合构成要件的不作为也仅具有形式的违法性,其实质上是否违法,还应基于"国家及其成员害多于利"的原则加以判断。反而言之,某种防止不法结果发生的作为义务是否存在,要看履行该作为义务而阻止特定不法结果发生,是否对于国家及其成员利多于害来定。违法性之实质概念乃各种法律规定之依据,唯有探究实质之违法概念,始得明白何以法律规定某种义务为法定义务之理由。

根据上述实质违法观,骚尔和基辛将作为义务分为两类:一为基于不作为者自己的危险行为引起发生一定不法结果的危险时,不作为者防止结果发生的作为义务;一为不作为者基于其法的社会地位而负担的作为义务。前者,不作为者先行危险行为已具有实质违法性,不作为者如任危险继续,自然发生对国家及其成员害多于利之结果;后者,例如有教育权之人、医生及救火员等,皆存在于整体法秩序中之法的社会地位。至于契约义务,因其不具强制性,无法于整体法秩序中据以建立任何作为义务。

就两种作为义务类型而言:其基于不作为者的先行危险行为

---

[1]　参见许玉秀:《论西德刑法上保证人地位之实质化运动》,载(中国台湾)东海大学法律学系《法学论丛》1987年第3期。

而生的作为义务,二人认为其违法性在于先行危险行为本身已具备实质违法性,则违法性显然存在于先行的作为而非后来的不作为,对于违反防止义务的不作为加以处罚,所罚者应非后行违反义务的不作为,乃先行的作为。若先行的作为依其基本见解"构成要件合致性仅表征形式违法性",尚不具备实质违法性时,岂非有虽以先行行为提高或导致结果发生之危险却无作为义务的情形?另外,所谓法的社会地位系作为义务的依据,二人所持的唯一理由就是共同法秩序所产生,其立论似嫌笼统。

再者,基于所谓的"对国家及其成员利多于害"的原则,凡是未阻止一定侵害法益之结果,而致结果发生的情形,都存在害多于利,如此一来,又当如何限制不作为的成立范围?因此,二人所提出的"对国家及其成员利多于害"的原则,对于解释和判定不作为犯的作为义务来说,并无具体的操作标准,只不过是一种空洞的理论观念而已。因此,二人的实质违法理论仅仅提示一种实质的违法观念而已。二人虽可称为实质化运动的鼻祖,但其实质法义务的观点对于往后保证人地位的实质化运动并无重要的影响。

(二)基尔学派的整体考察法

实质法义务说经夏夫史坦及丹姆的继续提倡而发展,在上个世纪三四十年代初期盛极一时,其哲学上及方法论上的整体考察观点为其奠定了理论根基。

所谓整体考察法,是针对当时盛极一时,以拉德布鲁赫(Radbruch)为首的西南德意志学派所提倡的"方法二元论"而提出的对立观点。所谓方法二元论,是指价值体系和存在体系乃各自独立并存并互不牵混的两个体系,一价值体系必演绎自另一价值体系,不可能由存在体系归纳而成。基尔学派则认为,法律素材绝非毫无规则、毫无定型的集合体,而是包含着可以提炼出各种规则、法规的生活规范,各种形成法律的前提事实本身即具有目的的、伦理的及社会的规则性和价值,并非完全价值中立。基尔学派此种对法的素材及法的概念形成之观点,导致其舍形式法概念而于法素材中寻求实质的法律概念,因而提倡本质而具体的考察方法。这就是整体考察法的由来。整体考察方法论的目的,就是要寻找其他的实质违法根据,来取代"利多于害"这一空泛的标准。而基尔学派所寻找的这个实质标准就是"健全的国民情感"。

根据这个标准,于社会内部具体秩序之下,基尔学派所据以确立作为义务的社会团体关系,有共同生活团体、血缘团体、特别职业、公务关系,甚至同学关系、同党关系等社会团体关系。契约关系,丹姆解释为信赖和忠诚的关系;私法上的法律地位,例如企业或事业所有人,皆系为履行国民任务而存在。至于先行危险行为无论有责无责、合法还是违法,均可因国民的情感因时制宜地成为作为义务的法理依据。因此,"健全的国民情感"概念,是基尔学派赖以决定不纯正不作为犯是否具有实质违法性的具体标准之一。夏夫史坦即曾指出,不作为的刑事责任,取决于两个要素,即不作为的违反义务性和不作为者依健全的国民情感显然为特定犯罪的行为人。由此可知,刑法独立化的主张,只不过是基尔学派为加强其实质法义务说所运用的冠冕堂皇的理由罢了。[1] 但是,与"利多于害"的标准一样,"健全的国民情感"也是一个相当空泛的概念,如何根据这一标准来寻求不纯正不作为犯的实质处罚根据,整体考察方法并没有给予合理、充分的说明。[2] 因此,这一标准和

---

[1] 参见许玉秀:《论西德保证人地位之实质化运动》,载(中国台湾)东海大学法律学系《法学论丛》1987年第3期。
[2] 参见许玉秀:《实质的正犯概念》,载(中国台湾)《刑事法杂志》第41卷第6期。

方法成为当时迎合纳粹政府的一种口号。所谓的整体考察方法，也不过是德国刑法学方法论上的惊鸿一瞥，对后来没有产生太多的实益和太大的影响。

作为义务实质化的理论背景，我们也可以从罪刑法定思想的演变来大致了解。早期的罪刑法定主义，是绝对的、形式的罪刑法定主义，强调刑事不法必定以法律的明文规定为限，只有法律明文禁止的行为，才具有违法性。这就是形式的违法论。上个世纪20年代，从社会生活秩序中寻求实质违法根据的理论逐渐形成。其中首次区分形式违法与实质违法概念者，当推李斯特教授。之后，骚尔、基辛提出了实质违法判断的"利多于害"原则、基尔学派的夏夫史坦和丹姆两位学者又提出了"健全的国民情感"这一从社会内部秩序及民情风俗中寻找到的实质违法判断标准。不可否认的是，形式违法论向实质违法论的发展是犯罪论体系违法论的重要进步，也是刑法理论的重要使命。我们也不能无视基于实质违法论而发展出的超法规阻却事由、社会相当性理论、被容许的危险理论、义务冲突、被害人承诺等实质的违法阻却事由对刑法理论和刑事审判实践的重要贡献。尽管实质违法性理论的影响，首先或主要发生在犯罪论体系的违法性阶段，从而一般不会出现根据实质违法性理论来决定法律所未规定的不法行为的推理过程，并最终不会影响罪刑法定主义。但实质违法论一旦从消极、否定的角度转向积极、肯定的立场，其不可避免地会间接影响着对罪刑法定主义的具体理解与适用。具体到不纯正不作为犯领域，由于要侧重实质地判断不纯正不作为犯的违法性问题，从而对其处罚提供充足的理论依据，于是乎形成这样的理论逻辑：既然不纯正不作为犯是这么严重地侵害法益，具有充分的实质违法依据，那么刑法规范就有必要对之加以惩治。但不纯正不作为犯毕竟不同于作为犯,其面临来自违反罪刑法定原则的质疑。而基于实质违法性的考虑,其对罪刑法定的理解就会与形式违法性立场的理解大有不同:前者往往认为是刑法解释的问题,本质上并不违反罪刑法定主义,而后者则完全相反。由于对罪刑法定以及具体刑法规范理解尤其是扩张理解程度的不同(以至于走向类推解释的边缘——如何区分扩张解释与类推解释是刑法理论的一个难题,但上述实质违法论者可能认为属于扩张解释的情形而在形式违法论者看来则属于类推解释),在罪刑法定这一前提下,实质违法论者究竟会在多么宽泛的程度上来解释罪刑法定,进而判断不纯正不作为犯的成立范围,也会有所不同。而在德国,无论是理论学说还是司法实务,均有过于扩张适用实质违法理论来划定不纯正不作为犯作为义务来源的倾向。

三、纳粹时期的全体刑法、政治刑法为作为义务实质化探讨提供了客观环境的助力

从学说史的角度看,对于作为义务的实质化分析,不能不说是受到了纳粹主义的强烈影响。[①] 因纳粹主义的影响,实质的违法性说得势并昌盛于二战前期。二战前期,受纳粹主义的影响,德国刑法学界弥漫着一种非理性主义的气氛。"行为刑法"和"责任刑法"已被"手段刑法"取而代之。基尔学派的代表人物夏夫史坦、丹姆即竭力鼓吹:"刑法最根本、最重要的价值就是作为保存和捍卫国家权力的手段。""犯罪不只是刑罚的理由,更是其动机。国家是为了展现其力量于整个世界而使用刑罚。"夏夫史坦认为,由

[①] 详细内容请参见郑逸哲:《德国刑法学者与纳粹主义》,载蔡墩铭教授祝寿论文集《现代刑事法与刑事责任》,(中国台湾)刑事法杂志社 1997 年版。

于新的刑法(即纳粹刑法)是基于义务违反的方式,因此必须比旧刑法更注意行为人在共同体中的地位,必须从一种一般而抽象的行为人概念过渡到具体的行为人概念,如此既不牺牲法益侵害思想的核心,也不必辛苦地用一种抽象的构成要件标准来使行为人概念具体化。"在新国家中,法律义务和道德义务的同一性是再自明不过了。"而在其犯罪论构架中,"违法性"、"抗命性"和"悖德性"成为同义词,犯罪的概念被转化成违反空白构成要件所规定的义务之不道德行为。法律上的犯罪行为与不道德行为完全混为一体。在当时看来,夏夫史坦所主张的"义务思想"实际上是借刑法的道德化来为纳粹刑法的军事化张目。

相对于夏夫史坦和丹姆,德国学者 Heinrich Henkel 更为纳粹废除在法治国具有宪法意义的罪刑法定主义提供更为具体、关键的学术助力。他认为,刑法秩序是民族和国家利益的大宪章,一种致力于实现民族法的刑法秩序和罪刑法定主义绝不相容,不为了形式的安定性而遵循法定主义,而是确保基于民族整体的法确信所应处罚的行为一定受到处罚;不拘泥于文义来适用法律,而是依其精神和立法意旨。刑法不是一种绝对封闭的、仿佛以不能透视的法定构成要件的围墙筑成的秩序,而是一种由透明的——包括不成文的道德规范、宗教规范、风俗规范等在内的——整体生活法则,亦即其法律概念取决于活生生的价值内容。质言之,刑法具有更自由的构成要件结构。

Erik Wolf 更明确地提出刑法的唯一任务就是保护民族,"未来所要免于犯罪和犯罪人侵害者,只有始终视为整体的民族共同体,即使是以刑罚来保护其国家制度和个别成员时,亦然。"早在魏玛共和时期,他就提出规范的行为人概念,主张以行为人的该当性取代行为构成要件的该当性。

可见，在纳粹时期，受当时政治环境的影响，在学界产生了一种强烈维护纳粹利益的主张，这进一步推动了违法概念的实质化，并对不纯正不作为犯的作为义务来源的探求产生了直接的影响。

第二节 形式的作为义务来源说

一、形式的作为义务来源概述

关于作为义务的发生根据,传统上采取列举的方法如法令、契约、先行行为等予以界定,这在理论上被称为形式的作为义务说。其主要特征是:使所谓作为义务这样一种发生法律效果的要件,其根据总是在法规,即法源中去寻求。①

(一)德国的学说和判例

在德国,最早将作为义务作为不作为犯的核心问题进行讨论的是18世纪的学者威斯特法(Westphal)。他在分析过去的凭借感觉和经验而处罚的不作为犯的案例的基础上,得出不作为犯的成立前提是行为人具有特别的作为义务这一结论,但他并没有解释所谓作为义务的内容。将作为义务的内容与来源最先予以理论化的则是费尔巴哈。根据费尔巴哈的自然法理论,由自由市民基于保障各人的生命、身体的安全、行动的自由而订立契约组建的国家,应当以维护市民的权利为目的,或者说,应以保障市民依照法规进行共同生活为目的。因此,如果超过法律所规定的自由的界限而侵害他人的权利便违背了国家的目的。国家为了完成其使命,必须采取有效措施防止这种侵害的发生。而最有效的手段就

是针对侵害权利的行为以法律宣告刑罚,并处罚一切违反刑罚法规的行为。同样,市民之间相互缔结的契约作为社会契约的始源形态,也赋予当事人以权利和义务。所以,国家制定的法律以及市民缔结的契约,就成为作为义务的来源。但是,关于先行行为,费尔巴哈认为,由于其在性质上是以事实的各种关系为前提的,因而不能成为作为义务的发生根据。先行行为作为作为义务的发生根据之一,是斯鸠贝尔(Stubel)的见解,他从生活的实际感觉以及明白的法感情中归纳出了这个结论。在19世纪中叶关于不作为的因果性的争论中,先行行为作为作为义务的发生根据逐渐在理论上得到确认;随之,德国的判例也开始支持这种学说。如,莱比锡法院1884年10月21日的判决中指出:"由于不作为者的先行或附随行为而产生作为的必要,或者,由于不作为而使法律上存在的作为义务受到侵害的场合,一般来说,在理论上及刑法典的意义上,该不作为便成了作为。"这一判决对刑法学者们的影响极大。如,因果关系干涉说的创始人布利(Buri)在解释自己的不作为犯论的主张时称,不作为犯的作为义务必须是法律上的作为义务,但是,它并不限于法律上有明确的根据存在的场合,即"即使是完全无责任,而是由于自己的行为产生危害结果的危险的人,根据因果关系的一般原则进行演绎,成为产生法律上的义务的原因,也具有意义。"①之后,莱比锡法院又分别于1888年和1912年在判决中对先行行为作为作为义务的发生根据予以了确认。这样,在19世纪末20世纪初的德国,学说与判例将作为义务来源分为法律、契约和先行行为,这就是所谓的"形式的三分说"。形式的三分说在

---

① 转引自黎宏著:《不作为犯研究》,武汉大学出版社1997年版,第124—125页。

德国长期占据着通说地位,1913 年德国刑法修正案第 24 条对此进行了明文化的尝试。该草案认为违反法定作为义务是不真正不作为犯的成立要件,并且明文规定了由先行行为也可产生法定的作为义务。① 稍后,学说与判例又扩大了作为义务的来源范围,将紧密的生活共同关系、危险共同体、交易上的诚信义务、自愿承担的义务、场所及危险物的持有等也作为作为义务的来源。

(二)日本的学说和判例

德国刑法中所确认的作为义务三来源说对其他国家的刑法理论产生了极大的影响。形式的三分说在日本刑法的判例和学说中也长期占据主导地位。如在日本的刑法教科书中,关于上述形式的作为义务论一般是这样说明的:第一,基于法令的场合,如民法上亲权者的监护义务和亲属间的扶养义务、警察法规定的逮捕责任义务,等等。第二,基于契约、事务管理等法律行为的场合,如根据诊断受托契约而产生的医师、医院对于患者的生命、健康进行医疗维持的义务。第三,从公共秩序、良好习俗出发的作为义务,具体又包括习惯上的义务、管理者的防止义务、紧急救助义务以及基于自己的先行行为而产生的防止义务。② 日本也有学者认为,作为义务之来源有四:"(甲)依法令的义务……(乙)依法律行为尤其是合同或事务管理的义务……(丙)依据习惯或情理的义务……(丁)事前行为的义务……"③四来源说把先行行为(事前

---

① 参见[日]日高义博著:《不作为犯的理论》,王树平译,中国人民公安大学出版社1992年版,第18页。

② 参见[日]木村龟二主编:《刑法学词典》,顾肖荣等译,上海翻译出版公司1991年版,第143—144页。

③ [日]福田平、大塚仁:《日本刑法总论讲义》,李乔等译,辽宁人民出版社1986年版,第62页。

行为)从所谓"公共秩序、良好风俗"中提取出来,单独列为作为义务的来源之一,与形式的三分说并无本质的不同。

(三)其他国家关于形式的作为义务来源的概况

属于大陆法系国家的意大利,立法、判例以及学说往往只承认形式的作为义务来源。如意大利的刑法学说认为,阻止一定结果发生的法律义务,可依不同原因而产生,包括法律、法规或合同的规定,自愿承担的义务,在法律承认的情况下甚至包括某些因习惯而产生的义务。但一般都否认先行行为是这种义务的来源,因为意大利刑法典采用的"形式说",其法律制度不承认这种渊源。不过,从实际情况来看,刑法分则一般都规定了应该避免各种危险行为的义务,在其他一些情况下,危险行为则产生于行为人有处理权或组织权的活动,这时应根据行为人所行使的职能,来确定其是否有阻止结果的义务。①

在早期的英美法系国家刑法理论中,往往否认刑法作为义务的存在。但现在,对不作为犯的研究也逐渐向大陆法系国家的刑法理论靠拢。不过,从有关资料来看,往往限于对形式的作为义务来源的探讨。在英国,有学者指出,大量的谋杀和非预谋杀人的案件表明,作为义务的职责可以由以下三种主要方式引起:基于合同、基于特定关系、基于个人已经自愿承担了照顾生活不能自理的人这种事实。② 有的学者认为,作为义务产生的根据可以分为以下四种:法律规定的义务;合同义务;特定关系,如父母对未成年的

---

① 参见[意]杜里奥·帕多瓦尼著:《意大利刑法学原理》,陈忠林译,法律出版社2000年版,第115页。

② 参见[英]鲁珀特·克罗斯、菲利普·A.琼斯著:《英国刑法导论》,赵秉志等译,中国人民大学出版社1991年版,第27—28页。

子女;自愿实施的先行行为。① 在美国,有学者将作为义务分为两大类:一类是普通法上义务;一类是成文法明确规定的义务。其中,普通法上义务基于以下五种情况产生:身份关系、合同关系、先行行为、制造风险、自愿救助。② 有的学者则将其概括为:一是基于身份关系而产生;二是法律规定的义务;三是合同义务;四是基于自愿救助而产生的作为义务;五是制造风险而产生的作为义务;六是对他人行为的控制而产生的作为义务;七是不动产所有人的作为义务。③

(四)我国台湾地区关于形式作为义务来源的归纳

台湾学者关于不纯正不作为犯的作为义务来源则有不同见解,大致有以下几种:

二来源说。该说与台湾地区现行刑法第 15 条的规定一致。如有学者认为,不作为犯的作为义务来源有二:一是法律上之防止义务。"称法律上有防止一定结果发生之义务者,并不以法律之明文规定为限。"④二是因自己行为之防止义务。"因自己行为之防止义务,致有发生一定结果之危险者……负防止其发生之义务。"⑤

三来源说。如有学者认为,"不纯正不作为犯作为义务之由

---

① Finabarr McAuley J. Paul McCutcheon ,Criminal Liability A Grammar,Round Hall Sweet and Maxwell Publishing(2000),pp189－193.

② Joshua Dressler,Understanding Criminal Law (Third Edition),Lexis Publishing(2001),pp102－105.

③ Wayne R. Lafave ,Criminal Law, West Publishing Co. (1996),pp203－206.

④ 陈朴生著:《刑法总论》,(中国台湾)正中书局 1969 年作者自版,第 57 页。

⑤ 陈朴生著:《刑法总论》,(中国台湾)正中书局 1969 年作者自版,第 58 页。

来,不外有下列数端:一、法令之直接规定;二、自愿为义务之负担;三、一定情况下之前行行为。"①也有学者认为,不纯正不作为犯的作为义务包括:第一,法令明文规定者;第二,基于契约或其他之法律行为者;第三,依法令及契约并无作为义务之根据,但依习惯或条理及公序良俗之观念以及一般之社会观念,应为之作为义务。具体又包括:"Ⅰ.诚实信用上之告知义务;Ⅱ.习惯法上之保护义务;Ⅲ.基于先行行为之防止义务;Ⅳ.管理或监护者之防止义务;Ⅴ.紧急救助之义务;Ⅵ.具体社会生活关系。"②

四来源说。台湾学者陈朴生认为,作为义务的来源包括:(1)依法令之规定者;(2)基于法律行为者;(3)基于法律之精神者;(4)因自己行为有发生一定结果之危险者。③

五来源说。即认为不纯正不作为犯的作为义务包括:(1)基于法令规定之作为义务;(2)基于契约规定之作为义务;(3)基于自己之先行行为所产生之作为义务;(4)基于私法买卖交易之诚信原则;(5)基于动物管理人之管理义务。④

六来源说。如有的学者认为,不纯正不作为犯的作为义务可基于如下六个来源:法令之规定;自愿承担义务;最近亲属;危险共同体;违背义务之危险前行为;对于危险源之监督义务。⑤

---

① 韩忠谟著:《刑法原理》,(中国台湾)1981年作者自版,第102页。

② 蔡墩铭主编:《刑法总则论文选辑》(上),(中国台湾)五南图书出版公司1984年版,第299—301页。

③ 参见陈朴生著:《刑法专题研究》,(中国台湾)三民书局1988年作者自版,第114—115页。

④ 参见黄村力著:《刑法总则比较研究》(欧陆法比较),(中国台湾)三民书局1995年作者自版,第71页。

⑤ 参见林山田著:《刑法通论》(下),(中国台湾)1998年作者自版(增订六版),第533—540页。

(五)我国大陆地区关于形式作为义务来源的归纳

我国大陆刑法学界关于不纯正不作为犯的作为义务来源大致有以下观点:

其一,三来源说。其中又有两种不同观点。有学者认为作为义务的来源包括:(1)法律上的明文规定;(2)职务或业务上的要求;(3)先行行为引起的作为义务。[①] 这种观点是我国学界早期的通说。还有学者则认为,作为义务的来源包括:(1)法律明文规定的作为义务;(2)职务或业务所要求的作为义务;(3)法律行为。至于法律行为的内容,有的认为包括合同行为、自愿行为和先行行为[②],有的则仅包括合同行为和先行行为。[③] 可见,将先行行为纳入法律行为中是其特色。

其二,四来源说。有学者认为作为义务来源包括以下几种:(1)法律上的明文规定的义务;(2)行为人职务或者业务上要求的义务;(3)行为人实施的法律行为而引起的义务;(4)由于行为人先前实施的行为使某种合法权益处在遭受严重损害的危险状态而产生的防止损害结果发生的义务。[④] 有的四来源说者以"合同签订的义务"取代前述"法律行为引起的义务"。[⑤] 但就目前而言,前一种主张是目前学界的通说。

[①]　参见高铭暄主编:《中国刑法学》,中国人民大学出版社 1989 年版,第 99 页。

[②]　参见黎宏著:《不作为犯研究》,武汉大学出版社 1997 年版,第 142、143、155 页。

[③]　参见李晓龙、李成:《不纯正不作为犯作为义务来源研究》,载《北京市政法管理干部学院学报》1999 年第 2 期。

[④]　参见高铭暄主编:《刑法学原理》(第一卷),中国人民大学出版社 1993 年版,第 543—545 页。

[⑤]　参见樊凤林主编:《犯罪构成论》,法律出版社 1987 年版,第 51—52 页。

其三,五来源说。有学者认为,除了法律上的明文规定、职务上和业务上的要求、行为人的先行行为以及自愿承担的某种特定义务以外,"在特殊场合下,公共秩序和社会公德要求履行的特定义务"也是不纯正不作为犯的义务来源。而且,审判实践中也确实存在着对于不防止前恋人自杀的男子的不作为以故意杀人罪论处的判例。[1]

针对以上各种关于形式的作为义务来源的归纳、分类,笔者认为,问题主要集中在以下几个方面:(1)关于"法律上的义务"的理解;(2)关于法律行为的理解;(3)关于先行行为引起的作为义务。

二、关于"法律上的义务"的理解

持严格的形式作为来源说的学者往往指出,作为的义务来源只限于法律上的义务,不但是一种法律义务,而且是一种特定的法律义务。[2] 从行为人违反作为义务所产生的法律后果来说,将作为义务的来源定性为法律上的义务,本无问题,但如何理解法律上的义务,则存在不同的意见。

在我国台湾地区,按照台湾1935年7月"最高法院"民刑庭总会决议,该条"法律上有防止之义务",以法律明文或精神有防止之义务者为标准。其具体内容是:"现代法律观念,认为不作为义务,应包括基于法律精神所生之义务。违反公序良俗,不仅民事上应负赔偿损害责任,如因而有致他人生命财产等法益发生危险之可能,应负防止之义务,能防止而不防止,合乎刑法第十五条第

① 参见马克昌主编:《犯罪通论》,武汉大学出版社1999年版,第170—172页。

② 参见陈兴良:《犯罪不作为研究》,载《法制与社会发展》1999年第5期。

一项之规定,即应负刑事责任。此为对法律上义务之正当解释问题,无背罪刑法定原则。"在德国,对于刑法第 13 条规定的法律上的防止义务,一般认为,虽然解释上不以明文的法规为限,尚包括一般的法律原则在内,但是纯粹的道德义务,不在其列。① 事实上,在德国有了上述刑法典明确规定作为义务性质的情况下,学说和判例皆认可一些法律上并未明文规定的义务,如紧密的生活共同体等。

问题是,如何区分纯粹的道德义务和法律原则、法律精神上承认的义务? 对此,日本学者中森喜彦教授指出,既然不作为的处罚是法律上的问题,那么其成立前提的作为义务必须是法律上的义务也是理所当然的。但,即使道德上的义务不能作为不作为处罚的根据,只要它无法明确与法律上的义务相区别,就可以说无多大的意义。所谓法律上的义务,因为并不是意味着被规定在法规里的义务,所以必须明确法律上的义务所被确认的范围。② 西原春夫教授则认为,作为义务属于"刑法性的"义务,此处所说的"刑法性的",并不意味着任一刑法法规都规定着而违反的情况下会产生刑罚的法律效果,这种观点对从将刑罚作为法效果的法律的任务、作用等方向出发来划定作为义务的成立范围具有重大作用。③可见,在上述学者看来,所谓法律上的义务,往往不限于刑法、民法、行政法规等法律法规上明确规定的义务,重要的在于考察刑罚效果的适当性,即是否有必要动用刑罚,产生刑罚效果。因此,在

---

① Schoenke/Schroeder, a. a. O. , Rdn. 7.

② 参见[日]中森喜彦:《作为义务、保障义务、保证人的地位》,载《法学セミナー》1982 年第 11 期。

③ 参见[日]西原春夫:《不作为犯的理论(总论)》,载《法学セミナー》1982 年第 11 期。

日本,关于不作为的义务来源,尽管也要求必须是法定的义务,但在理解上,却将一般日常生活习惯或一般道义上的要求也包括在内。① 这样看来,这种所谓法律上的形式作为义务,已经掺入了实质的要素。

在我国,尽管不少学者主张作为义务必须是法律上的义务,但在归纳作为义务的来源形式时,不得不承认先行行为的来源形式。但同时认为,先行行为并非法律行为。如果先行行为不是法律行为,又如何获得其法律上的义务的属性呢? 可见,在我国对法律上的义务的理解也必须从法律效果来考察。不过,也有学者为了维持法律义务的纯粹性,将作为义务的来源限于法律明文规定、职务或业务要求以及法律行为三种情况,其中,先行行为被纳入法律行为中,关于这一问题,下文还将作专门分析。对此,已有学者敏锐地指出,"根据形式的作为义务论,采用列举的方式来说明不作为犯的作为义务发生根据的时候,就不应当将其限定于法定义务;但是,相反地,若不将其限定为法定义务的话,则可能出现在伤者因为没有得到及时救治而死亡的情况下,所有从濒临死亡的伤者旁边经过但没有施以救助的人都可能构成故意杀人罪的结果。这显然是和现代社会是权利社会,行为人不能因为没有实施道义上所要求的行为而构成犯罪的理念不符。因此,如果以上述形式的作为义务论来概括作为义务的发生根据,我们就会陷入进退两难的境地。"②

事实上,如果承认法律明文规定的义务是作为义务的来源之

---

① 参见[日]大谷实著:《刑法讲义总论(新版)》,日本成文堂2000年版,第158—159页。

② 黎宏:《"见死不救"行为定性的法律分析》,载《法商研究》2002年第6期。

一,那么,在逻辑上就应包括宪法规定的义务,而宪法上的义务有一部分是道德义务。我们通常说,纯粹的道德、伦理义务不能直接成为法律义务,如果经过法律的认可这种道德义务就具有了法律义务的属性。那么,这种经过宪法规范认可的道德义务是不是属于法律义务? 从逻辑上,应当得出肯定的答案。但主张严格意义上法律义务的观点,一方面要认可法律规定的义务,另一方面又将宪法规定的道德义务排除在法律义务之外,这样就存在自相矛盾之处。对此,主张宪法规定的义务不能成为作为义务来源的论者认为,宪法作为国家的根本大法,虽然也调整社会关系,赋予社会关系主体以一定的权利和义务,但由于宪法所确定的权利和义务只能是原则性的,宪法对这些权利义务只作宏观方面的调整,而不可能加以具体规定,所以,宪法规定的义务并不能直接指导人们的行为,只有当它具体到一般法律中,才会对人们的行动起指导作用。另外,宪法规范除个别规范外,一般没有具体的制裁性规定,所以也无法将其作为作为义务的来源。① 应当说,这种观点很有代表性,也是我国历来的普遍主张。但如果我们结合近年来的宪法诉讼实践和理论发展,就会发现这种观点已经不适应目前的形势。宪法规范不具有直接适用性,不能作为诉讼的法律根据的传统观点,目前已经随着宪法诉讼的实践而逐渐发生动摇。既然人们可以根据宪法规定的权利进行诉讼来维护自己的合法权益,那么,为什么不可以依据宪法规定的义务而给予有关行为人以责任的加担呢? 另外,上述观点以宪法规范并无具体制裁措施为由而否定将其作为作为义务来源的理由也是不充分的。在刑法上,虽

---

① 参见苏彩霞:《论不纯正不作为犯的作为义务来源》,载《政法论丛》2000年第1期。

然刑法具有第二顺位性,往往在其他法律规定的违法行为范围内确定自己的处罚范围,但是刑罚后果并不依赖于其他法律有无惩罚措施以及惩罚措施的性质,刑法必须自己决定不法的界限。事实上,即便民法等其他法律上规定了违反义务的行为的惩罚措施,但并不是因为他们要受到其他法律上的制裁,刑法才予以制裁。否则,仅凭其他法律有无制裁措施来决定刑法上的不作为,就容易混淆刑法上的作为义务内容与其他法律上的作为内容上的区别。

当然,我们也应否定直接将宪法规定的所有道德义务作为不作为犯义务来源的主张,否则,确实存在混淆法律与伦理、道德界限的问题。然而我们也不能一概地排除个别道德义务成为作为义务来源的可能性。从判例来看,一般认为,过路人未救助行路的病人,发现火灾不灭火等的行为,并不能直接构成不作为的杀人或放火罪。这被认为是典型的纯粹伦理义务的情形,但我们也注意到,在紧密的生活共同体中,除了父母与子女、夫妻之间具有法律上的相互抚养义务外,属于同居关系的男女并无法律明文规定的相互义务,而司法实务也承认这种情况下男女之间的作为义务。因此,并不存在道德义务、伦理义务是否可以成为法定义务的来源问题,问题在于国家在怎样的范围、怎样的程度、以怎样的标准来遴选确定属于法律义务的部分。

三、关于"法律行为"的理解
(一)法律行为包含的种类

关于法律行为这一义务来源形式,国内学者常将其限定为两种情形,一种是合同行为;另一种是自愿承担行为。笔者认为,从把法律行为当作作为义务来源的一种形式的初始意义上,把法律行为限定为合同行为和自愿承担行为是妥当的。目前,有一种见解认为,先行行为也属于法律行为。应当说,持这种见解的学者一方面看到以先行行为作为作为义务形式来源的必要性,即不能舍弃这一种作为义务来源形式;另一方面又认为,如果像日本刑法理论那样把先行行为作为条理从公序良俗中推导出来,有混淆法律与伦理、道德界限之嫌,再加上我国刑法没有明文规定,为了实现将先行行为作为保证人义务的合理性、合法性,而论证认为先行行为属于法律行为之一种,这种考虑问题的出发点是好的,但这种观点是不正确的。① 固然,如果把在民法中同样产生法律效果的自愿行为(如无因管理的情形)也作为先行行为之一种的话(实际上将这种行为作为先行行为未尝不可),我们可以说此时的先行行为属于法律行为。但除此之外的其他先行行为如何能够获得作为法律行为的属性? 让我们看一下上述论者的理由。

论者指出,先行行为的作为义务是根据刑法所确认的法律事实而得出的当然结论。先行行为作为行为人自身实施的导致法律保护的某种利益处于危险状态的行为,是危险状态产生的原因和条件,而根据刑法规定的犯罪概念,人们负有不得侵犯他人利益的"不作为义务",当然含有"如由于自己之作为而发生足以侵害他人利益的危险时负有防止其发生"的作为义务。因此,先行行为人因自己的行为而进入某种法律所保护的社会关系的领域,应承担因其先行行为在社会关系中负有的特定义务。能够导致法律所保护的某种利益处于危险状态的先行行为,实际上就是能够引起刑事法律关系的法律行为,由此产生的消除危险状态的作为义务就是法律义务,因而基于先行行为而产生的义务,仍然未超出法律

---

① 参见黎宏著:《不作为犯研究》,武汉大学出版社,第 153—155 页。

规范的义务范围。①

但我们不得不注意的是,之所以将法律行为作为刑法上的作为义务来源形式,就在于它是纯粹地考虑作为义务的形式来源特征,也就是说这种作为法律行为的行为,在刑法考虑之前,已经具备法律行为的属性。但是,上述把先行行为作为法律行为的观点,则是在刑法范畴内考虑其作为法律行为的特征。实际上,当我们考察了学界就是否承认先行行为义务来源形式存在不同观点时,便会发现,先行行为能否引起刑事上的作为义务,即先行行为能否引起刑事法律后果,本来就属于需要论证的大前提,而上述论者却把这个待证明的大前提直接作为已知事实进行推导。他们论证的思路是:首先已经肯定先行行为能够引起(刑事)法律后果——能够引起法律后果的行为是法律行为——从而先行行为是法律行为——因法律行为能够引起法律后果——从而先行行为可以引起作为义务。这显然是循环论证。

实际上,无论我们从先行行为这种义务来源形式的产生来看,还是基于实定法的角度看,先行行为并非当然的法律行为。首先,从其诞生的渊源来看,提出先行行为这一类型的德国学者 Stubel 是从生活的实际感觉和明白的法感情得出这一结论的;其次,德国在总则中规定不纯正不作为犯以"法律上的防止义务"为限,而并没有把先行行为明确规定,是因为 19 世纪以来,德国判例将先行行为的防止义务视为习惯法的一部分,而将其解释为当然属于法律义务含义的内容。而同样在刑法总则规定不纯正不作为犯的我国台湾刑法,则明确把先行行为类型作独立规定,主要是考虑台湾

---

① 参见齐文远、李晓龙:《论不作为犯中的先行行为》,载《法律科学》1999 年第 5 期。

地区尚无类似习惯法规范的判例,若删除之而将其解释为法律上的防止义务,不免窒碍,且有侵及罪刑法定主义之嫌。① 另外,日本刑法学者之所以将这种行为作为条理之一种,也并非没有考虑其是否有可能作为法律行为的性质。因此,试图以法律行为来解释先行行为,从而为其找到作为作为义务的根据,是徒劳的。对此,我国刑法学者陈兴良教授认为,将先行行为纳入法律行为范畴不妥,其成为作为义务的根据乃在于该行为与其后所产生的危害结果的关联性。唯有从这种关联性出发,才能正确地解释先行行为被确定为作为义务根据的原因。② 笔者基本赞同这种观点,但在法理基础上仍显薄弱。先行行为作为作为义务的来源,其法理基础就在于因果律,即任何人干扰为防止法益受侵害而设计的保护规范,则必须注意不使他所惹起的危险造成构成要件的结果。对此,有的学者认为,这是援引习惯法的因果思想作为法理依据,未免过于粗糙。同时,如果承认先行行为可以引起作为义务,就是借用原已存在的作为和因果流程,再一次被评价一次,是明显的双重评价,从而否定先行行为类型。③ 笔者认为,以先行行为引起作为义务构成的不作为犯罪,并非当然地构成双重评价。的确,不能将所有的作为都解释成背后有一个相对应的不作为,本来不作为犯尤其是不纯正不作为犯的成立范围应当予以严格的限定,如果相反,作出上述解释,徒增理论上的混乱与实践中的各种困扰。对此,台湾学者陈志辉举例指出,"每一个拿刀砍死被害人的杀人者,就外观上视之,只有持刀砍人的积极杀人作为,至于为什么不

① 　参见苏俊雄著:《刑法总论Ⅱ》,(中国台湾)1998年作者自版,第565页。
② 　参见陈兴良:《犯罪不作为研究》,载《法制与社会发展》1999年第5期。
③ 　参见许玉秀:《前行为保证人类型的生存权?——与结果加重犯的比较》,载(中国台湾)《政大法学评论》第50期。

去救被害人,这对行为人而言,既然行为人想要被害人死亡,我们也无法期待行为人会去救助被害人。"①但是,先行行为作为作为义务的来源之一,并不是无条件的,必须给它设定一些限制性条件。当具备这些条件之后,就不能认为是双重评价(对此,下文将作专门讨论)。因此,那种认为"在自己所能支配的范围内,存在某种危险状态,并且只有自己才能消除这种危险状态的时候",不问这种危险状态是基于什么原因发生的,均有消除这种状态的义务的观点,是不恰当的。②

(二)合同行为引起的作为义务

在合同行为中,多数学者认为合同的成立至完成是行为人负有作为义务的起止期限。也就是行为人的作为义务开始于合同成立之日,结束于合同届满之日。这在一般情况下是成立的,但这只是对合同行为引起作为义务所作的形式上的思考。一方面,即使合同生效,行为人未必当然地具有作为的义务(或处于保证人的地位),必须进一步考虑行为人的承担状况等因素,否则容易混淆民事上的一般违约责任或者侵权责任与刑事责任的界限。例如,在登山运动中,某登山队约定由甲担任向导,但因甲迟到,登山队在无向导的情况下径直登山,结果发生灾难,队员乙丧生。尽管有合同存在,但由于甲并未实际承担起保证义务,因而不构成不作为犯罪。

另一方面,合同尚未生效之前行为人也并非当然地不具有作为的义务,同时合同届满之后行为人也并非立即不再具有作为的

① 陈志辉著:《刑法上的法条竞合》(春风煦日论坛—刑事法丛书系列),(中国台湾)尚锋印刷联盟·东巨兴业股份有限公司1998年版,第84页。
② 参见[日]牧野英一著:《日本刑法》(上卷),日本有斐阁1937年版,第125页。

义务。而且,在特定情况下即使合同在法律上是无效的,但行为人也具有作为的义务。对此,我国有学者指出,"此等承担义务之事实不以当事人间成立契约关系者为限,虽未订契约,或虽订有契约但尚未生效,或原订契约已失效,或所订契约系得撤销之有瑕疵契约等,只要事实上承受保证结果之不发生之义务者,即具有保证人地位。"①但持反对意见的学者认为,"因合同产生的法律义务,应当以合同有效为条件,合同期限既已届满,则其合同已经失效,原合同一方当事人自然不再负有法律上的义务。"②

笔者认为前一种观点是正确的。首先,以上一节所举的案例为例,答应并实际承担看护幼儿的 16 岁保姆,因家中发生火灾,保姆扔下婴儿不管致使婴儿被烧死,保姆的行为是否因合同不发生效力而不负刑事责任? 按上述反对意见,因合同在法律上是无效的,所以保姆不构成犯罪。当然,持反对意见者也可能将其作为自愿承担行为来理解,从而肯定保姆不作为的可罚性。如果这还可以讲得通的话,那么,在下面所举的案例中就无法基于自愿承担而肯定不作为犯的成立,其结论只能是否定不作为犯的成立。例如,行为人基于合同暂时抚养他人婴儿,合同期满后,该婴儿父母仍外出未归,行为人径直停止抚养婴儿,导致婴儿饿死。该案例中,如果纯粹地从合同有效形式来看,因合同生效期满,合同义务人即不负履行义务,因而其径直离去导致婴儿饿死的行为既不构成犯罪,也不构成民事的违约或侵权。但这种结论是不能让人接受的。即便从合同的有效形式来讲,根据现代合同法的理论,不仅基于诚信

---

① 转引自肖中华:《海峡两岸刑法中不作为犯罪之比较研究》,载高铭暄、赵秉志主编:《刑法论丛》第 1 卷,法律出版社 1998 年版,第 512 页。

② 熊选国著:《刑法中行为论》,人民法院出版社 1992 年版,第 180 页。

原则,而且法律上更直接规定合同相对一方的附随义务。我们也仍可以基于这种附随义务而肯定保姆不作为犯罪的成立。

其实,上述否定的观点之根本缺陷,就在于仅从形式上考虑作为义务的产生,而未能作实质性的考察。这种观点不能解释合同如何直接就成了作为义务的根据。实质上,刑法是否赋予某人以作为义务,只能从刑法的目的、任务来考量,它不以其他法律的目的、价值为转移,基于经验或明白的法感情,作为义务的形式来源说只是为作为义务的限定提供了大的框架,但其并不能为具体的作为义务的产生与否作进一步的限定。因而如果我们仍然从合同行为产生作为义务的角度对作为义务的来源进行具体考察的话,必须充分地考虑作为义务的实质化理由。站在实质的立场,如果纯粹地从形式的角度对合同行为引起的作为义务进行分析,就不应得出合同必须有效且在合同存续期间(尽管通常如此),行为人才具有作为义务的结论。

另外,行为人是否有作为义务(或者说居于保证人地位),必须根据合同的具体内容加以确定。如果不属于合同内容所保护的法益,行为人并无保证人地位可言。例如,医生仅对病人有生命、健康的救助义务,而对于病人的财物,并无保证义务。这是在理解合同行为引起的作为义务时所应注意的。根据《法制日报》的报道,司法实践中,曾有这么一则案例:2002年3月30日上午7时许,被害人王某来到某市大王镇苏某家中,向苏索要1994年所欠的借款2000元钱,二人因言语不和而争吵。在撕扯中,王某用头在苏某家院墙及上房门上自碰,并声称要死在苏家。苏某见状,并没有加以制止,而是独自出了家门。后苏某家人回来见状拿来枕头让王某躺下休息。王某的儿子得知情况后即赶到苏家,将其父王某搀扶着回到了家,同时叫来本村诊所医生为其治疗。因病情严重,当天下午,又送至灵宝市人民医院抢救,经治疗无效后于 3 月 31 日死亡。2002 年 4 月 29 日灵宝市公安局法医鉴定王某系颅脑死亡。法院经审理认为:苏某在王某向其讨债过程中,应预知王某头碰墙壁的自伤行为会发生死亡的严重后果,而以不作为的方式放任王某死亡结果的发生,苏某的行为已构成故意杀人罪(间接)。① 本案中,虽然苏某能否基于因债务纠纷发生争吵的行为而引起作为义务,尚值得考虑,但从法院的判案理由来看,显然是以苏某存在对王某的合同债务为由,而认定苏某构成不作为的杀人罪。这显然是不正确的。本案中,合同的内容是苏某应当偿还 2000 元的借款,对于王某的生命法益,苏某并无合同上的保护及救助义务。

(三)自愿承担行为引起的作为义务

自愿承担行为,是指行为人出于自愿而事实上承担防止结果发生的作为义务的行为。这种自愿承担行为不以当事人双方的合意为条件,也不以签订合同为依据。例如,游泳馆救生员甲虽然已遭老板的拒绝而终止合同,仍继续到游泳馆担任救生员工作,希望能够再获老板的聘任。在担任警戒工作时,游客乙发生抽筋而有溺水死亡的危险,甲因为乙经常向老板投诉其服务态度不好,心生怨恨,不加以救助,导致乙溺水死亡。本案中,甲虽然并无履行担任救生员的合同义务,但由于甲在事实上已经承受了保证人死亡结果不发生的义务,因此,对于乙的死亡结果,甲构成不作为的杀人罪。再如,路人丙将昏倒在地车祸受害者丁,送往 A 的医疗诊所遭到拒绝,遂转往一大型医院,由医生 B 进行急救。本案中,医生 A 拒绝救治的行为虽然违反了医生的职业准则,但并不能构成不作为的犯罪(除非立法上规定了见危不救罪);而在事实上承担

---

① 参见《法制日报》2003 年 3 月 18 日第 9 版。

为丁治疗的 B,尽管伤者与医院之间尚未订立医疗合同,但因其事实上已经承担了救助行为,则 B 具有防止丁死亡结果发生的义务。如果其中间无故放弃治疗,导致丁的死亡,则其构成不纯正的不作为故意杀人罪。

在英美法系的刑法理论中,任何达到承担法律责任年龄的人,如果已经承担了照管某个由于年龄或疾病而丧失自理能力的人的义务,不论是否为了报酬,都有责任采取一切适当措施以保证这种照管。同样,一个自愿承担某项工作或事务的人,不论是否为了报酬,当另一个人的安全或生命可能依该项工作或事务的执行而定时,他必须带着适当的细心和努力执行这项任务,并且在没有给他明知由于该项任务的停止可能受到危害的人发出适当的预先通知的情况下,不得放弃该项任务。①

对于自愿承担行为引起作为义务,一个人在不承担义务的情况下基于其自愿而对他人提供救助,仅仅因为其后放弃救助行为或救助方式不当而承担作为义务进而有可能构成刑事责任,其基本的法理是何?后来的学者从实质化考虑,有认为是基于信赖关系而肯定的立场,也有的从"事实上的接受关系"来统一说明作为义务的实质理由,从而肯定这种义务的来源形式,还有的学者从危险前行为的立场来肯定这种作为义务的形式来源。虽然犯罪行为不同于一般的侵权行为,但从侵权法角度对这一义务来源的实质化进行思考,对于我们对责任的自愿承担行为能够引起刑事作为义务的实质理由的理解,或许有所助益。根据美国的侵权法,责任的自愿承担可以使行为人承担作为义务,该项原则被学者称为

---

① 参见[英]J. W. 塞西尔·特纳著:《肯尼刑法原理》,王国庆、李启家等译,华夏出版社1989年版,第21页。

对无助者的救助义务。即行为人原本不对他人承担注意义务的情况下,只要行为人一旦开始自愿对另一方加以救助,则应继续加以救助,不得在救助中予以放弃。在 Black v. New York N. H. &H. R. R①一案中,当原告在乘坐被告的火车时因为喝了太多的酒而陷于无助之中,当他到站以后,车站的服务员扶他走下车厢,并扶他走上台阶,但仅走了一段,服务员将他留在此台阶上。原告试图站起来走出此台阶但最终摔倒而受到严重的伤害。法院认为,他们(被告的服务员)并无将他从火车车厢扶下来的义务,在其下车后,也无对其提供安全地方的义务。但是,他们自愿承担责任,帮他走下火车,此时他们应当对其所作所为承担通常的注意义务,而且在将他放在某一地方时也负有考虑其安全的义务。对于这种义务的理论根据,学者们提供了三种解释:(1)情况更糟理论。持此见解的 Prosser 教授指出:"在所有那些责令被告承担法律责任的案件中,被告均已使原告的情况更糟,或者是增加了原告遭受损害的危险或者是误导原告让其误以为其所遭受的危险已被消除。"②简单地说,这种理论主张,被告在无义务的情况下对原告提供救助,之后又放弃此救助,虽然没有给原告造成任何损害,但是其消极不作为使原告的境况比原告没有被救助之前更糟糕。(2)机会剥夺理论。这种理论认为,因为被告的救助,使原告丧失了被其他人采取措施对其加以保护救助的机会,所以被告对原告此种机会的丧失应承担过错侵权责任。Prosser 教授指出:"被告之所以对原告承担责任……是因为他剥夺了原告所享有的源于其他人提供

---

①　193 Mass. 448,450. 79 N. E. 797,798 (1998).

②　W. L. Prosser,Law of Torts,p. 247.

帮助的可能性。"①Roger 教授也指出:"被告在没有完成救助行为时,其所实施的救助行为剥夺了原告所享有的由其他人提供救助的机会,或者在某些情况下,剥夺了原告采取其他替代性措施以保护自己生命的机会。"②(3)合理性理论。该说认为,上述两种理论并没有多少说服力。因为在许多情况下,当一个人处于危险中而无助时,有人对其施加救助总比没有人对其施加救助好,例如,在大雪纷飞的深夜,行为人在荒芜之地发现一醉酒者将其扶到有人的地方之后即放弃了进一步的救助,但因此后无人理睬而被冻死。在这里,被告对死者的救助即便此后被中断也比根本不加救助要好,此种救助不仅没有增加死者危险的程度,更没有剥夺其享有的源于其他人救助的机会。事实上,被告应否就其不作为承担过错侵权责任,其判断标准应是合理性,即被告放弃救助的,则其不作为构成过错,就应承担责任。被告人的不作为是否合理,要考虑案件的具体情况,应根据一般理性人的判断标准加以判定。

虽然犯罪行为是一种严重的侵权行为,也属于广义上的侵权行为范畴,但由于刑事制裁的严厉性和刑法的第二顺位性,尤其是刑法要在法益保护和充分保障公民个人自由之间求得衡平,在刑法中认定刑事上的不作为义务时应当更加严格。可以肯定的是,在责任的自愿承担而引起的作为义务中,构成侵权法的作为义务的范围要比刑法中的作为义务广泛。从上述理论和司法实务也可以看出,只要行为人一旦开始自愿救助另一方,就应继续救助而不得予以放弃,如果行为人放弃的,无论该另一方是否(可能)得到其他人的救助,行为人也应承担过错侵权责任。如果根据这样的

---

① W. L. Prosser, Law of Torts, p. 347.

② W. L. Prosser, Law of Torts, p. 95.

原则,则情况更糟理论、机会剥夺理论都无法圆满地给这种义务以法理上的说明,然而合理性理论更不具有合理性,因为它实际上什么具体标准也没有提出。但在刑事义务领域,尽管自愿承担行为可以引起作为义务,但并非任何自愿承担都可以引起刑事作为义务,必须有所限定。从这种限定性出发,笔者认为上述"机会剥夺理论"可以作为责任自愿承担使行为人承担作为义务的理论根据。也就是说,只有在剥夺了其他人救助的可能性的场合,行为人的这种自愿承担而又放弃的不作为才具体地引起刑事作为义务。因为在这种情况下行为人对被害者处于一种完全的排他性支配关系中。事实上,通过这种分析,我们可以发现,机会剥夺理论与刑法上的事实排他性支配理论有暗合之处。这样,在上述大雪深夜行为人放弃救助的案例中,由于行为人并没有因他的行为而使被害者处于完全的排他性支配关系之中,即便行为人在对被害人的死亡具有放任心理的情况下,行为人不构成不作为的杀人罪,尽管他要负侵权法上的不作为过错侵权责任。韩国学者李在祥将上述情形概括为"保护功能的接收",并指出,"保护功能的接收并不绝对要求根据合同产生。单方负责保护功能的情况,保证人地位也可以得到承认,但是这种保证人地位仅限于因此而使对被害人的其他救助可能性被排除或者发生新的危险的情况。"①他的观点与上述理论是一致的。

四、关于先行行为引起的作为义务

关于先行行为引起作为义务构成不作为犯是否在法典中明文

---

①　参见[韩]李在祥著:《韩国刑法总论》,[韩]韩相敦译,中国人民大学出版社 2005 年版,第 114 页。

规定,各国做法不一。德国1960年以后诸草案认为如仅就先行行为设其例外规定,而未将先行行为以外的义务予以法文化,并非适宜,乃删除此规定,仅就以防止结果之法的义务为前提,设其一般的规定。日本改正刑法准备草案第11条第2项虽就基于先行行为之作为义务设有规定,也有其改正刑法草案予以删除,认为因自己之先行行为发生危险,并非通常均负有防止结果发生之作为义务。如适用逃避此种规定之情形,其处罚范围有失之宽泛之虞,且在使发生作为义务之诸多事由中,仅就先行行为设其规定,并非适宜。1973年修订后的韩国刑法第18条则设有"因自己行为引起危险,而未防止其发生者,依其危险所致结果罚之"的规定。[①] 我国台湾现行刑法第15条第2款也专设了先行行为的条款。针对这一规定,有赞同者,亦有不少反对者。

基于先行行为而引起的作为义务,自德国学者Stbüel从生活的实际感觉和明白的法感情出发首倡以来,在德国学者Luden、Krug、Traeger和奥地利刑法学者Glaser等人的逐步完善下,至今已有一百多年的历史。先行行为作为保证人地位的法理依据,和法律规定以及契约约定的保证人类型,并列为历史最悠久的三大保证人类型。先行行为作为义务来源的确立,极大动摇了自费尔巴哈以来提出的仅从法律和契约中寻求作为义务根据的学说,为从超法规立场来探求作为义务发生的根据的实质化理论埋下了伏笔。自考夫曼的功能说将先行行为类型划归监督危险的保证人类型以来,学界和判例即普遍接受了这一类型。长期以来一直没有异议,Hruschka甚至认为先行行为类型是最典型的监督危险保证

---

① 参见陈朴生著:《刑法专题研究》,(中国台湾)三民书局1993年重订版,第101页。

人类型。他认为如果有义务不造成某种不被期待的现象,那么自己违反不作为义务而造成的那种现象有发生危险时,也有义务阻止任何不被期待的现象发生。这种安全义务正是源于前行为违反义务的行为,其他的安全义务类型都是从先行行为保证类型这个基本类型推导出来的。正是受这种思想的影响,危险的前行为的成立范围有不断扩大的趋势,甚至涵盖了其他同类的保证人类型,而几乎使得监督危险的保证人类型即等于危险前行为类型。①

在学说上,围绕先行行为展开的探讨,主要集中于以下几个问题:(1)先行行为是否限于违法(或违反义务)行为?其中犯罪行为能否作为先行行为,又是其中争议较多的问题之一。(2)先行行为是否包括故意和过失行为?(3)先行行为是否限于作为?对这三方面的问题,学界历来存在争议,下面在检讨各种观点的基础上,谈谈笔者的看法。

(一)先行行为是否限于违法(或违反义务)行为

刑法学界对此素有争议,概括起来,主要有以下几种观点:(1)先行行为应限于违法行为。如台湾地区"多数学者之通说,则认为前行为除必须具备导致结果发生之迫切危险外,尚必须具备义务违反性,始足以构成保证人地位。"②(2)第二种观点主张,先行行为不限于违法行为,还包括合法行为。③(3)第三种观点不是着眼于先行行为是否违反或违反义务,关键是要看参与者的自我

---

① 参见许玉秀:《前行为保证人类型的生存权?——与结果加重犯的比较》,载许玉秀著:《春风煦日论坛——主观与客观之间》,(中国台湾)1997年作者自版,第406—407页。

② 参见林山田著:《刑法通论》(下),(中国台湾)1998年作者自版(增订六版),第537页。

③ 参见蔡墩铭主编:《刑法总则争议问题研究》,(中国台湾)五南图书出版公司1988年版,第60页。

答责,如果属于自我答责的范围,无论是否属于违反义务的行为,行为人皆不具有作为义务;反之,如果不属于参与者自我答责的范畴,则无论是否属于合法行为,行为人皆可能具有作为义务。①(4)有的学者认为,先行行为是否限于违法行为难以抽象地论定,应当适应具体情况,根据诚实的原则和公序良俗来判定。②

在德国,二战前帝国法院的判例,表现出基于先行行为的作为义务的法形象夹杂着无限扩张不作为可罚性的范围的危险。也就是说,对于先行行为的成立,不作任何的限定,合法行为也好,违法行为也罢,都可以引起作为义务。另外,不论是故意还是过失,都可以引起作为义务(对此后文还将作专门分析)。与此相对应,战前德国的通说也是站在无限定的立场。Binding 认为,因为禁止侵害里包含了阻止因行为而引起的违法结果第二位命令的命令,即使危险的行为被许可,行为者自己创造出的"可能的原因"不让其变为"现实的原因",变为了许可的条件。这个条件不被遵守发生结果的话,两者之间存在因果关系。换言之,行为者在某种行为当中应该努力,并应当把这个行为放在自己的目的范围内,并且,如果他有公共心的话,应放在自己的有权利的范围内。这个要求,无论行为是违法,还是适法,无论是故意引起的,还是过失引起的,或是无过失引起的,都无需改变。M. E. Mayer 也阐述到,犯罪者无责任,或有过失行为的时候,通常他应该考虑到对由此作出的状态感到遗憾,因而应阻止其后损害的发生。还有 Drost 也不重视先行行为的法的性质,他指出,基于先行行为的作为义务的法的思

<hr>

① 参见[日]岩间康夫:《先行行为に基づく保证人の义务の成立范围について》,载《犯罪と刑罚》1988 年第 4 号。

② 参见[日]大塚仁著:《刑法概论》,日本有斐阁 1992 年版,第 143—144 页。

想,违法也好、适法也罢,有责也好、无责也好,凡是对他人发生危险的行为本来是预定的,通过法秩序,允许实行危险行为的人,例如,开车撞了人的话,给予防止被害者损失扩大危险的法定义务。并且,被正当化了的行为,如正当防卫中,防卫行为需要排除违法侵害继续进行的危险,但是,侵害者如果由于防卫行为而陷入无保护状态的话,正当防卫的必要状态已经终止了,侵害者已经无危险了,因而科以防卫行为者避免侵害者死亡的义务。

不过,也有的学者认为,在正当化的先行行为的场合(如正当防卫),应当否定行为人具有作为义务。作为主张除去被正当化的先行行为的学者,Buri 认为,先行行为不需要有责性,即连当初无法遇见的结果,如果能认识到以后会发生的话,就必须避免。但是即使存在着结果的预见可能性,如果可以进行先行行为时,另当别论。即,至少只限于如果不实施那种先行行为,不作为者就蒙受损失,不作为者为了避免结果的发生,甚至连考虑的必要都没有。这时,他的行为在关于自身逼近可罚性的结果这一方面被正当化。岂止如此,行为者在被正当化的行为后也可以决定不回避结果。①Rotering 也论述到,先行行为的有责性即使不是重要的,但是正当防卫行为是向他人的法的领域的侵害。在这样的状态下,让不法侵害人负伤的人不救助该不法侵害人,而是置之不理,是非道德性的行为,但是,不对他科以结果回避义务。Hippel 也主张,一方面维护基于无责任的先行行为的作为义务,另一方面应否定基于正当防卫的作为义务。之所以如此,是因为在正当防卫中,给被害者以忍受侵害和忍受那个结果的义务。Mezger 也同 Hippel 一样,否

---

① 参见[日]岩间康夫:《先行行为に基づく保证人的义务の成立范围について》,载《犯罪と刑罚》1988 年第4号。

定在正当防卫当中行为者的结果回避义务。

到了战后,要求先行行为由义务违反性、适法的先行行为从保证人义务的发生根据处排除的观点得到了多数学者的支持。例如,Rudolphi认为,上述无限定说尽管主张适法的先行行为也带来难以克制的危险状况,但为了承认基于先行行为的保证人的义务,不仅需要确认危险的发生,而且,先行行为本身能否成为处以义务的根据、还有怎样的前提下成为可能等,要求对这些问题进行解答。即基于先行行为的作为义务需要有补充的条件。这是德国特别为限定过失犯的成立范围而被有力采用的概念。Rudolphi认为,义务违反性的界限是通过关于共犯的法律上的特别规定和答责性原理、各分则的构成要件的解释,进而是通过不法论的一般原则而被规定的。具体地,例如下面的情形就欠缺义务违反性。首先是通过过失教唆他人故意犯罪或帮助他人的时候,因为德国刑法典明确规定了只有通过故意的教唆或帮助才可作为共犯而被处罚,因而可以说通过过失的参与不违反该构成要件中的义务。其次,一般见解认为,因为自杀不符合杀人罪的构成要件,共犯由于限制从属性,所以参与自杀也是不可罚的。即,参与自杀不违反杀人罪的构成要件中的义务,这个和自杀者的死亡间仅存在因果关系。但这些行为中的无论哪一个,它作为客观的(间接)正犯的形态表现出来的时候就另当别论了。以上是与有关共犯的特别规定有关系的事例。另外,不仅要求具有义务违反性,而且如果行为人对法益侵害的结果无法预见时,这种行为也欠缺义务违反性。

由上可知,义务违反性要求说通过义务违反性这个基准,继受了在第二次世界大战前被主张的要求先行行为有过失的见解以及排除给正当防卫以作为义务的见解。

274　通过以上的分析介绍,可以发现,在德国围绕先行行为是否限于违法(违反义务)行为的争论,主要集中于对特殊情况下尤其是正当防卫的场合,防卫人是否有救助不法侵害人的义务问题。但这两种对立的观点都存在缺陷:如果把先行行为限于违法的场合,则有违于先行行为作为义务来源类型的基本法理,承认先行行为类型,主要是因为行为人的先行行为产生了法益侵害的危险,出于全面保护法益的宗旨,有必要科以行为人排除危害结果发生的义务。这样,先行行为违法性说过于缩小了先行行为的成立范围。另外,这种观点也无法解释在紧急避险的场合,为什么避险人有防止受害的第三者法益受害结果发生的义务。相反,如果对先行行为不作法的性质上的限定,尽管可以全面地保护法益,但在有些场合会导致不适当的结论,尤其是在正当防卫的情形中。先行行为者同无关系的其他人不同,他是努力要实现通过法秩序所期望的状态,但是,他被作为具有保证地位的人,不实施救助行为的话,比被科以一般的救助义务的其他人处罚更重,即作为不纯正不作为犯被处罚是很不正常的。这样就与刑法规定正当防卫的初衷相悖。正如有的学者所说,因正当防卫是法律赋予的权利行为,不应因行使权利而承受不利的后果,否则将违反防卫权的意义,造成责任归属的错误。[①]

因此,先行行为违法性说虽然可以合理地将正当防卫的情形排除在外,但无法解释同样不具有违法性的紧急避险行为为何可以作为先行行为,于是不得不承认这是例外;而先行行为无限定说(既可以是合法行为也可以是违法行为),则把类似于正当防卫的情形考虑在内,也不适当,有过于扩大先行行为成立范围的弊端。

---

　　① 参见林山田著:《刑法通论》(下),(中国台湾)1998年作者自版(增订六版),第538页。

不过,今天,这两种理论都有所修正,从而使得两种理论的差距并不像表面上所显现的那么大。而最能代表这种相互融合趋势的观点,是着眼于参与者自己答责性的见解。这个见解近年来被有力地主张着。持此观点的有 Sauer、H. Maver、Otto、Straterwerch、Straterwerch 教授等人。这种观点认为,先行行为人原则上都可以引起作为义务,但是,在参与者自己答责(即被害人自我负责)的场合,行为人的作为义务被排除。例如,向汽车驾驶员提供酒类的饮食店主,尽管创造出了后来行人被撞了的危险,但是使直接的危险发生的,是驾驶者本人,使被害者死亡的不是饮食店主等,而是汽车驾驶员一方。所以,饮食店主没有处于保证人的地位,不具有作为义务。又如,在正当防卫中,防卫行为没有超出必要的限度的话,被害者(防卫行为人)不负作为义务。作为正当防卫中的不法侵害者必须对自己的生命、身体法益遭受损害自我负责。

基于上述原则,Straterwerch 认为,先行行为可以不是违法或是违反义务的,但是,在参与者自己答责的场合,原则上,保证人义务的成立被限制。例如,在矿坑,遵守规则采取保全措施的人,对由于不注意落入矿坑的人,不能成为基于先行行为的作为义务人,即这时被害者采取保全手段作为原则可以被信赖;但在像孩子和精神障碍者作为被害者的场合,由于被害者自己不存在答责的可能,即使是由于被允许的危险行为,行为人也具有作为义务。①

Jakobs 教授也表达了同样的观点。他主张,先行行为不应只是在进行犯罪这种事实的联系上被承认义务,必须试图通过他人的答责性来限定义务。Jakobs 认为,对从先行行为者的支配领域

---

① 参见[日]岩间康夫:《先行行为に基づく保证人の义务の成立范围について》,载《犯罪と刑罚》1988 年第 4 号。

出发,进入被害者等的支配领域中的危险的因果经过、先行行为者进而被处以救助措施义务的根据是否存在是重要的。由先行行为产生的结果谁负责呢,应该是先行行为者、被害者,在必要的时候,其他的参与者的行为也应作具体地分析。为了从被允许的危险的范围内确定先行行为的作为义务,首先,如航空、铁道、打猎、危险物的制造及使用、药物实验等,在由先行行为引起的危险比无法避免的日常生活的危险更高时,要求被害者进行自我的保全,即被害者因为使用了行为的自由而发生危险状态的话,危险的因果经过不能归责于先行行为者的支配领域。Jakobs 指出,正当化事由分为三类,包括被害者的态度是原因的时候,被害者至少能容忍侵害的时候,以及被害者为了他人而被强加负担的时候。正当防卫属于第一类,攻击性的紧急避险则属于第三类。① 不过,他在紧急避险的情形中也否定了避险人的作为义务,是不妥当的。笔者认为,紧急避险与正当防卫虽然同为违法阻却事由,但其实质法理基础有所不同:正当防卫是以正对不正;而紧急避险则是以正对正,只不过法律出于对两种法所保护利益的衡量,认为行为人所保全的利益显然优越于他人所牺牲的利益时,可阻却违法。但从被牺牲的利益的一方来看,并非他的利益法不予保护,他作为被害者不应自我答责。因此,"由于被牺牲人所产生的救助需求乃是由避难人所导致,故避难人有义务排除被牺牲人损害之继续扩大。"②

从德国的审判实践来看,先行行为违反义务性的要求,逐渐得到认可,但也存在反对意见。如从零售酒类这种"一般被社会所

---

① 参见[日]岩间康夫:《先行行为に基づく保证人的义务の成立范围について》,载《犯罪と刑罚》1988 年第 4 号。

② 林山田著:《刑法通论》,(中国台湾)1998 年作者自版(增订六版),第 538页。

普遍承认的行为方式"中,不可能得出酒馆主人防止食客犯罪行为的义务;在正当防卫的情况下攻击者的被伤害,不能使被攻击者成为保证人;一个遵守交通规则的汽车驾驶员相对于负完全责任的车祸受害人而言,不具有保证人地位。①

综合上述分析,笔者认为,先行行为究竟是否应限于违法,不能一概而论,必须考虑一些例外的情况。我国学者在分析这一问题时,往往忽略了这种情况,而笼统地认为只要引起了法益受侵害的迫切、具体的危险状态,行为人就具有作为义务。这种观点应予修正。在这一点上,上述德国学者着眼于参与者自我答责的见解,值得借鉴,但也不能全盘吸收。

下面结合一则具体案例来探讨一下关于先行行为性质的限定。德国联邦最高法院的一个基于先行行为引起作为义务的判决,或许对我们正确认定先行行为作为引起作为义务的来源的成立条件有所启发。

基本案情是:被告人 A 与朋友 M 及被害人 E 在一个小酒店中饮酒,其间 M 与 E 因讨论某事而发生争执,E 愤怒地离开并扬言会再来找 M 算账。随后 E 拿出一把大的切面包的刀子,埋伏在酒店外等候 M。待 A 与 M 离开酒店,正要分手时,E 突然跳出来,用刀朝 M 的头砍出一道伤,M 大声求救并狂奔逃命,E 紧追不舍。A 闻讯赶到帮助 M,E 则不再追 M,转而攻击 A。A 在遭受攻击中,猛向 E 踢去,使 E 原本握在手中的刀子掉落,二人随即打斗在地。此时,A 有机会拿到刀子便向 E 的右手臂的背面刺了一刀后,伤口很深导致 E 右手臂几乎断裂。A 在刺伤 E 后,虽然 A 应该认识到

---

① 参见[德]汉斯·海因里希·耶赛克、托马斯·魏根特著:《德国刑法教科书》(总论),徐久生译,中国法制出版社 2001 年版,第 753 页。

E 已经被打倒,身受重伤而丧失攻击力,A 已无再被打击的危险,但 A 仍继续向 E 刺了至少四刀,不过,这四刀皆是往 E 的腿部刺去。据 A 的声称是,他无意致 E 于死地,倘若他有致 E 于死地的意思,当时在 E 因伤躺在地时,他早就可以往 E 的上身腹胸等处刺去。另外,A 也在被 E 攻击时,手与手背有多处受伤。这时,原本逃开的 M 折回看到 E 一动不动,浑身是血躺在地上。A 此时意识到事态不妙,便向 M 大叫赶快溜,二人便跑向 A 的车子开车就走。显然,A 在此时相信 E 已因严重的刺伤而处于重伤状态,若没有及时的医疗处置,E 将不断流血。但 A 无顾案发当时系人烟稀少的地点,而又正当下雨的深夜,对 E 不予及时的帮助,而是逃走。虽然 A 辩称,因害怕警察不会相信他是为了自卫才刺伤 E,所以才会逃跑。不过,A 在逃走时应该可以想见,E 可能会因不断的流血而死亡。事后,E 经由他人送医院急救,但由于右臂断裂及多处伤口引致大量出血,虽经抢救仍因失血过多、器官衰竭而死亡。①

地方法院对被告人 A 基于危险伤害行为及不作为杀人未遂共判处两年九个月有期徒刑。德国联邦最高法院认为,被害人 E 的死亡原因对于被告人 A 刑事责任的认定具有关键性意义。因此,对被害人 E 死亡的原因的认定不同,所适用的法律也有不同:(1)首先,如果 A 刺向 E 右手背的行为是导致 E 死亡的唯一主要原因,A 只应依伤害行为——即 A 刺向 E 右手背的行为被判决有罪。因 A 刺向 E 的第一刀行为是符合正当防卫的行为,而一般情况下正当防卫并不会使防卫人成立保证人地位。除非当攻击者是

---

① 案例转自卢映洁:《论危险前行为的成立要件》,载(中国台湾)《月旦法学杂志》第 78 期。

属于不可归责(Zurechnungsunfähig)或无责(schuldlos)的情形,但本案并不存在这样的情况。其次,A刺向E腿部四刀的行为,虽然成立危险的伤害行为,但不会使A居于保证人地位。因为只有前行为使客体陷入了发生构成要件该当结果的接近危险(nache Gefahr)中才产生保证人地位。因而如果A刺向E腿部的四刀并非造成E死亡的共同原因,即A的这个行为并没有加速被害人死亡的发生,A不具有保证人义务。本案中,事实审法官适用了德国刑法第224条第2款即"藉由武器或其他具有危险性的工具所为的伤害行为"。同时A的行为构成刑法第373条C规定的"未为提供扶助"罪。(2)倘若除了A刺向E右手背的行为是导致死亡的原因外,刺向E腿部的四刀的行为也是造成E死亡的共同原因,则A应成立伤害致死罪,同时不作为的杀人未遂也应考虑。另外,来自于保证人地位的救援义务所应采取的措施必须是足以防止某特定结果的发生,即法律不会课予任何人去做无意义行为的义务。由此可以推知,如果救援措施的努力显然具有"可预见的无成效性",则行为人的救助义务被解除。本案中,A可采取的救援措施的"可预见的无成效性"是不存在的。而构成不作为故意杀人罪既遂的处罚,必须确定:倘若被告采取救助措施将可阻止结果发生。但本案并没有不作为杀人的既遂,因为造成E死亡的原因有右手背的伤以及腿部的伤,即使A尽了保证人的救助义务,也不能确定其救助措施可以阻止死亡结果的发生。因而只能认定A有不作为杀人的未遂。

从联邦最高法院的判决要旨可以看出,先行行为的成立须具备以下几个条件:(1)正当防卫行为一般不会使防卫者对攻击者的生命负有保证人义务;(2)在危险的前行为具备义务违反性条件下,只有该前行为使被害客体陷入会发生构成要件该当的接近危险时才产生保证人义务;(3)法律不会课予任何人做无意义行为的法律义务。因而基于保证人地位所应采取的措施必须足以防止某特定结果的发生。反面论之,如果救助措施的努力显然具有"可预见的无成效性",则行为人救助义务被免除。不过,第三个条件应属于不作为的因果关系问题,不宜在先行行为本身的成立条件中加以探讨。

综合以上分析,笔者认为,在我国的社会生活理念中,先行行为原则上可以是合法行为,也可以是违法行为,但在被害人完全自我负责的场合,应排除行为人作为义务的存在。这主要表现在两种情形:一是正当防卫的场合,正当防卫行为人不具有对不法侵害人生命、身体健康法益的保护和救助义务;二是在社会容许的风险范围内,被害人因其行为的自由造成法益受损害的场合,行为人也不具有作为义务。德国联邦最高法院在一起著名的"劝酒案"判决中指出,违反义务的前行为人构成保证人地位的原理在于,行为人透过自己的行为创设出损害发生的危险,因而在法律上赋予其尽力去防止损害发生的义务,但并不表示那些"社会通常行为(sozial übliches Verhalten)"以及"受到大家认可的行为(von der Allgemeinheitgebilligtes Verhalten)"也必须适用同样的原理。① 申

―――――――――

① 该案的基本案情是:酒馆老板 A 与三位客人一起畅饮了十数回的威士忌酒,当三位客人在凌晨三点打算驾车离去时,A 认识到这三个人应有不能安全驾驶的情况,因而劝他们搭出租车,但三人未听,仍驾车而去,随后即发生交通事故,车上两人受伤。驾驶者当时的血液酒精浓度是 2.14‰;另一同车人的血液酒精浓度是 1.97‰。联邦法院认为,酒馆老板的劝酒行为是一个社会常见且容许的行为,倘若要求其对于饮酒过量的客人都负刑法上的责任,无异于是使老板成为其客人的监护人或保护人一般。当然如果客人已经处于无责任能力状态,则酒馆老板居于保证人地位。转自卢映洁:《论危险前行为的成立要件》,载(中国台湾)《月旦法学杂志》第 78 期。

而言之,有些"社会通常行为"或"为大家所认可的行为"尽管包含着一定的危险因素,但在社会生活历史形成的社会条件下具有"社会相当性",是人们已经习以为常的危险。例如,驾驶汽车、制造危险物品、体育竞技等,人们对这类活动的危险或包含的风险有充分的认识,只要人们在遵守相应规则、规程与注意义务的情况下,即使发生了法益侵害的结果,也不能归责于行为人。这也就是刑法理论上所说的"容许的危险"。实际上,对处于这类风险的场合对行为人作为义务的排除,可以通过对先行行为本身造成的法益受损害的危险程度加以限制。即,先行行为危险的前行为类型中的危险必须是具体、迫切、现实的危险,如果先行行为人制造的这种危险是社会所容许的危险、风险,由于这种危险最多只是抽象的危险,不是具体、迫切、密接危害结果的危险,由此引起的危害结果,行为人不负有保证义务。

再举时下人们经常谈论到的网络犯罪的例子进行说明。行为人利用网络服务提供商提供的服务平台,传播淫秽物品、提供色情网站或教唆他人犯罪等,行为人自应依刑法相关条文负刑事责任,但网络服务提供者在明知他人实施这些犯罪时,不加以制止而继续为其提供网络服务或不进行必要的信息删除,网络服务提供者(简称 ISP)能否因不作为而构成行为人实施的犯罪的共犯? 对此我国大陆刑法学界鲜有探讨。在台湾有学者认为,"网路服务提供者或是电子布告栏的站长开始提供服务或开辟专栏时,也同时制造了网路使用人透过网路来侵害别人的危险,因此网路服务提供者或是电子布告栏的站长有义务要防止此一结果的实现。如果未尽义务而产生侵害的结果,必须负刑事上的责任,而责任可能与网路的使用人一样。……""因此基本上,在线上服务者知道网络上有公然侮辱、诽谤、侵害著作权或猥亵文字或图片的情况下,依照刑法本身的规定,基于保证人地位,有删除之义务,否则可能以其不作为而构成上述犯罪的帮助犯或正犯。"①但也有反对者指出,ISP对受侵害的法益所有者并没有特别关系从而不负有排除侵害的义务,ISP与客户之间也没有任何法律义务或事实上监督控制的可能性、或享有编辑的权能从而有责任阻止他人违法的行为,故ISP的不中断服务或删除内容的不作为不应以帮助犯论。②

笔者认为,网络技术的发展极大地推动了社会的交流与进步,但一项新科技的产生在给人们带来巨大利益的同时,也往往存在被滥用的危险,然而在技术尚未达到更高水平的情况下又不能不允许这种风险的存在。依目前的网络发展科技程度,是否有技术供网络服务提供者得以随时监控、过滤用户的网络行为,即便有这种技术,从投入的成本与效益的角度考虑,是否可行,都值得怀疑。因而如果说网络服务者提供网络服务时带来侵害他人利益的风险的话,充其量这种风险也只是一种容许的风险,是一种极为抽象的危险,根本不具备作为先行行为保证人类型所要求的"具体、迫切、现实的危险"。因为,网络服务提供者在其开始提供服务时,究竟谁将成为它的客户或使用人、使用人在何时会实施侵害他人法益的行为等都无法确定,从网络服务提供者的角度这种危险根本不具有具体性、迫切性。其实,上述台湾学者黄荣坚教授之所以主张的网络服务提供者构成保证人地位是与他将危险前行为作为保证人地位的唯一法理基础的主张分不开的。

---

①　参见黄荣坚:《电脑犯罪的刑法问题》,载《台大法学论丛》第25卷第4期,第18页以下。

②　黄惠婷:《帮助犯之帮助行为——兼谈网路服务提供者之刑责》,载(中国台湾)《中原财经法学》2000年第5期,第16页。

前文已指出，面对众多类型的保证人地位，既然要将其归结为危险前行为类型，实质地扩大先行行为引起作为义务的成立范围是难免的。如果认识到这一点，对黄文的上述观点也就不必大惊小怪了。

（二）先行行为能否为犯罪行为

先行行为能否是犯罪行为？对此，学界分歧相当大。一些学者认为，先行行为原则上（或者直接主张）不应包括犯罪行为。如台湾学者蔡墩铭教授认为，无论是故意犯罪还是过失犯罪，皆不另负防止结果发生之义务。[①] 大陆学者张明楷教授也主张，行为人实施犯罪行为后，行为人有义务承担刑事责任，没有义务防止危害结果的发生，如果认为先行行为包括犯罪行为，则会使绝大多数一罪变为数罪，这是不合适的。行为人实施某一犯罪行为后，如果自动防止危害结果的发生，则是减免刑罚的事由；如果没有防止结果发生，则负既遂罪的刑事责任；如果没有防止更严重结果的发生，则负加重结果犯的刑事责任。[②]

也有不少肯定论者，但具体观点也有不同。有的学者认为，先行行为可以是一般违法行为和犯罪行为，在先行行为是犯罪行为的情况下，先行行为与不作为之间具有牵连关系，构成牵连犯。[③] 有的指出，"既然违法行为都可以是先行行为，否定犯罪行为是先行行为，于情理不合，也不利于司法实践。"[④]有的学者则认为，基

---

① 参见蔡墩铭著：《刑法总则争议问题研究》，（中国台湾）五南图书出版公司1988年版，第60—61页。

② 参见张明楷著：《刑法学》（上），法律出版社1997年版，第133页。

③ 参见陈兴良著：《刑法哲学》，中国政法大学出版社1997年版，第236页。

④ 高铭暄主编：《新编中国刑法学》（上），中国人民大学出版社1998年版，第119页。

于先行行为产生的作为义务,只能限定于先行行为系过失的情形。例如,在交通肇事逃逸的场合,论者认可交通肇事作为先行行为从而产生作为义务。对此,有的学者试图从期待可能性角度对这一问题作出理论上的说明,认为基于故意的危险前行为之后的不作为之所以不构成犯罪,理由是无期待可能性,而要求过失行为人事后防止结果发生,完全符合期待可能性原则。① 但也有学者对此提出了反对意见,认为如果作出上述解释,就好比说,无法期待不用功的孩子把试考好,所以考坏就算了;反之,可以期待用功的孩子把试考好,如果竟然考不好,则应严加责备。对这样的结论,不仅用功的孩子不服气,不用功的孩子也不会高兴,因为不用功的小孩等于被放弃一样,更会自暴自弃。按照期待可能性的说法,应该得出的不是过失行为之后的不作为应该受处罚,反而是过失作为之后的积极防止行为应该被奖励才是。②

笔者认为,不能一概否定犯罪行为作为先行行为的可能性,但必须明确其作为先行行为的条件,否则就如同否定论者所说的一行为变成数行为,违反了禁止重复评价的原则;另外,必须正确区分这种情况下成立的不纯正不作为犯与结果加重犯的界限。

1. 犯罪行为可以作为先行行为的论证

在上述肯定意见中,用期待可能性来区分故意犯罪和过失犯罪能否构成先行行为的观点,具有一定的可取性,因为对于大多数故意犯罪来说,危害结果的发生要么是行为人积极追求的,要么是

---

① 参见黄荣坚:《论保证人地位》,载(中国台湾)《法令月刊》第46卷第2期(1994年)。

② 许玉秀:《保证人地位的法理基础——危险前行为是构成保证人地位的唯一理由?》,载(中国台湾)《春风煦日论坛——刑法的问题与对策》,1999年版,第105—106页。

放任、听之任之的,在这种情况下再要求行为人采取积极措施防止其犯罪行为可能导致的危害结果发生,显然是不现实的,如果这种情况下认可行为人的防止义务实际上就等于否认了故意犯罪的存在。但这主要体现在"故意作为 + 故意不作为,所侵害的法益相同"的场合,如行为人具有杀人的故意,在实施了杀人行为后,被害人如果得到救助仍有存活的可能性,行为人故意不予救助的,这种情况下就不存在不作为故意杀人罪的任何余地。而在"故意作为 + 故意不作为,所侵害的法益不同"的场合,尤其是后者所侵害的法益价值高于前者所侵害的法益价值的情况下,从司法实践的做法来看虽然主要的还是以故意犯罪的结果加重犯来处理,但也不排除构成不作为故意犯罪的可能。① 因而基于期待可能性,完全排除故意犯罪作为先行行为是不妥当的。此其一。其二,对于过失犯罪来说,虽然发生危害结果不是行为人所希望的,从行为人的实际心理来看,在采取积极救助措施完全来得及的情况下是可以期待他采取积极行动的。与故意犯罪不同,承认过失犯罪可以作为先行行为,并不会在逻辑上实际否定过失犯罪本身存在的意义,但如果从期待可能性的另一面来看,趋利避害是人之本性,无论故意犯罪还是过失犯罪,实施犯罪后逃避法律责任的追究是人之常情,因而完全肯定过失犯罪的场合对行为人具有期待可能性,

---

① 例如,甲乙互殴,甲受伤昏厥,乙疑其被殴毙,弃之于河中,以图灭尸,甲因冷水浸身顿时苏醒,在河中挣扎,乙闻声置之不理,甲因而溺水死亡。对该案中乙的刑事责任,台湾地区实务部门的意见是,甲当时实未身死,尚非尸体,乙将之弃于河中,不能成立遗弃尸体罪。唯乙发现甲未死,仍不予拯救,依刑法第 15 条的规定,应构成消极杀人罪(即不作为的故意杀人罪),与伤害罪一并处罚。但如果甲乙互殴时,乙之用心即欲置甲于死地,则其推甲入水不为拯救,不过是杀人的一种方法,应成立一个杀人罪。参见台湾"'司法行政部'刑事法律问题汇编",转引自刘清景主编:《刑法实务全览》,(中国台湾)学知出版社 2001 年版,第 96 页。

也不适当。因此，试图以期待可能性给否认故意犯罪、认可过失犯罪作为先行行为这一点奠定理论基础，在理论品质上仍显粗糙。实际上，无论故意犯罪还是过失犯罪，究竟能否作为先行行为，应在充分考虑实现罪责刑相适应的基础上，结合具体犯罪构成要件的特点，在不违背刑法禁止重复评价原则之下，再结合"危险结果发生的具体性、迫切性"、"对法益的排他性支配地位"等因素进行综合评定，方为妥当之论。

对此，我国学者侯国云教授给予了深刻的分析。他说上述否定说适用于行为可能造成的结果与行为人追究的结果基本一致的故意犯罪中是正确的，但若将其适用于行为可能造成的结果明显超出行为人所追究的结果的故意犯罪和过失犯罪则是不正确的。在故意犯罪中，当行为实际造成的危害结果超出法律对该行为评价标准的时候，假如超出部分对行为人来说是过失的，一般用结果加重犯来进行补充评价即可；但如果超出部分是行为人故意追求或放任其发生的，就要对其犯罪性质重新进行评价。对于过失犯罪来说，当过失行为一下子就造成定型的严重结果时，自不存在防止危害结果发生的问题，但当过失行为开始只是造成较轻结果，而且该较轻结果正向着更严重的结果转化时，行为人就有责任防止更严重危害结果的发生。因为法律就较轻的危害结果所构成的过失犯罪进行评价时，刑罚较轻；对故意造成的严重结果进行评价时，刑罚要重得多。行为人要想承担较轻的刑事责任，就不能造成更严重的危害结果。如果行为人不履行作为义务，致使更严重的危害结果得以发生，法律就应对这种更严重的危害结果进行补充评价。若行为人是基于过失而未能阻止更严重的危害结果发生，可按过失犯罪的结果加重犯重新评价；若行为人是追求或放任更严重危害结果发生，则应按过失犯罪向故意犯罪转化的原理按故意犯罪重新评价。①

笔者认为,上述观点是基本可取的,其关于故意犯罪和过失犯罪都可能引起救助的作为义务的分析思路是正确的,但美中不足的是,仅依靠行为人对后续的不作为而引起危害结果发生的心理态度就认可构成不作为故意犯罪,是完全考虑行为人主观意思的见解。应当承认,要认定行为人基于先行行为构成的不作为故意犯罪,行为人的罪过心理必须具有故意,但这并非充要条件,而只是必要条件。笔者认为,罪责刑相适应原则作为刑法的基本原则之一,是我们分析先行行为能否为犯罪行为的直接指导原则。为了实现罪责刑相适应,刑法在力避重复评价的同时,也应注意避免评价不足的问题。我们知道,禁止重复评价原则是国内外刑法立法、司法尤其是刑事司法的一项重要原则,如果追溯禁止重复评价的起源,我们可以从罪刑(责)均衡的原则中找到根据。因为,罪刑均衡原则是作为限制刑罚的手段,行为人所受到的刑罚,原则上不应高于行为人的罪责。但这是问题的一面,罪刑均衡原则的另一方面,与禁止重复评价原则相对的概念就是,禁止不足评价。即我们反对过度评价,但也反对不充分评价。正如有的学者所提出的,"双重评价之禁止,是评价行为的上限。完全评价原则,是评价行为的下限。二者观察的角度不一样,但是其背后的原理则属相同,都是在寻求一个适度的犯罪宣告及刑罚。"②

对此,一些学者在分析上述问题时往往注重前者,而忽略了后者,或者说对后者关注不够。以交通肇事逃逸致人死亡为例,如果

---

① 参见侯国云、张豫生:《交通肇事能否引起救助义务辨析》,载《人民检察》2002年第9期。
② 黄荣坚著:《刑法问题与利益思考》,(中国台湾)月旦出版社股份有限公司1995年版,第366—367页。

对所有相关案件都以刑法第 133 条的规定,按交通肇事罪的结果加重犯(也有的学者认为是情节加重犯)来处理,有时就会出现评价不充足的问题。尤其是在行为人肇事后将被害人移置在人迹罕至之处而逃逸,任其死亡致被害人最终因为得不到有效、及时的救助而死亡的场合,如果仅评价为过失犯罪,并在 7 年以上 15 年以下有期徒刑的刑罚幅度内进行处罚,显然背离了罪刑均衡。那么,认可先行行为可以为犯罪行为是否有违禁止重复评价原则呢? 的确,如果基于交通肇事可以作为先行行为,进而认为只要行为人肇事后逃逸不予救助,就可以构成不作为的故意杀人罪(尽管行为人对被害人的死亡具有放任乃至希望的心理),确实会出现上述否定论者所说的使绝大多数的一罪变为数罪的结果。但事实并非如此,行为人构成不作为故意杀人罪除了主观上具有故意外,还要求受到一系列的条件限制。另外,笔者认为,如果行为人在因交通肇事逃逸致人死亡已经受到加重刑罚的评价基础上(如根据我国刑法典第 133 条的规定,在以交通肇事罪对行为人定罪时已经将致人死亡的因素作为加重情节考虑),再基于保护生命法益对致人死亡的结果作不作为故意杀人罪的评价,的确违反了禁止重复评价原则。但只要我们认可在这种场合同时存在作和不作为的话,那么对侵害他人身体健康法益的交通肇事行为以交通肇事罪评价,同时对基于保护生命法益而不救助致人死亡的故意不作为,以故意杀人罪进行评价,就不能认为违反了禁止重复评价原则。对此,后文还将作进一步的阐述。

2. 不纯正不作为犯与结果加重犯的界限

基于先行行为构成的不作为犯与结果加重犯在很多方面具有相似之处,而且对二者表现情形理解的不同,也直接影响到二者的区分。

如果先行行为包括故意和过失的作为,那么,经过排列组合,先行行为保证人类型可能出现八种形态,即:(1)故意作为＋故意不作为,侵害不同法益;(2)故意作为＋故意不作为,侵害相同法益;(3)故意作为＋过失不作为,侵害不同法益;(4)故意作为＋过失不作为,侵害相同法益;(5)过失作为＋过失不作为,侵害不同法益;(6)过失作为＋过失不作为,侵害相同法益;(7)过失作为＋故意不作为,侵害不同法益;(8)过失作为＋故意不作为,侵害相同法益。

基于以上不同的组合,哪些情况构成不纯正不作为犯?哪些情形构成结果加重犯?不同的学者站在不同立场,得出的结论也不同。Nagler 认为先行行为的保证人类型,是干预理论中"有生命活力光彩的类型"①,而 Binding 则把结果加重犯批评得一文不值。② Lund 认为,除了过失作为＋故意不作为的类型外,其余类型都或者为单一行为,或者为结果加重犯,只有过失作为＋故意不作为在传统解决方法中找不到出路,从而将这种类型划归先行行为保证人类型,并且只限于这种情形。③

我国台湾学者许玉秀教授则认为,对于过失行为＋故意不作为的类型完全可以透过过失结果犯的制裁,充分予以非价。在侵害法益相同的情况下或具有阶段关系时,成立过失的中止犯,并建议立法上增订过失中止犯的规定,即"过失行为人因己意防止结果发生者,减轻或免除其刑。"在侵害不同法益的情况下,主张把

---

① Nagler, Die Problemmatik der Begehung durch Unterlassung, GS 111(1938), 1,26f.

② Binding, Normen Ⅳ, S. 115f.

③ 参见许玉秀:《前行为保证人类型的生存权?——与结果加重犯的比较》,载(中国台湾)《政大法学评论》第 50 期。

这种类型作为结果加重犯来处理。即在她看来,结果加重犯可以是基本罪过为过失,而对加重结果的罪过为故意。① 应当说,许教授的观点在目前的刑法立法背景和刑法理论框架下,颇富新意。但这种见解连其本人都不得不承认,至今在学术上和实务上都没有承认这种组合可以成立结果加重犯。许教授完全是基于否定先行行为的立场而创制了这两种立法上的增订方案。但这种方案恐怕很难为立法者所接受,更何况她主张对这种情况需要分则个别立法,这也是不现实的。由此来看,通过她试图解决"过失作为 + 故意不作为"刑事责任的困境,我们不得不承认先行行为存在的合理性。

那么,究竟在何种范围内承认不纯正不作为犯的成立呢? 在国内有学者认为,结果加重犯只能是"故意 + 过失",而不纯正不作为犯则可以是"过失 + 间接故意"或"直接故意 + 间接故意",从而二者存在很大的不同。② 有的论者认为,对加重结果持过失的是结果加重犯,对加重结果持间接故意的是基于先行行为的不作为犯,对加重结果持直接故意的是该结果的直接故意犯。例如,在故意伤害致死的情况下,如果行为人对致人死亡的加重结果是过失的,成立故意伤害罪的结果加重犯;如果行为人对致人死亡的加重结果是间接故意的,成立故意伤害罪和不纯正不作为的间接故意杀人罪,两者是牵连关系,按照从一重处断的原则,定不纯正不作为犯的杀人罪(间接故意);如果行为人对致人死亡的加重结果

---

① 参见许玉秀:《前行为保证人类型的生存权? ——与结果加重犯的比较》,载(中国台湾)《政大法学评论》第50期。
② 参见杨矿生:《论以犯罪作为为其特定义务来源的不作为犯罪》,载《法律学习与研究》1987年第6期。

持直接故意,则成立(直接)故意杀人罪的转化犯。①

笔者认为,这两种观点都有缺陷。首先,将结果加重犯限定在"故意＋过失"的场合是不符合我国有关立法规定的。关于结果加重犯中行为人对加重结果的罪过形式,在学界素有争议,包括"过失说"、"过失与和间接故意说"、"过失和故意(包括直接故意与间接故意)"说。② 不过,学界通说认为"过失和故意"的观点较为妥当。③ 笔者也主张,结果加重犯包括"故意＋过失"和"故意＋故意"的情形。例如,在抢劫致人死亡的情形中,"致人死亡"就包括了故意杀人的情形。如果将这种情形作为数罪进行并罚是不科学的,因为,在以故意杀人为手段的抢劫罪中,如果抽去杀人行为,则抢劫罪中的"暴力"手段就没有了,抢劫罪也就无从成立,又何来并罚? 其次,这两种观点皆否认在基于先行行为构成的不纯正不作为犯可以由直接故意构成。这也是不妥当的。尽管司法实践中绝大多数的不纯正不作为犯出于间接故意,也尽管有学者甚至否定不纯正不作为犯故意的存在(如考夫曼认为,不纯正不作为犯的故意最多是"准故意",而主张用逆转原理加以解释),唯学界通说认为,不纯正不作为犯存在直接故意和间接故意两种情形。当然,从认定的角度,直接故意比较难以确立,但这并不能否定直接故意的客观存在。

基于以上分析,笔者认为,在"过失作为＋故意不作为,侵害

---

① 参见李晓龙:《论不纯正不作为犯作为义务之来源》,载高铭暄、赵秉志主编:《刑法论丛》第5卷,法律出版社2002年版,第106—107页。

② 参见李邦友著:《结果加重犯研究》,武汉大学出版社2001年版,第43—44页。

③ 参见赵秉志著:《刑法各论问题研究》,中国法制出版社1996年版,第448页以下。

不同法益"的情况下,应当属于不纯正不作为犯考虑的情况;而在行为人对加重结果存在故意,无论直接故意还是间接故意,不纯正不作为犯和结果加重犯都存在成立的余地。因此,在这种情况下试图通过罪过的不同来区分不纯正不作为犯与结果加重犯,是不正确的。这时,关键看是否存在后一个"故意不作为"的情况。从我国目前的结果加重犯来看,这种情况下无结果加重犯存在的余地。仍以杀人为手段实施的抢劫致人死亡的情形为例,尽管这种情况属于结果加重犯,但对致人死亡具有故意的行为直接来自于作为抢劫罪暴力手段的积极行为,而非不作为。其余情况或者属于单一的过失犯罪,或者属于结果加重犯,不存在不纯正不作为犯的成立余地。

(三)先行行为是否限于故意和过失

对此,学界存在两种观点:肯定说认为,先行行为作为法律行为,必须反映行为人的意志,是基于一定的心理活动作出的能够引起刑事法律关系产生的行为。如果是人的无意识的外部举动,则不是刑法中的先行行为,因此,先行行为必须出于故意或过失,才能发生作为义务。此说为德国战后的通说。我国台湾也有学者持此观点,指出,"关于自己无责任的行为而发生一定的危险者,有无负有除去其危险的义务之问题也,如自构成行为义务之基本在于该行为系属有责之思想为出发点时,则不能课该行为者之法律上的义务;盖无责任之行为,纵令谓为亦可发生义务(道德上之义务),然实际上不能将无责任之行为,作为发生义务之根据故也。"①

---

① 陈朴生、洪福增著:《刑法总则》,(中国台湾)五南图书出版公司1982年版,第45页。

　　Adolf、Merkel 即主张，从先行的作为当中谋求不作为的因果性。但是，作为只有作为归责可能才具有法定上的意思，为了使不作为作为作为犯而具有可罚性，需要先行行为是归责可能的，即在先行行为之时，结果是可能预见的。这样，Adolf、Merkel 认为作为因果性的源泉的先行行为不仅仅是危险行为，而是作为具有刑法意义上的行为，即作为归责可能性的行为。Sturm 认为，依据处罚由于过失引起的结果这样的刑法规范，来承认先行行为后的不作为的违法性，并且过失的先行行为人，通过故意利用那个行为，先行行为和后面的不作为被统一刑法上的评价，是和不作为时的故意相联系。Sturm 批判到，对从无过失的先行行为导出的结果回避义务的见解，那样的法规范是不存在的，而且由此义务被无限定地创造出来。Bar 指出，我们应该考虑到，如果我们认识到由于自身的过失即有责的态度似乎要发生有害的结果的话，通过行为来回避它，结果已经发生的时候，采取尽可能减少损害发生的措施，是理所当然的事情。对这一点，先行的态度是无过失的场合，在法律上无须规定防止事故、救助被害人的义务。这个时候，义务在概念上、在法律上必须是被履行的。Hopfner 也认为，现行法律上，先行行为在有责的时候存在作为义务。即某个人由于有责的行为引起危险的时候，必须避免有害的结果的发生。这实际上大概是自明的。以上各个见解，着眼于刑法上至少先行行为人具有过失，否则就不对其处罚。

　　否定说则认为，先行行为不限于有责行为，无责行为亦包含在内。"只要足以导致构成要件该当结果发生之危险者，即为已足，系有责或无责之行为，在所不问。"Hippel、Mezger、Liszt-Schmit 及美国学者阿诺德·H. 洛伊等皆持此说。我国也有不少学者采此立场。①

　　正如有的学者所指出的,刑事归责的对象是违反了刑事义务的行为,而非刑事义务本身。②　先行行为是否有责,只是对先行行为的法律评价问题,与先行行为是否能够引起作为义务并无必然的联系。从司法实践来看,有承认先行行为可以是无责行为的必要,例如,仓库管理员在下班前,经巡视认为已无人在仓库内而将仓库门锁死,殊不知有人藏匿其内,管理员在锁门时尽管尽了必要的注意义务而并无过失,但嗣后听到仓库内有人呼喊,知道有人藏匿其中而故意不予开启门户,导致被锁在仓库中的人窒息而死。在该案中,作为先行行为的锁仓库门的行为尽管是无责的(没有故意和过失),但当仓库管理员知道有人在其中时其有打开仓库门的义务,其故意不开门导致被困在仓库内的人员闷死的行为,应构成不作为的故意杀人罪。当然,在具体案件中,先行行为有责还是无责,究竟能否引起作为义务,从而行为人的不作为构成不作为犯罪,还要结合其他条件进行综合判断。国内学者常引美国学者阿诺德·H.洛伊所举的案例来说明先行行为可以是无责行为。该案例是,游泳手在游泳池旁,孩子跑过来撞在他身上落入五英尺的深水中,游泳手有意坐视孩子溺死。阿诺德认为,在该例中,游泳手对于孩子落水是无过失的,但他并不能因此而对孩子的死亡免责。应追究游泳手的刑事责任是较妥当的意见,因为他的存在并非是无关紧要的事实,相反,没有他的存在,孩子就不会处于这

────────────

　　①　参见李晓龙:《论不作为犯中的先行行为》,载《法律科学》1999 年第 5 期;肖中华著:《犯罪构成及其关系论》,中国人民大学出版社 2000 年版,第 371 页。

　　②　参见冯军著:《刑事责任论》,法律出版社 1996 年版,第 50—51 页。

种危险状态。① 笔者认为,用该案作为对先行行为可以是无责行为的说明,并不恰当。在该案中,本来就不存在游泳手的先行行为,因而他对孩子落水有无过失并不重要,对本案得不出基于先行行为而认定游泳手构成不作为杀人罪的结论来。

(四)先行行为是否包括不作为

对此,刑法理论上存在肯定和否定两种观点:肯定的观点认为,先行行为在通常情况下都是作为,但先行行为并不限于作为,不作为也完全可以引起作为义务。我国台湾学者林山田教授并举两例加以说明。一则是关于携带装有子弹的手枪,与他人自其口袋取枪把玩时未加阻止,他人因手枪走火致死的案例。另一则是,机车载满润滑油因发生车祸而倾倒,致油洒满路面,机车骑士未将路面油清除,也没有立即设置警告标志,致路过机车之骑士滑倒摔死。② 大陆学者往往也援引这两则案例作为说明先行行为可以为不作为的例证。③ 否定的观点则认为,先行行为只限于以积极行为来实施,而不能利用消极的行为方式来实施,认为不作为犯属于违反一定的特定义务,这就必然是行为人因自己的积极行为,致有发生结果的危险时,才负有防止之发生的特定义务。④

笔者认为,从实践来看,将先行行为限定于作为是妥当的。上

---

① 参见[美]阿诺德·H.洛伊:《美国刑法要论》,杜利、胡云腾译,西南政法大学教研室印,第90页。

② 参见林山田著:《刑法通论》(下),(中国台湾)1998年作者自版(增订六版),第539页。

③ 参见陈兴良著:《刑法哲学》,中国政法大学出版社1997年版,第236—237页;齐文远、李晓龙:《论不作为犯中的先行行为》,载《法律科学》1999年第5期。

④ 参见李学同:《论不作为犯罪的特定义务》,载《法学评论》1991年第4期。

述认为先行行为可以由作为构成的学者所举的两则案例并不能作为先行行为由作为构成的理由。第一则案例中,被告只有一个未加阻止他人玩枪的不作为,并没有一个先行的不作为,至于前行的带枪行为,如果依照扩张的先行行为概念来看,也属于作为而非不作为。第二则案例中同样只有一个不作为——未清理油污、未警告,并没有两个不作为,而车祸致油倾倒,是作为行为而不是不作为。另外,即便硬性地认为上述情形存在两个不作为,由于对两个不作为进行合一的整体评价,在理论上也不致产生什么障碍,故无讨论不作为的必要。从立法例来看,日本1931年刑法修正假案第13条第2项即明确规定:"因作为而致发生事实之危险者,负防止其发生之义务。"将先行行为限于作为范围内。

第七章　不纯正不作为犯的
　　　　作为义务(下)

本 章 要 旨

　　本章重点剖析了德日国家以及我国台湾地区的有关实质的作为义务来源学说,这些学说主要包括:"平面的社会群体关系说"、"信赖关系说"、"机能二元说"、"对因果流程的支配说"、"风险支配理论"、"组织管辖理论"、"先行行为说"、"具体的依存说"、"具体的事实支配关系说"、"危险的前行为说"、"开放与闭锁的关系说",等等。本章对上述诸种学说作了深入剖析。

　　在上述基础上,本章结合我国的司法案例,主张以支配理论为中心的形式与实质来源的统一说。认为,单纯的形式的来源说不能实质地说明义务的内容,而单纯的实质来源说则往往因缺乏形式的约束而导致处罚范围的过度扩张,因此,以实质的理由作为基础,采取形式与实质的来源相统一的观点是妥当的。但这种支配不限于不作为人事实承担的情况,而且也包括处于支配领域性的情况。总之,对作为义务的限定可以考虑以下因素:被害人重大法益面临现实、具体、迫切的危险;不作为人具有排除这种危险的法律义务,但不限于传统四来源说,主张可以增加"密切的共同体"的来源形式;被害人法益处于行为人的现实排他性支配中。本章围绕交通肇事逃逸致人死亡的情形能否构成不作为杀人罪展开对支配理论的实证分析。

第一节 实质的作为义务来源说

最早展开对作为义务(保证人地位)实质探讨的是德国学者,在第六章第一节已指出,这种对保证人地位进行实质化的探讨,既有基于传统形式作为义务来源的固有缺陷而提出的直接动因,更有来自实质性违法理论和刑法的独立观的深层次原因,而纳粹时期的全体刑法、政治刑法观念更为保证人地位的实质化运动提供了助力。战后,尽管法治国家观念和罪刑法定主义得以恢复,但对保证人地位的实质化探讨却并未因此而减弱,相反,这一趋势得到了加强,并且影响深远。

接下来对德国、日本、我国台湾地区和大陆地区关于实质的作为义务理论进行具体的剖析和探讨。

一、德国刑法学界实质的作为义务理论述评

关于实质的作为义务理论,在德国较有影响的主要是"平面的社会群体关系说"、"依赖关系和信赖关系说"、"机能的二元说"、"组织管辖理论"、"对因果流程的支配说"等。

(一)平面的社会群体关系说[①]

之所以称"平面的社会群体关系说",主要是相对于基于"社

---

① 有关这类学说的资料,论文参考了许玉秀教授的论文《论西德刑法上保证人地位之实质化运动》,载(中国台湾)东海大学法律学系《法学论丛》第3期。

会功能关系"而提出的学说而言,其特点是从社会内部人际间的基础关系,例如家庭关系、共同生活关系、同事关系等对作为义务的实质法理依据进行考察。这种对社会关系的观察方法,与自社会功能结构观察社会关系的方法相比较,可以称之为平面的观察方法,故而称之为"平面的社会群体关系说"。① 采这类学说的有德国学者佛格特、安德鲁拉基斯、贝尔汶科等人,不过他们的具体观点也有较大的差别。

1. 佛格特的"较密切之社会关系"说

佛格特通过归纳所有学说及判例的见解,将保证人类型所形成的社会关系概括为婚姻、家庭、亲近血缘关系、家属共居关系或类似的亲密生活团体、特别的职业、身份(例如医疗设施、教育设施及刑事处遇设施的负责人或职员)以及经济上的信赖关系(例如保险契约关系)。佛格特认为上述社会关系具有特别的社会连带性质,这类连带关系是处于这类关系中的人相互间负有忠诚义务的基础。佛格特将此类连带关系比喻为社会有机体的胚细胞,此类连带关系不应仅视为社会整体秩序领域中一部分,毋宁说是整体社会生活中最原始、最重要的成分。佛格特将此类社会生活秩序中最原始、最重要的成分的连带关系,总称为"较密切的关系"。这类特别的"密切的社会关系",是整体社会生活秩序命脉所寄,其功能不容干扰、不容破坏。基于此,处于此特别社会关系中的全体成员,不仅不应实施有损团体和平生活秩序的行为,更应积极地排除各种威胁团体生活秩序和平发展的危险因素。

佛格特将形成这种"较密切的社会关系"的连带关系分为持

---

① 参见许玉秀:《论西德刑法上保证人地位之实质化运动》,载(中国台湾)东海大学法律学系《法学论丛》第3期。

久的连带关系和暂时的连带关系。前者如家庭、婚姻、家属共居关系或特别职业身份;后者如共同危险团体(临时组成之登山、划水等等冒险团体)或依法律行为(例如契约)而成立的关系。暂时的连带关系中,危险共同体是藉着彼此间的互相倚赖而形成较密切的社会关系;依法律行为而建立关系的,则以事实关系,如实际上允诺照顾小孩、动物或房屋而形成较密切的社会关系。因法律行为而建立的连带关系,不必问其法律行为于民法上的效力如何,因为刑事责任并非基于法律当事人的意思,而是基于经由双方当事人意思所造成的纠结状态。至于先行行为,佛格特认为,因自己的行为使他人陷于危险状态或使危险提升,致其与身陷危险的他人发生密切之联系,形成一个特别的、唯一的以防止危险为目的的社会关系。这就是因先行行为而形成保证人地位的实质理由。

2. 安德鲁拉基斯的"事先存在的密切关系说"

安德鲁拉基斯根据其整体的考察方法,把代表社会连带关系最小、最基本的元素概括为"事先存在的密切关系"。他认为,事先存在的密切关系是内在的、社会的、人与人之间的亲近状态。安氏认为,婚姻及家庭关系是最典型的事先存在的密切关系。而如何确认"事先存在的密切关系",他认为根据社会伦理秩序进行的判断仅仅是表面的判断,应当以存在于社会生活事实状态中的秩序内涵为标准,即应着眼于实际社会生活中价值中立的事实的秩序状态。

所谓"事先存在的密切关系",是这种密切关系存在于不作为之前,而非于危险发生前已存在,这是因先行行为而陷他人于险境者,较其他人与被害人处于更密切的、直接的亲近状态,而具有不作为的等价要素。安德鲁拉基斯认为应将"有密切关系"与"有关系"严加区分。其区别在于"密切关系的可确定性",例如表兄弟 301

姊妹的关系、邻居关系及上司下属的关系等,皆因与"危险源、危险、受害法益、被害人"没有可以确定的密切关系,而不属于"密切关系",仅仅表示有关系存在。此外,并非所有"事先存在的密切关系"皆为不纯正不作为犯的成立要件。唯有具有某种客观评价要素的"事先存在的密切关系"才能为不纯正不作为可罚的要素。这些客观评价要素包括亲等、在不作为人的支配领域内被害人的处境,以及防止结果发生之垄断或支配地位。这些客观的评价要素,并非自始确定一成不变,而应根据具体的社会情状进行个别的判断。

对于事先存在的密切关系的分类,安德鲁拉基斯将其分为存在于不作为者与被害人之间、不作为者与危险源附着物之间,以及于不作为者与加害人之间三类。在这三类"事先存在的密切关系"中,又分为完全的、绝对的"事先存在的密切关系"和相对的、受空间限制的"事先存在的密切关系",以及间接的"事先存在的密切关系"三种。存在于不作为人与被害人间完全绝对的密切关系,有亲子关系、婚姻关系及监护关系等;商业关系和其他利益往来关系则属于受空间限制的、相对的"事先存在的密切关系";间接的"事先存在的密切关系"中,不作为者应为具有一定职业身份的人,例如停车场的看守员。存在于不作为者与危险物间的"事先存在的密切关系",如酒店主人与有精神障碍的顾客之间、轨道和灯塔的监护人与轨道、灯塔的关系等等。存在于不作为者与加害人间之事先存在的密切关系,旨在解决犯罪防止义务问题。

上述佛格特、安德鲁拉基斯关于保证人地位的实质理论,可谓开启了在社会领域探求作为义务实质法理基础的先河,尽管他们基于维持社会生存和发展的最基础、原始的关系,进而维护社会和平秩序目的,提出密切的社会关系说作为保证人地位的实质法理基础,看上去非常抽象,亦不明确,甚至,如果不具体考察他们对密切的社会关系的分类,而是基于他们的这种理念直接对不纯正不作为犯加以认定的话,极有可能不适当地扩张处罚范围。但是,当我们具体分析了二位学者关于密切关系的存在类型时,就会发现这些具体类型有基于社会通念存在的合理性,我想这也许正是基于这种原因,他们所划归的具体密切的社会关系类型得到了德国后来学说和判例的广泛认可。而且,他们并不依赖于民法上的效力对契约能否产生作为义务进行实质判断的方法,也得到了学界的一致认可。因此,尽管他们提出的基础概念存在不明确之嫌,但其理论价值和实际意义不容忽视。尤其是,安德鲁拉基斯以不作为之前的时刻来确定密切社会关系的存在与否,而非于危险发生前即已存在,较佛格特的观点前进了一大步,因为如果按照佛格特的观点,只要具有婚姻家庭关系这样的密切的社会关系,就可以肯定不纯正不作为犯的应罚性及可罚性,换言之,他把这种社会关系作为不作为与作为的全部等价基础,而不再另外设定限定要素,显然过于扩大不纯正不作为犯的成立范围。而安德鲁拉基斯观点的实质则是在佛格特观点的基础上通过加进"客观的评价要素"这一限定要素,一定程度上合理地限定了不纯正不作为犯的处罚范围。尤其是安德鲁拉基斯所提出的"客观评价要素"中被害人的处境、不作为人对被害法益的支配、垄断地位这些要素,更具有重要的价值。后来日本刑法学界所强调事实的排他支配关系的学说,可以说与安德鲁拉基斯的这种主张有密切的渊源关系。需要指出的是,如果安德鲁拉基斯的这种观点是在佛格特观点基础上加以限定的话,是比较合理的,问题是他的"密切的社会关系"概念本来就是"事先存在的密切的社会关系",而与佛格特的"较密切的社会关系"不同,其实这些客观评价要素本应在其主张的"事先存在的密切的社会关系"概念中包含,然而他却将其作为独立的限制条件,实有不妥。难怪有学者批评说,"不但叠床架屋,更混淆'事先存在之密切关系'之意义。所称之客观评价要素:血亲之亲等、被害人于不作为者支配下之状况以及防止结果发生之垄断地位,应已被包含于'事先存在之密切关系'之内,而为确定该概念之要素,无由于概念确定之后,复被用以限制概念之理。"①

3. 贝尔汶科的"公共福祉"、"社会角色"学说

与上述两位学者的主张不同,贝尔汶科首先基于"公共福祉"的原则主张区分法律与道德的界限。他认为,以社会伦理的非难性来说明不法的本质,但并非违反社会伦理即属不法,社会伦理中有的属于道德范畴,有的属于法律范畴。唯有超越个人的特别性,而涉及多数人整体性的公共福祉是社会成员共同生活繁荣进步的最终目标,此公共福祉即为法的最高价值,并以此作为区分法律义务与道德义务的一般界限。但就刑法上的义务而言,由于刑法具有第二顺位性,其功能旨在维护社会共荣生活的最高法价值,因而必然是维护公共福祉,具有特别急迫性的义务,才能构成刑事不法。

至于"公共福祉"的含义,贝尔汶科认为,就刑法上不纯正不作为犯而言,公共福祉包括谋求个人以及团体发展所必需的各种文化条件,如经济物质的、技术的、精神的、风俗的、艺术的、国家的以及国际的种种条件。因而作为最高的法价值,公共福祉并非一成不变,而是随着各个社会的历史关系和价值标准而易。社会结构和社会关系总是不断变动着的,公共福祉的内涵形态亦随之

---

① 许玉秀:《论西德刑法上保证人地位之实质化运动》,载(中国台湾)东海大学法律学系《法学论丛》第3期。

改变。

但究竟如何确定"公共福祉"的具体内容？贝尔汶科认为应从法益、社会角色和客观的评价要素三方面加以说明。首先，贝尔汶科认为，对于维护公共福祉的最终目的来说，法益具有手段的价值，因而法益是公共福祉的重要要素；但是，在团体中的各个成员皆为全部之一部，而具有部分的功能，个人在团体中的地位即借此部分功能而确定，此即所谓的社会功能地位。而成员如何实现社会功能，则由其所扮演的角色来决定。贝尔汶科认为，社会角色是否为不纯正不作为犯保证关系的决定要素，是能否实践公共福祉这一最高法价值的首要问题。根据社会成员角色的互补性，贝尔汶科认为角色之间具有"要求性"，即：一个角色的扮演往往倚赖于另一角色的配合，换言之，某一角色要成功扮演其自己的角色，必须要求相对的角色与之充分配合，如果对方角色不配合而为应为的行为，则人类共同生活秩序势必受到干扰。这就是法律必须命令各个社会角色实施依其角色所应为行为的理由。至于何时法律应命令这种应为行为，则视某角色实现是否于公共福祉系必不可缺而定。因此，社会角色是保证关系的构成要素。对于法益和社会角色之间的关系，贝氏认为保护特定法益是团体的任务之一，基于团体任务而形成的角色自然也以保护特定法益为目的，刑法上对某种法益的保护，如系某种特定角色所应实现的功能，则保证关系两大前提可以确定。例如，刑法所保护法益为生命法益的情况下，角色扮演者也有保护相对角色生命法益的任务。例如，丈夫目睹妻子即将丧生火窟而不救，因夫妻间有互负维护生命安全的义务，所以丈夫可因其违反保护义务而成立故意杀人罪；然而如果丈夫坐视妻子的所有房屋发生火灾不管，则因财产的保护任务存在于财产契约当事人之间，例如保险公司和妻子之间，而非夫妻之间,所以丈夫对于妻子的财产并无保证关系。

根据贝尔汶科的观点,作为确定公共福祉的最后一项要素就是客观的评价要素。这些客观的评价要素包括为法益的重要性、危险状况的具体程度以及社会角色垄断地位等。可见,就这一客观限定要素而言,与德鲁拉基斯的客观评价要素完全一致。

比较贝尔汶科的观点与前述两位学者的观点,可以发现,自社会群体生活的平面关系来探讨保证人地位的诸多学说中,贝尔汶科可谓集大成者。从探求保证人地位的实质标准角度,贝文文科所提出的"公共福祉"与前述两位学者的所谓密切的社会关系一样,尽管属于实质的内容,但都过于抽象,因此,如果单纯以公共福祉作为确定保证人地位的实质理由,并无太多实益,贝尔汶科也看到了这一点,于是提出法益保护、社会角色和客观评价要素作为具体判断标准。可以说,贝氏的这种具体判断标准基本上抓住了问题的实质。首先,他基于法益保护的立场来考察保证人地位,是完全正确的,但他只把法益概念作为确定公共福祉的手段或工具,从而没有对法益这一概念的重要地位予以太多的关注。公共福祉的概念只能作为政治运作或刑事政策的依据,而不能作为确定法律责任尤其是刑事责任的一般标准。其次,贝尔汶科基于社会角色地位的不同,为不作为人负有法益保护义务找到了实质来源,同时,基于这一概念可以确定行为人是否具有犯罪防止的义务。他的这一理论对后来的学说产生了较大的影响,考夫曼提出的机能二元说不能不说有其功劳在内。但是,贝尔汶科在其社会角色概念中虽部分地涉及社会功能,因而相对前述两位学者的平面的社会关系群体学说,其观点具有一定的实质意义,唯社会角色与社会功能的着眼点不同,其在整体上仍未能脱离平面的社会关系群体之观点。另外,贝尔汶科主张以客观的评价要素来限定保证人地位的成立,很显然是从安德鲁拉基斯那里沿袭而来,不过在他的概念体系中不存在像安德鲁拉基斯那样的"叠床架屋"之弊端。至于如何评价"客观的评价要素"这一要素的地位和意义,已如前述,有的学者认为,这一要素"不过一不确定、空泛的概念而已"。①这一批评并不十分妥当。

(二)机能的二元说②

机能的二元说,由德国学者考夫曼提出,也称功能说。其特点在于根据保护内容的不同,将保证人的地位分为两类:一类是"法益保护型"的义务类型;一类是"危险源管理监督型"的义务类型。经过后来一些学者的补充完善,成为德国学界占据统治地位的通说。

1. 法益保护类型

对于法益保护型义务类型,处于现实的危险状态中被害人需要保护,是这种类型作为义务产生的前提。并且,在陷入这种现实的危险状态之前,妥当地起作用的保护关系只存在于不作为者与受害者之间,这也是前提。在此中作为保护义务的产生根据,有据规范的根据的情况,据制度的任意的根据的情况,还有据机能的根据的情况。只是,不是在任何情况下存在形式的、规范的保护关系,任意的、制度的保护关系和机能的保护关系就可以,需要其事实上妥当,现实上起作用为前提。

---

①　参见许玉秀:《论西德刑法上保证人地位之实质化运动》,载(中国台湾)东海大学法律学系《法学论丛》第3期。
②　有关资料可以参见李海东著:《刑法原理入门(犯罪论原理)》,法律出版社1998年版,第164—166页;林山田著:《刑法通论》(下),(中国台湾)1998年作者自版(增订六版),第533—540页;苏俊雄著:《刑法总论Ⅱ》,(中国台湾)1998年作者自版,第565—570页;[日]山中敬一著:《刑法总论Ⅰ》,日本成文堂1999年版,第224—228页。

（1）基于规范的保护关系产生的作为义务。这是法律对于特定的人和物，为免除对法益侵害的威胁，或当这种威胁迫近时，阻止这种威胁的特定的人负有的保护义务的类型，亲子关系、夫妇关系、血族关系即是这种类型。

（2）基于任意的、制度的保护关系产生的作为义务。这是指不作为者与被害者之间通过共识产生的接受保护机能的关系，或在企业、组织中负有这种保护机能的情况。接受保护被害人的任意的、保护机能的事例有，缔结保姆契约且履行契约的场合、游泳队中教练与学生之间的关系。另外，对于被保护的物或设备，保护关系也存在。例如，被雇来看守仓库的人对于仓库的商品，接受了任意的、制度的保护机能；还有根据默许的共识产生的保护人的法益的义务，即所谓的危险共同体类型，例如，在登山途中，队中一人遇险的情况下，另一位成员负有保护义务。

（3）基于机能的保护关系产生的作为义务。机能的保护关系，是指被害者的法益，是通过不作为者的先行的法益维持行为来维持的，若无此法益维护行为，那么法益可能就此失去。有些学者也将这种情形称为自愿承担行为。例如，捡到别人扔的孩子，每天给孩子喂奶照顾孩子的人，不喂奶而致孩子死亡的情况；偶然碰到因交通事故受重伤的人，用自己的车将受害者向医院运送的途中，改变主意将被害人放下不管，导致被害者死亡的情况，属于这种类型。

2. 危险源监督管理类型

此处危险源发出危险对被害人造成现实的威胁，是作为义务产生的前提。这种监督、管理义务可以基于规范的，也可以是基于任意的或机能的关系而产生。其根据在于，"共同体必须能够相信，谁对特定的领域或特定的空间行使属于他人的或可能对他人有影响的决定权(处分权,Verfuegungsrecht),那么,就必须控制可能因危险的状况或情事、因动物、在领域内的设备或设施而产生的危险。"①

(1)对危险物或设备的管理义务产生的作为义务。管理危险物或设备的人,因其不履行义务而使被害者面临现实的危险状态,负有作为义务,因此,饲养猛虎的人,因其过失致槛栏破坏,对于猛虎将要咬人的行为,能阻止而未来阻止的情况下,可认为是不作为的伤害罪。

但哪些事物可以作为危险源,尚须结合案情,具体分析。例如,如果酒馆老板没有阻止在其酒馆内销售赃物,不得因参与销赃而作有罪判决,因为,酒馆不是危险源。② 但经营年久失修的老旅店的人,看到漏电并迸出火花的现象,却不让客人进行适当的避难,认为死了也无关而放置不问的情况,判例认为构成不作为的杀人罪。

(2)基于对人的危险行为的监督义务产生的作为义务。不阻止第三者由于故意或过失而实施当前违法犯罪行为的人,在对第三者负有监督的情况下,因不作为成为该犯罪行为的正犯或共犯。但是这种监督义务,对于作为任意并且有合理的判断能力的成人第三者,必须慎重判断其作为共犯是否也能说有危险创出行为。例如,对于穿着钉子鞋想要在附近的高级车的发动机罩上跳动的自己5岁的儿子,却不加以阻止的父亲,可以作为损坏财物罪的正犯;但酒店的老板,明知客人一喝醉就会施行暴力,知道其可能打那些醉得趴在桌子上的客人却未阻止的情况下,能否作为伤害罪

---

① 〔德〕汉斯·海因里希·耶赛克、托马斯·魏根特著:《德国刑法教科书(总论)》,徐久生译,中国法制出版社2001年版,第755页。

② 〔德〕汉斯·海因里希·耶赛克、托马斯·魏根特著:《德国刑法教科书(总论)》,徐久生译,中国法制出版社2001年版,第756页。

的帮助犯,却不无疑问。

(3)基于不可罚的先行危险创出行为而产生的作为义务。这是在认识到自己行为的"射程"的情况下,结果还未发生,其自己进行了并非可罚的危险创出行为,而后发现其危险性还是放置不理不问的类型。例如,因过失监禁他人的人,之后发觉但还是有意识地不放人,继续监禁的事例,在这种情况下,因自己过失引起的先行行为,可视为对危险源的危险创出行为。再如,了解电气的伯父,出于好意在侄子家中进行电气施工,在施工时并不知道其配线很有可能漏电,工事完成后,虽发现了却依然那么放置着,结果因漏电引起火灾。另外,不留神将朋友推进水中(不可罚的过失暴行),尽管很易救助却未救助导致其残废的情况。

由于机能二元说在形式上一般可以将生活中所发现的可能的保证人类型进行适当的归类而具有类型清晰的功能,因而成为至今普遍被接受的通说。但这种学说也受到了批评:首先,该说只对保证人提出分类,并没有实质地说明保证人地位的形成根据。其次,分类界限也不是完全清楚,例如父母对孩子的保证义务,不能笼统地说其属于第一类型还是第二类型,如果从与保护孩子相关方面看属于第一类型;如果与监视孩子的危险行为相关,则属于第二类型。另外,接受行为(自愿承担行为)即跨越了这两种类型。①例如,自愿承担夜间巡视病房的义务,对病人而言,则是承担了保护特定法益的义务;但对夜间发生的各种危险,则是承担了监督危险源的义务。笔者认为,从保护功能的关系角度划分为两种类型,并不否认某些具体的行为可能或可以跨越两种类型,只要分析其

---

① 参见[日]中森喜彦:《保障人说について》,载《法学论丛》第84卷第4号。

究竟属于保护法益还是监督危险,就可以根据具体行为的不同特点、性质而归类。但是,如果只承认某一具体义务来源固定地属于第一类还是第二类,那么,的确这种分类要受到质疑。笔者认为,该说的根本缺陷仍在于,其没有实质地说明为什么在某些情况下行为人就具有保护法益的义务,而在另外一些场合下则具有对危险源的监督管理义务。另外,对先行行为引出的作为义务,机能二元说将其划归监督危险源类型,有所不妥。对此,德国学者 Lund 曾提出,应将这种义务来源形式划归法益保护类型。他认为,前行为人并不是在监督他自己的时候失去作用,而是在为前行为时失去作用,特别是过失的前行为人,行为人根本不具有由故意而生的风险支配,他只是没有救助那些因他的前行为而受危害的法益。这时候已经转变成保护法益的保证人。[①] 笔者认为,这种观点有一定道理,但完全否认先行行为的风险支配,或者说否认基于先行行为对危险的因果经过流程,是不恰当的。

(三)组织管辖理论

"组织管辖理论"是雅格布斯(Jakobs)教授为统一解释作为犯和不作为犯的可罚性而提出的理论。雅格布斯认为,无论作为犯还是不作为犯,基本上都基于两种理由而负责:一是因为对特定的组织领域有一定管辖,即所谓的组织管辖;一是因为体制上身份而有管辖,即体制上的管辖。对于不作为犯来说,如果因组织管辖而应使该组织领域内的法益不受损害,则为支配犯,如监督危险来源的保证人、前行为的保证人、因承担而产生的保证地位,以及因有组织管辖而应防止他人自残的保证人;因体制上的管辖而产生的保证人,如亲子关系、收养关系、监护关系、夫妻间的特别信赖关

---

① Welp, Vorangegangenes Tun, S,21.

系,为义务犯。并认为,对于义务犯的情况只存在正犯,而在支配犯的情况下,则不排除共犯成立的可能。①

雅格布斯教授批评考夫曼的机能二元说,认为没有说明保证人地位的实质理由,并以组织管辖关系来解释监督危险来源保证人地位的法理依据,以体制管辖来说明保护法益类型的保证人地位,但组织管辖和体制管辖理论本身仍不能实质地说明保证人地位,站在考夫曼的立场上,应当说雅格布斯的理论并没有什么实质的进展。对此,有的学者批评说,"因为有身份关系,所以有义务",同样没有提出实质的法理依据。又如在婚姻关系中,雅格布斯以特别的信赖关系解释夫妻之间的保证人关系,与一般学说尤其是接下来提到的"信赖关系说"没有什么两样②。

另外,雅格布斯主张以义务犯与支配犯来区分正犯与共犯的观点也是不妥当的。其实,在义务犯的场合,并非只有正犯的存在,关键是看保证人地位是基于保护法益,还是监督危险源。

(四)依赖关系和信赖关系说

这种学说主张,在被害人陷于脆弱的情况下,必须依赖行为人的救助,被害人对不作为人的依赖关系是保证人地位的实质法理依据。

这种观点如果是在具有某种作为义务的情况下作为限定不作为犯的成立的限定理论,有其可取之处,如果完全不考虑行为人主体的身份,而认为只要被害人有对行为人的依赖关系,行为人就具有保证义务,则是不适当的。例如,陌路人某甲深夜行走在乡间道

---

① 参见许玉秀:《实质的正犯概念》,载(中国台湾)《刑事法杂志》第41卷第6期。

② 参见许玉秀:《保证人地位的法理基础——危险前行为是构成保证人地位的唯一理由?》,载(中国台湾)《刑事法杂志》第42卷第2期。

路上看到躺在路边的某乙流血不止,甲考虑到如果救助可能会带来不必要的麻烦,没有救助。这种情况下应当说,被害人的确需要行为人的救助,但并不能因此认为甲构成不作为犯罪。因此,必须考虑行为主体的一般身份、地位,在此基础上再加以限定。

与依赖关系说相关的还有一种观点,即信赖关系说。尽管信赖关系说从社会学角度赋予了信赖关系以实质的内容,但主张依赖关系说的人往往也谈到信赖关系,因此,在这里将二者放在一起加以评析。

"信赖关系说"可以分为两种:主张依赖关系的学者认为,人和人之间信赖关系表现社会内部的和平;另外一种主则认为继受某个义务、前行为、执行某种业务以及有某种职位等方式可以产生一种信赖地位,进而形成一个保证人地位。换言之,进入一个信赖地位,是构成保证人地位的理由。①

对信赖关系说,有学者批判说:信赖关系引申出保证人地位是倒果为因逻辑。如果进入一个信赖地位能创造一个保证人地位,则信赖地位又是如何创造的? 如果人人互相信赖,社会的确会和平,但如何要求人人相互信赖呢? 人们是因为互相信赖,而创造法律,让某人对另一个人有信赖,还是人们因为不互相信赖,所以创造法律,让人们在法律的保障之下能互相信赖? 信赖的基础是规范(法律),没有规范不可能创造出信赖,换言之,必须法律赋予个人以某种作为或不作为的义务,并赋予违反义务的效果,人与人之间的信赖关系才会成立。② 即,应该是有了法律义务才能产生信

---

① 参见许玉秀:《保证人地位的法理基础——危险前行为是构成保证人地位的唯一理由?》,载《刑事法杂志》第42卷第2期。

② 参见许玉秀:《保证人地位的法理基础——危险前行为是构成保证人地位的唯一理由?》,载《刑事法杂志》第42卷第2期。

赖,而不是因为有信赖才能有法律义务。①

笔者认为,上述批评只能说是对了一半。如果承认可以从社会领域、社会学意义上来寻找保证人地位的实质基础的话,那么,我们不得不说这种批评没有正确地把握信任、信赖在社会学领域中的实际地位,同时,也过分地夸大了法律在社会秩序中的地位。究竟是规范产生信赖,还是信赖造就规范?其实并非如批评的观点那样简单。笔者认为,就信任与(法律)规范的关系而言,信任与法律是相互分离而独立运行的两大系统,以致于信任与隶属于法律系统的信任保证并不是一回事。当然,二者也存在密切的联系:首先,信任要感谢法律对风险的限定,虽然奖惩的方式不限于法律,但信任在很大程度上依赖于奖惩,而法律对很多背信行为增加了一重约束,从这个角度看,上述批判意见有一定道理,但另一方面,法律也要仰仗于信任。说到底,法律不是依赖于其条款,而是依赖于人们对法理的信服、敬畏与遵从,正如韦伯所言:"一个群体中被一致认为有效的规范,决非全部是'法律规范'。当法律性强制将习俗转化为法律义务时,它常常在事实上未增加任何有效性;而当它与习俗相对立时,其影响实际行为的努力往往会以失败而告终。"②

信任与法律一样,是建立社会秩序的主要工具之一,信任通过对人们行为一定程度的控制,为社会秩序的建立作出了贡献,可以

---

① 参见许玉秀:《前行为保证人类型的生存权?——与结果加重犯的比较》,载(中国台湾)《政大法学评论》第 50 期。

② 韦伯著:《经济、诸社会领域及权力》,生活·读书·新知三联书店 1998 年版,第 15 页。

说,社会控制的要素是从信任中产生出来的。① 因此,在实际生活中,虽然我们可以直接感触到有相当多的因规范而产生信赖的情形,但有时只是问题的表象,在信赖与规范之间的关系中我们不能得出唯一的正解,即认为是规范产生了信赖。另外,我们也不能因为法律对人们这种信赖关系的保护并因此而加强信赖,而推断出法律产生信赖的结论。这完全是两个问题。因而上述批评意见以黑社会组织成员之间的相互信任、信赖而法律不予保护作为规范产生信赖的例证,在论证逻辑上也是不妥当的。②

　　在经过上述一番分析之后,是否意味着信赖关系就可以作为保证人地位的实质基础呢? 答案也是否定的。这一学说的理论缺陷不在于像上述批评意见所说这种基础不具有实质性,而在于,如果不对这种实质基础进行必要的限定的话,则会使得作为义务的实质基础变得漫无边际,最终导致扩大作为义务的成立范围,从而扩大不纯正不作为犯的处罚范围。也就是说,假如以这种信赖关系来说明紧密的生活共同体、危险共同体的作为义务根据还是比较妥当的话,那么在危险前行为场合,如何能以这种信赖关系作为基础? 如果仍以这种信赖关系作为基础,那么,信赖关系的外延就会变得模糊不清。

(五)对因果流程的支配说

　　该说由德国学者许乃曼教授提出。许乃曼教授主张以支配理论作为构筑保证人地位的实质法理基础。其支配理论的核心内容是:首先,作为犯和不作为犯共通的实质归责基础是对结果来源的

---

① N. Luhmann 1979: Trust and Power. John Wiley & Sons Chichester, New York. 64.

② 参见许玉秀:《保证人地位的法理基础——危险前行为是构成保证人地位的唯一理由?》,载(中国台湾)《刑事法杂志》第42卷第2期。

支配;其次,这个所谓"结果来源",在作为犯是人对其身体的支配,在不作为犯则有两种:一种是重要的原因,一种是被害人的无助状况;再次,所谓对结果来源的支配是一种实际、事实的支配。他所强调的实际的、事实的支配,是绝对的支配、现在的支配。①

针对支配说,有的学者认为,利用"支配"概念解释义务逻辑上是不能的。"支配"纯粹是一个权力概念,赋予一个人权力,即是赋予他做事的可能性,有权力的人,可以自由选择如何行使权力,是否行使权力,而义务则是必须行动或不行动,有义务的人没有选择行动或者不行动的自由,从义务引申出来的是不自由、必然性。如果告诉一个有支配力的人必须因为有权力而行使权力,那么权力再也不是权力了,从权力本身只能引申出自由,引申可能性,不可能引申出不自由、引申出必然性。"因为你有权力(自由),因此你有义务(不自由)",是一个不能存在的逻辑矛盾。保证人是有义务而必须救助法益免于危难的人,不只是一个有可能救助法益的人。② 换言之,只有从义务中才能导出义务。

笔者认为,这种批判并不妥当。义务来源于维护秩序的需要。诚如有的学者所言,义务是在社会资源有限的情况下,为解决社会成员的两种或者两种以上需要的冲突而形成的,一般来说,那种在价值上具有优先性,在群体中具有共同性的需要的满足度,就是义务确定的依据。③ 从支配角度来说,某个人对某一领域有支配关

---

① 转引自许玉秀:《最高法院七十八年台上字第三六九三号判决的再检讨——前行为的保证人地位与客观归责》,载(中国台湾)《刑事法杂志》第35卷第4期。

② 参见许玉秀:《保证人地位的法理基础——危险前行为是构成保证人地位的唯一理由?》,载(中国台湾)《刑事法杂志》第42卷第2期。

③ 参见张恒山著:《义务先定论》,山东人民出版社1999年版,第194页。

系,负有保护特定法益安全的义务,而其他人不负有这样的义务,并不是因为其他人不能保护法益的安全,而是由于整体的社会秩序并不需要其他人对特定法益的保护。为了有效地维护社会秩序,需要确定合理的义务种类和范围,社会成员分工负责。因此,不能绝对地讲,义务只能从义务中导出。另外,持上述批评的意见认为,"支配因果流程"的确可以作为归责作为犯的实质法理基础,因为这种情况下是现实存在的支配,在作为犯,无论是对自己的直接控制或者透过与他人的合作而操纵因果流程,都是开启法益受害这个结果的因。但是在不作为犯,不可能有对因果流程的现实操纵。问题是,我们需要在何种程度上承认这种支配的现实性。应当承认,自然领域与社会领域存在很大不同。对于社会科学,往往不能像要求自然科学那样精确、定量,如果基于经验法则,判断不作为有几近确定的可能避免结果发生的时候,我们也承认这种意义上的支配具有现实性,应当是可以的吧。

　　笔者认为,许乃曼教授的支配理论,其主要缺陷在于,他把支配概念绝对化了。正是基于这种绝对化的支配概念,许乃曼教授否定了先行行为的保证人类型,但这种理解是有问题的。例如,在交通肇事逃逸的场合,行为人虽非故意开启因果流程,但他实际上完全有机会改变这种因果流程,所以可以认为存在事实的支配。或者说,肇事人不慎撞倒被害人的同时,在同一空间又是开启因果流程的人。许乃曼教授一定要认为这种支配只是可能的支配而非现实的支配,是没有道理的。对此,他的弟子 Lund 主张以社会性的支配取代许乃曼的绝对的、现实的支配,他认为,物的支配不是空间的、实物的支配,许乃曼教授的观点太狭隘。[1]　笔者认为,这

---

① 　Lund,Mehraktige Delikte,S,257.

种批评是中肯的。

二、日本刑法学界实质的作为义务理论述评

日本传统的见解是从法律、契约·事务管理、条理这三者中寻求作为义务的根据,但以条理为根据,又包含了从"法律精神"、"公序良俗"中引出作为义务。因而日本学界通说认为,这一看似形式性限定的作为义务论,如果考虑到包括了条理这个无限定的概念的话,就不能说实现了充分的限定机能。现在为了确保其明确性,力争实现先行行为、所有者·管理者的地位、监护者的地位、交易中的诚信原则、危险共同体、生活共同体等的作为义务的类型化,但这能否达到充分的限定,还是个疑问。另外,法律、契约等如何直接就成了作为义务的根据,并不十分明确。即使契约无效,又过了一定的期间,也可以确认不作为杀人。像这样,日本的作为义务论,一方面继续维持了法律、契约等形式的根据,另一方面,从其在条理的根据下推进了作为义务的实质化的意义来说,日本的不作为犯论正处于向德国理论实质化过渡的时期。[①] 但是从目前日本关于不纯正不作为犯的学说来看,已经出现了将作为义务发生理由进行实质性判定的动向,其中有几种理论值得注目,包括日高义博重视先行行为的见解、堀内捷三重视事实上的接受行为的见解,以及西田典之的具体的事实支配关系学说。这些理论有的是在借鉴德国学说基础上发展而来,有的则完全提出了新的理论。

---

① 参见[日]西田典之:《不作为犯论》,载芝原邦尔等编:《刑法理论的现代展开(总论Ⅰ)》,日本评论社 1988 年版,第 85 页。

(一)重视先行行为的见解①

日高教授认为,对于不作为犯,应该重视作为义务以前与该作为犯在存在构造上的差异,并且其差异在于作为存在原因力;不作为从自然上看,无原因力,仅是利用既存的因果的流程。要跨越这一点实现不作犯与作为犯的构成要件性的等价值,不作为者,在进行该不作为以前,必须自己设定对法益侵害的因果的流程,因此,作为作为义务的根据,至少要有基于不作为者的故意、过失的先行行为,而且只要有此就够了。例如,在交通肇事逃逸的情况下,只要行为人存在肇事后的故意,单纯的从现场走掉的情况也可以肯定不作为杀人罪;失火的情况也一样。不仅如此,因双亲监督不力在看到幼儿盗窃的不纯正不作为犯也可被确认。这就是日高义博教授构成要件等价值理论的核心内容。

比较许乃曼教授的支配理论和日高义博教授的"构成要件等价值说",可以发现二者都是在为限定作为义务的成为范围作实质的探讨,其中"支配理论"的核心在于"对结果来源的支配",而日高学说的核心在于"先行行为的原因设定"。由于作为犯中的因果关系是现实的、具有明显的行为对结果的支配特征,为了寻求不作为与作为的等价,在不作为犯中也要具有这种对结果的支配。可以说,二者的出发点是基本相同的,日高学说的原因设定也无非在于说明行为人的不作为可以对危害结果具有操纵因果流程的结构特征。但许乃曼教授基于支配理论完全否认了先行行为类型,而日高学说则肯定了先行行为类型,甚至于同对作为义务来源进行实质化思考而提出的"危险前行为类型说"(对此下文还将作专

---

① 参见[日]日高义博著:《不作为犯的理论》,王树平译,中国人民公安大学出版社1992年版,第110—112页。

门分析)在许多情况下得出的结论没有太大的差别。为什么会产生上述巨大的反差呢？通过前文的分析我们可以知道，日高教授的"构成要件等价值理论"与"危险前行为类型"说在实质上具有共通之处，以先行行为作为保证人地位实质法理基础的后来的学说在吸收作为义务形式来源说中"先行行为"类型的基本内容的情况下，进一步扩大了先行行为的成立范围，从而试图以先行行为类型作为保证人地位形成的唯一法理基础。日高教授尽管注意到不作为犯的因果关系与作为犯的因果关系的不同，并主张只有在不作为行为人进行了"原因设定"的情况下才能实现与作为犯的等置，但与此同时，日高教授一方面否定了不是"先行行为"（在这一点上与"危险前行为类型"说不同，在日高教授看来不是基于先行行为造成的危害结果的情形，在"危险前行为类型说"则有可能承认）类型的情形不能与作为犯等置，从而造成不适当缩小不作为犯成立范围的结果（如没有故意或过失的先行行为，签订了养子协议的人，将养子饿死的情形，在日高教授看来不存在行为人的原因设定）；另一方面，又对各种"原因设定"的情形作了宽泛的解释，从而使得不作为犯的成立范围要远远大于"形式来源说"中的先行行为类型的判断范围。也就是说，日高教授扩大了"原因设定"的情形，而许乃曼教授则严格地限定"对结果来源的支配"，从而使得二者相去甚远。

　　对日高教授的见解，有的学者指出，其最大的优点是，通过事实的判断给不纯正不作为犯的成立范围确立了明确的范围，但如果认为不作为中无原因力，若如此的话，倒不如说，否定不作为更自然。再者，就是造成对不纯正不作为犯的成立范围在某些方面过宽，而在其他方面又过窄。据此见解，因自己的故意、过失行为，对结果的原因进行设定的人，都负有作为义务。过失犯与结果的加重犯,只要有结果防止可能性与结果发生的认识就直接转化为以不作为为手段的故意犯,并且教唆犯与帮助犯也会转化为正犯。这就扩大了不作为的成立范围。另外,这一见解,在接受保护任务的情况下,不作为犯的成立被否定,例如,因善意接受保护病人任务的人及婴儿的母亲,即使饿死他们,该不作为以前,没有对产生结果发生危险的原因设定,关于这一点,教授认为,这些事例都是不作为者故意地设定了通向法益侵害的因果流程,该不作为是饿死的直接原因。这若是承认不作为的原因力的宗旨,那么,正因为不作为中缺乏自然的原因力,与认为若要肯定构成要件的价值性,不作为前的原因设定是必要的立论的前提之间存在矛盾。[1]

可见,日高教授的观点尽管有新意,但若用以解决具体问题,其缺陷是非常明显的。

(二)重视事实上的接受行为的见解[2]

该观点由堀内捷三教授提出,也称"具体的依存说"。教授认为,基于作为义务的实体为不作为者与被害者间的社会关系的规范的观点,最终归结到据一般条项(被称为社会伦理)的判断上,不能阻止其伦理化,而主张从不作为者与结果的关系,即从面临迫切危险的被害法益与不作为者之间的密着性这种事实的要素出发展开论述。从这样的前提出发,他给作为义务确定的根据是,该法益的保护(结果的不发生)具体地依存于不作为者这种事实关系。

---

① 参见[日]西田典之:《不作为犯论》,载芝原邦尔等编:《刑法理论的现代展开(总论Ⅰ)》,日本评论社1988年版,第85—86页;[日]山中敬一著:《刑法总论Ⅰ》,日本成文堂1999年版,第223页。

② 参见[日]堀内捷三著:《不作为犯论》,日本青林书院新社1978年版,第249页以下。

那么,这种关系存在于什么场合呢?教授认为,作为其具体的基准要求:(1)有试图维持存续法益的行为(结果条件行为)的开始行为(例如,给婴儿食物,对交通事故的受害者伸出救助之手);(2)要求不作为者反复、继续地进行事实上的接受行为(即行为的反复、继续性);(3)确保对于法益保护的排他性(掌握因果的流程)。以上三个条件必须同时具备。

堀内教授的观点在从作为义务的根据出发,排除规范的要素,想将其完全还原为事实的要素以及将先行行为从作为义务的根据中排除这一点上引人注目。对此,其本人认为关于事实上的接受行为有无的判断,是以具体案件的具体情况为基础的事实判断,为了避免对于不作为犯的伦理因素大规模地混入,应将作为义务价值要素或心情要素,还原为事实要素。但他的观点在以下几个方面也存在疑问:

首先,结果条件行为的开始,及其反复、继续性等要件,存在不明确之处。例如,在交通肇事逃逸案中,单是接受了保护的情况,为何能够满足保护的反复继续性要件呢?此外,将继续的保护关系与一时的保护关系在统一的要件下一同包括,也存在困难。其次,结果条件行为的开始这一要件是否合适,值得考虑。因为对法益的排他性的确保,并不一定限于基于救护意思的场合,交通事故的加害者,从一开始就有遗弃的意思,将受害人关在车中行驶途中而生杀意致受害人死亡的情况下,据堀内的观点不能视为杀人罪。这一结论的妥当性,值得考虑。[①] 再如,带孩子到河边散步的父亲,在孩子落水后不加救助的情况下,父亲没有试图维持法益的

---

① 参见[日]西田典之:《不作为犯论》,载芝原邦尔等编:《刑法理论的现代展开(总论Ⅰ)》,日本评论社1988年版,第88页。

行为,而且从一开始就有遗弃的打算,由于既无维持法益的行为,更无维持法益的反复、继续性,则不构成杀人罪。这种结论显然是不合适的。

另外,西原春夫教授也采取了与堀内教授基本相同的见解。他认为事实上的接受法益保护关系不仅可以根据法令、契约产生,事实上的养父母、连续进行很多天同居生活的人、事实上接受病者并与之同居的人,都存在保护责任。但他同时认为,这种接受关系并非一定要求要有反复持续性。例如在母亲不给婴儿喂奶的场合,只要是母亲不喂奶,孩子就会饿死这种生活环境存在,那么,从一开始就存在接受关系。①

(三)重视事实上的排他支配关系的见解②

由于堀内教授的事实接受或承担理论存在上述缺陷,西田典之教授提出究竟在什么范围内可以确认行为人对面向结果的因果支配,应当从两个方面考虑:

第一种情况是事实上的排他的支配。首先,不作为者基于自己的意思具有排他支配,另外,在设定好的情况下支配因果经过的地位,因此确认作为义务,并不存在问题,这种排他的支配,基于行为人的维持法益目的自然会产生;相反,在非基于救护意思的场合也能成立,重要的是通过自己的意思能否在事实上排他的支配因果经过。法律、契约上的义务是否存在,因故意或过失造成的先行行为是否存在这种规范性的要素,并不是问题。可见,即便在这种情况下的事实支配关系,西田教授的观点也与堀内、西原教授的

---

① 参见[日]西原春夫:《不作为犯的理论(总论)》,载《法学セシナー》1982年第11期。

② 参见[日]西田典之:《不作为犯论》,载芝原邦尔等编:《刑法理论的现代展开(总论Ⅰ)》,日本评论社1988年版,第90—92页。

主张不同,不仅不要求为维持法益行为的反复性、继续性,甚至也不要求有基于保护维持法益的目的性。

第二种情况为支配领域性。这种情形主要表现在事实上支配面向结果的因果经过地位的存在,不因支配的意思产生的情况。例如,在肇事逃逸案件中,在事故现场,因事情紧急无法期待他人救助的意义上来说,也有确认先行行为者事实上处于支配地位的情况。这样,就不要求行为人有事实上开始对受伤者进行救助的行为。也就是说,按照西田教授的观点,交通肇事逃逸中,不仅移置逃逸的场合存在排他的支配关系,而且在单纯逃逸的场合也应考虑成立不作为杀人罪的可能。西田教授将这种类型从与基于意思的排他的支配相区别的意义来说,称为支配领域性。

从对不纯正不作为犯保证人义务的实质限定上,笔者认为西田教授的上述观点是中允的。不过,由于支配领域性不是纯粹的事实判断,而是包含规范评价因素在内,这就与他坚持应当避开从来的法规、契约、先行行为等规范性的见解的出发点,存在前后相左之处。

三、我国台湾地区刑法学界实质的作为义务理论述评

关于作为义务的来源,我国台湾地区刑法学界的通说采考夫曼的机能二元说。[①] 除此之外,对作为义务的实质来源进行探讨较有代表性者,是黄荣坚教授主张的"危险前行为说"与许玉秀教授提出的"开放与闭锁的关系说"。

[①] 参见林山田著:《刑法通论》(下),(中国台湾)1998 年作者自版(增订六版),第 531 页以下;苏俊雄著:《刑法总论 Ⅱ》,中国台湾 1998 年作者自版,第 565 页以下。

(一)危险前行为说①

黄荣坚教授在其《论保证人地位》一文中主张,为了把不作为与作为一样看待,使二者构成相同的一个犯罪,并接受相同的处罚,必须要设定一定的条件使二者等值。从期待可能性的角度看,人们比较可以期待的是行为人不要以作为的方式使结果发生,而比较难以期待的是,行为人要以作为的方式使结果不发生。因此,为了让不作为与作为负相同的刑事责任,除非另外有一个强有力的事由来补足,这个使不作为与作为可以等价的理由就是不作为之前的另外一个作为,即学说上所说的危险前行为。

以危险前行为作为保证人地位实质基础的充要条件包括:(1)充分条件。首先,以危险前行为使作为和不作为构成相同犯罪的法理基础是,基于法益保护的目的,法律上一个合理的要求,也是一个合乎期待可能性的要求是,制造风险的人,虽然法律基于相对利益的考量而容许其制造风险,但是还是有义务随时控制风险。其次,以危险前行为作为实质作为义务来源,并非单纯从因果关系的角度来确定保证人地位,除了风险的制造以外,至少必须对其风险有预见可能性。再次,以危险前行为作为保证人地位的法理基础,这种危险的前行为不管是否违背义务,行为人都必须控制风险,但如果风险应由被害人自我负责,则制造风险的人不负保证责任。这包括两种情形:一是,风险的制造可归责于被害人,典型的例子就是正当防卫中的不法侵害者,自己间接制造风险,必须自我负责;二是,合理风险的部分应由潜在的被害人来吸收,其具体判断标准应是根据利益衡平原则所形成的社会分工模式。(2)必

---

① 参见黄荣坚:《论保证人地位》,载(中国台湾)《法令月刊》第46卷第2期。

要条件。从衡平的观点出发,教授分析了其他几种作为义务来源的情形,指出学说所承认的法令或契约、最近亲属、危险共同体、义务的承担以及为他人的行为负责等,本身并不可以直接作为形成保证人地位的理由,这些因素到最后只是一些供参考的事实状况而已,并非法律上的标准。而义务的承担,本身就是一个危险的前行为,只不过是属于危险前行为的一个可能形态而已;对于最近亲属而言,如果不是因为由制造危险的行为,即使是最近亲属的关系,也不足以形成保证人地位。总之,除了用危险的前行为作为保证人地位的基础以外,其他标准都流于形式,并存在着因此而来的判断上的误差。最后,教授认为,以危险前行为作为保证人地位的基础,一方面,对于法益的保护应无疏漏;另一方面,由于拒绝形式判断,反而可以比较精确地掌握保证责任的尺度,避免过与不及的情形。

由上可以发现,教授以危险的前行为理论作为构筑保证人地位的唯一实质理由,其基本思路是从早期学说对保证人地位的几种形式的概括中(也就是几种形式的作为义务来源情形中)选取危险的前行为即先行行为类型,并对之进行重新诠释和界定,并以此作为统摄和说明其他几种形式作为义务来源的实质理由。另外,我们也可以发现,尽管上述观点与日高义博的构成要件等置理论,其分析的出发点不同,但也具有相似之处。日高教授认为,不作为与结果之间的关系同作为与结果之间的关系,存在结构上的不同,作为犯是行为人积极操纵因果流程的形态,为了使不作为与作为能够等置,必须弥补这一存在结构上的缝隙,而实现这一功能的就是不作为人的原因设定。

针对危险前行为说的基本法理基础,对此持完全反对意见的许玉秀教授认为,风险之所以被容许,是因为它是能够被控制住的风险,不是会造成不能被容忍的损害的风险,而不是行为人有控制风险,风险才被允许。一个被认为有排除风险或控制风险义务的人,必定是个不作为的人,不作为的人怎么可能是制造风险的人,又怎么可能对不作为的人得出"制造风险的人随时控制风险的义务"这样的结论? 这种制造风险的人有控制风险的义务的原理,是对于作为犯而言的;如果制造风险的人没有控制风险,视情形即应成立作为故意犯或作为过失犯。[①] 笔者认为,许教授的批评只说对了一半,的确如果一个完全被法律、社会所容许的风险,不是因为行为人有控制风险才被允许,而是因为这种风险本身能够被控制住,因而从这种允许的风险中是无法推导出行为人的保证义务的。但对于违反义务的危险前行为来说,不作为的人可以是制造风险的人。许教授之所以认为不作为的人不可能是制造风险的人,制造风险并有控制风险义务的原理只适用于作为犯,主要是把对于防止法益侵害结果发生的行为人的不作为与行为人此前制造风险的行为混同了。因侵害法益的风险是由行为人违反义务的前行为产生的,但风险的实现(即法益受损)却是行为人不防止危害结果发生的不作为而造成。例如,行为人交通肇事致被害人受重伤,其不但不予救助,反而将其抛弃在荒郊野外,之后逃逸,造成被害人流血过多并得不到及时救助而死亡。在这种情况下,被害人死亡结果的发生因归责于行为人不予救助的不作为,而构成不作为的杀人罪。但这种情况下存在行为人制造风险的前行为(交通肇事)。不过,如果我们联系许教授在保证人地位的实质理由的观点来看,因其干脆否定危险前行为类型,从而认为这种情况下只

---

　① 参见许玉秀:《保证人地位的法理基础——危险前行为是构成保证人地位的唯一理由?》,载(中国台湾)《刑事法杂志》第42卷第2期。

存在前行为的结果加重犯问题,而不存在不纯正不作为犯的构成问题,她的上述批评也就不难理解了。但其完全否认先行为类型的观点,我们不能苟同。

笔者认为,黄教授以危险前行为作为保证人地位的唯一实质理由,其主要问题在于:(1)尽管他对危险前行为的成立范围作了一定限制,但危险前行为的界限仍然不是很清楚。① 首先,我们知道,行为人的防卫行为完全符合正当防卫条件的话,其行为不具有违法性,从而不负任何责任,但在防卫过当的情况下,行为人仍须负责。不过这其中也包含了被害人自己答责的内容。这就是说,在风险的制造不是完全可归责于不法侵害人,而是主要或部分地可归责于不法侵害人时,行为人是否对这种风险负责,教授并未予以说明。其次,合理风险应由潜在的被害人来吸收之具体情形,在判断标准上也不明确。再次,教授以行为人对风险具有预见可能性来作为对因果的前行为概念的限制,但哪些情形行为人对风险有预见可能性,也不是十分明确的。也就是说,这种前行为究竟"前"至何处,还是不明确。倒是我们通过他举的一个例子可以发现其前行为的范围是很广泛的。这个例子是:当父母决定生小孩的时候,同时也就决定了伴随着小孩子存在的诸多风险,也因此,

① 对此,许玉秀教授批评说,黄文在危险的前行为概念上,一直是十分纠缠不清的,黄文所说的危险前行为的内涵,显然与其援引的 Otto 教科书所描述的有出入,认为黄文在因果的前行为概念基础上以行为人对风险有预见可能性作为限制,实际上这种前行为概念就是违反义务的前行为。笔者认为,即便黄文所引用的 Otto 的危险前行为概念与其实际所使用的概念存在出入,如果黄文所指称的危险前行为概念本身十分清楚的话,仍不妨碍我们对实际问题的理解。许教授把黄文所称的危险前行为理解为就是违反义务的前行为,是没有道理的。实际上,黄文对这两种前行为概念还是作了区分的。因果的危险前行为并不因受到"被害人必须自负风险"的限制,就等同于违反义务的前行为。

父母有义务控制风险。可见,他把父母生孩子本身作为了危险的
前行为。即便父母对伴随着小孩子的诸多风险具有预见可能性,
但把生孩子本身作为前行为而归结,未免过于前置。可见,教授还
是没有脱离站在把凶手的母亲扯进来的那种"条件理论"立场来
理解危险的前行为。对此,德国学者汉兹伯格(Herzberg)即曾批
评这种扩大前行为范围的学说,会让生凶手的母亲变成有危险前
行为的保证人。① (2)尽管黄文批评把信赖关系作为保证人地位
的理由,但另一方面他又不断提到信赖关系是危险关系,是制造危
险的行为,认为行为人在制造信赖关系的同时,也制造了危险关
系。② 这样,信赖关系倒变成危险前行为保证人地位的理由。但
诚如前文对信赖关系说所批评的那样,信赖关系也救不了前行为
的保证人地位。(3)从实定法角度看,黄教授的上述主张与台湾
地区现行刑法的规定存在冲突。台湾地区刑法第15条分两款对
不纯正不作为犯作了一般的总则性规定。其中第一款规定的是法
律上的保证人地位,第二款规定的是危险前行为类型的保证人地
位。按照黄教授的观点,第一款首先把不作为与作为等价的要件
建立在法律上的防止义务上,第二款则进一步说明这种所谓法律
上的防止义务,就是指危险前行为。③ 但这种理解是差强人意的。
无论从立法背景来看,还是从法条的文义以及内容的逻辑关系来
看,第一款所说的法律上的保证人地位绝非仅指危险前行为类型

---

① Herzberg, Zur Garantenstellung aus vorangegangenem Tun, JZ 1986,986, 991f.

② 参见黄荣坚:《论保证人地位》,载(中国台湾)《法令月刊》第46卷第2期。

③ 参见黄荣坚:《论保证人地位》,载(中国台湾)《法令月刊》第46卷第2期。

一种。台湾学界一般认为,从立法背景来看,立法者只是不想遗漏地承认外国学说上所主张的、外国立法草案所讨论的各种保证人类型,而前行为保证人类型无法在其他实定法上看到,从所谓的法律精神中也推论不出来,因此当然只有明文规定才能解决。①

当然,如果不是把危险前行为类型作为保证人地位的唯一理由,而从先行行为作为保证人类型之一种这一角度来看,黄文的具体观点尚有不少可取之处。如教授认为,如果不是因为有制造危险的前行为,即使是最近亲属的关系,也不足以建立保证人地位。由于德国通说和判例皆认为最近亲属可以形成保证人地位,如父母与子女之间、夫妻之间,对于生命与身体法益相互居于保证人地位。这样,当妻子自杀或面临暴力而有生命危险时,丈夫不救助(妻子自杀的前因或面临的暴力都不是来自于丈夫),结果妻子死亡的场合,丈夫因居于保证人地位而构成不作为的杀人罪(或共犯)。这样就过于扩大了不纯正不作为犯的成立范围。为此,教授要求这种情况下必须有行为人制造危险的前行为的存在,从形式上的确可以部分地限制不纯正不作为犯的成立范围。

(二)开放和闭锁的关系说②

与上文黄荣坚教授肯定危险前行为是保证人地位的唯一理由

---

① 参见许玉秀:《保证人地位的法理基础——危险前行为是构成保证人地位的唯一理由?》,载(中国台湾)《刑事法杂志》第42卷第2期。另,苏俊雄博士也认为,德国刑法对先行行为的不作为义务不另设规定,系基于习惯法,并已在判例中确认此项义务为法律规范的一部分,所以在理论和实用上均无问题,但台湾刑法的规范体系,尚无类似习惯法规范之判例,若将之删除,仅赖于该条第1项之扩大解释,不免窒碍,且有侵及罪刑法定主义之虞。因此,刑法对先行行为的防止义务作出规定,可视为一种法律上义务概念的具体补充。参见苏俊雄著:《刑法总论Ⅱ》,中国台湾1998年作者自版,第564页。

② 参见许玉秀:《保证人地位的法理基础——危险前行为是构成保证人地位的唯一理由?》,载(中国台湾)《刑事法杂志》第42卷第2期。

截然相反,许玉秀教授尽管从实定法的角度尚无法否定危险前行为这一类型,但其并不认为这种类型是保证人地位的唯一理由,在论理上,许教授更是从实质上完全否认了危险的前行为类型。她基于社会功能关系与法益的观察点,提出了"开放和闭锁的关系"学说。

开放和闭锁的关系,本是许教授为犯罪的防止义务而提出的法理基础。在犯罪的防止义务中,犯罪人传统上被当做一种危险源,但犯罪人只是进行犯罪时才被当作危险源,平时并不见得是随时可能造成损害的易燃物或爆炸物,更何况有防止义务的人,并不能像支配危险物一样支配犯罪行为人,重要的是,对物的管理义务可以移转,对人的监督义务则不可能全部移转,因此应独立观察犯罪防止义务的发生基础。究竟什么人有犯罪防止的义务,应视义务人与犯罪人之间的关系对法益而言是否有意义而定:如果该关系的存在是为保护受害法益而存在,则产生犯罪防止义务;如果该关系的存在并不在于保护受害法益,则无犯罪防止义务可言。前者等于是对法益的开放关系,许文将其称为"开放关系";后者等于是对法益关门的关系,许文将其称为"闭锁关系"。教授的观点,在德国得到了部分学者的支持。①

按照许文的观点,闭锁关系的目的在于保护对方,因此当对方的生命、身体等法益面临来自外部的侵害时,行为人有法益保护的义务;但当对方是作为犯罪人而对外部进行侵害时,由于二者之间只具有闭锁关系,行为人不具有防止犯罪发生的保证人地位。只

---

① 在德国,对于开放关系与闭锁关系,有学者将其解释为内属和涉外的体制关系(institutionsinterner Bezug/institutionsexterner Bezug),参阅 Vogel, Norm und Pflicht bei den unechten Unterlassungsdelikten, 1993, S. 371.

有当行为人与犯罪人之间具有开放关系时,行为人才具有防止犯罪发生的保证人地位。举例来说,从社会功能上,夫妻之间的关系是为了各自利益而缔结的关系,并非为了其他法益而建立,因而对其他法益而言是闭锁的关系,这样就不能产生相互的犯罪防止义务。例如,妻子实施犯罪,丈夫并无阻止其实施犯罪的义务。而父母对子女之间的关系则既属于闭锁关系,也属于开放关系。从闭锁关系角度,父母有对未成年子女法益的保护义务;从开放关系角度,父母则有对未成年子女犯罪的防止义务,因为,父母对子女的关系除了为了本身的利益外,同时也是为社会培养良好的下一代而存在。

从教授的上述基本观点来看,很明显是从考夫曼教授保证人地位的机能二元说承袭而来。但机能二元说受到了只有形式上的分类,仍未实质地说明为何具有保证人地位的批评,而且机能二元说在分类界限上也并非泾渭分明,有的情况可能跨越这两种类型,再者在对个别情形的归属上,学界也存在争议。针对这一批评,许玉秀教授指出,如果只切入社会功能关系这一点,的确不够,必须进一步回答为什么只有某种社会功能关系即有某种义务,如为什么具有最近亲属关系就具有保证人地位?为什么保龄球馆老板有防护顾客公共安全的义务?要回答这个问题,必须回到法益这个立足点。因此,开放与闭锁的关系,首先应选取法益为出发点,分清针对特定个人的法益和针对每个人的法益两种情况,然后再选择对法益有意义的功能关系。教授着重于法益保护和社会功能地位(关系)来对保证人地位的具体情形进行分类,的确找到了问题的切入点,而且这个角度也是对保证人地位进行实质思考的结果。着眼于法益保护,是因为刑法设定不纯正不作为犯尤其是设定作为义务的根本出发点就在于法益保护,即刑法原则上不干预他人的不作为,但出现法益保护不周全时,刑法就有必要对不作为加以干涉;而着眼于社会功能关系,可以说是对佛格特和安德鲁拉基斯倡导从社会生活关系中抽象出上位概念来统一说明保证人地位法理基础从而开启从社会学研究方向探讨保证人地位实质化运动的继续。

　　笔者认为,许教授上述观点的重大突破,在于实质地说明了为什么在某种社会功能关系中行为人不具有犯罪防止的义务,其实这也是教授提出"开放和闭锁关系"说的最初动机,从而使该说具有区分行为人是否有犯罪防止义务的界限性机能。例如,德国判例认可"紧密的生活共同体"这一形式的作为义务来源类型,在这一概念被展开了的时代,德国出现了丈夫有防止妻子犯罪行为之防止义务的判例(判例中,丈夫对于妻子的伪证行为不加以阻止,认为构成伪证罪的不作为的帮助犯)。这种判例由于没有充分讨论作为义务的内容、目的与该犯罪的性质以及保护法益的关系,而出现了不适当的处罚范围扩张。但如果从开放与闭锁的关系角度考虑,由于夫妻之间处于闭锁的关系,丈夫对妻子的罪行并不具有防止义务,从而可以否定丈夫不作为共犯的责任。当然,这一结论其实通过考夫曼机能的二分说的分类也可以得出,只不过在他的形式分类中,这一结论并不如出于"开放与闭锁关系"来得那么直接、彻底。

　　问题是,在闭锁的关系中,是否只要存在这种闭锁关系就可以肯定处于这种关系中的不作为人因没有负起防止对方法益受损的义务,就认定其构成不纯正不作为的犯罪? 在这一点上,许教授的学说与考夫曼教授的机能二分说一样,都没有作进一步的探讨。例如,是否能因父母与未成年子女之间属于紧密的生活共同体,处于闭锁关系中,而在任何场合下当未成年子女的生命法益面临危险时,父母的不作为都构成不纯正不作为犯(包括不作为的故意杀人和不作为的过失致人死亡)？对此,站在危险前行为立场的黄荣坚教授认为,如果不是因为有制造危险的行为,即使是最近亲属的关系,也不足以建立保证人地位。如前所述,尽管他的这种限定理论值得商榷,但其表明的并非只要处于闭锁关系就成立保证人地位的观点是完全正确的。

因此,尽管我们不能否认这种学说在对确定保证人地位和保证人义务方面的观念指导形象和指导意义,但为了给予不纯正不作为犯的作为义务以更加实质地限定,必须进一步从不作为行为人与法益受损的结果之间的关系中分析法益侵害的急迫性、行为人对受害法益保护的事实表现关系等。

四、我国大陆刑法学界实质的作为义务理论述评

我国的刑法教科书或论著一般都是从形式的义务来源来说明作为义务的,而且这种形式来源多局限于传统的四种来源(法律、职务或业务、法律行为、先行行为),不像德日那样扩大。但近年来随着对不纯正不作为犯研究的重视和日渐深入,我国部分学者也大胆借鉴德日关于作为义务实质化的各种学说,融合我国传统的形式义务来源,提出了作为义务的二元理论(即既重视形式义务来源,也强调义务的实质根据)①。从目前来看,这种实质化见解借鉴德日尤其是日本的"事实承担说"和"具体的事实支配关系说"的痕迹比较明显,都强调对受害法益的排他性支配地位,而且这种观点也获得了越来越多的刑法学者的

---

① 参见黎宏著:《不作为犯研究》,武汉大学出版社 1997 年版,第 166—171 页。

支持。

对此问题较早展开研究的冯军博士,认为不纯正不作为犯作为义务的来源更为实质的标准应是:行为人为防止结果的发生自愿地实施了具有支配力的行为。即首先需要行为人实施了一个自愿行为,其次需要行为人自愿实施的行为具有防止结果发生的目的性,再次需要行为人自愿实施的行为具有支配力,即行为人控制了结果发生的进程。例如,在交通肇事逃逸的场合,只有在驾驶者为防止受伤的行人死亡而采取了抢救措施后,又中途停止能够继续进行的抢救,并且控制了致受伤的行人死亡的进程时,才能够成立不作为的杀人罪。该观点由冯军博士提出。[①] 这种观点与日本刑法理论中的"事实的承担说"存在一定的相似之处,都强调有一个事实的承担行为以及形成对被害法益的支配关系,而且这种承担是基于维护法益的目的。不同之处在于,按冯军博士的观点,并不要求该行为具有反复性、持续性。可见,这种观点与前述西原春夫教授的观点实质上并无二致。

针对冯军博士的这种观点,有的论者指出其存在以下缺陷:一方面忽略了法益侵害的危险性;另一方面,这种作为义务来源的实质性判断是抽象的价值判断,如果缺乏形式的限制,会给罪刑擅断、不当扩大不纯正不作为的作为义务处罚提供间隙。[②] 笔者认为,这种批评并没有抓住问题的本质。事实上,根据冯军博士提出的三个限定条件中的第二、第三个条件已经暗含了法益侵害的危险性,只不过没有将其明确罢了。至于第二点批判,除了有可能扩

---

① 参见冯军著:《刑事责任论》,法律出版社1996年版,第47—48页。

② 参见李晓龙:《论不纯正不作为犯作为义务之来源》,载高铭暄、赵秉志主编:《刑法论丛》第5卷,法律出版社2002年版,第99页。

大处罚范围外,另一方面,则有可能缩小作为义务的成立范围。因为他强调行为人首先有一个基于防止结果发生目的(也就是保护法益目的)的自愿行为。这样,在交通肇事逃逸的场合,只有在肇事者发生肇事并开始救助被害人之后,又放弃救助的情况下,才存在不作为犯罪的问题。但同样将被害人移置他处,只不过一开始行为人就不打算救助(即不是基于防止结果发生的目的),而是出于逃避责任将被害人抛弃的场合,也应当考虑成立不作为杀人的可能吧。因为,我们看不出交通事故中的肇事者基于救助的意思而将被害人搬进车中之后又产生杀意将其弃置在人迹罕至的场合与肇事者非基于救助意思而是直接基于逃避追究之意图将被害者搬进车中另移至他处,在结论上应当有所不同。在后一种情形中,肇事者尽管不是基于救助意思,但其通过事实的"接受"、"转移"等具体行为已表明肇事者形成对被害人的排他性支配关系,从法益保护的角度,二者皆应负故意杀人罪的罪责。对此,在前述西田典之教授对堀内捷三观点的批评中已经非常明确了。

不过冯军教授发现了以下问题,他说在邻人听见小孩的哭声,为了防止小孩吵闹,给小孩喂了奶,后来就没有再给小孩喂奶导致小孩饿死时,邻人不应成立不作为的杀人罪。其理由就在于邻人给小孩喂奶不是基于防止小孩饿死之目的,即邻人的这种自愿给小孩喂奶的行为不具有防止危害结果发生的目的(邻人只是为了不让小孩吵闹而不影响他休息等)。于是,基于否定这种情况下杀人罪的存在,而认为只有在行为人为防止结果发生而自愿实施行为的场合才存在作为义务。笔者也赞同这种情况下邻人不应构成不作为的杀人罪,但理由不应从"为防止结果发生的目的性"出发,正如上所述,这样就会导致不适当地缩小不纯正不作为犯的成立范围。笔者认为,这种情况下邻人不构成不作为杀人罪的理由,仍应从"事实的排他性支配关系"中来说明。因为这种情况下居于保证人地位的是小孩的父母,其一时的喂奶行为并不致发生保证人地位的转移,也就是说邻人对小孩并不具有保证人地位。无论邻人是否给小孩喂奶,邻人都没有形成对小孩生命法益保护的排他性支配地位,从而邻人不构成不作为的杀人罪。但是,即便邻人不是出于防止小孩饿死的目的,如果他将小孩转移到自己家中关在屋子内不给喂奶,则由于形成对小孩的排他性支配地位,其不喂奶导致小孩死亡的行为,毫无疑问地应构成不作为的杀人罪。

第二节　以支配理论为中心的形式、实质作为义务统一论

经过第六章和本章第一节关于作为义务的形式来源与实质来源各种理论的评说分析,究竟哪种理论相对更具科学性和适用性,基本上呼之欲出了。基于对上述诸说的考察,结合我国的司法实践,笔者认为,以支配理论为中心,建立形式与实质相统一的作为义务论是比较妥当的见解。下面对此展开具体的阐述。需要明确的是,这种支配理论虽然与许乃曼、堀内捷三、西原春夫、西田典之等教授的观点在很多方面具有相似甚至基本相同之处,但仍存在具体的差别。

一、作为义务的实质限定基础

法律责任的设定须以法律义务存在为前提。追究不作为行为人的刑事责任,也必然以不作为人存在法律上的作为义务为必要。但,法律义务的设定必须合理,必须是在保护社会整体的、 *337*

普遍的自由目的指导下进行义务约束规则的设定。洛克指出，"法律的目的不是废除或限制自由，而是保护和扩大自由。"① 而什么样的法律义务才是合理的，这涉及义务设定的实质合理性根据问题。

在一般法理上，义务是在社会资源有限的情况下为解决社会成员的两种或两种以上需要的互损性或冲突性而形成的。义务设定的合理性在于义务所指向的社会共同需要得以满足的必要性和适度性。② 而这种必要性取决于法律义务设定的目的，即排除侵害；但在考虑排除侵害时，必须坚持以下原则，即要受到下述原则的制约：（1）排除真实侵害的原则。即该行为一旦付诸实施，会给他人或社会造成真实的侵害；（2）排除必然侵害原则。即所要排除的行为所具有的侵害性是必然的，不是或然的。（3）排除对他人侵害原则。即所要排除的行为必须是对他人和社会有害的行为，不能是仅仅对行为人自己有害的行为。（4）排除之害大于排除之利的原则。即所要排除的行为对他人或社会具有的损害必须远远大于该行为自身可能给他人或社会带来的利益、好处。（5）排除之害大于带来之害的原则。即因设定义务而给人们带来的行为受限的不利远远小于该义务要排除的行为给行为人本人、他人和社会带来的损害。③

那么，刑法上行为人的作为、不作为义务的设定根据及其限度是什么呢？我们认为，犯罪的本质在于对法益的侵害，刑法的重要

---

① ［英］洛克著：《政府论》（下篇），叶启芳、瞿菊农译，商务印书馆1964年版，第36页。
② 参见张恒山著：《义务先定论》，山东人民出版社1999年版，第194页。
③ 参见张恒山著：《法理要论》，北京大学出版社2002年版，第354—358页。

功能或主要目的在于保护法益。因而对行为人刑事义务的设定，应首先考虑排除对法益的侵害，也即保护法益。但在保护法益过程中，应受到一些必要因素的限制。法学家耶林曾说过："刑罚如两刃之剑，用之不得其当，则国家与个人两受其害。""故刑罚之界限应该是内缩的，而不是外张的，刑罚应该是国家为达其保护法益与维持社会秩序的任务时的最后手段。能够不使用刑罚，而以其他手段亦能达到维护社会共同生活秩序及保护社会与个人法益之目的时，则务必放弃刑罚手段。"①

因此，刑法上刑罚的设定是否合理、刑罚圈的范围是扩张还是紧缩，尽管在不同时代、不同国家做法不一，但作为现代法治国家，要建立一种法律的诉求，固然要考虑保护社会，也即法益保护，但不能仅止于此，必须进一步考虑设定义务的必要性和衡平原则。不纯正不作为犯在这方面表现得可谓突出。由于不纯正不作为犯是开放的构成要件，不作为究竟在何种程度上与作为犯等价值，就存在一个衡平问题。而作为义务是决定等价值性的关键，因而如何确定作为义务的来源以及作为义务的内容，对于合理地确定不纯正不作为犯的处罚范围，具有关键性意义。

最初的形式作为义务来源说，尤其是长期占据统治地位的"三大义务来源形式"，明确将作为义务的来源限定在法律明文规定、契约以及先行行为上，尤其是前两者，被认为是基于罪刑法定立场的合理限定。但是，由于形式的作为义务来源说不能实质地说明这些来源形式何以就成为行为人负防止结果发生责任的基础，同时，也恰恰由于这种未能进行实质说明，往往导致司法实践在认定不纯正不作为犯时，片面地基于形式的义务来源而草率认

---

① 林山田著：《刑罚学》，台湾商务印书馆1985年版，第128页。

定不纯正不作为犯的成立,把纯正不作为犯的义务扩大到不纯正不作为犯的作为义务内容中,混淆了纯正不作为犯与不纯正不作为犯之间的界限。正是基于形式义务来源说的种种局限,实质的作为义务来源理论呼之欲出。但实质的说明作为义务来源,也可能会出现两种情况:一种是完全站在实质的立场不顾形式要求的合理性,而从不作为人与被害人之间的社会关系中来探讨义务来源的观点,这种观点容易不适当地扩大作为义务的成立范围;另一种则会考虑形式来源说有可能会扩大不纯正不作为犯成立范围,从而主张对其进行实质的限定。

而综观大陆法系国家关于不纯正不作为犯作为义务实质来源探讨的种种学说,也不外乎从这两个角度来考察。其中,"紧密的社会关系说"、"信赖关系说"等即属于第一种情况,而"支配理论"、"先行行为说"、"事实的支配关系说"等则属于第二种情况。的确,正是由于佛格特、安得鲁拉基斯、贝尔汶科等人开创从社会学领域探讨作为义务的来源,才引出了今天的种种实质的作为义务理论,因而其理论奠基作用不容置疑,可谓功不可没。但由于他们提出的标准往往过于抽象,而无法成为指导认定不纯正不作为犯的直接法理,最多树立了一种从实质标准来探求作为义务来源的指导观念或指导形象。

因此,从法益侵害中寻求作为义务的实质的立场,可以说是在更好的保护公民利益中实现刑法的目的。(1)首先,可以实现刑法保护机能与保障机能的基本协调,而不致出现像第一种实质标准的观点那样使得作为义务的范围飘忽不定,而大大损害法的安定性机能。(2)但是,与法益侵害的禁止相比,法益侵害的防止措施,是更为广泛的。对之若不加以进一步限定,则国民的负担会不适当地膨胀,公民的自由会受到极大的限制。因此,对不纯正不作为犯的限定,应该限于所保护的法益是重大的,而且侵害法益发生的可能性存在的情况。这些重大的法益主要包括生命、身体健康,以及特定场合的财产利益。(3)即便重大法益的存在可以使法定义务有效,由于在这些情况下仍存在作为义务与道德、伦理相结合的情况,如何区分法的义务与伦理道德义务,就成为第三步所要考虑的内容。即对不纯正不作为犯的限定是着眼于行为无价值还是结果无价值? 法益违反说往往站在结果无价值的立场,而规范违反说则持行为无价值的观点。就对不纯正不作为犯的限定而言,学说上曾存在着眼于行为无价值的观点。在本书第四章有关寻求等价性的方法的论述中笔者即指出,有的学者试图从主观方面通过行为人有利用既发火力的意思或者要求行为人有积极的敌对法的态度,或者强调只能由直接故意构成等等来限定不纯正不作为犯的成立范围,这就是行为无价值的观点,但如前文所述,这种观点被后来学界一致认为是不妥当的。对不纯正不作为犯成立条件的限定,应当从客观方面而不是从主观方面来寻求。事实上,从司法认定的角度,大多数的不纯正不作为犯往往只具有间接故意的犯罪心理。因此,纯正不作为犯往往考虑的是行为无价值,而不纯正不作为犯则必须着眼于结果的无价值。基于此,从不作为行为人与法益之间的关系中寻求对作为义务的限定是正确的。

但考察许乃曼、日高义博、堀内捷三、西原春夫等人的见解,我们可以发现它们在本质上具有一个共同点,即为了弥补不作为与作为犯存在结构上的空缺而试图通过对受害法益保护的事实承担来实现。即只有开始了意图使法益维护和存续的行为的情况下,才能进一步考虑作为义务的有无问题。在这方面,我国也有不少学者持此观点,如前述冯军教授所主张的"事先存在一个自愿救助法益的行为"的观点即是。另外,有的论者在指责国内学者所主张的实质来源说"依然没有脱离德国支配说的窠臼"①的同时,提出了作为义务来源的实质三要素,包括法益面临迫切的危险性、法益对行为人具有现实的依赖性、行为人对法益具有排他的支配性。② 但考察其具体内容,仍不过是堀内捷三"具体的依存说(事实的承担说)"的翻版而已。根据论者的分析,所谓的"法益对行为人具有现实的依赖性"这一实质要素,实际上就是"所谓的事实的承担行为",而事实承担的成立要素包括两方面:行为人承担的行为必须出于自愿,再者具有使法益维护存续的目的性。论者除了没有强调行为的"反复性、持续性"之外,与堀内捷三的主张没有什么不同,另外,也与被其作为批判对象的冯军博士的观点无异。唯一特殊者是西田典之教授的观点,他在堀内捷三教授提出的观点之基础上,又增加了"支配领域性"这样第二种类型,但这与他所极力主张的应当避开规范性解释作为义务的出发点存在矛盾之处。

笔者认为,西田典之教授所提出的"支配领域性"的见解值得推崇,只不过要对他的理论前提加以修正以避免上述矛盾,即,本来对不纯正不作为犯的认定,无论是对其因果关系的理解,还是对构成要件的判断,都是一个包含规范要素的价值判断过程,对此本书在有关章节已多次做了说明。如果不从这一点出发,我们就不能正确地解释不纯正不作为犯的诸问题。因此,试图完全通过一些事实因素而不包含任何的价值判断来实现不作为与作为的等价

---

① 李晓龙:《论不纯正不作为犯作为义务之来源》,载高铭暄、赵秉志主编:《刑法论丛》第5卷,第100页。

② 参见李晓龙:《论不纯正不作为犯作为义务之来源》,载高铭暄、赵秉志主编:《刑法论丛》第5卷,第110—113页。

值,是徒劳的。有学者指出,"所有的不真正不作为犯仅限于事实承担的情况难道不有点勉强吗? ……关于决定成立不真正不作为犯的成否,排除规范的判断是不可能的。关于堀内教授自己举出的第三要件的法益保护的排他性地位的存否也同样无法以事实的判断就能够决定。"[1]

基于以上分析,笔者认为,在对作为义务进行实质限定过程中,居于中心地位或者说作为限定标准的核心要素在于,行为人对受害法益的排他性支配关系。这种支配关系的存在和开始,尽管在事实承担的场合可以无疑地予以确认,但不限于此,在具有支配领域性时也要考虑成立不作为犯的可能。提倡这种观点是比较符合我国的司法实际的。为了说明问题,我们不妨看一组生活中实际发生的案例(在收入本书时略作了技术处理):

案例1:浙江省首例不作为故意杀人案[2]

1999年3月,浙江省浦江县农民李某和同在工厂打工的女青年项某相识并相恋,不久项某就怀孕了。同年6月,李某提出要跟项某分手,并要项某去医院做流产手术。项某坚决不同意,几次欲跳楼自杀。去年9月5日中午,李某与项某发生争吵,争吵中,李某还用打火机扔打项某。项某感到绝望,走到走廊里,喝下了事先准备好的一瓶敌敌畏,又走进了李某房间。此时,李某不但没有及时去救人,反而一走了之,临走时怕被人知道还将房门锁上。李走后很长时间,项某才被人发现送往医院,但因救治无效死亡。案发

---

① 中森喜彦:《作为义务、保障义务、保证人的地位》,载《法学ヤシナ一》1982年第11期。

② 案例来源北大法律信息网《北大法律周刊》2000年第31期。

后,李某向公安机关投案自首。

浦江县法院审理后认为,李某在发现项某服毒后采取放任态度,将宿舍门锁上外出,致使项某在李某宿舍中得不到及时抢救而身亡,李某作为负有特定义务的人,主观上希望并追求项某死亡结果的发生,以解脱自己的负担,这与他不采取救助义务后造成项某死亡的严重后果有直接的因果关系,其行为已构成不作为形式的故意杀人罪,鉴于李某能够主动投案自首,依法从轻判处其有期徒刑五年,并向项某父母赔偿损失3.5万元。李某不服一审判决,提出上诉。金华市中级人民法院经过审理,驳回上诉,维持原判。

案例2:唐某听任女友自杀见死不救案①

1998年7月,家住河南省洛阳市某区的唐某在该区一私营印刷厂打工期间与同厂女青年柯某相恋,并多次发生性关系,使柯某怀孕。2000年年初,唐某向柯提出分手,并要柯去做流产,柯不同意。4月12日中午,两人发生争吵,柯某随即在唐某寝室门口的走廊上喝下自备的农药,然后走进唐某的房间里。5分钟后,唐某见柯某嘴角流出唾沫,竟独自锁门出去,柯某后被其他人发现送医院抢救无效死亡。案发后,唐某到公安机关自首。

法院经审理认为:唐某与柯某在恋爱期间发生越轨行为,在柯某怀孕后提出分手,在争吵中致使柯某产生服毒轻生的决心。唐某作为负有特定义务的人,在发现柯某服毒后,采取放任态度,致使柯得不到及时抢救而死亡。其行为构成故意杀人罪(不作为)。遂依法以故意杀人罪(不作为)判处被告人唐某有期徒刑五年。

案例3:妻子投河自尽,王某见死不救被判刑案②

---

① 案例来源 www. legalinfo. gov. cn 2002年3月20日。

② 案例来源:http://www. sina. com. cn 2001年8月1日转自中国新闻网。

2000年4月25日，天津市西青区某村26岁的王男某与妻子王女某因家务事吵了起来，被邻居拉开后，两人又边吵边来到南河镇大南河村西污水河旁。一气之下的王女某跳进了污水河里，由于污水深约1米，王女某还把头探进水中，自寻短见。站在一旁的王男某见状也跳进河中劝说，王女某不听，王男某随即独自回到岸上扬长而去。随后，王男某先到亲戚家，讲了妻子跳河的事，又给派出所打了电话。当公安民警和他的亲戚赶到时，时间已经过了近一个小时，王女某已经死亡。

天津市西青区法院审理认为，被告人王男某与王女某是夫妻关系，负有特定义务，王女某在河中，被告人王男某明知危害结果的可能发生，并自行离去，采取漠不关心的态度，放任结果发生，其行为已构成故意杀人罪。鉴于其犯罪后有自首情节，以故意杀人罪判处王男某有期徒刑六年。

案例4：王某无视父亲自杀见死不救案①

2000年6月19日中午，四川省郫县清河镇楠木村村民王某甲在外喝得烂醉如泥刚回到家中，即遭到儿子王某乙的指责。看自己辛辛苦苦抚养成人的儿子也敢管自己"喝酒"这等闲事，父子俩打起了激烈的"嘴皮官司"。而王某乙的母亲也倚在门口骂起了老头子。王父一怒之下，拾起放在猪圈门口的农药乐果，猛灌了三大口，便倒地不醒。看热闹的群众看"闹"出大事，忙劝王某乙将父亲送到医院急救。然而王某乙却断然拒绝，理由只有一个：无钱。王父在冰冷的地上躺了半个小时，其堂兄闻讯赶来，也极力让王某乙送父入院，而王某乙却与其发生激烈争吵，还挥起菜刀欲赶走"多管闲事"的伯父。最后还是在清河派出所民警数次喝令下，

① 案例来源：http://www.sina.com.cn 2000年10月11日转自四川青年报。　　**345**

王某乙才借来一辆人力三轮车,匆匆将父亲送到医院。然而因延误抢救时机,王父在送往医院途中死亡。郓县检察院认为王某乙采取不作为的行为,放任其父死亡结果的发生,因而间接故意非法剥夺他人生命,已构成故意杀人罪。

案例5:哈尔滨两游客溺水身亡,船主见死不救被判故意杀人案①

据检察日报报道,吴某原在宾县二龙山旅游风景区经营水上脚踏船旅游业。1998年5月30日早6时,吴的女儿将3条双人脚踏船租给了6位游客。7时许,因风速超过警戒线,当地旅游部门通知吴某停业。后吴发现6名游客驶出警戒线,便乘4人脚踏船追上他们。之后,他与其中4人换船,驶回岸边。但由于风力太大,只有4人脱险。脱险的游客找到吴,要求救同伴,但吴没有采取营救措施。当晚7时,两名游客的尸体被发现。一审法院以过失致人死亡罪判处吴某有期徒刑六年,并赔偿两游客家属经济损失3万余元,吴不服上诉到哈尔滨市中级法院。

哈尔滨市中级法院认为,吴某将游船出租给游客后就产生了救助义务。而吴明知游客遇险,却没有履行义务,其行为是一种不作为的故意犯罪。但其积极赔偿,可从轻处罚,遂作出终审判决:以故意杀人罪判处吴某有期徒刑三年,缓刑三年。

以上五则案例是近年来在人们的生活中产生较大影响的案件,案例中的被告人皆被法院认为负有特定作为义务而构成不纯正的不作为杀人罪。尽管法院审理的理由在某些方面含混不清(如具体案件中行为人的作为义务来源究竟是什么,指代不明,而

---

　　① 案例来源http://www.sina.com.cn 2002年05月21日转自中国新闻网。

笼统地认为行为人是负有特定义务的人),而且往往偏重于主观方面的说明,但有些经过法理的填充是可以得到充分说明的。问题在于,在这五则案例中并不存在如上述有些学者所主张的"事实承担行为"。案例3中,被告人虽然曾跳到河中试图将妻子救起,但在被告人跳入河中的一段时间,被害人并没有实际面临生命法益的危险,因为河水很浅,如果被害人站在水中不主动将头探进水中是不会发生任何生命危险的。因而,被告人跳入水中的行为并没有改变受害法益的状况,这种情况还与被害人面临生命受害的具体、迫切危险,行为人开始实施救助行为之后又放弃的情况有所不同。就该案而言,实际上并不存在不作为犯成立意义上所谓的"事实承担行为"。如果按上述论者的观点,这几则案例中被告人皆不负任何刑事责任。理论与实践反差之大,究竟是我们理论出了问题,还是司法人员判案出了问题?

应当肯定的是,在我国不纯正不作为犯理论尚欠深入、尚不成熟的情况下,司法人员作出上述判决非凭空想象,而是很大程度上考虑舆情与法理。我们注意到,上述几则案例都是在社会上具有典型性而且影响很大的案件,判决结果并没有引起人们的非议,这表明我们的社会通念也认可这种情况下行为人不作为犯罪的成立。大塚仁教授曾说过:"在解决刑法上的问题时,要仔细观察社会的实际,提出符合社会实际的解决办法,也就是说,刑法理论必须是能够给社会带来妥当结果的现实的刑法理论。"[1]如果像国内有些学者所主张的那样,只有在事实承担的场合才肯定不作为犯的成立,能否认为是给社会带来妥当结果的现实的刑法理论呢?

---

① 参见[日]大塚仁著:《刑法概说(总论)》,日本有斐阁1992年改订增补版,第3页。

347

我看,很值得怀疑。借鉴或提倡一种理论,尤其是对于迫切需要有相关理论指导的不纯正不作为犯的认定来说,不能罔顾司法现实和社会通念,否则只能被视为理论学者纯粹理念和逻辑推导下空洞的说教与玩物而已,是不能用来有效指导司法操作的。有效的理论只能从纷繁芜杂的社会生活中加以提升,而不是相反。不作为犯的作为义务是"受到时代思想和历史背景所影响的不断变化的相对性概念,"在不同的历史时代和不同地域,其内容也不同。①日本学者强调事实承担的存在,往往也是以日本法院的判决结果作为依据而做出的。由于我们不能把日本的社情舆情搬到我国来,因此我们也不能把日本学者的这种观点照搬到我国来指导我国的司法实践。目前,学界有一种倾向认为,理论研究是学术界的任务,基础理论研究的水准只能倚赖学术界的努力,而忽视活生生的司法现实。这种观点应当加以扭转。实际上,学术研究的素材来自生活,法学研究的素材更是来自实际发生的案例,实务界处理个案时的相关材料(包括处理结果),绝对是学术发展蓬勃、理论研究深化的根本基础。

因此,强调以事实承担为必要条件并不适合我国的司法实践,也不能适应我国司法实践的要求,应当承认除了在事实承担的情况下行为人具有对法益的排他性支配关系外,也应考虑特殊场合在行为人支配的领域性内具有排他的支配关系。这种排他关系要求行为人对法益保护的状况排除了其他人对法益救助的可能。即,可以肯定成立不纯正不作为犯的场合主要有两种:一种是因事实承担而构成事实上的排他性支配的场合;另一种则是支配领域性的场合。

---

　　① 参见黎宏著:《不作为犯研究》,武汉大学出版社1997年版,第166页。

应当注意的是,即使在支配领域性范围内,也要求不作为人对受害法益具有排他性,即不存在其他人可能救助的场合。对此,西田教授指出,仅据不作为者处于应该作为的规范要素也能确认其对结果的支配地位,例如,孩子溺水时,即使另外有很多可能救助的人,父亲的不作为能否成立伤害罪?尽管德国、日本判例一般肯定其成立,但这样就过于扩大不纯正不作为犯的成立范围。①

另外,主张支配的领域性标准还可以将犯罪阻止的作为义务类型考虑在内。强调"事实承担"标准的观点只能说明不作为人对受害法益的保护义务,但无法解释不作为人对他人的犯罪防止义务。考夫曼提出的机能二元说尽管受到了种种批评,但其仍然获得了在德国学界的通说地位,其中重要原因之一,就在于他把保证人类型分为两种,一种是法益保护类型,一种是监督危险源类型,比较全面地概括了构成不纯正不作为犯的情况。而上述"事实承担说"只考察了法益保护类型,而没有考虑监督危险源类型,也就是没有把行为人具有犯罪防止义务的情形考虑在内。例如,丈夫在同妻子一同去买东西时,发现妻子在偷东西,却不加制止。丈夫能否构成妻子盗窃罪的共犯?由于这种观点根本没有考虑这种情况,对此问题也就无从知道答案了。如果采用支配领域性的观点,则可以基于其对危险源(包括人和物,前者如父母对16岁以下子女的犯罪防止义务,后者如行为人对其管理的爆炸物的安全义务)的支配而认可不作为犯罪的成立。不过,依笔者的观点,在先行行为的场合,行为人具有的仍是法益的保护义务,而

---

① 参见[日]西田典之:《不作为犯论》,载芝原邦尔等编:《刑法理论的现代展开(总论Ⅰ)》,日本评论社1988年版,第92页。

非属于监督危险源类型的义务。在这一点上，笔者赞同德国学者Lund 的结论，不过并不赞同其论证理由。这一点，已在前文加以说明。

值得注意的是，这里的支配领域性，还应当有所限制，否则也会与社会通念不符。例如，某甲发现流浪的某乙倒在自己家中的院子内，某甲置之不理，流浪者在深夜冻死。在这个事例中，如果认为某甲具有对某乙的支配领域性（因为某乙在某甲的家中，别人可能永远无法知道），而肯定其不纯正不作为犯罪的成立，就会与社会通念不符。正如有的学者所指出的，被暂时、偶然地置于这种支配领域性的状况而认定犯罪的成立，有损于法的安定性，因此，必须作进一步的限定，在这种类型的规范要素中应加入诸如亲子、建筑物所有者、管理者等因素，使其被限定在基于身份关系、社会地位，负有社会生活中继续的保护管理义务的情况。①

二、形式义务来源与实质义务限定的统一

以上分析了作为义务产生的实质基础，并具有对作为义务的限定意义，但仅靠这种实质标准还不具有可操作性，无法有效指导司法实践，这就需要考虑形式来源的约束意义。即对作为义务来源的限定，必须从形式和实质两个方面加以考虑。这也是基于形式来源和实质来源在功能上的相互补充作用所决定的。对此，德国学者耶赛克教授等人指出，"实质的考察方法指明了一条途径，即在不同义务的社会内容基础上来解决保证人问题，但同时不能忘记其产生的根据是什么，因为否则的话就存在保证人义务会被

---

① 参见[日]西田典之：《不作为犯论》，载芝原邦尔等编：《刑法理论的现代展开（总论Ⅰ）》，日本评论社 1988 年版，第 91 页。

无限扩大的危险。因此,应当谋求形式的考察方法与实质的考察方法的结合。"①

在我国,也有学者提出应考察两方面的因素:"一是事实性的因素,即行为人对危害结果发生的因果关系能现实地具体支配。二是规范性因素,即法令、法律行为、职务或业务上的职责等通常意义上的作为义务发生根据。"②但如上文所述,即便是事实性因素中也仍脱离不了规范的要素。那么,在进行形式与实质要素相结合考察时,这些形式要素包括哪些呢? 换句话说,在我国目前的司法状况下,这些要素是否就是学界通说所说的法律明文规定的义务、法律行为引起的义务、职务或业务上要求、先行行为引起的义务四种义务来源形式? 有的学者认为,必须限定在这些形式内,在这些形式框架下来具体地限定作为义务的成立。在这里,笔者主张,我国目前的作为义务四来源说虽然在大部分情况下是适应现实需要的,并因此而获得了通说的地位,但随着社会的发展、人们文化观念的变化,严格限定在这四种形式来源内有法益保护不周的缺憾。当然,笔者也注意到,如果说坚守在这四种形式义务来源内探讨作为义务并处理生活中发生的案件,还没有遇到太大障碍的话,先行行为的巨大张力性可能为这种坚守助了一臂之力。如前所述,先行行为作为义务来源的确立,极大动摇了费尔巴哈以来提出的仅从法律和契约中寻求作为义务根据的学说,并为从超法规立场来探求作为义务发生的根据的实质化理论埋下了伏笔。长期以来对这种来源形式一直没有异议。Hruschka 认为如果有

---

① 〔德〕汉斯·海因里希·耶赛克、托马斯·魏根特著:《德国刑法教科书(总论)》,徐久生译,中国法制出版社 2001 年版,第 746 页。
② 黎宏著:《不作为犯研究》,武汉大学出版社 1997 年版,第 166—167 页。　**351**

义务不造成某种不被期待的现象,那么自己违反不作为义务而造成的那些现象有发生危险时,也有义务组织任何不被期待的现象发生。这种安全义务正是源于前行为违反义务,其他的安全义务类型都是从先行行为保证类型这个基本类型而推导出来。正是受这种思想的影响,危险的前行为的成立范围有不断扩大的趋势,甚至涵盖了其他同类的保证人类型,而几乎使得监督危险的保证人类型即等于危险前行为类型。后来,更有的学者提出以先行行为类型作为全部不作为人作为义务的实质法理基础,可见,如果不是因为先行行为类型具有的实质张力,又怎么可能作为保证人地位统一的实质法理基础呢?具体到实际案例中,由于发生的很多见死不救的案件是发生在夫妻、父母与子女、处于同居或恋爱状态的男女因一定事由发生争执、口角的情况下,于是,当事人一方对另一方因争执而自杀不加以救助的行为是否成立犯罪以及成立犯罪的理由是何,就出现了不同的意见。有的认为发生在夫妻、父母子女之间的场合可以成立不作为犯罪;但在同居或恋爱状态下男女之间发生一方自杀另一方不加救助的,则不成立不作为犯罪,理由是,前者具有法定义务,后者没有法定义务。但问题是,即便是法定义务,由于法律规定的是父母子女之间、夫妻之间的相互抚养义务,能否从这种抚养义务中推导出救助生命的义务,很有疑问。①有的论者则一概否定上述场合不作为犯罪的成立;还有的学者则把发生争执、口角的行为作为先行行为,从而肯定不作为犯罪的成立。应当说,如果坚持对传统作为义务来源进行实质限定的立场,

---

① 我国有学者认为,应对抚养行为作扩大解释,不仅包括一般意义上生活上的必要扶助、供给,而且包括在被抚养对象的生命、健康处于危险状态下的不救助行为。参见张明楷著:《刑法格言的展开》,法律出版社2003年修订版,第150页以下。

就不应将这种先行行为的成立范围无限制地扩大,应当还其作为形式义务来源形式之本来面目。如果肯定这一点的话,那么,我们就应当认为我国传统的四形式义务来源说存在概括不全的情况。对此,本书在第六章第二节也多少地提到了。

笔者认为,我国通说之所以坚持作为义务来源的四形式说,一方面因循了大陆法系传统的义务来源形式(实际上我国的四来源说就是在大陆法系国家传统的三种保证人类型基础上,又把职务或业务上的要求从其中另外独立出来而得出的作为义务类型);另一方面,考虑到在我国司法实践中的适应性。但我们考察大陆法系的理论和判例可以发现,他们已经超越了传统的三种形式来源,并在实质法理基础的引导下扩大了作为义务的形式根据。至于四来源说在我国司法实践中的适应性问题,通过上述几则案例,我们也可以看出其存在概括的不全面之处。因此,笔者主张扩大作为义务的形式来源。由于我国刑法并未在总则中明确规定不纯正不作为犯的成立要件,因此作此扩大亦无违背罪刑法定之嫌。本来,传统的四来源说也并无充分的法律根据。

首先,传统的四种作为义务来源形式仍然要坚持,但除此之外还应扩大到哪些领域,确实值得考虑。笔者目前尚未有明确的结论意见,不过德国通说所认可的"密切的共同体关系"概念可以考虑加以借鉴。在德国,密切的共同体关系已经成为公认的保护义务来源。虽然有人提出,使用这一概念,明显扩大了不作为犯的处罚范围,但多数学者并没有将其排除在作为义务的来源之外,另外,德国联邦法院也再次确认了密切的生活共同体概念。① 密切

---

① 参见[日]堀内捷三著:《不作为犯论》,日本青林书院新社1978年版,第61页。

的共同体关系具体包括同居关系、危险共同体、收养关系等。① 当然,源于人类的血亲、姻亲而形成的自然关系也属于密切的共同体关系范畴,只不过对这种自然关系法律往往加以明确规定,从而将其独立于密切的共同体关系之外而成为独立的保护义务来源类型。如果将此类型作为作为义务的来源形式,则生活中较多发生的因同居关系而形成密切联系的男女一方自杀另一方见死不救的行为(例如上述案例 1、2 的情况),就可以得到较为妥当的处理,也符合社会的通念。但需要指出的是,成为作为义务来源的密切的生活共同体成立的关键,在于关系人之间处于高度信任的依赖关系中,并且对危险不存在其他可能的保护手段,而不在于存在共同的生活空间。② 因此,单纯的共同生活并不为自己构成保证人地位。③ 同样,婚姻关系实际已经破裂的夫妇,即使同居一室,如果丧失了信赖关系,就只有共同生活体的外形,而不能成为作为义务来源的密切生活共同体。④ 同样,分居的夫妻之间也不可以承认这种义务。⑤

综合上述分析,笔者认为,对不纯正不作为犯作为义务的确定可以从以下几个条件加以考虑:第一,被害人的重大法益(如生

---

① 参见李海东著:《刑法原理入门(犯罪论基础)》,法律出版社 1998 年版,第 165 页。

② [德]汉斯·海因里希·耶赛克、托马斯·魏根特著:《德国刑法教科书(总论)》,徐久生译,中国法制出版社 2001 年版,第 748 页。

③ [德]汉斯·海因里希·耶赛克、托马斯·魏根特著:《德国刑法教科书(总论)》,徐久生译,中国法制出版社 2001 年版,第 748 页。

④ 参见[日]堀内捷三、町野朔、西田典之编:《德国刑法(总论)》,日本良书普及会 1987 年版,第 35 页。

⑤ 参见[韩]李在祥著:《韩国刑法总论》,[韩]韩相敦译,中国人民大学出版社 2005 年版,第 113 页。

命、身体)面临现实的、具体的、迫切的危险之中,这是行为人开始产生作为义务的客观条件。这种具体、迫切的危险,意味着发生的可能性极高,如果只是一般的、抽象的危险,还不能将具体地引起行为人的作为义务,但并不一定要求原因行为同结果非常接近。判断是否属于具体、现实、迫切的危险程度,必须具体考察案件发生时的一切主客观情况进行综合分析,整体判断,包括被害人的具体伤害程度、当时的客观环境(包括天气、时间、路况)等。例如,汽车司机撞伤行人肇事后逃逸,如果被撞伤的行人仅受极轻微的皮肉伤,无须他人扶助,仍可以行走的情形,显然未至"迫切"及"无自救能力"之程度,也无具体的危险之情况,则该司机并不负有基于先行行为之救护作为的特别义务。①

第二,不作为人具有排除这种危险的法律上的义务,这种义务首先不限于法律明文规定的义务,同时也不限于我国传统的作为义务来源的四种情形,基于特定身份、地位和特定事实所引起的行为人与被害人之间的特殊关系,也应考虑在内。

第三,被害人的法益处于不作为行为人的现实排他性支配关系中,也就是不作为人具有对被害人法益救助的排他性支配地位,但这种排他性支配地位的形成不限于"事实承担"的场合,在支配领域的情况下也应具体地考察是否存在排他性支配关系。

以上三个条件必须同时具备,缺一不可。据此,我们再来分析一下前述五则案例。案例1、2中,被告人都是在受害人已经自杀生命面临严重威胁时,放任不管,尤其是临走时怕被人知道还将房门锁上。这样,受害法益就丧失了其他人救助的可能性,行为人对

———————

① 参见陈朴生、洪福增著:《刑法总则》,(中国台湾)五南图书出版公司1994年版,第37—38页。

受害法益具有排他的支配关系。同时,也具备上述三个条件中的前两个条件,从而可以肯定不作为犯的成立。①

案例 3 中,由于王男某在离开其妻子的当时,其妻子王女某只是跳河(严格地讲是到了河中,一米深的河水不具有致熟悉水性的住在河边的农妇死亡的危险,如果水流极为平缓的话),在王男某对王女某的受害法益可以形成支配领域性的场合,王女某的受害法益还不具有具体、迫切的危险,甚至这种情况下还谈不上受害法益的问题。夫妻关系虽然能够产生救助义务,但是不产生在事前防止对方自杀的义务(因为对方支配着危险),夫妻关系能够产生的救助义务的内容充其量是在事后防止对方死亡的义务(因为对方自杀后已无力支配危险),但本案中在王男某离开王女某的那一时刻,并不存在对方真正意义的实施自杀行为的情况。这一点不同于案例 1、2。因此,本案中王男某不应构成故意杀人罪。

案例 4 中,由于并不存在对受害法益的排他支配关系,我们认为该案中的被告人不能构成不作为的故意杀人罪。②

---

① 笔者在与当时在德国做访问学者的冯军教授的通信中曾谈及这几个案例。冯军教授认为,在案例 1 中,李某的行为之所以成立故意杀人罪,是因为他侵入了项某的组织圈,即把项某锁起来了,剥夺了项某出门求生的可能性,是作为犯,而不是基于恋爱关系产生的救助义务所成立的不作为犯,如果李某没有锁门,李某对项某的死充其量只成立见救不救罪(如果法律规定了见死不救罪的话),否则,在偶然相识后一见钟情地发生了一次性行为致女方怀孕后,女方找男方要求结婚,男方不同意,女方喝毒药死亡时男方不救助的,男方就要被定故意杀人罪。但在此案中,李某所谓的作为只能是锁门行为,但在法律评价中,将锁门行为认定为故意杀人罪中的杀人行为,是难以让人接受的。这涉及作为与不作为的区分和价值判断问题,对此,本书第二章已有阐述。

② 对案例四,冯军教授认为,王某乙被定为故意杀人罪(既遂),也有疑问,因为警察介入了,警察介入之后警察就有优先抢救王父的义务,如果警察是开汽车来的,却任由王某乙用板车送王父去医院,耽误了治疗应是警察的不作为的结果,那么,警察就成立故意杀人罪(既遂),王某乙充其量成立故意杀人罪(未遂)。

案例5中由于具体案情不十分清楚,需要具体分析。如果吴某划定了警戒线并告诉了游客,则不应构成故意杀人罪;如果他没有划定警戒线或者没有告诉游客,就是过失致人死亡罪,视具体情形也可能是故意杀人罪,例如危险是如此明显,以致于能够证明他的放任或者希望的故意。一群理性的人(6个游客)违反了一个理性的规定时就必须自担风险,吴某没有救另外两人,如果是因为风太大,以致救助活动足以给他造成生命危险的话,则他连见危不救罪也不成立(因为缺乏期待可能性),相反,很可能应该由活着的4个游客对死亡的2个游客的死亡负责(如果是4个游客带头游到警戒线之外或者活着的4个游客怂恿死亡的2个游客游到警戒线之外的话)。

三、围绕交通肇事逃逸行为展开的个案论证

在我国的司法实践中,成立不纯正不作为犯的场合,多是发生在婚姻家庭领域、具有密切关系的男女同居关系领域以及交通肇事逃逸的场合,从构成的罪名来看,多是故意杀人罪和过失致人死亡罪。尤其是,交通肇事逃逸的情况,随着我国1997年刑法典对交通肇事逃逸行为作了明确规定以及司法实践中也常见多发,对这一问题的探讨,一度成为刑法学界争论不休的热门话题。因此,在这里选取交通肇事逃逸行为展开对不纯正不作为犯的实务研究,就很有代表性意义和实践价值。在对交通肇事逃逸致人死亡能否构成不纯正不作为的故意杀人问题的分析中,作者将在比较有关国家和地区的学说和判例观点的基础上,重点对我国刑法中的有关肇事逃逸问题进行探讨。

对于交通肇事逃逸的处理,各国的规定不同,其在刑法中的意义也不同。有的国家将其作为独立的罪行而规定为单独的罪名。

德国、俄罗斯、我国台湾地区刑法典即是,但各有不同的构成要件。例如,德国刑法典第142条规定了擅自逃离肇事现场罪。从该条文规定的具体内容来看,其所保护的法益不在于保全道路交通,也不是基于对被害者的救助义务,而主要是为了防护交通事故中被害者的损害赔偿请求权。而俄罗斯刑法典第265条规定的逃离事故现场罪的犯罪客体,不仅包括预防对依法受保护的社会关系造成损害,而且包括排除损害或减轻可能发生后果的严重程度,同时包括交通事故中的受害人的生命和健康。因而如果受害人在发生道路交通事故时当场死亡便不存在该罪的构成。由此可见,俄罗斯刑法典对该罪的规定很大程度上考虑了对被害者的救助义务。① 台湾地区刑法第185条之四规定,驾驶动力交通工具肇事,致人死伤而逃逸者,构成交通肇事逃逸罪。该罪是新增的罪名,增设理由是为维护交通安全,加强救护,减少被害人死伤,促使驾驶人于肇事后能对被害人即时救护。②

　　日本刑法中没有对这类行为的直接规定,但道路交通法规定了违反救护负伤者义务罪和违反报告事故义务罪。道路交通法规定,发生交通事故时,必须立即停止驾驶车辆,救护受伤者,采取必要措施防止发生危险。不过,关于这类义务的性质,通常的理论和判例都认为是为了保障交通安全和畅通而规定的。③ 但也有观点

---

　　① 参见俄罗斯联邦总检察院编:《俄罗斯联邦刑法典释义》(下册),黄道秀译,中国政法大学出版社2000年版,第740—741页。

　　② 参见许玉秀:《学林分科六法——刑法》,(中国台湾)学林文化事业有限公司2001年版,第319页。

　　③ 参见[日]日高义博:《关于交通肇事后逃跑的罪责问题》,阎修权译,载于志刚主编:《刑法问题与争鸣》第3辑,中国方正出版社1999年版,第450页。

认为其侵犯的法益应理解为身体安全。①

　　中国大陆刑法典也没有对这类行为作出单独规定,而是将其作为交通肇事罪中的一个量刑情节考虑。具体而言,在刑法典第133条关于交通肇事罪的第二、三个量刑档次中分别规定了交通肇事逃逸的问题,即:交通运输肇事后逃逸或者有其他特别恶劣情节的,处3年以上7年以下有期徒刑;因逃逸致人死亡的,处7年以上有期徒刑。我国学者较为一致的观点认为,立法上作出上述规定,其出发点在于事故发生后,行为人依法负有国务院《道路交通事故处理办法》中规定的"发生交通事故后的车辆必须立即停车,当事人必须保护现场,抢救伤者和财产(必须移动时应当标明位置),并迅速报告公安机关或者执勤交通警察,听候处理"的义务。尽管上述规定与日本的道路交通法的规定几乎一致,但对于这类义务的性质,大陆地区刑法学界却有着不同的认识。通常的见解是,尽管不排除具有保障交通安全和畅通的性质,但在这里,肇事逃逸作为交通肇事罪的量刑情节,一方面立法上将其与"其他特别恶劣情节"相并列,考虑了这种情况反映出行为人较为恶劣的主观恶性;另一方面,在客观上逃逸行为使肇事后的抢救工作无法及时正常进行,往往使原本可以挽救、避免的重大后果因此发生,使原本可以消灭的构成要件结果发生的危险实害化,并使肇事责任往往无法准确认定。②

　　笔者认为,无论是把交通肇事逃逸作为独立的犯罪,还是作为交通肇事罪的特别情节,从立法规定的合理性角度看,如果单纯因

---

　　①　参见[日]曾根威彦:《ひき逃げの罪责》,载植松正等编:《现代刑法论争Ⅱ》,日本劲草书房1985年版,第20页以下。

　　②　参见林维:《交通肇事逃逸行为研究》,载陈兴良主编:《刑事法判解》(第1卷),法律出版社2000年版,第250页。

为交通肇事后制造了危险的交通环境,从而有必要课以行为人排除危险维护交通安全的义务而增设肇事逃逸罪(或作为交通肇事罪的加重情节),则未免对交通犯罪行为人过于苛责。诚如有的学者指出的,"果真如此,则至少妨害秩序罪和公共危险罪章的犯罪行为人都应该有犯罪后不逃逸的义务,放一把火或倾覆大众运输交通工具是何等的危险? 如果制造更严重危险的犯罪行为人都有逃走的权利,何独交通肇事行为人没有此种权利?"这种规定"违反平等原则,实属违宪之规定。"①因此,从救护被害人、防止危害结果的扩大的立场考虑上述问题或许更为妥当。

接下来,笔者将围绕交通肇事逃逸致人死亡能否构成不作为的杀人罪而展开,当然在论证这一问题之前,有必要就与之有密切关联的几个问题首先作一剖析,这包括交通肇事逃逸致人死亡中行为人的主观心态问题以及交通肇事逃逸是否构成遗弃犯罪的问题。

(一)交通肇事逃逸致人死亡中行为人的主观心态

在这里,重点探讨一下我国刑法第 133 条规定的"交通运输肇事后逃逸"以及"因逃逸致人死亡"的情形中行为人的主观罪过问题。根据刑法第 133 条的规定,发生交通事故后,行为人对逃逸行为是出于故意,当无疑问。但对因逃逸致人死亡中的"死亡"结果是何态度,目前争议颇大。

第一种观点认为,这种情况下行为人对死亡的心理除了过失外,还包括放任的态度。如有的论者认为,"肇事后逃逸,不能排除肇事人对被害人的死亡结果持放任态度,但这是肇事后的结果

---

① 参见许玉秀:《学林分科六法——刑法》,(中国台湾)学林文化事业有限公司 2001 年版,第 51 页。

行为,主观上是为了逃避法律责任,因此应认定交通肇事罪。"①也有的论者认为,在立法未作修改之前,将这一罪刑阶段的主观罪过形式解释为兼含间接故意是比较合适的。②

第二种观点主张,逃逸人"希望"或"放任"死亡结果发生的心理态度都可能存在,而不独放任态度。并指出,在这里无论是过于自信或者希望、放任死亡结果发生,并不是行为人在交通肇事行为之前或事故发生当时对结果的犯罪心理态度,而是事故发生后行为人"逃逸"行为时的心理态度。而这种逃跑故意根本不是犯罪心理状态,如果仅因过于自信或希望、放任被害人死亡即要作为构成新的犯罪予以评价,是不是有以主观论罪之嫌呢?因而在立法对"因逃逸致人死亡"作为交通肇事罪的情节规定的情况下,这种心理状态无论属于故意还是过失,都不影响应属于交通肇事情节的意义。③

第三种观点则认为,这种情况只适用于行为人交通肇事后逃跑因过失致人死亡,不包括故意的情形。④有的论者作了进一步的论证,主要理由是:(1)根据刑法中一罪与数罪理论,该规定不应包括故意犯罪。如果认为"因逃逸致人死亡"包括故意犯罪,则因逃逸致人死亡行为与过失的交通肇事行为分别符合故意杀人罪与交通肇事罪的构成要件,应实行数罪并罚,而不是以交通肇事罪

---

① 参见魏克家、欧阳涛等主编:《中华人民共和国刑法罪名适用指南》,中国人民公安大学出版社1998年版,第62页。

② 参见李洁:《析交通肇事罪的罪过形式》,载《人民检察》1998年第11期。

③ 参见林亚刚:《论"交通运输肇事后逃逸"和"因逃逸致人死亡"——兼评〈关于审理交通肇事刑事案件具体应用法律若干问题的解释〉的若干规定》,载《法学家》2001年第3期。

④ 参见黄祥青:《浅析刑法中的交通肇事罪》,载《政治与法律》1998年第4期。

一罪处理。(2)"致人死亡"的表述表明了该规定不包括故意犯罪。(3)该规定的法定刑表明其不包括故意犯罪。(4)如果该规定包括故意杀人犯罪,则会破坏分则条文的协调性。①

在分析这个问题之前,需要明确,上述观点所探讨的"人"是就肇事行为中原来的被撞伤者而言。如果是第一次肇事后再次肇事撞死他人的情形,则探讨逃逸人对死亡的心理态度实质上对交通肇事罪本身罪过问题的理解,对此本书不作专门探讨。对于这个问题,笔者以前也持第三种观点,主张交通肇事逃逸致人死亡中逃逸人对死亡结果只能是过失,如果具有故意(包括直接故意和间接故意),则应属于杀人罪的范畴,不属于刑法第 133 条规定的情形。② 但现在看来,这种观点在我国现行刑法规范下未必妥当,第二种观点相对更为合理。第二种观点与第一种观点的不同之处在于:除了过失的心理态度之外,第一种观点把故意只限于"放任"的意志态度,而第二种观点则包括了"希望"的意志态度;第二种观点只是表明逃逸人对死亡结果是希望或放任的态度,但并未表示这就是故意杀人罪中的直接故意和间接故意,而第一种观点中有的论者将这种心理态度直接表述为主观罪过,但其并未能说明为何间接故意可以包括在内,而直接故意就不可,要知道二者只是具体意志态度的不同,似乎不应影响定性。同样,即便没有将这种心理表述为主观罪过,但也未能对不包括"希望"的意志态度予

---

① 参见刘艳红:《交通肇事逃逸致人死亡的个案研究》,载陈兴良主编:《刑事法判解》(第 2 卷),法律出版社 2000 年版,第 421—422 页;张兆松:《论交通肇事逃逸致人死亡的定罪问题》,载《人民检察》1999 年第 5 期;杜宇:《再析交通肇事罪中的"因逃逸致人死亡"》,载《甘肃政法学院学报》2000 年第 3 期。

② 参见于志刚、许成磊:《论交通肇事逃逸致人死亡案件的定性》,载《国家检察官学院学报》2001 年第 1 期。

以合理的说明。不过,第二种观点在逃逸人对死亡结果的放任和希望态度是否就是不作为的故意杀人罪的罪过心理或者包含后者这一问题上也闪烁其辞。

在这里需要特别明确的是,首先,逃逸人对死亡结果的态度是发生在交通肇事之后,并非交通肇事罪本身的罪过态度,站在先前的交通肇事行为立场,逃逸人对死亡结果的态度只是一种事后的心理(当然这种心理可能在其他因素的综合作用下而被另外评价为罪过心理,但它属于另外构成其他犯罪的问题,与先前的交通肇事罪过心理无关);其次,姑且不考虑刑法第133条中规定的因逃逸致人死亡的成立范围问题,仅就逃逸人对死亡结果的实际心理态度而言,其既具有过失的心理,也包括放任乃至希望死亡结果发生的态度,这不应有疑问(请注意此时行为人的心理尚未经过法律评价为主观罪过)。接下来我们分析一下上述心理态度的法律评价问题。

上述事实心理中,对死亡结果有过失的,可以被评价为犯罪过失,从而使得交通肇事后行为人不进行必要的救助而逃逸致人死亡的行为可以被评价为不作为的过失致人死亡罪。但基于法律的特别规定,这种行为不再成立刑法典第233条的过失致人死亡罪,而是作为交通肇事罪的特别情节。但逃逸人对死亡结果出于放任乃至希望心理的,并不当然地成立不作为的故意杀人罪,而只是部分可以被评价为故意杀人罪的罪过心理。也就是说,根据下文关于逃逸致人死亡成立不作为故意杀人罪的限定,在有些情况下即使肇事行为人主观上对因自己的逃逸会导致被害者死亡这一点持放任乃至希望态度,但仅凭此还不足以成立故意杀人罪,还需要有其他条件的限制。对此我国著名刑法学家王作富教授指出,行为人对逃逸结果持放任态度,不一定改变交通肇事罪整体的过失性质,但也不否认这种不作为可能构成故意杀人罪,只是不能据此认定行为人放任被害人死亡的,就构成故意杀人罪。①

这里涉及交通肇事致人死亡是构成遗弃罪(在中国目前是交通肇事罪的一种特别情节)还是构成故意杀人罪的区分问题。站在不同的立场上可能会得出不同的结论。在接下来的分析中,笔者还要指出,交通肇事逃逸能否成立杀人罪存在肯定论与否定论:在肯定论中,有的学者认为只要行为人对死亡结果有未必的故意就足够;也的学者认为只是未必故意还不足以把不作为与作为在违法性上同价值,还必须有积极的故意,或者对法的敌视态度。但这样一来就会无限制地扩大不作为故意杀人罪的成立范围,把许多情况下本为一罪的作为数罪处理。因此,笔者并不同意仅凭行为人的主观故意是否具有希望或放任的态度来认定是否成立杀人罪,这种"过分依赖于行为人主观方面的动机或对结果发生持放任态度的情况来判定行为的性质的方法并不可靠,"②以主观方面恶的动机来弥补客观方面的不足的方法是非常危险的,容易出入人罪。日本学者平野龙一教授也指出,"即使在有杀人故意,但没有成立杀人罪的足够的作为义务的情况下,要以保护责任者遗弃罪从轻处罚。这样,在不作为场合,从重罪逐渐到轻罪的处罚,就分别由作为义务的强弱来决定。"③笔者认为,平野教授强调即便主观上具备杀人罪中的主观条件还不足以成立杀人罪的观点是十分正确的。这样一来,行为人逃逸致人死亡的心理中实际包括了

---

① 参见高铭暄主编:《刑法学专论》(下册),高等教育出版社 2002 年版,第662 页。

② 参见黎宏著:《不作为犯研究》,武汉大学出版社 1997 年版,第 194 页。

③ 参见[日]平野龙一:《刑法总论Ⅰ》,日本有斐阁 1972 年版,第 157—159页。转引自张明楷著:《刑法格言的展开》,法律出版社 1999 年版,第 148 页。

两类,其中一类放任、希望的心理,因综合案件整个事实而成立不作为故意杀人罪从而被评价为犯罪故意中的间接故意和直接故意。而按照第三种观点,那么余下的另一类若不被包含在刑法第133条第三量刑档次中,则无法得到恰当的处理。因此,笔者虽然主张刑法第133条中的"因逃逸致人死亡"中逃逸人对死亡的心理包括放任和希望的态度,但并不是说该条中包括了成立故意杀人罪的情况,相反,我们是把其中一部分能够成立不作为故意杀人罪的情形是排除在本条之外的(对此下文还将有深入的分析)。这与"逃逸致人死亡"中逃逸人对死亡结果持故意态度从而认为刑法第133条规定的该情形包容间接故意杀人乃至直接故意杀人的观点存在本质的不同。同时与否认逃逸人对死亡结果具有放任乃至希望心理的出发点也存在本质的不同。基于这种立场,笔者认为,第三种观点恰恰把所有的逃逸人对死亡结果的放任乃至希望的心理态度都作为故意杀人罪中的间接故意和直接故意的罪过,这样其所针对的批判就在所难免了。顺便指出,仅凭"致人死亡"的表述表明不包括对死亡结果的故意态度也是不足为据的。

总之,对我国刑法典第133条规定的"因逃逸致人死亡"应当有正确的理解。当然立法的这种规定忽视了现实生活中行为人对死亡结果心理态度的复杂性,从而给理论和司法适用造成不必要的麻烦,有进一步完善的必要。

(二)逃逸行为是否成立遗弃罪

德国刑法第221条规定了遗弃罪,遗弃的方式上包括两种:一种是不作为的遗弃;另一种是作为的遗弃。① 同样地,日本刑法典

---

① 参见[日]大塚仁著:《刑法概说(各论)》,日本有斐阁1992年改订增补版,第58页。

第 27 章也规定了两种类型的遗弃罪,即单纯遗弃罪与保护责任者遗弃罪。我国台湾地区刑法第 293 条和第 294 条也分别规定了无义务的遗弃罪和有义务的遗弃罪(即违背法令契约义务之遗弃罪)。上述立法规定的共同点在于:一般的观点认为,具有保护责任的人的遗弃行为可以是作为的移置,也可以是不作为单纯的遗弃(如消极离去或单纯的不予保护等);而没有保护责任的人,只有实施积极的移置行为才构成遗弃罪,即只存在作为的遗弃方式。①

　　而在交通肇事逃逸的场合,肇事者的逃逸既可能表现为单纯的逃逸,即把被害者留置在现场、放任不管,径自离去的情形,也可以表现为"移置"之后再逃逸,即把被害者移离现场而将其置于可危及生命、健康安全的场所之情形。那么,这种逃逸究竟是构成单纯遗弃罪,还是符合保护责任者遗弃罪(有义务的遗弃罪)? 如果按照通说的观点,单纯逃逸行为不应构成单纯遗弃罪,但有可能构成保护责任者遗弃罪;而移置逃逸行为则既可能在单纯遗弃罪中加以探讨,也可作为保护责任者遗弃罪来考虑。关键是看这种情况下逃逸人是否属于具有作为义务(保护义务)的"保护责任者"。

---

　　① 对此台湾地区刑法学界认识较为一致,而在日本则有不同的见解。通说认为,日本刑法第 217 条的遗弃限于作为的遗弃,而刑法第 218 条规定的保护责任者遗弃罪则既包括作为也包括不作为。但也有的认为,刑法第 217 条规定了不作为之遗弃,因而单纯逃逸行为在许多情况下也符合该条规定的单纯遗弃罪。还有观点认为,既然刑法第 218 条把遗弃与不进行必要保护作为两个不同概念而并列规定,那么遗弃就应可以理解是作为行为,同时对刑法第 217 条规定的遗弃也应作相同的理解。这样,单纯逃逸既可以考虑构成单纯遗弃罪,也可以考虑作为刑法第 218 条上的不进行必要保护而构成的保护责任者遗弃罪来加以探讨。参见[日]野村稔:《逃逸罪》,载西原春夫等编:《刑法学》,日本有斐阁 1977 年版,第 90 页以下;[日]町野朔:《遗弃罪》,载小暮得雄等编:《刑法讲义总论》,日本有斐阁 1985 年版,第 423 页。

那么,哪些人属于保护责任者呢? 德国刑法规定包括对孩子或受其教育或照料之人,及因其行为致被害人的健康遭受严重损害的人。台湾地区刑法则规定为法令契约上扶助、养育、保护责任之人。日本刑法虽未明确"保护责任者"的范围,但学界通说认为,是指依法令、契约、事务管理、习惯、道路(先行行为)而产生,在逃逸的情况下,依照法令或先行行为便可证明肇事者有保护责任。①

根据德国刑法的规定,交通肇事逃逸人可以认为是"因其行为致被害人的健康遭受严重损害的人",从而可以成立由不作为构成的遗弃罪。但是否可以基于该规定便可直接构成遗弃罪,因资料的缺乏,我们还不能得到明确的答案。在日本,站在上述通说的立场,则可以基于法令或先行行为而肯定交通肇事单纯逃逸人负有保护的责任而成立保护责任者遗弃罪。但具体的保护责任根据是何,则有不同观点。从法令寻求保护责任根据的观点认为,日本道路交通法第 72 条第 1 款规定的交通事故肇事者负有救护、报告义务是刑法第 218 条保护责任的证明根据。② 从先行行为中寻求保护责任根据的观点则认为,肇事者的过失致人受伤这一先行行为可以和日本道路交通法上的救护义务一起为刑法第 218 条的保护责任提供根据。③ 不过这两种观点都受到了质疑。因为日本道路交通法第 72 条第 1 款是对所有司乘人员规定了义务,而不问事故情形如何,也不问原因人是谁,并对这种违法行为分别根据该

---

① 参见黄明儒:《日本刑法中逃逸行为的判例与理论介评》,载《法学家》2001 年第 6 期。

② 参见[日]山火正则:《判批》,载《判夕》303 号(1974 年),第 109 页。

③ 参见[日]曾根威彦:《ひき逃げの罪责》,载植松正等编:《现代刑法论争 Ⅱ》,日本劲草书房 1985 年版,第 24 页以下。

法第117条、第117条之三、第119条第1款第10项之规定加以处罚。而且日本的判例也并未对单纯逃逸行为根据刑法第218条进行处罚。于是有学者提出,刑法第218条中的保护责任,是比一般不真正不作为犯中的作为义务层次更高的义务,这种义务是依被告人应继续照看被害人生活的特定身份、地位而产生。为了能认定刑法第218条的保护责任,仅凭法令或先行行为还不足以成立,还必须存在"接受"对要保护者的保护,并置其于自己的"管理"之下的"排他依存关系"。① 如果按照这种观点,则单纯逃逸无论如何不能构成保护责任者遗弃罪。其结果便是要么仅构成道路交通法上的救护义务违反罪,要么可以构成刑法第217条的单纯遗弃罪(这种情况下同时与救护义务违反罪形成竞合,具体是想象竞合还是法条竞合,要视对救护义务违反罪的法益的理解而定)。而要构成刑法第217条规定的单纯遗弃罪,就需突破传统所认为的单纯遗弃罪只能由作为遗弃方式构成的观点,即单纯遗弃罪也包括作为义务者的不作为遗弃。由此看来,日本刑法第217条、第218条究竟作何种解释,目前尚无定论。但是,持该种观点的学者同时指出,这种不作为,同样不能理解为该作为义务仅凭法令或先行行为而直接产生并以其为充足,如果不能认定事实上的"接受"乃至"排他支配",也不能肯定作为义务的存在。

在台湾地区,对保护责任的根据也存在不同的见解:(1)双重根据说。即保护责任的根据既来自道路交通管理处罚条例上规定的保护义务,也来自先行行为产生的作为义务。陈朴生、洪福增先生认为,台湾地区《刑法》第294条将保护责任根据限于"法令或

---

① 参见堀内捷三著:《不作为犯论》,日本青林书院新社1978年版,第263页。

契约"而发生,但所谓"法令",通说认为应包括公法、私法及行政法令在内。《道路交通管理处罚条例》第 62 条规定的救护义务,即属刑法第 294 条规定法所要求或期待行为人应尽的保护义务,从而在交通肇事逃逸致人死亡的场合,可以成立有义务的遗弃罪。同时,肇事者基于过失行为的先行行为而引起他人伤害结果负有防止被害者死亡的作为义务,且这种作为义务的程度较前者更高。故在行为人履行义务时,前者可以包括在后者之内。① 即认为,这种情况下逃逸人负有法令和先行行为引起的双重作为义务。甘添贵教授也认为,刑法第 294 条所谓的"法令"是泛指一般法令而言,并无种类限制,道路交通管理处罚条例所规定的救护义务,纵具有行政目的,唯对于负伤者已发生生命、身体之危险,也有使其止于最小限度的目的。此项救护义务,在内容与性质上,与遗弃罪中的保护义务相符,因而条例所规定的救护义务作为遗弃罪中依法令所生保护义务的一种,应无问题。同时,基于《刑法》第 15 条第 2 项所规定的先行行为之作为义务,也应成为保护义务发生的根据。② (2)法令义务说。持该观点的许玉秀教授认为,道路交通管理处罚条例的规定,内容上是属于前行为保证人地位的规定,但既然这种保证人地位已为法律所规定,则属于《刑法》第 15 条第 1 项的法律规定的保证人地位,而不是该条第 2 项规定的前行为保证人地位。理由是,虽然该条第 2 项的前行为保证人地位被解释为例示的规定,但第 1 项的规定仍不包括第 2 项的规定,因此如果已经引用条例的规定,则认定肇事者的作为义务,应该用《刑法》

---

① 参见陈朴生、洪福增著:《刑法总则》,(中国台湾)五南图书出版公司 1994 年初版,第 28 页。

② 参见甘添贵著:《刑法之重要理念》,(中国台湾)瑞兴图书股份有限公司 1996 年版,第 325—329 页。

第 15 条第 1 项,而不是第 2 项。① 台湾的有关判例也采取这种立场。② (3)先行行为、法令义务同时否认说。如蔡墩铭教授认为,在交通肇事致他人重伤行为人放任不管逃逸因而致人死亡的情况下,并不另外成立不纯正不作为犯罪。不仅不成立不纯正的故意杀人罪,而且也不成立违反法令契约义务遗弃罪(大致相当于日本刑法中规定的保护责任者遗弃罪)。就是说,交通肇事无论如何不应当引起作为义务,尽管道路管理处罚条例规定,汽车驾驶人如肇事致人受伤或死亡,应即采取救护或其他必要措施,并向警察机关报告,不得逃逸,违者吊销其驾驶执照。但这只是行政法上的行政责任,而不会直接引起刑法上的刑事责任。除道路交通管理处罚条例规定了车祸肇事者的义务外,别无其他法律有类似义务之规定,所以车祸肇事者救助无自救力人并无法令上的明文规定。因此,其行为不仅不构成不纯正的故意杀人罪,也不应构成违背法令契约义务遗弃罪,除非其另外有积极的遗弃行为而构成无义务之遗弃罪(相当于日本刑法中的单纯遗弃)。③ 即该观点同时否认法令和先行行为引起的作为义务在交通肇事逃逸案件中的存在。需要指出的是,上述观点是在台湾地区《刑法》增设第 185 条之四交通肇事逃逸罪之前提出,在目前已规定该罪的情况下,依陈、洪

---

① 参见许玉秀:《最高法院七十八年台上字第三六九三号判决的再检讨——前行为的保证人地位与客观归责理论初探》,载(中国台湾)《刑事法杂志》第 35 卷第 4 期。

② 在某甲驾车逃逸的场合,多数意见认为,依道路交通管理处罚条例,甲对受伤者负有保护义务,其不进行救助而逃逸自应负刑法第 294 条第 1 项后段之遗弃罪责,且其遗弃罪自其不履行保护义务而逃逸之际即已成立。参见许玉秀:《学林分科六法——刑法》,(中国台湾)学林文化事业有限公司 2001 年版,第 433 页。

③ 参见蔡墩铭著:《刑法总则争议问题研究》,(中国台湾)五南图书出版公司 1997 年 6 月初版,第 60—61 页。

二位学者的立场,则需考虑遗弃罪与交通肇事逃逸罪的竞合问题;而站在蔡墩铭教授的立场,则单纯逃逸的行为应直接适用刑法第185条之四的规定即可。

大陆刑法中并未有保护责任者遗弃罪,同时学界一般也不会把某些交通肇事逃逸致人死亡的情形按刑法第261条规定的遗弃罪定罪处罚。关于交通肇事逃逸致人死亡案件中作为义务来源问题,往往是在分析论证是否构成不作为的故意杀人罪时加以探讨。从作为义务来源的角度看,大陆学者对此问题的认识也存在先行行为说、法律义务说以及双重根据说的分歧。

通过上述分析可以发现,各国、各地区的道路交通管理条例往往都规定了肇事者的救助义务,有的甚至将违背这种义务的行为直接规定为犯罪行为(这种情况下应为纯正不作为犯),但这种义务能否成为保护责任者遗弃罪中的保护义务来源,学界意见不一。这一方面与各国、各地区的道路交通管理条例规定的肇事救助义务规范目的有关,另一方面,也与刑法关于不纯正不作为犯的作为义务要求有关,同时也与对先行行为保证人类型的认识有关。如果站在先行行为不能为犯罪行为,否则违反重复评价的立场,则可能否定交通肇事逃逸的场合除了构成交通肇事罪外再构成其他犯罪,或者虽然承认有构成故意杀人罪的可能,但认为其义务源自法律的规定。而承认先行的交通肇事行为可以引起作为义务的学者往往都同时肯定法律规定的义务来源。即道路交通管理条例所要求的肇事救助义务可以作为保护责任者遗弃罪或故意杀人罪的义务来源。中国大陆道路交通管理条例规定驾驶人员在发生交通事故后,必须立即对受伤人员进行抢救。从中可以看出该条例对被害生命法益的保护,因而以此条例规定的救助义务作为交通肇事后作为义务的来源,当无疑问。而先行行为作为不作为犯的义务

371

来源之一，在大陆的学界和司法实务部门已获得普遍的认可，只是在先行行为的成立条件方面尚未取得统一的认识。对此下文还将作专门的探讨。只是需要指出的是，在交通肇事逃逸的场合，行为人作为义务的来源既来自先行行为，也来自法定的义务，二者存在竞合。只是这种情况并非犯罪行为的竞合，因而不能适用行为竞合理论处理，至多仅能强化对该不作为救助的期待可能性。

（三）逃逸行为是否成立杀人罪

关于交通肇事逃逸能否构成杀人罪的问题比较复杂。这种复杂性不仅表现在单纯逃逸和移置逃逸的不同情形中存在学说的对立，而且表现在对交通肇事中逃逸行为的法律性质定位等问题上。下面分情况予以讨论。

1. 关于肇事后逃逸致人死亡中的"逃逸"是作为还是不作为问题的判断

在学界，一般把交通肇事逃逸致人死亡的情形分为单纯逃逸和移置逃逸两种。单纯逃逸行为无论是可以评价为不作为杀人罪的场合，还是被评价为有义务的遗弃罪的场合，其在构成的犯罪的范围内，行为的刑法意义只能是不作为。但在移置逃逸中，如何评价移置行为？究系作为，抑或不作为？学界对此存有不同认识：

一种观点认为，在他人急需救助的情形，行为人不但未予救助，反倒以作为而提高法益的危险性，这时刑法评价的重点应在作为而非不作为。例如，驾驶司机某甲，某人凌晨无照驾驶，不慎肇祸，撞伤行人某乙，乙被撞倒地，不省人事。甲即停车，将被害人某乙弄上车后，竟意图逃避责任，驾车开往郊外偏僻处，将乙弃置于草丛中。台湾学者林山田教授认为，该案中，甲撞伤乙后，未将乙送往医院救助,属不作为;但甲积极地以其行为改变乙所处场所的状态,则属于作为。就甲的行为所具有的社会意义考量,甲弃置乙于荒郊野外的行为,已明显地降低乙获救的可能性,提高其生命法益的危险性,所以刑法评价的重点在于甲将乙弃置的作为,而非未将乙送医院救治的不作为。也就是说,甲的弃置行为应认定为作为,究竟是作为的杀人罪还是遗弃罪,则属于杀人罪与遗弃罪主观不法构成要件的问题。持相同观点的还有许玉秀教授等。[①]

　　另一种观点则认为,这里的故意杀人由作为构成实为误解。将被害人挪开现场抛弃他处的行为看似一连串的作为,但作为与不作为的区分本来就不是在行为人身体外表的动静,而是在他所违背的法律规范的期待方式。上述案件中,某甲把某乙载往偏僻处,并未制造某乙死亡或加速死亡的风险。如果某乙在此过程中逐渐失血而趋近死亡,那是先前被某甲撞伤所产生的即存的风险状态,而不是新制造的风险。因此,如果某甲应负杀人刑责,只可能是因为他的不作为,而不是他的作为。[②]

　　笔者认为,这里涉及作为与不作为的区分问题。如本书第二章所述,从物理意义上,不作为本为"无",但刑法中的行为概念应当是规范的概念,是一个包含价值判断的评价性概念,也只有在这

---

　　①　参见林山田著:《刑法通论》(下),1998 年作者自版(增订第六版),第524页;许玉秀:《最高法院七十八年台上三六九三判决的再探讨——前行为的保证人地位与客观归责初探》,载(中国台湾)《刑事法杂志》第 35 卷第 4 期。另外,前述日本学界所谓的"作为的遗弃"与"不作为的遗弃"的说法,也是基于这种立场上的提法,考虑用语的方便,笔者在文中未加以更改,但这并不表示笔者赞成这种主张。

　　②　参见黄荣坚:《不作为犯与客观归责》,载黄荣坚著:《刑法问题与利益思考》,(中国台湾)月旦出版社股份有限公司 1995 年初版;肖中华著:《侵犯公民人身权利罪》,中国人民公安大学出版社 1998 年版,第 69—70 页。

种意义上不作为才能获得刑法中的"行为"属性,同时,作为与不作为的区分具有相对性,可能同样的行为对于不同的行为主体来说其作为还是不作为的性质判断是不同的。因而对交通肇事逃逸中的弃置行为(即所谓的"移置逃逸")的评价,应从交通肇事逃逸致人死亡整个行为过程的法律意义来考虑,而不应孤立地考察逃逸行为系作为还是不作为。固然,人的身体动静对于区分作为与不作为,具有一定的意义,一个人没自然概念上肢体活动的行为现象,在现存的犯罪构成要件类型上,无论如何不可能被评价为作为。但也并非只要具有积极的身体运动就可以评价为作为,这最终要取决于其在犯罪构成类型中的法律评价。对于交通肇事逃逸而言,无论是单纯的逃逸,还是将被害人移置他处之后逃逸,法律评价的重心都在于行为人肇事后应当积极救助的作为义务上。对此,我国刑法学家王作富教授指出,在交通肇事逃逸案件中,被害人死亡的根本原因是没有得到行为人应当给予的及时救助,而转移被害人行为只是排除了其他人实施救助的时机与条件,致使死亡未能避免,因而在本质上这种移置逃逸对于不作为的故意杀人罪这一构成要件类型而言,应属于不作为形式。①

2. 关于交通肇事逃逸案件中先行行为范围的判断

在交通肇事逃逸引起的死亡案件中,关于交通肇事行为能否作为先行行为的问题,学界认识不一,大致有肯定与否定的观点,而站在肯定立场的学者其所以肯定的理由也存在多种学说。

一些学者基于先行行为不应包括犯罪行为的立场,认为交通肇事逃逸致人死亡的,无论何种情形只构成交通肇事罪的结果加

---

① 参见高铭暄主编:《刑法学专论》(下册),高等教育出版社 2002 年版,第666 页。

重犯。①

　　有的学者则基于先行行为不能由犯罪行为构成的立场,同时又认为在交通肇事的场合仍存在构成不纯正不作为杀人罪可能性,而对先行行为的概念和范围进行重新诠释。如有观点认为,在汽车司机肇事造成被害人重伤后将伤者移至荒僻之地致使伤者死亡的,被害人死亡结果的危险最终是由移置行为所致,此移置行为才是本体意义上的先行行为。即交通肇事本身并非可以引起作为义务的先行行为,先行行为只能是"移置"行为。而移置行为的法律意义是什么呢? 即其属于作为还是不作为? 在接下来的论述中,该观点还指出,先行行为不应包括不作为,据此可以得出结论,该观点也是把移置行为看做是作为的。② 该观点试图说明不纯正不作为犯罪中先行行为不能由犯罪行为构成,但把"移置"行为作为先行行为,似乎偏离了不作为犯罪成立的本旨。我们说,由于交通肇事,行为人产生了积极救助被害者的义务,而行为人竟然逃逸不救助,因而违反这种救助义务。也正是由于交通肇事这种先行行为才会产生救助被害者的积极作为义务,从而成为不纯正不作为犯中作为义务的来源。但移置行为本身如何能够说明对被害者积极救助义务呢? 在规范意义上,是由于发生了肇事行为才产生救助义务,而非移置行为才产生救助义务。更何况,倘若将移置视作作为行为,也只能得出行为人构成作为的故意杀人罪,而不能得出构成不作为的故意杀人罪的结论。因而该观点并不妥当。

_____

　　① 在我国,刑法第 133 条规定的"因逃逸致人死亡的,处七年以上有期徒刑",这种情形究系结果加重犯还是情节加重犯,学界存在不同的见解。限于篇幅,在此不便展开。

　　② 参见于改之:《也论先行行为的范围》,载《湖南省政法管理干部学院学报》2001 年第 5 期。

如第六章第二节所述,先行行为可以为过失犯罪行为,因而交通肇事逃逸致人死亡的,行为人的交通肇事行为可以作为先行行为来考虑。但值得注意的是,国内的刑法学者们在探讨交通肇事逃逸问题时,对先行的肇事行为能否作为先行行为而引起作为义务构成不纯正不作为的故意杀人罪,无论肯定说还是否定说,似乎都忽视了一个问题,即在行为人交通肇事造成一人重伤的情况下,根据我国有关司法解释的规定,尚不足以构成交通肇事罪,只有造成三人以上重伤(排除造成其他严重后果的情形),才谈得上犯罪。因而即便否认犯罪行为不能作为先行行为,在交通肇事的场合,还是存在先行行为的成立问题(除非直接否认先行行为保证人类型)。例如,在造成一人重伤的情况下,肇事司机逃逸,因而致被撞伤者死亡。由于先行的交通肇事行为只具有一般违法的性质,而尚未构成犯罪,因而即便把先行行为限于一般的违法行为,肇事司机的行为还是存在作为义务的问题。

3. 国外相关理论及判例关于逃逸是否成立杀人罪的论证

(1)关于"单纯逃逸"、"移置逃逸"是否成立杀人罪的学说争鸣。

在单纯逃逸,也就是将被害人弃置原地逃逸的场合,行为人是否构成不作为的故意杀人,在学说上存在肯定与否定观点的对立,而肯定说中关于成立故意杀人的限制性条件设定标准也不同。第一种观点认为,即使在单纯逃逸的时候,由于先行行为引起被害人死亡的危险,行为人能够防止而不防止,致使发生死亡结果,应与积极行为发生结果者相同,从而成立不作为的杀人罪。该说一度是德国的通说。第二种观点认为,单纯逃逸的时候,一般具有基于先行行为的作为义务的救助被害者义务、作为的可能性及容易性的要件,但是为了使不作为同由于作为的杀人在违法性上等价值,

作为主观要件必须是积极的故意,未必的故意是不充分的。理由
主要是,不纯正不作为犯本来仅对于业已存在的因果流程加以利
用而已,具有消极性存在;而未必故意,也具有消极性存在。两种
消极性相加,其消极性更为显著,无法与积极作为同视。为弥补此
项违法性薄弱的缺陷,使其具有与作为同等的违法性,在主观上应
有结果发生的积极意欲存在为必要。① 但反对者认为,不真正不
作为犯与作为犯的等置判断,属于客观方面的问题,行为人主观意
思并非重要,并无例外加以限制的必要,因而即使在未必故意下也
可以成立不作为的杀人罪。② 第三种观点认为,单纯逃逸的场合,
在夜间交通频繁的道路上,昏倒的被害者被后面的车轧死的危险
性很高的时候(即使可以说从伤者自身来说没有达到濒临死亡的
危险性)产生防止结果发生义务,这时行为人逃逸即成立不作为
的杀人罪;相反,白天行人很多的道路上使伤者身负重伤面临濒临
死亡的危险,即使从现场逃走,不能说预想到了要他人可能的救助
这个违反作为义务的态度里包含了杀人罪的实行行为中必须包含
的对生命造成的危险。③ 第四种观点认为,在单纯逃逸的场合,行
为人的逃逸行为并不能与作为等置,不能成立不作为的杀人罪,只
有在移置逃逸的场合才成立不作为的杀人罪。在日本刑法学界,
移置逃逸的场合行为人成立不作为的杀人罪,学说几无异论。但
行为人若同时具有遗弃致人于死及杀人的犯意时,应如何定罪?

---

① 参见[日]川端博:《不作为犯における主观要件(反论と批判)》,载植松正等编《现代刑法论争Ⅰ》,日本劲草书房1985年版,第98页。

② 参见[日]日高义博:《不作为犯における主观要件(问题提起と自说の展开)》,载植松正等编《现代刑法论争Ⅰ》,日本劲草书房1985年版,第91—93页。

③ 参见[日]神山敏雄:《ひき逃げ》,载《法学セミナー》1982年第11期。

学说上有不同见解。有的认为保护义务遗弃罪应为杀人罪吸收，有的认为二者应依想象竞合犯处理。

在日本，判例在肯定将逃逸作为由不作为引起的杀人罪问题上采取了谨慎的态度。例如，有下级法院的判例认为：在负重伤后应该救护被害人，让被害人坐上车从事故现场出发，途中害怕事故被发现，即使认识到了有死亡的可能性，仍将被害人移置到难以被发现的地方（横滨地方法院昭和 3.7.530 下刑法集 4 卷 5～6 号 499 页—杀人未遂等），还有在寻找放置场所的时候，被害人在车上死亡（东京地方法院昭和 40.9.30 下刑法集 7 卷 9 号 1828 页—杀人既遂）等，只限于伴随转移的逃逸行为才成立不作为的杀人罪。在单纯逃逸的事件中，即使肯定了由不作为引起的杀人的客观要件的作为义务，但是因为无法确定杀人的意图，结果有判决否定将此定为杀人罪。（岐阜地方法院大恒支法院昭和 42.10.3 下刑法集 9 卷 10 号 1403 页。）德国的判例在单纯逃逸的场合，在过失的先行行为的案件中往往承认作为义务、承认不作为的故意杀人罪。①

（2）关于成立不作为故意杀人罪的各种限定理论。

为了限定交通肇事逃逸的场合行为人构成不作为杀人罪的存在范围，学说上曾试图从以下一些角度进行限定：

第一种观点强调，行为人的逃逸行为中包含剥夺生命法益的现实危险性。大塚仁教授认为，关于逃离是否相当于杀人的问题，为了使驾驶人员的逃离行为能够相当于杀人罪的实行行为，需要其不给保护的不作为中包含着剥夺被害人生命的现实危险性。在交通肇事逃逸致人死亡案件中，可以说许多情形下驾驶人员在主

---

　　① 参见［日］神山敏雄：《ひき逃げ》，载《法学セミナー》1982 年第 11 期。

观方面存在着未必故意(即间接故意),但是否说这种逃离不给保护的不作为就直接相当于杀人罪的实行行为呢?很显然不能。为了把不作为与作为同视,就必须考虑其不作为中是否包含着实现某种犯罪的现实危险性。① 根据这种观点,不仅在移置逃逸中存在成立不作为杀人罪的可能,在单纯逃逸中也存在成立杀人罪的可能。

第二种观点则强调行为人的原因设定。如日高教授认为,只要行为人客观上有这种原因设定,主观上具有利用起因中设定的因果关系的认识和意志,就可以成立不纯正不作为的故意犯罪。在交通肇事的场合,只要汽车司机的过失行为给被害人造成死亡的危险,而不论这种危险的迫切程度如何,就可以认为不作为人有原因设定。如果考察客观方面的构成要素,由于汽车司机过失的先行行为设定了对于被害人死亡的因果关系而有作为义务,并有行为可能,而且也存在构成要件的等值性;如果考察主观方面的构成要素,对于汽车司机来说,有符合构成要件事实的认识,从"死了才好"这一点来看,具有实现他人死亡的意志,这样就可以认定成立杀人罪的不纯正不作为犯。②

但如前所述,日高教授的观点存在着缺陷:一方面缩小了不纯正不作为犯的存在范围,另一方面又过于扩大不纯正不作为犯的成立范围。根据这种见解,因自己的故意或过失行为,设定结果的原因,都负有作为的义务。这样一来,过失犯或者结果加重犯,在事后只要认识到防止结果产生的可能性而仍放任不管的,就都成

---

① 参见[日]大塚仁著:《犯罪论的基本问题》,冯军译,中国政法大学出版社1993年版,第86页。

② 参见[日]日高义博著:《不作为犯的理论》,王树平译,中国人民公安大学出版社1992年版,第113页。

立不作为的杀人罪。但这是不妥当的。

第三种观点强调行为人对被害者的排他性支配关系。这种观点从不作为者与法益之间的密切关系来寻求作为义务的实质内容并为作为义务限定成立范围。其中又有堀内捷三教授主倡的"事实的承担说"、许乃曼教授的"实际支配"理论等观点。他们都强调行为人对受害法益的支配关系,认为只有具有这种支配关系才可能成立不作为的杀人罪。根据"事实的承担说",行为人必须具有意图使法益维护和存续的开始行为,如开始救助交通肇事的受害者,这样在单纯逃逸以及并非基于救助意思而将被害者移置他处的行为并不构成不作为的杀人罪。但该说也存在判断上的困难,因为该说还强调使法益维护和存续行为的反复性、持续性,然而在交通肇事逃逸案件中如何使这种条件得以满足,很不明确。许乃曼教授主张以支配理论作为构筑保证人地位的实质法理基础,由于他所强调的支配是实际的、事实的支配,是绝对的支配、现在的支配,①而认为先行行为人在造成发生结果的危险后,对危险结果欠缺实际的支配,从而否认先行行为保证人类型,自然交通肇事逃逸致人死亡的案件中也不存在不纯正不作为杀人罪成立的余地。但交通肇事的场合,行为人虽非故意开启因果流程,但他实际上完全有机会改变这种因果流程,所以可以认为存在事实的支配。许乃曼教授一定要认为这种支配只是可能的支配而非现实的支配,是没有道理的。而且若按他的这种绝对的、现实的支配理论,试图构建不纯正不作为犯的实质基础,实际上是不可能实现的。

---

① 转引自许玉秀:《最高法院七十八年台上字第三六九三号判决的再检讨——前行为的保证人地位与客观归责》,载(中国台湾)《刑事法杂志》第 35 卷第 4 期。

因为对于作为犯而言,的确存在现实的支配,但不作为犯不可能像作为犯那样现实操纵因果流程,应当承认一定场合下规范意义的支配。

4. 大陆刑法学界的相关理论

在我国,近年来发表的许多文章也都强调只有行为人在交通肇事后又将被害人移动之后弃置逃逸的行为才可以与故意杀人罪的行为等值,但其具体的理由又各有不同。

第一种观点认为,行为人交通肇事致人重伤后,置被害人生命危险于不顾而径直逃逸,虽然行为人先前的肇事行为造成被害人生命处于如果得不到及时救助即有可能导致死亡的危险境界,但其交通肇事行为所产生的危险状态并不具有具体的紧迫性,并不能成立先行行为产生作为义务构成不纯正不作为的杀人罪,只有在行为人实施的移置行为所产生的危险状态才是具体而迫切的,具有实害结果发生的高度盖然性,以致成立刑法中的先行行为,产生作为义务而构成杀人罪。①

第二种观点基于支配理论,认为只有行为人的先行行为形成对被害人生命危险的排他支配关系时才构成不纯正不作为的故意杀人罪,但这种事实上的排他性支配关系是由另一行为(如弃置)引起,并非单纯的逃逸行为形成。②

第三种观点主张,在交通肇事逃逸案件中,只有在驾驶者为防止受伤的行人死亡而采取了抢救措施后,又中途停止能够继续进行的抢救,并且控制了致受伤的行人死亡的进程时,才能够成立不

---

① 参见齐文远、李晓龙:《论不作为犯中的先行行为》,载《法律科学》1999年第5期。

② 参见张波:《交通肇事罪"逃逸"的定性分析》,载《中国刑事法杂志》总第41期。

作为的杀人罪。①

上述第一种观点从先行行为造成危险状态的具体迫切性角度得出结论:只有发生交通肇事后行为人又实施了移置行为才排除了他人对被害人救护的可能性,行为人对被害人才形成排他性的支配关系,因而其处理结果与第二种观点完全一致。事实上,该观点在具体阐述此问题时,也是把先行行为造成的危险状态的具体迫切性与行为人对危险状态的排他性支配关系融合在一起加以说明的。不过,从逻辑上,先行行为是作为义务的形式来源,而事实上的排他性支配关系则是对不纯正不作为犯罪作为义务的实质性限定,先行行为所造成的危险状态的具体迫切性只是具体认定先行行为引起作为义务的条件之一。

第二种观点基于支配理论来构建不纯正不作为犯罪与作为犯实行行为的等值性基础,是基本妥当的,但其并没有解释为何只有在先行行为之后行为人又另外实施的行为(如弃置)才形成事实的排他性支配关系。在目前国内有关此问题的论述中,应当说这种观点很具有代表性。

根据第三种观点对交通肇事逃逸案件作出的处理结论尽管可以为第二种观点所包容,换句话说,第三种观点主张的构成不纯正不作为犯的范围比第二种观点更为狭窄,但其同时说明了由另一行为才引起排他性支配关系的因由。这种观点的理论依据在于"承诺是义务的根据"这一命题。在交通肇事逃逸案件中,肇事者肇事后,通过自己自愿的救助行为表明其对被害者生命救护的承诺,与此同时产生了对被害者进行救护的义务,因而在其主动采取救护后又中断救助行为并且形成对被害人的排他性支配关系时,

---

① 参见冯军著:《刑事责任论》,法律出版社 1996 年版,第 47—48 页。

便具有了杀人罪的实行行为性,可以构成不纯正不作为的杀人罪。然而对法益的排他性保护和支配,并不仅仅限于基于救助意思而实施。我们看不出交通事故中的肇事者基于救助的意思而将被害人搬进车中之后又产生杀意将其弃置在人迹罕至的场合与肇事者非基于救助意思而是直接基于逃避追究之意图将被害者搬进车中另移至他处,在结论上应当有所不同。在后一种情形中,肇事者尽管不是基于救助意思,但其通过事实的"接受"、"转移"等具体行为已表明肇事者形成对被害人的排他性支配关系,从法益保护的角度,二者皆应负故意杀人罪的罪责。因此第三种观点的限定理论并不妥当。另一方面,即便基于"承诺是义务的根据"这一论断,也不能当然地得出上述结论。因为,承诺有实在的承诺和包含的承诺,而包含的承诺可以存在于被要求者的行为之中,也可能存在于被要求者提出的要求或自愿获得的身份之中。从而一个不谨慎撞伤了行人的司机就应当接受救护该行人的要求。这种救护要求或救护的承诺已经通过先前的肇事行为体现出来,而无须肇事者自愿地实施积极的救护才开始体现。

5. 作者的见解

综合分析上述各种观点,笔者认为就先行行为类型而言,采用本书所主张的支配理论(包括事实承担和支配的领域性)可以较好对交通肇事逃逸案件构成不作为的杀人罪以实质的解释。但如前所述,无论是从先行行为引起的危险状态的具体迫切危险性角度,还是从更为实质的事实排他性支配理论考察,上述第一、二种观点都只是片面地看到在肇事后移置行为形成了排他性支配关系,而未能认识到并非只有"移置逃逸"才形成排他性支配关系。这其实是前述"事实承担"理论在交通肇事逃逸案件中的具体体现。诚然,行为人肇事后驾车将被害人送至荒野抛弃或移置在寒冬的雨夜路边草丛中,因其移置行为排除了他人对受害者的救助可能,从而形成事实上排他性支配关系,但如果行为人肇事地点与前一情形行为人移置后的环境相同或基本相同的环境中(即行为人肇事即逃逸的场合本就发生在寒冬雨夜、少有人走的路边),我们看不出这二者在形成对法益保护的排他性支配关系方面有什么不同。因而问题不在于是单纯逃逸还是移置逃逸,而在于如何判定这种支配关系。① 如前说述,这种支配关系既包括事实承担产生的排他性支配关系,也包括支配领域性而形成的排他性支配关系。只不过从单纯逃逸和移置逃逸的角度,对不作为故意杀人罪的成立可以作初步的划定。即在移置逃逸的场合原则上可以认定不作为故意杀人罪的存在(当然即便这种情况下还需要结合行为人的主观心态以及当时周围的环境等方面综合考虑);而在单纯逃逸的场合,只有在特殊情况下才可以认定对法益的排他性支配关系的存在,从而认定不作为故意杀人罪的存在。也就是说,在单纯逃逸中,在认定排他性支配关系时应比移置逃逸行为严格得多。

---

① 我国青年学者周光权博士认为,交通肇事后单纯逃逸导致被害人死亡的,原则上以交通肇事罪的结果加重犯处理即可。但在以下情况中,单纯地对被害人放置不管的逃逸行为本身也包含着对被害人生命的现实危险性,从而也可能构成不作为的杀人罪,这些情形包括:被害人受伤后流血不止,如果不立即送往医院救治很快就会死亡;被害人受伤后躺在人迹罕至的山路上;交通肇事发生在深夜或寒冷的冬季等。参见周光权:《不作为犯的认定》,载《人民法院报》2003年2月7日理论专版。

第八章　不纯正不作为犯的主观罪过与认识错误

本 章 要 旨

本章分三节分别讨论了不纯正不作为犯的故意、过失与认识错误问题。

1. 不纯正不作为犯的故意。不纯正不作为犯的故意同时具备认识要素和意志要素。认识要素包括对构成要件各种事实的认识、不作为的认识及行为可能性的认识。意志要素体现为实现意志,但以容忍结果发生为充足。

2. 不纯正不作为犯的过失。本章介绍了德国学者考夫曼关于不纯正不作为犯过失的基本观点,并对不作为犯过失的特殊情形作了归纳。

3. 不纯正不作为犯与认识错误。不纯正不作为犯认识错误的核心内容是作为义务错误问题。对此,学界大致存在构成要件相符性说、违法性说和保证人地位与保证人义务二分说。笔者认为,作为义务的错误属于构成要件错误,按规范的构成要件要素的错误处理方法进行处理。

第一节　不纯正不作为犯罪的故意

在作为犯领域,构成犯罪故意必须具备认识要素和意志要素,这在理论界几乎不存在任何争议。但在不作为犯的情况下,关于认识要素的内容包括哪些,尤其是"不作为的认识"和"作为可能性是否认识"的内容,不作为犯是否存在意志要素,是否要有实现意志以及如何判断意志要素等问题,争议颇大。对此,国内学界探讨者甚少,笔者在介绍国外一些主要学说的基础上,谈一点自己的看法。

一、不纯正不作为犯的认识要素

关于不作为犯的认识要素包括哪些内容,德国刑法学界通说认为,第一,要有对犯罪事实的认识,第二,必须有对不完成具体命令行为的认识(不作为的认识)及自己存在完成命令行为可能性(行为可能性)的认识。但对于不作为的认识及行为可能性的认识是否应当作为故意的要件,仍有不同观点。在此着重分析一下有代表性的学说。

(一)德国学者考夫曼的观点

考夫曼提出不应把"不作为的认识"及"行为可能性的认识"当成故意的要件。他认为对于消除构成要件状况的行为的可能性,不应该要求现实的认识,只要有认识的可能性就足矣。其理由就是价值或者规范伦理的要求。只把认识到救助行为可能性但却没有实施这种救助行为的人,作为故意犯处罚;那些从最初连想都没有想到救助行为的无同情心的人,具有反社会性格的那些人反被作为过失犯来处罚,这将对他们造成不当的优待,对于刑事政策来说是不合适的。所谓命令规范,就是指在对状况认识的基础之上,使其发生改变的一种规范。为此,命令是要求考虑到介入可能性的,那些连介入都没有考虑到的人,也即从开始就抗拒法律的要求,当然要负最重的责任了。因而,反过来要是承认不作为故意的话,为此也就必须对行为可能性的认识有所要求。这样一来,自然就又会招致上面的不当结论了。因此,不作为的故意是不应承认的。①

(二)德国学者格林瓦尔德的观点

格林瓦尔德对考夫曼的观点进行了批判,认为行为可能性的认识仍是故意的核心内容。他指出,第一,虽然已经认识到结果发生的危险,但却没有认识到救助可能性的事例,并不仅限于对结果的冷漠、认可的场合,因预见到结果在悲伤之余而没有想到救助手段的事例也是存在的。例如,把孩子放在家里睡觉而外出的妇女,回来之后因见到房子着火了,在悲伤、惊愕之余而没有考虑到爬梯子把孩子救出来就是一例。还有,因对事态的演变持放任态度或对危害结果持容忍态度,而没有考虑到介入的可能性的事例中,由于的确没能考虑到介入,在此所认定的不作为者的心理,并不是由其内部的意识态度所决定的,其充其量只是外部的心理关联。结果,不作为者因性格构造上的缺陷之缘故而没有形成必要的认识,事实上,这种情况是过失犯的典型特征。而按考夫曼的观点,即便是在作为犯场合,因对社会共同生活的要求不关心,而没有考虑到自己行为所产生的后果的行为人也是应按故意犯来处罚的。第二,格林瓦尔德批评把没有行为可能性认识的不作为人和有行为

① 参见[日]中森喜彦:《不作为犯论と逆转原理(一)》,载《法学论丛》(107卷)1980年第5号。

可能性的不作为人同等看待。这样就把对结果考虑不清楚的迟钝的人和预测到了结果并实施了相应行为的人视为一样了。没有行为可能性认识的不作为人是由于人格方面的缺欠而不具有这一认识,不出现认识过程表示有严重的人格缺欠,这种不作为"拒绝法的要求"应该作为过失犯的一种类型。第三,在现行法中,把无意识的不作为也按照故意犯的构成要件来处罚是罪刑法定主义所禁止的。①

以上就是格林瓦尔德的批判,对此,日本刑法学者金泽教授有反论。即上文中所举的母亲虽然已经认识到孩子的危险性,但却认为没有直接救助可能性的事例中,即便是具有瞬间地探究救助可能性的想法,这已经能够认定具有阻却故意的探寻履行命令义务的行为了。因此,遵循考夫曼的学说并不会导向不合理的结局。日本刑法学者日高义博教授也持此观点。但是,中森教授认为,这个反论是否是对考夫曼理论的正确反映,是大有疑问的。的确,考夫曼是说只要具有履行命令义务的倾向就不具有故意存在,但是"认为直接救助不可能"能否说就一定具有"探寻救助可能性"的想法,这是有问题的。在考夫曼看来,行为人在对命令行为误以为不可能时,只要这个错误是能够避免的,就成立(准)故意犯,这与履行命令义务的行为是有严格区别的。故金泽教授的见解未必遵循了考夫曼的观点,格林瓦尔德的批判并不能一概排斥。②

（三）日本学者日高义博的观点

日高教授认为不能否定符合构成要件的认识是故意的认识要

---

① 参见［日］日高义博著:《不作为犯的理论》,王树平译,中国人民公安大学出版社 1992 年版,第 130 页。

② 参见［日］中森喜彦:《不作为犯论と逆转原理(一)》,载《法学论丛》(107卷)1980 年第 5 号。

素，但不应当把不作为的认识和行为的可能性认识作为故意的认识因素内容。他指出，故意的机能，一方面是决定符合何种构成要件，另一方面是追究责任的心理、伦理基础。在这里，重要的不是对作为本身的认识或者对不作为可能性的认识，而是认识了怎样的事实且在什么意图支配下完成行为的。"有行为能力的保证义务人如认识符合构成要件的事实并且有实现构成要件的意志，不必探究是否存在行为可能性的认识及不作为的认识，只凭这一点就能确定不作为符合怎样的犯罪构成要件，从没有形成反对动机就能以故意犯追究刑事责任。存在行为的可能性是客观方面的构成要素，但行为可能性认识是不能成为主观方面构成要素的。不作为的认识和行为可能性的认识不是不纯正不作为犯的本质。"①

在上述观点中，考夫曼、日高义博所持观点相同，都认为"不作为的认识"及"行为可能性的认识"不是认识因素的要件，只不过双方所持的理由不尽相同，格林瓦尔德的观点则与通说一致。

笔者认为，通说观点比较恰当。诚如格林瓦尔德所批评的，如果不把行为可能性作为主观认识要素内容，就会把没有行为可能性认识，但有同情、后悔没有阻止结果发生的不作为人的情形作为故意犯来处理，而这种情况作为过失犯来处理是妥当的。在探寻救助可能性时不存在故意这一点上，例如，虽有救助意思但却不会游泳者，由于疏忽大意没看到旁边的救生圈，结果没能救出溺水者就是这种情形，这种情形下，即便考夫曼认为只要具有履行命令行

---

① 参见［日］日高义博著：《不作为犯的理论》，王树平译，中国人民公安大学出版社1992年版，第133页。

为的意思,尽管只是具有内心的探寻而没能体现在行动上,这也可以认定是履行命令义务的行为,从而最终否定故意,我们还是可以看到必须以对行为可能性作为认识要素的事例。例如,在复合行为的场合下,如果没有实施最恰当的行为,没有履行命令义务,在考夫曼看来,也是要作为准故意犯来处罚。其根据就是从"命令是要求采取最合适的履行手段的规范"这一点上来出发的。但是,在上述事例中,为了能够作为故意犯来处理,就不得不要求行为者认识到他的行为并非是最恰当的,也就是要求其能够对自己所能认识到的各种履行行为作出预见和判断。并且,这种情况并不仅仅适合于考夫曼所指的履行命令义务行为是复合行为的情况,也适合于所有履行命令义务行为不充分的场合。

但我们也不能无视考夫曼所列举的,在对履行命令义务行为是极端漠不关心的人的场合下,如何才能做到既要求具有行为可能性的认识,又能避免考夫曼等人主张的不当结论。关于这一点,在当今的德国刑法学说中,主流观点是:故意是需要现实的认识但并非要求对事实全部的认识,只要具备同时性认识就足够了。最初揭示这个方向的是洛克信和格林瓦尔德。洛克信认为,要认定故意的话,救助行为以及为实施救助行为而进行的深思熟虑是没有必要的,只要行为人认识到事态的危险性并且对自己处于危险状态的事态于不顾而没有实施救助行为的状况有共同的认识就足够了。同时,他还认为,不作为人对救助行为考虑得越少也就越能说明其不想救助而不采取救助实施的故意。考夫曼要求具备救助行为的认识才可以认定故意,这一观点不恰当地限制了故意的范围。当然,洛克信的观点也存在不确切之处,他所谓的只要具备没有采取救助行为的认识就足够的看法,事实上这并不是行为可能性的认识。同时,他关于救助行为考虑得越少,越容易认定故意的叙述也是上述主张的归结。这种断言是有疑问的。但是不管怎样，以这些见解为契机，认为在意识的层面上考虑救助行为对认定故意是没有必要的学说得到了广泛的认同。

格林瓦尔德也认为，对介入可能性没有深思熟虑并不意味没有这个认识，对行为可能性没有注意的情况下，也是可以具备这个认识的。他指出，判断是否有行为可能性的认识，不能仅仅根据行为人主观方面的情况，还要由经验法则来判断。他举例说，母亲给自己的孩子洗澡，孩子从她身上滑落下来，头浸入水中。该母亲因一直认为孩子是累赘，所以对发生的事异常高兴，未采取任何救助措施。该事例中，"显然母亲有救助可能性，即使她没有想救助可能还是不可能，但就经验法则的平素潜在的认识，基于同她有关系的事情的发生，存在着现实的认识。总之，根据外部事物的表象及知觉都可以把握母亲对救助可能性有认识。"①

之后，进一步推进这个方向的见解也被提出来了。例如，施特拉腾维认为，并不需要现实地考虑具体的救助行为，如果能够判明在进一步事态的状态下这种行为是可能的，只要具备这种认识就足够了。行为人自身就是这种边缘认识的实体，具备救助可能性的认识本身就可以，没有必要再要求对具体的行为作出认识。另外，鲁道而夫也认为，如果已经认识到在正常人的情况下是能够救助的话，这很明显要求行为人作出行为，行为人在被迫作出决定的情况下没有实施救助行为，这就可以判断行为人的不法意识。的确，既然认为具备边缘认识或同时认识就已足够的情况下，再去过问对具体如何行为的认识也就未必恰当了。总之，这些见解在揭

---

①　参见［日］日高义博著：《不作为犯的理论》，王树平译，中国人民公安大学出版社1992年版，第132页。

示既要求具备行为可能性认识又同时要避免不当结论,在方向上是很明确的。可以肯定地说,从认识的层面来否定不作为的故意的根据是不存在的。

另外,根据我国的犯罪构成理论,既然不作为和行为可能性是犯罪的客观构成要件,在主观上应当具备对此构成要件的认识,否则难以解释不作为犯的成立。

关于如何确定行为可能性认识的标准,大致存在以下几种观点:(1)主观说。该说认为以行为人在行为当时的主观状态来确定其行为可能性认识的有无及其认识内容。(2)客观说。即根据当时的客观实际情况,按照一般人的智力水平或生活经验进行判断,如果一般人具有"行为可能性的认识"则推定行为人也有这种认识,反之,则不具有这种认识。(3)主客观相统一说。即从行为当时客观发生的实际出发,根据一般人的生活经验和智力水平推断一般人是否有"行为可能性的认识"。再结合行为人个体特征,如智力水平、生活经验、专业特长等,再进一步分析确认。此说目前是较为合理的通说。

一般认为,在下列几种情况下不存在行为可能性认识:(1)无作为能力,例如因昏迷、麻痹、抽搐或手脚被绳索捆绑等;(2)生理之缺陷,例如聋哑、患病或其他身体残疾等;(3)空间的限制,例如保证人与足以防止结果发生之地相距过远;(4)欠缺救助所必要之能力、经济、知识或工具。如不会游泳,不会做人工呼吸、体力不足等。但是,义务人虽然本身不具有作为可能性,如果附近有防止结果发生能力的第三人(如医生等)可以求助,在这种情况下,则仍具有防止结果发生的事实可能性。

二、不纯正不作为犯的意志因素

(一)如何确定不作为犯的意志因素

就作为犯而言,其意志因素要求具备"实现意志"。① 但在不作为犯中,是否存在与作为犯一样的实现意志呢? 学界对此争议较大,大致存在肯定论与否定论两大学说。

持否定论的德国学者威尔兹尔(Welzel)对不作为是否存在故意的意志因素表示极大的怀疑,他举例说明,如果一个太太对于她的丈夫计划强盗的事情完全不在乎,或者丈夫的强盗其实就是她的高度希望,那么,这个太太从来根本没有任何一丝检举的意思,从而也根本就没有所谓的故意不检举。② 台湾地区刑法学者黄荣坚教授提出,既然行为人在预见事实的情况下已经实施其行为,果真还有所谓"不容忍其发生"可言? 从而主张以认识因素为已足,即不作为的行为人预见其可能之作为,已经预见当时之作为与不作为对于避免结果的差别效用,即为行为人有故意并且已经着手。对于构成不作为故意的"决定"说是多余。③ 德国学者洛克信也认为,应从事故的预测以及事故意义的理解上来寻求故意的实质,因而这对于不作为犯来说也是可能的,但如果仅以此认识要素来决定不作为的故意存在与否,就等于否定了意志要素。④

---

① 关于意志要素是以实现意志来把握,还是以容忍来把握,存在意见分歧。但对于容忍结果发生的态度,可以认为是想要实现结果的意志的表露,因此,两种意见没有本质区别。

② Welzel, Lb. S. 205.

③ 参见黄荣坚著:《基础刑法学(下)》,(中国台湾)元照出版有限公司2004年版,第40页。

④ 参见[日]日高义博著:《不作为犯的理论》,王树平译,中国人民公安大学出版社1992年版,第140页。

在持否定论的学者中,比较有代表性的是德国学者考夫曼的观点。在考夫曼之前,不作为犯的故意问题并没有被视为一个问题。考夫曼对不作为犯的故意进行了否定,他主张将不作为的行为态样直接视为作为方式的对立概念,依照逆转(Umkehrprinzip)的推论程序进行处理。准此,不作为只能表示在与作为犯同样的事象中,显示倒置结构的情况下,都可能发生逆向作用的犯罪形态。① 套用逆转原理的形式,在不作为犯中,实行不作为的决意(故意)并不重要,尽管(行为人)也具有完全的意思行为能力,重要的是缺乏履行命令行为的决意。这样,在作为犯中,犯罪实现的意思是故意犯,在不作为犯中,行为意思欠缺是故意犯。考夫曼把这种虽然对于行为所产生的附随义务有所认识,但是没有履行决意的不作为称之为"准故意",认为故意犯与过失犯的区别标准在于是否存在"实施命令行为的决心",缺少要实施命令行为的决心的情形就是故意犯,有实施命令行为的决心,并具体地实施了命令行为,但最终失败,这种情形就是过失犯。

考夫曼否定不作为故意的根据,首先是从认定不作为不存在因果关系着手的。在考夫曼看来,因果关系中最重要的乃是人的因果关系的存在。在不作为的情况下,不管有无不作为者,防止结果发生的行为没有被实施这一点是不变的。从这一点上来说,在不作为中欠缺人的因果关系因素。也就是说,作为不作为的要素的行为缺乏与结果之间具有因果关系,但是,不作为者与行为缺乏及结果之间并不具备因果关系。因此,考夫曼认为,对于行为人具有行动能力却没有实行行为的不作为来说,并不具有现实的因果关系,只是具有从行为可以防止结果产生意义上来讲的潜在的因

---

① 参见苏俊雄著:《刑法总论Ⅱ》,(中国台湾)1998 年作者自版,第 532 页。

果关系。从行为缺乏与不作为者两方面来考察不作为的因果关系，并由后者来否定不作为的因果关系，这是考夫曼理论的独特性所在。考夫曼并不是否定不作为者与不作为之间的因果关系，只不过是否定不作为者与作为不作为要素特征的行为缺乏之间的因果关系的。但问题是，离开不作为者的行为缺乏是否还能作为不作为的一个要素？可以说，不具备主体的行为缺乏并不能成为不作为的要素。从行为主体这方面来否定因果关系的做法，不得不说是一种错误。原本因果关系就是具有时间上继起关系的两种现象之间的联系，不应该适用于没有前后时间继起关系的人与行为之间。另外，把不作为者也引入对因果关系的考察之结果，也可以说造成了考夫曼因果关系概念的混乱。因为，如果从行为缺乏这个角度来看，实施行为可以防止危害结果的发生这一事实具有真正的因果关系，但是从不作为者的角度来考察的话，则这一事实只具有潜在的因果关系。为了恰当地解决这一问题，考夫曼不得不在前者上采用"法因果关系"概念，而在后者采用物质性的因果关系的概念。这样一来，尽管考夫曼把不作为只具有潜在因果关系作为其理论出发点，但是结果却不得不走到其反面，而站到了物理性因果关系的立场上了。

其次，考夫曼认为，如果承认不作为的故意的话，将会导致无法对未必的故意和有认识的过失进行区别。其旨趣在于，不作为的故意中必定包含有认识的内容，也就是说只要有认识因素就会有故意，因而就没有承认具有认识的过失的余地。的确，希望通过有没有对结果发生的愿望这一点来对故意和过失进行区别，是不妥当的。确如考夫曼所主张的那样，必须重视认识的因素。不过，就这一点而言，在作为犯中也同样如此。由来已久的有关未必的故意方面的讨论已经显示，对可能性认识的内部进行区别不是不可能的。

总之,考夫曼认为,犯罪故意的实现意志是引起、支配因果关系的因素,具有目的性实现意志的作用方式正是在于形成、支配、推动、导致因果关系中的原因。不作为没有因果性,所以就不作为人来说,不可能有目的性因果支配,也就不存在实现意志。①

德国通说和判例认为,故意不作为是不作为与可能的作为之间的一个"决定"(Entscheidung),即行为人认知其保证人地位之基础事实,认知其不作为导致不法构成要件的实现以及其以作为避免结果发生的可能性,而又决定不作为。② 因此,所谓的"决定",所指的不可能是希望其发生的意思,而是和作为犯一样,仅以容忍其发生为要件。

日本刑法学者日高义博教授也主张不作为犯故意中存在实现意志。但他指出,在具有结果犯特征的不纯正不作为犯中,如果不作为人的内心意图和结果之间没有有机关联性,就不能说存在实现意志,这种有机关联性的媒介就是在客观上不作为人存在向着结果发生的原因设定,主观上具有利用起因中设定的因果关系,引起不作为人侵害法益这一结果的意志。也就是说,不作为人在实施该不作为以前,自己进行起因的原因设定,只要能看出这种意志和结果发生之间的有机关联性,就能认定不纯正不作为犯故意中存在实现意志这一意志要素。③

综合上述观点,笔者认为,故意由认识因素和意志因素这两方

---

① 参见[日]日高义博著:《不作为犯的理论》,王树平译,中国人民公安大学出版社1992年版,第135—136页。

② BGHSt. 19,295,299.

③ 参见[日]日高义博著:《不作为犯的理论》,王树平译,中国人民公安大学出版社1992年版,第142—144页。

面因素构成,前者是反对动机形成的基础,后者则确定反对动机的存否,仅以认识因素来决定不作为犯的故意,而将意志因素排除在外是不合适的。不过,尽管考夫曼否定不作为犯有实现意志,但其通过是否存在实施命令行为的决心来区分不作为的故意与过失的做法,与通说主张的以实现意志作为判断不作为故意的要素的做法,在多数情况下结论是一致的(需要明确的是,这是在排除二者在认识因素方面的分歧情况下才这么说的)。所不同的是,当作为义务人处于实施救助和不救助的矛盾状态中,但最终没有产生介入救助的决心的情况下,考夫曼基于缺乏实施命令行为的决心而认定成立故意犯,如果基于犯罪实现意志因素的考虑,处于激烈矛盾状态的不作为是处于反对动机形成的过程,还没有达到放弃反对动机来实现犯罪构成要件这一意志决定的程度,因此,这种情况下是否能够确定行为人容忍了结果的发生,还存在疑问。日高教授即认为这种情况下不能认为成立故意犯,而按照是否可以形成反对动机来考虑成立过失犯。[①] 不过,日高教授通过原因设定这一媒介来确定行为人的内心意图与结果之间的有机联系性,与其试图通过原因设定来填补与作为犯那样的因果关系的缝隙,从而确立不作为与作为犯之间的等价性的观点是完全一致的,而对于这种观点存在的缺陷,笔者在本书第四章已作了详细的说明。

(二)关于不作为意志要素的其他问题

与作为犯一样,不纯正不作为犯的故意也可以分为直接故意与间接故意。前者是指明知构成要件的事实而决意不作为;后者是指行为人对其不作为而造成构成要件该当结果之发生,或者实

现不法构成要件,虽有所预见,但仍决意不作为,听任事态自然发展,终致发生构成要件该当结果或实现不法构成要件。而且,从司法实践来看,居于保证人地位的行为人,往往是出于未必不作为故意。从证明难易程度来看,证明不作为人直接故意要比间接故意困难得多。在不作为犯的场合,以自己直接的决意,而以消极不作为的方式,面对危险情势的发展者,实务上则往往较难证明。特别就有些构成要件该当之情势,无明显的戏剧性的尖锐化过程,而是经由逐渐成熟的计划方式进行时,更难就其决意进行判断。在这种场合,仅能就构成要件该当情况的认识,以及自己对事实上可能防止的意识,进行观察;对于参与不作为的决意,以及其他意图,在直接故意的场合,也有认证上的困难。实务上,探讨不作为犯的主观意识,其主要的认证方法是,从构成要件该当情况以及保证人地位的认识着眼,配合行为可能性及个人对一定结果发生过程之态度,综合加以推论。若不作为行为人对结果之发生确实有相当预见,而容忍其发生者,至少其未必故意已足认定;但如有确信其不至于发生之情形,则仅能以有认识的过失论拟。①

另外,不作为犯若属意图犯,则其主观上也须具备不作为意图。例如,台湾地区刑法学者林山田认为,意图的实质不法内涵在于行为人以努力追求结果发生当做其行为目的,此等行为目的,无论是作为还是不作为,均有可能存在。因此,不作为犯也有意图犯。例如,负有告知事实真相义务的人,知晓若不将事实真相告诉他人,则他人必将因之陷于错误,行为人有此主观认识而决定不告

---

① 参见苏俊雄著:《刑法总论Ⅱ》,(中国台湾)1998年作者自版,第575页;[德]汉斯·海因里希·耶赛克、托马斯·魏根特著:《德国刑法教科书(总论)》,徐久生译,中国法制出版社2001年版,第763—764页。

知,即属诈欺罪之不作为故意;行为人假如在图得不法利益之犯罪目的下,而不告知,即诈欺罪之不法意图。① 但有部分学者认为,在不作为犯中,不能想象存在此种目的意思,而否认不作为意图的存在。

第二节　不纯正不作为犯的过失

一、考夫曼关于过失不作为犯的观点

关于过失不作为犯,在考夫曼之前基本上没有被作为独立的讨论对象来看待。一般都是在讨论如何使忘却犯能够采用行为的概念时偶有涉及。另外,人们对于过失犯中的疏忽与不作为犯的契机具有共同本质的看法,可能也妨碍了人们给予过失不作为以特别的关心。考夫曼就是在这种状况下,对过失不作为犯提出了自己独特的主张。不过,他的观点不可避免地要受到时代状况的制约:第一,他的主张大都是在适用逆转原理的基础上产生的。这一点与他的建立在各种论据基础之上的关于不作为的故意的主张相比具有很大的差异。第二,在考夫曼看来,由于当时在过失理论领域中还有很多未能解决的问题,想从作为犯理论直接导出不作为犯理论是有困难的。可以看到在过失犯领域所赋予作为犯与不作为犯的界限,最终还是被保留了下来。

考夫曼认为,所谓过失不作为犯,就是指这样一种状况:行为人具有履行命令的意思,同时在这种意思的支配下也实施了一定的行为,但由于疏忽大意,致使目的无法实现的一种状况。例如,

---

① 林山田著:《刑法通论》(下),(中国台湾)1998年作者自版(增订六版),第543页;苏俊雄著:《刑法总论Ⅱ》,(中国台湾)1998年作者版,第575页。

为了救助溺水的儿童,尽管行为人也知道另有船只,但由于失误,一下子跳进了一只损坏的小船,导致没能救出溺水的儿童。过失作为犯是以欠缺实现意思或故意为特征的,而与此相对应,过失不作为犯是以存在履行命令行为的意思为其前提的。其运用逆转原理论证的过程如下:首先是用逆转原理的第二命题(同一的行为构造,相反的法效果),行为人在相应的场合下,在实施法律所禁止的行为失败时,也会产生可罚性(未遂)。与此相对,行为人在实施法律所命令的行为失败的情况下,由于阻缺了故意犯的可罚性,产生了过失犯的问题。再次,从第一命题(同一的法效果,相反的行为构造)出发,在作为犯中,在没能认识和预见到禁止行为及危害时而导致危害结果发生的情况下,不成立故意犯。与此相对的是,在不作为犯中,故意阻却是以虽对命令行为结果已经有所认识和预见,但却没能实现命令行为为其前提条件的。在第一原理的适用过程中,还能看到这种情形:即在过失作为犯中包含有不作为的要素(不注意),在过失不作为犯中包含有作为的要素(实施命令行为)。就这样,从逆转原理的任何一个命题出发,考夫曼都得出了过失不作为犯就是实施命令行为的失败这一结论。

在这种事例中是能够作为过失犯来处罚的,对此应无争议。但问题在于,过失不作为犯是否局限于这种事例中以及考夫曼的论证过程是否严格地适用了逆转原理。首先,对于第二命题的适用问题受到了格林瓦尔德和斯特鲁恩塞的批判。格林瓦尔德认为,从考夫曼的论证中可以看出未遂与过失具有相反的法效果。事实上,这并不妥当,处罚未罚的逆转适用应当是不可罚。可见,考夫曼关于过失不作为犯的定义与其逆转原理的第二命题之间的整合性存有疑问。对此,斯特鲁恩塞认为,法效果的逆转是指对同一的法效果的肯定和否定,未遂和过失之间进行逆转适用的确是不妥当的。但是,由于未遂是服从于故意的肯定和过失的否定这两种评价的,在实施命令行为的过程中,这两种评价被逆转产生了过失犯的问题。考夫曼推论只不过简化了这个过程而已。但是更为确切的说法应该是,第二命题的适用对于决定过失不作为犯的构造方面没有任何积极的意义。理由是,在作为犯的未遂状态下否定过失没有任何意义,因为只要存在故意就根本不再可能涉及过失存在与否的问题。假如未遂中包含有故意的肯定的评价,那么,把实施命令行为归结为是对这种评价的否定的做法是正确的。既然在前一阶段不存在过失存在与否的问题,后一阶段自然也就引不出有关过失的论述。

　　再次,关于逆转原理的第一命题,即考夫曼所主张的过失不作为犯等于疏于实施命令行为的命题能否成立。格林瓦尔德虽然对此持肯定态度,但实际上也有疑问。因为即使是疏于实施命令的行为也还是积极的被实施的行为,毋宁说这与过失作为犯在行为构造方面具有同一性。这是由于考夫曼依据当时有关过失(作为)犯的一般见解,重视不作为的契机,把过失不作为犯中作为的契机(疏于实施命令行为)看做行为构造的逆转的结果。但是,如果承认这个主张的话,那么,在过失不作为犯中,赋予其处罚基础的不是实施命令行为,而是疏忽大意,这一点与作为犯存在共同之处,那么,上面的所谓构造的逆转也就失去了意义。正确的结论应当是,过失作为犯中不作为的契机只是行为的一个特征,对此适用逆转原理是不妥当的。考夫曼又把在过失作为犯中对禁止行为的"不知"逆转成在不作为犯中对命令行为的"误想"。对此适用逆转原理同样也不妥当。可以说考夫曼从第一命题所做的推论是有误的。过失不作为犯的履行命令行为,不是实施了疏忽的履行而是由于疏忽大意而导致正确且可能的行为没有得到履行。

如果说考夫曼的见解有误的话,那么,从逆转原理推导出来的过失不作为犯的构造到底是什么呢? 斯特鲁恩塞认为,应当是非目的地防止结果发生的行为的不作为。即在过失作为犯中,是对法所不希望的结果没有认识和意欲的情况下的行为,在过失不作为犯中,是对具有这种构造的行为的不作为。换句话说,是对不具备认识和意欲时所达成的法所希望的结果的行为的不作为。他举了这样一个事例,由于铁路运行管理者没有通知列车的变更,负责铁道路口的工作人员把横道栏杆扬起来,结果造成行人的死亡。他认为,铁路运行管理者疏于实施的行为是通知,如果实施通知行为的话,这个事故就可以被防止了。这个通知的不作为,即便不具有对事故预见及预见可能性,只要具备被通知方和通知内容的认识就可以认定,这样,在此场合下,就可以按通知的不作为来处罚,尽管通知的目的并非是防止特定事故的发生,并且由于不是处罚防止目的结果的不作为,可以说,过失犯的构成要件状况是与故意犯有差异的。

但这一观点也存在许多疑问。首先,所谓"非目的"这个用法存在问题。这个词的适用场合是这样一种状况:不以行为人的认识为前提,只要实施了该行为,可以说就能自动地防止结果的发生。但是,在作为犯中目的性的欠缺是依存在行为者的心理的,它并不对客观的构成要件行为的该当性的范围产生影响。与此相对,在这种情况下,作为不作为对象的行为被限定在位于直接防止结果发生的行为之前,且又能自动防止结果发生的特定场合之下。也就是说,非目的性这一用语,首先在承担限定(在作为犯中并不存在的功能)行为的客观性的机能这一点,已经是大有问题了。而且,即使存在带有这种构造行为的不作为,所谓的防止结果的非目的性,除了对不作为的结果没有预见之外,别无他物。在对结果有预见的情况下,自然不存在怠于防止非目的的结果发生之事。也就是说,所谓的结果防止的非目的性,不过是不作为者对结果的没预见罢了,并不是客观上具有限定作为不作为对象的行为的功能。其次,如果原封不动地接受他的定义,上文所举没有通知的事例应该属于(准)故意犯。作为过失犯的话,处罚对象的必要构成是,非目的的结果防止本身而不是作为不作为行为的没有通知。这样,过失犯构成要件的状况与故意犯构成要件的状况就存在差异,也是有疑问的。第三,从规范的层面来看,根据他的定义,并非出于目的性适合的防止结果发生的行为是由命令规范所决定的,并且他认为这种规范也是存在的。但是,规范的内容是由存在的法律规范的关联所规定的。问题不是这种规范本身存在与否,在处罚结果不防止的法律法规下,建立在其基础上的规范是否还能是上文中所说的规范,答案应该是否定的。过失作为犯所禁止的行为是非出于目的的引起结果发生的行为,其积极的因素是具有预见可能性,因此,作为规范是要求其在预见到结果时打断行为的念头。事情即使在不作为中也是同样的。

　　由此可以看出,他的见解并不是对逆转原理的正确适用。他把非目的性专门当做是被命令行为的结果的属性,是不妥当的。目的性的缺乏还是应该与对命令行为的不实行本身相关联。

二、不纯正不作为之过失犯的构成要件

　　在不作为犯情况下,同样会出现过失行为。不仅不纯正不作为犯中存在过失犯情形,而且也存在纯正之过失不作为犯。例如,德国刑法第138条第2款规定对于知悉组织恐怖集团的犯罪计划或实施,于其实施尚得加以防止前,而怠于适时向官署告发或向因犯罪可能受威胁之人通报者,应受处罚。不过,在我国刑法中尚没

有关于纯正之过失不作为犯的明文规定。在此,本书重点探讨不纯正之过失不作为犯的构成情况。

一般认为,如果相应的作为犯的构成要件过失可以成立的话,不纯正的不作为犯也同样可因过失而实施。例如,上诉人因野牛损害农田,于某日傍晚,在某处路旁装设火铳,以便击捕,旋有挑柴之某氏,行经该处,触动引线,致为铳弹击穿腰部,移时身死。该项铳线既装设在行为人来往的路旁,其装设时间又在天色未黑行人不断之际,原有随时发生危险之可能,上诉人并不设法防范,致酿人命,律以过失致人于死之罪责。①

过失不作为犯的结构,仍以一般过失犯的行为结构理论为基础,但就其不作为形态的特性,仍必须作适当的调适。尤其是就非故意性结果的发生,在从事过失不作为的判断之前,首先检视其行为的结果是否因违反一般注意义务的过失行为所致,或行为人因违反防止义务之过失不作为所致,而决定要依据一般过失犯理论或另依过失不作为犯理论从事观察。

过失不作为的构成要件一般要具备以下要素:一定结果的发生;法律上应防止而未防止;结果与不作为之间具有因果关系;事实上有防止可能性;行为人有保证人地位;客观注意义务的违反;客观上结果避免的可能性;不作为与作为之间具有等价性;具备客观可归责性。

关于过失不作为,防止义务与注意义务可能有重叠现象。对此,本书第四章已作了相关说明。

虽然在不作为犯情况下,过失的结构原则上与作为犯情况一

---

① 林山田著:《刑法通论》(下),(中国台湾)1998 年作者自版(增订六版),第 546 页。

致,但在以下情况不同于一般的过失犯①:

1. 行为人因对一定结果之相当情况欠缺认识,以致未采取足够的救助行为或防果措施,从而形成客观注意义务之违反。例如,游泳池的救生员,见有小孩溺水时,未注意判断危险状况,仅抛下救生圈而未亲自跳水施救。

2. 行为人对于一定结果的发生,因不注意以致欠缺认识,而未采取适当的救助或防止措施。例如,看顾婴儿的保姆吩咐幼童代为供给奶瓶,看顾婴儿,自己出外参加圣诞舞会,不想寒流来袭,翌晨回家,婴儿已被冻死。此种情形,其不予保温照料之过失,系由于欠缺对婴儿可能由于寒流来袭,气温下降而受侵的危险认识所致;但因其具有法律上保证人地位,负有特别防止结果发生之义务,应以不作为过失犯论拟。

3. 行为人因对事实上所存在的救助可能性疏于认识,而未采取必要的救助措施,从而可能构成不作为过失。例如,不会游泳的父亲,眼见小孩即将溺水,却因太过恐慌,不知向相邻十余公尺外的邻人求救,导致小孩溺死,父亲即有可能构成过失致死罪的不作为犯。

4. 不纯正不作为的过失,必须是因为行为人居于保证人地位而形成,而行为人对其自己有保证人地位之情事,也有可能因不注意而忘却,以致怠于防止义务。例如,小学老师从窗外看见学童做爬树的危险游戏,但未认清楚是否属于自己班上的学生,一时未觉察自己职责而予防止,对其因而发生危险的后果,应负不作为过失的责任。

---

① 参见苏俊雄著:《刑法总论Ⅱ》,(中国台湾)1998年版,第580—583页;林山田著:《刑法通论》,(中国台湾)1998年作者自版(增订六版),第546—547页。

第三节　不纯正不作为犯与认识错误

一、不纯正不作为犯认识错误概述

尽管刑法学界对刑法中的认识错误有不同的分类,但通说将认识错误分为事实错误和法律错误两类。对于不纯正不作为犯而言,也存在事实错误与法律错误之分,但具有不同于作为犯的特点。

(一)不纯正不作为犯的法律错误

大体上可以将不纯正不作为犯的法律错误分为以下两类:一是行为人的不作为本来构成犯罪,但误认为不构成犯罪。例如,在母亲不给婴儿喂食导致婴儿饿死的场合,母亲认为自己的行为不是法律上的杀人行为,因而不构成犯罪。这种情况下不应阻却犯罪故意。二是对自己的不作为应成立的罪名或应受刑罚处罚的轻重发生认识错误。同样在上述母亲不喂食婴儿的场合,如果母亲嫌弃婴儿是女孩,而故意不给婴儿喂奶,认为自己的行为不过是遗弃罪而已,实际上应认定为故意杀人罪。无论是对不作为应成立的罪名的认识错误,还是对应受刑罚处罚轻重的认识错误,都不影响故意的成立。另外,对于纯正不作为犯而言,有可能发生本来不构成犯罪但行为人误认为是犯罪的情形,例如,普通路人将见危不救的行为误认为构成犯罪,但根据目前我国法律的规定,这种情况下不构成犯罪。但就不纯正不作为犯而言,较难想象存在类似的情况。

需要指出的是,不作为犯法律错误是以行为人对自己不作为的事实情况有正确认识为前提的,如果是因为对自己不作为的事实情况发生认识错误,进而导致对不作为的法律性质及其后果产生错误评价的,则属于事实错误,按事实错误处理,而不属于法律错误。

(二)不纯正不作为犯的事实错误

不纯正不作为犯的事实错误具有不同于作为犯的事实错误的特殊性。例如,刑法理论上常说的打击错误、手段错误(或工具错误、方法错误)不可能发生在不作为犯中。相反,不作为犯中的某些事实错误,在作为犯中也不可能出现,例如对行为可能性的认识错误、对作为义务的认识错误。

1. 行为可能性错误

按德国通说,行为可能性是故意的认识要素,如果对行为可能性发生错误认识,应阻却故意。日高教授主张,行为可能性不是故意的要件,因而即便发生行为可能性认识错误,也不影响故意的存否。如果从意志因素方面来考虑,缺少实现意志的,自然不成立故意。我们认为,应当把行为可能性作为故意的认识要素,从而发生行为可能性认识错误的,应阻却故意;有过失的,可以成立过失犯。理由不再赘述。

2. 等价性错误

本书第四章已指出,不作为与作为构成要件的等价,在判断标准上应考虑两个因素:(1)行为人的作为义务(保证义务);(2)具体构成要件的特别行为要素。因此,行为人对不作为犯发生等价性认识错误,如果属于作为义务错误,则按作为义务错误的情形处理。对此,下文还将作专门探讨。如果是对具体构成要件的特别行为要素发生认识错误,则应按事实错误来处理,应阻却犯罪故意。

二、作为义务错误的处理

作为义务是不纯正不作为犯的核心要素,行为人对作为义务的认识错误对认定犯罪故意乃至不作为犯的成立具有重要影响。例如,和孩子一起去海水浴的父亲看见在自己的附近一孩子被淹,但认为这个孩子不是自己的孩子,而在岸边若无其事地旁观,而实际上淹死的恰恰是自己的孩子。这种情况下,父亲是否成立不作为的故意杀人罪?再如,护士误认为自己的雇用契约期间已过,不干自己的工作,结果导致损害没有予以护理的患者的健康。这种情况下,护士是否承担不作为故意伤害罪的刑事责任?

对此,存在两种对立的观点:一种观点认为,对作为义务的错误应阻却故意,另一种观点则认为,作为义务的错误不阻却故意。之所以产生这种观点分歧,主要与对作为义务在犯罪论体系中地位以及故意在犯罪论体系中的地位的认识有关。

从学说史上看,关于作为义务处于犯罪论体系哪个阶段的问题,已经从早期的因果关系说经由违法性说到构成要件相符性说。而对于因果关系说,目前几乎没有人支持,因而在这里就不作专门分析。

(一)违法性说

如果按照违法性说的观点,作为义务的错误是违法性的错误。而违法性意识是否属于故意的要件,在理论上又存在故意说与责任说的对立。故意说又存在严格的故意说与限制故意说。严格故意说认为,违法性认识是故意的要件,无作为义务的认识即无违法性意识,则阻却故意的成立;限制故意说认为,在有作为义务认识可能性的场合,不阻却故意,若无这种认识可能性,则阻却故意。

408 责任说认为,违法性意识并不是故意的要件,而是与故意不同的独立的责任要素,因此,作为义务不阻却故意,但这种错误不可避免时,则有阻却责任;无有避免的可能性,则不阻却故意责任。持违法性说的学者有 Reinhard Frank、Mezger 等人。

(二)构成要件相符性说

该说认为保证人地位与保证人义务都是未写明的构成要件要素,不作为者无论是对成为作为义务基础的各种事实情况存在认识错误,还是对作为义务本身欠缺认识,均属于事实错误,应阻却故意。

(三)二分说

该说以那格拉的保证人说为出发点,主张把保证义务区分为保证人地位和保证人的义务,前者属于构成要件的要素,因而对保证人地位发生认识错误,应按构成要件错误来处理;后者属于违法性要素,因而不作为人尽管认识了保证人地位,但没有考虑到保证义务,则构成命令错误,按违法性错误来处理。当然,对保证义务的错误问题,也同上述违法性一样,存在故意说与责任说的分歧。二分说是德国学界的通说,考夫曼、威尔采尔(Welzel)、洛克信、格林瓦尔德等均持此说。在日本,许多著名学者,如内藤谦、中山研一、西原春夫等也持此说。此说的目的是为了对认识了保证人地位但因不关心而没有意识到保证人义务的无视社会规范的人追究故意责任。如果把这种人与因良心、法律意识不迟钝而意识到了保证人义务的人相比,在刑法上给这种人以更优越的待遇,与正义的要求相背。如施密特指出,如果把在如何履行保证人的义务上产生错误的人以构成要件错误来处理,就等于给"因小心从一开始就根本没有充分考虑的人或因不关心缺少思考的人以特权。"毛拉赫也指出,"不作为人尽管明知情况,但认为没有要求作为义务,在这种情况下,允许适用刑法第五十九条第一款,就等于给无视社会规范的人以特权。"①在我国台湾地区,也有的学者认为,行为人因错误而对于构成保证人地位的各种情状欠缺认识,即属于构成要件错误,足以排除故意。至于行为人虽对其保证人地位有认识,却因错误而不知负有保证人义务,或误认为不履行其保证人义务系法律所允许者,即属于命令错误。例如,行为人明知落水之人是其妻子,但却认为两人即将离婚,无所谓的救助义务可言。又如,甲闻有人遇险,虽然知道受害者为其妻乙,但因思乙时常红杏出墙,自己并无义务冒生命之险,此即对于保证人义务的误解,形成诫命错误。对于此等错误,若采罪责理论,认为行为人主观上若欠缺不法意识,则根本不致影响故意,只不过影响罪责而已,故仍成立故意犯罪,但应就错误能否避免,而区分其罪责非难程度:若系可避免者,则因有较通常不作为更低的可非难性,而得减轻其刑;若诫命错误系不可避免者,则因行为并无可非难,故不构成罪责。作为义务唯有就伦理规范之一般观点,极难得知者,则该不作为之诫命错误,始为不可避免之诫命错误。②

对上述三种学说,都面临来自其他不同立场学者的批判。首先,如果依照违法性说,那么凡能防止结果而不防止者,都具备构成要件的该当性,其区别仅仅在于有无违法性,但这就使犯罪论体系中构成要件的该当性失去了违法推断的机能,这与犯罪成立的一般理论相矛盾,同时也与人们的通念相悖。再者,依照此说,不纯正不作为犯的违法性是基于违法防止结果发生的义务而成立,但事实上也有虽违反防止结果义务而仍不构成违法的情形。例

---

① 参见[日]日高义博著:《不作为犯的理论》,王树平译,中国人民公安大学出版社1992年版,第160—161页。

② 林山田著,《刑法通论》(下),(中国台湾)1998年作者自版(增订六版),第552—553页。

如,猛犬的主人虽然负有防止该犬咬伤他人的义务,但是如果盗窃犯非法入侵住宅欲行盗窃而被咬伤,这时主人虽有违反防止结果发生的义务,但由于具备正当防卫条件而阻却违法。

其次,关于构成要件说,反对者指出,如果将作为义务错误都视为事实错误,并一概阻却故意,就会出现一些放纵犯罪的不合理现象。这一点,持二分说的学者已经阐述得很清楚。

最后,尽管二分说的出发点是合理的,但也受到了以下批评:(1)这种观点是从构成要件相符性说倒退到违法性说,与那格拉最初提出的保证人说相去甚远。"保证人说的意义在于,通过把不作为犯的作为义务解释为构成要件的要素,给决定不作为犯的构成要件符合性提供标准,即想把以前认识是违法性的要素的东西看成构成要件的要素,借此明确决定不作为犯的构成要件符合性。区别说再次把作为义务还原到违法性论中,就与前面谈到过失犯时所指出的一样,对不作为犯,在论及构成要件符合性的阶段,就不得不使应当成为犯罪的不作为和不能成为犯罪的不作为都符合构成要件,这是不妥当的。"①(2)如果完全排除保证义务的存在,要想正确地判断构成要件相符性是困难的,也就是说能不能把保证人地位和保证人义务完全分离是有疑问的。即便在观念上能够把二者区分开,但在实际适用时,进行这种区别是极为困难的,几乎近于不可能。例如,父亲知道掉在河里快要溺死的小孩是自己的孩子时,一般认识到要救助小孩不使他溺死这种保证人地位和保证人义务。而且,在不纯正不作为犯的所谓开放的构成要件中,要法官区分出保证人地位和保证人义务以认定应当被补充

---

① 〔日〕大塚仁著:《犯罪论的基本问题》,冯军译,中国政法大学出版社1993年版,第217—218页。

的作为义务,作为实际问题是难以考虑的。① 误认为雇用契约期间已过而不去看护,这种情况可以说是由于雇用契约的错误而缺少对保证人地位的认识,也可以说是由于雇用契约的错误而缺少对看护义务本身是否失效进行思考的义务的意识。② (3)不作为人即使认识到保证人地位,如果没有意识到自己负有防止一定结果发生的义务,就不能形成反对动机。而且,即使保证人的地位和保证人的义务在观念上能够区别开来,那么没有保证人义务的保证人地位在刑法上也没有意义。为了能说不作为人认识了符合构成要件的事实,不仅保证人地位要认识,而且必须认识由此产生的应防止一定结果的义务的事实。如有认识防止结果义务的可能性但没有认识,这种情况已超出故意的界限,应从谴责可能性的角度看是否是过失犯的问题。这样,就不能考虑把保证人地位和保证人义务分离,把两者作为一个不可分割的整体看待。③

应当说,上述学者从其固有的犯罪理论体系出发,对作为义务的考察以及对作为义务错误性质的争论,具有较大的理论价值。但应当看到,虽然上述观点存在对立,但实际上按不同学说处理具体案件时,往往会得出相同的结论。例如,按构成要件符合说,事实的错误只限于不作为者对成为作为义务基础的各种事实情况有误认的情形;如果对这类事实情况有正确认识,只是由于发生误解或评价错误的结果,使其对自己的作为义务无认识,那就是适用的

---

① [日]大塚仁著:《犯罪论的基本问题》,冯军译,中国政法大学出版社1993年版,第218页。

② 参见[日]日高义博著:《不作为犯的理论》,王树平译,中国人民公安大学出版社1992年版,第163页。

③ 参见[日]日高义博著:《不作为犯的理论》,王树平译,中国人民公安大学出版社1992年版,第163—164页。

错误应作为违法性错误看待。而按违法性说,关于作为义务基础的各种事实情况的错误,是所谓违法性阻却事由之基础的事实,属于事实错误范畴。这样一来,关于作为义务的错误问题,各种学说只是在理论上有分歧,在实际适用上并无差异,因而成为一种纯粹的理论之争。① 再者,从我国的犯罪构成理论出发,作为义务属于不作为犯罪的客观要件,因此,作为义务错误只能是事实错误,而不是法律错误。但无论是保证人地位还是保证人义务,都是规范的构成要件要素,应按照规范构成要件要素错误的处理方法进行处理。即,只要行为人进行了其"所属的常人领域的平行性评价",认识到其意义,就具备了故意的要件;缺乏这种认识时,就阻却故意。即使不知道存在法律上明确的作为义务,只要行为人考虑到必须在这种场合下做些什么,不能置之不顾,就有关于作为义务的意义的认识。而且,从行为人认识到自己处在一定地位,一般就可以认定其知道存在一定的作为义务。这样,就不会出现不当地放纵对不纯正不作为犯的处罚的后果,即便是对那些无法律意识、破廉耻的人也可以按不纯正不作为犯来处罚。② 当然,在进行"所属的常人领域的平行性评价"时,还要充分地考虑到以下因素:一是,规范上作为义务的认识范围与程度远远小于不作为义务,也就是说不应当做什么行为是被广泛认识到的,而规范上要求在特定情况下应当进行特定的行为,是许多人还弄不清楚的。因此,要求规范的可认识性必须有一个明确与特殊的起因或者事由。二是,不纯正不作为犯的许多规范要素并不是刑法规范本身

---

① 参见[日]堀内捷三:《作为义务の错误》,载《法学セミナー》1982年第11期。

② 参见[日]大塚仁著:《犯罪论的基本问题》,冯军译,中国政法大学出版社1993年版,第218—219页。

所具有的，其可认识程度也随之大大降低。因此，在要求错误可避免性的认定上，必须确保刑罚的合理性与经济性，保持刑法的谦抑性。

第九章　不纯正不作为犯与
刑法相关范畴

本 章 要 旨

本章分四节分别讨论了不作为与刑法正当化事由、不作为的未遂与中止、不作为的共犯、罪数等问题。

1. 不作为与正当化事由。本书认为只要不作为具有对法益侵害的紧迫性，就可以对之进行正当防卫；正当防卫和紧急避险都可以不作为方式构成；对义务冲突的解决基于法益衡量原则具体解决；在具备合法化条件的基础上，行为人的不作为可以基于被害人的承诺而阻却违法。

2. 不作为的未遂与中止。对不作为犯实行着手的判断标准，本章在详细介绍德、日刑法学界有关代表性学说的基础上主张采取"法益危殆化说"。本书认为不纯正不作为犯没有必要作实行终了的未遂、未实行终了的未遂以及实行终了的中止与未实行终了的中止之区别。

3. 不作为与共犯。关于不作为的共同正犯问题，本书采取全面肯定说；不存在不作为方式的教唆，但存在不作为方式的帮助；关于不作为共同正犯与帮助犯的区别，在法益保护的场合，不作为者原则上是正犯，但在据不作为无法实现构成要件的场合,不作为者仅论以帮助犯;在监督危险源的场合,不作为者构成帮助犯。教唆和帮助他人不作为行为都可以成立,而且帮助他人不作为既包括有形帮助,也包括无形帮助。

4. 不作为的罪数。本章在综合分析德、日刑法学界及判例有关学说的基础上,提出基于同时性说与回避不可能说的折衷说,即以某一项规范违反之后能否回避其他规范的违反为标准,如果能够回避,则成立复数行为;如果不能回避,则成立单数行为。

第一节 不纯正不作为犯与正当化事由

所谓正当化事由,也称排除犯罪化事由,主要包括正当防卫、紧急避险、被害人承诺、法令行为、正当业务行为、自救行为、义务冲突等。从理论与实务来看,涉及不纯正不作为犯与正当化事由的关系,主要是不作为与正当防卫、紧急避险、义务冲突、被害人承诺的关系问题。本节对此加以着重探讨。

一、不作为与正当防卫

不作为与正当防卫的关系,主要集中在两个方面:一是对不作为犯能否实行正当防卫,也就是说正当防卫中的不法侵害是否包括不作为;二是行为人的不作为能否作为正当防卫而阻却违法(或排除犯罪化)。

(一)关于对不作为犯能否实行正当防卫问题

对此,国内外学界历来存在不同观点。综合起来,大致可以概

括为以下三种观点:

第一种观点是肯定说，认为只要是不法侵害就可以实行正当防卫，对不作为行为也可以正当防卫。如旧中国刑法学者王觐指出："对消极的侵害行使防卫权者，如乳母以饿死婴儿之意思，绝乳儿之食，为保护婴儿之生命计，于危害迫切之际，以腕力强之哺乳者是。又对于无故侵入人之住宅受退去要求而不退去之人，以实力使之退出住宅外去，亦同。"①日本学者植松正阐述道："所谓侵害是对法益的攻击。置法益于危险，也属于这个意义上的'侵害'，不论作为或不作为都无妨碍。对由不作为的法益侵害可否实行正当防卫，虽然以不作为不能改变现状的理由否定正当防卫是有理的，但是如果想使经要求而不退出者退出，使意图饿死婴儿不授乳的母亲授乳或者使不应急诊要求的开业医生诊治等场合，那就知道不应当否定之。"②目前，我国学者多数持此观点。

第二种观点是否定说，认为对不作为不能实行正当防卫。日本学者大场茂马认为，"自文义观之，侵害二字，仅指积极的侵害行为而言，然则以实力使得侵入居住之人，退出宅外，当然不能称之为正当防卫，应称之为自救行为。"③韩国学者刘基天认为，对于以不作为方式进行的侵害，只有自力救济才有可能。④ 在我国，有的学者认为，不作为的行为人是能防止危害结果的发生而不加以防止，所以对不作为犯实行正当防卫，造成其人身伤亡，并不能排除正在进行的不法侵害，只能采用提醒、劝说、警告、命令等方法，

---

① 王觐著：《中国刑法论》，1933 年作者自版，第 506 页。

② ［日］植松正著：《刑法概论Ⅰ总论》，日本劲草书房 1974 年版，第 166 页。

③ 转引自陈兴良著：《正当防卫论》，中国人民大学出版社 1987 年版，第 99 页。

④ 参见［韩］李在祥著：《韩国刑法总论》，［韩］韩相敦译，中国人民大学出版社 2005 年版，第 197 页。

或者施以适当的胁迫或者强制。但这种采用胁迫、强制的方法也不能认为是正当防卫，因为我国刑法并无单独规定强制、威胁为犯罪，也就不存在相应的刑事责任，所以不是正当防卫。①

第三种观点为限定说（或者区分说），认为对于纯正的不作为犯不能实行正当防卫，而对于不纯正的不作为犯可以实行正当防卫。如日本学者泉二新熊指出："不以纯正的不作为为正当防卫之原因，是为通说，非谓对于一切不作为，皆不能行使正当防卫权。"②

笔者认为，无论对于纯正不作为犯还是不纯正不作为犯，只要形成对法益侵害的紧迫性，就可以进行正当防卫。当然，最终要认定构成正当防卫，还要具体分析防卫人的防卫手段、防卫限度、防卫时机等各种因素。以下两个问题值得注意：

一是由于对不作为行为防卫的特殊性，要取得正当防卫的效果，除了防卫人的防卫行为外，还必须借助不作为行为人对作为义务的积极履行才能制止不法侵害，因此，在防卫人采取的方法上，只能是强制、暴力、胁迫，而不能造成不作为者的死亡。但对于作为行为进行的防卫，在特殊情况下采取造成不法侵害人死亡的方式也是正当的。

二是在面临不作为犯罪时，如果行为人可以在损害犯罪人的情况下，通过自身的行为直接避免危害结果，这种情况下是否可以对不作为实行正当防卫？对此，应具体结合各国关于正当防卫的具体成立条件加以分析。如在德国、日本，要求行为人不得已情况

---

① 参见甘雨霈主编：《刑法学专论》，北京大学出版社1989年版，第143页。
② 转引自陈兴良著：《正当防卫论》，中国人民大学出版社1987年版，第99页。

下实施的防卫行为才具有阻却违法性,但在我国刑法中并没有这一限制性条件。因此,当合法权益遭受紧迫的不法侵害时,无论是作为还是不作为,即使有其他方法能够避免不法侵害,也同样可以进行正当防卫。我国有的学者认为,如果他人能够直接防止危害结果的发生,就没有必要实行正当防卫,只有在没有防止危害结果发生的专门技术和能力的情况下,才能实行正当防卫。① 这种观点实际上等于在我国刑法中规定的正当防卫条件中增加了"不得已而实施"这一额外要素,因而是不正确的。

　　在上述情况下,尽管不应增加"不得已而实施"这一要素,但要成立正当防卫还要具体考虑以下问题:如果防卫人自己就可以直接实施某种行为避免危害结果的发生,而防卫人通过加害犯罪人身体的方式迫使其履行作为义务,在避免了损害结果发生的情况下,成立正当防卫自当没有问题,但是若犯罪人并没有履行作为义务,或者犯罪人答应履行尚未来得及履行而危害结果发生了,或者犯罪人正在履行甚至已经履行了作为义务但危害结果还是发生了,在这些情况下,防卫人的行为是否能成立正当防卫? 我们认为,不能过分地依赖于防卫的效果作为判断成立正当防卫的基础。这种情况下,由于防卫人具有防卫目的的正当性,在当时情况下,防卫人主观上是想通过防卫行为达到犯罪人履行作为义务进而防止危害结果发生的目的,无论如何存在着避免危害结果发生的极大可能性,虽然最终结果没有避免,但也不应苛责防卫人。因此,在这些情况下,应当认定其行为属于正当防卫。但如果在防卫人使用暴力、强制手段前,犯罪人明确表示即使死也不会履行作为义务,而防卫人仍然以暴力加害于犯罪人,事实上犯罪人最终也未履行作为义务,危害结果确实发生了。这种情况下就不宜认定为正当防卫。

总之,对于不作为犯罪,在具有给合法权益造成损害的紧迫性的情况下,可以对之进行正当防卫;但是,应当注意避免防卫权的滥用,而且是否要求防卫行为具有效果不可一概而论,要结合刑法设立正当防卫制度的宗旨及社会的通念等加以综合考虑。①

(二)关于能否以不作为方式实行正当防卫问题

理论和实务接触最多的、最常见的就是防卫人以作为方式采取正当防卫,但以不作为方式而成立正当防卫者,也不能一概予以否定。

我国台湾地区刑法学者林山田教授举例指出,某甲无故侵入某乙住宅,某乙所豢养的看家狗扑向某甲,某乙出于防卫某甲无故侵入他人住宅之意思,而不招回其犬。林教授认为,此时某乙之不作为,具有正当防卫的理由,得以阻却违法。② 但台湾学者苏俊雄认为,这种情况下从推理的观点而言,也可认为某甲所遭受的危险系属自我招致之冒险,就该危险来源并非某乙基于社会交易安全之理由,也非其先行行为或自愿承受之理由,所应负保证人地位者,在法律上实无防止之义务,自不该当构成要件之情状,因此不必再问是否为出自正当防卫意思与否进行违法性判断问题。但学校的老师,在班上同学与校外流氓打架时,原有阻止伤害发生、保护同学安全之义务,但想到劝架的结果可能自己也会遭受流氓分

---

① 参见赵秉志、刘志伟:《正当防卫理论若干争议问题研究》,载《法律科学》2001年第2期。

② 参见林山田著:《刑法通论》(下),(中国台湾)1998年作者自版(增订六版),第十章第三节实例七。

子的攻击,从而基于自己免受攻击的考虑,终于不为救助义务。这
种情况下可以考虑老师的不作为因成立正当防卫而排除违法
性。① 在德国,也有学者认为,按德国军人法第 12 条,兵士遇队友
打架时,有保护同队伙伴之义务,若鉴于因劝架之结果,自己将遭
不法之攻击而未为救助者,可以正当防卫之理由,阻却其违法。②

　　笔者认为,苏教授的观点欠妥当。其所举事例并不符合正当
防卫的特征,而应在紧急避险范畴内考虑(当然是否论以紧急避
险,还要看符合紧急避险的全部要件,对此,下文还将作说明)。
也就是苏氏观点混淆了正当防卫与紧急避险。正当防卫与紧急避
险之间一个显著的差异就是,在正当防卫行为中是以对侵害者的
反击为内容,即通常所说的"不正对正"的关系,防卫行为针对的
对象必须是不法侵害者;而紧急避险通常是以损害与危难的原因
无关系的第三者利益形式进行的,因此发生的是"正对正"的关系
问题,虽然紧急避险行为本身是合法的,但法益受到侵害的第三者
一方并没有作出什么违法行为,也是"正"。而在苏氏所举事例
中,作为学校的老师,其应当作为而不作为的行为侵害的是作为法
益受害一方的在校学生,而并非针对实施不法侵害的校外流氓,也
就是老师的不作为并没有"以正对不正",而是"以正对正",因此
老师为保护自己的利益而实施的不作为不应构成正当防卫。同
理,在德国事例中也是如此。笔者认为,倒是林山田教授所举事
例,符合正当防卫的特征。按作为义务理论,防卫者对其豢养的狗
负有监督危险源的义务,如果狗咬人,则主人有制止的义务,而且

该义务并不因狗所咬的对象而存在或消灭。但在该事例中,由于某甲无故侵入某乙住宅,某乙的不作为行为基于正当防卫而可能阻却违法。

二、不作为与紧急避险

关于不作为与紧急避险的关系,主要集中于紧急避险能否以不作为方式实施。对此,有学者指出,在不作为犯之情形中,行为人通常对于危难的发生居于保证人地位,具有防止或者救助义务,从而在此种场合,必然会发生其自己利益及他人利益之救助,或者多项义务间的冲突问题。此种情况下,行为人若履行其作为义务将危及或牺牲其自身利益,而因其不履行所牺牲的利益显著小于因履行而将牺牲的利益的情况下,其不作为可以依据利益冲突之理由阻却违法而予以合法化。但该论者将这种情况视为不作为义务冲突的一种形态,并不妥当。① 笔者认为,这种情况下仍应适用紧急避险的规定而加以考虑之。

但紧急避险与正当防卫不同,在正当防卫的情况下,当行为人面临不法侵害时,任何人都没有义务忍受这种不法侵害,任何人都有权为保护国家、公共利益或个人权益实施正当防卫。但当行为人面临危险时,有的人却有义务去承受这种危险,这些人不得为保护自己免受该危险的侵害而实行紧急避险。因此,正当防卫没有主体上的限制,紧急避险则不适用于某些特殊主体。这几乎是各国刑法的通例。我国刑法典第 21 条第 3 款规定,"第一款中关于避免本人危险的规定,不适用于职务上、业务上负有特定责任的人。"根据这一规定,在上文所举的老师不救助在校学生、兵士不

---

　① 参见苏俊雄著:《刑法总论Ⅱ》,(中国台湾)1998 年作者自版,第 588 页。

救助队友的事例中,由于老师和兵士都是在职务或业务上负有特定救助责任(义务)的人,因此,他们不能基于避免自己利益受损的理由而排除他们不作为的违法性。

三、不作为与义务冲突

义务冲突又称"义务的抵触"、"义务紧急状态",是指同时存在数个不相容的法律义务,履行其中一方的义务,就必定不能履行他方的义务,从而使他方利益受损的情形。义务冲突是大陆法系刑法学中的一个重要理论问题。对义务冲突问题,近年来引起我国刑法学者的逐步关注,并进行了较为深入的研究。

对义务冲突这一概念,有的学者予以否定。如德国刑法学者兹奥尔认为,冲突只会发生在利益与利益之间,在权利与权利、义务与义务之间不存在冲突。在义务冲突中,实际上只存在一个义务,两个义务中由法秩序评价为更重要的义务才是真正的义务。①但多数学者认为,义务冲突是一个客观现象,在理论上也难以否定。

(一)义务冲突的法律性质

关于义务冲突的法律性质,大致存在以下几种观点:

1. 违法阻却事由说

持此说的学者主张义务冲突属于违法阻却事由,但其属于法定的违法阻却事由,还是超法规的违法阻却事由,是否属于独立的违法阻却事由,则见解不一。

通说以义务冲突没有法律明文规定为由,主张义务冲突是超法规的违法阻却事由。也有论者指出,义务冲突的观点也有法律

---

① 参见冯军著:《刑事责任论》,法律出版社1996年版,第72—73页。

明文承认者,如台湾地区刑事诉讼法规定证人违反出庭义务、证人违反具结、证言义务等,应受处罚,但如有"正当理由"时,即非为处罚的对象。这里的"正当理由"就包含义务冲突的情形。因此,义务冲突并非无法律依据。①

有的学者虽没有明确义务冲突究系法定违法阻却事由还是超法规的阻却违法事由,但将义务冲突作为某一法定违法阻却事由的次元法则(或者说下位概念)。其中,将义务冲突视为紧急避险的特殊情形学者不在少数。如德国学者宾丁在考察了紧急避难概念的发展过程后指出,紧急避难中包括三种类型的冲突:法益与法益的冲突、法益与义务的冲突、义务与义务的冲突。宾丁认为,"所谓紧急避难就是只有通过某个被禁止的行为才能救护遭受危难的法益或者才可能维持某法律义务的人的状态。"这样,宾丁通过扩大紧急避难的概念,把"义务"也纳入紧急避难的"难"之中,使义务冲突成了紧急避难的一种特殊情形。② 在日本,通说往往把义务的冲突视为紧急避险的一种情形。但大塚仁教授认为,紧急避险的避险行为是由作为实施的,而在义务的冲突中,被放置的义务是由不作为所懈怠的。另外,关于紧急避险,只要避险者忍受危险,也允许不进行避险行为,但是在义务冲突情形中,法律上要求行为人应该履行其义务。这是它们的不同,必须在概念上将两者加以区别。③

有的学者则主张将义务冲突作为依法令行为的一种表现形式。所谓依法令行为,就是直接根据成文法律、法令的规定,作为

① 参见曾淑瑜:《论义务冲突》,载(中国台湾)《法令月刊》第 49 卷第 7 期。
② 参见冯军著:《刑事责任论》,法律出版社 1996 年版,第 77 页。
③ 参见[日]大塚仁著:《刑法概说(总论)》,冯军译,中国人民大学出版社

2003 年版,第 368 页。

行使权利或者承担义务所实施的行为。义务冲突下的正确选择行为和依法令行为一样,都是履行义务的行为,二者法律性质颇为一致,所以,依"权利之行使,义务之履行适法"的命题,义务冲突下的正确选择行为,应当作为一种法令行为阻却违法。持此见解的学者如日本学者团藤重光、福田平等。①

2. 责任阻却事由说

该说认为在义务冲突的情况下,行为人处于无论履行哪个义务都会违法的境地,但是行为人基于良心的决断乃是阻却责任的依据。德国学者 Gallas 认为,法规范的本质是当为,是对人的外部及内部行为的评价。站在强调法规范的评价机能的客观违法论立场上,义务冲突中的侵犯行为仍然是违法的。Gallas 将义务冲突中行为人的行为分为两种情形:一种是行为人对被履行的义务选择错误,另一种是行为人对被履行的义务无法选择。在前者情况下,行为人本应履行一个更高位的义务,却错误地履行了一个更低位的义务,这种错误的选择行为是违法的,但是行为人之所以会选择错误,可能是由于其对义务高低顺位的不知,或者是缺乏正确选择的期待可能性,从而阻却行为人的责任。在后者情况下,行为人不能衡量哪个义务更重要,只要行为人是基于自己的良心进行了选择,其行为尽管违法,也是无责任的。②

在我国,也有学者主张从期待可能性角度考虑义务冲突阻却责任。如有的台湾学者认为,义务冲突存在作为义务与不作为义务冲突的情形,此与通常的紧急避难有别。由于此时的避难行为,

---

① 参见马克昌著:《比较刑法原理:外国刑法学总论》,武汉大学出版社 2002 年版,第 396 页。

② 参见冯军著:《刑事责任论》,法律出版社 1996 年版,第 79 页。

必然会造成另一项义务的违反,而此种义务违反,并非单纯法律秩序之优先评价的问题,尚涉及道义责任及社会非难期待可能性之问题,故在法理上属于一种"界限领域"的问题。义务冲突阻却责任之理论,是从期待可能性之观点,依法理所谓"不可能者,即无义务"的原则,加以阐释。唯此项原则,通常系指个别"规范命令"的例外情形而言,而义务冲突者,其个别单项义务的履行,并无不能的问题,其评价所以发生困难,在于此际义务的履行,就行为人之立场,发生利益选择上的两难。因此,尚无法按一般紧急避难之原则,明确予以评价,而必须寻求阻却责任之途径为合理之解决。① 又如大陆学者有认为,把义务冲突不负刑事责任的根据定位于缺乏期待可能性。②

对此,有的论者指出,义务冲突的法律性质究属阻却违法还是阻却责任,首先,不宜就所冲突的法益无法权衡大小即认为应适用期待可能性理论解决,而得从法益轻重权衡大小者即适用紧急避难原理处理,如此将其内容一分为二,显然无法明确说明义务冲突的法律性质;第二,对于等价义务的冲突,纵然不能以紧急避难理论圆满解决,但这并不是说其即具有可罚性,在违法性有无尚未验证前,即径以有责性之期待可能原则予以评价,似有可议;第三,从实质违法性概念角度看,违法性判断不应局限于法定阻却违法事由之结论,行为态样千变万化,为使一些在行为本质上与法规范不相冲突的构成要件该当行为,不致因无相当之法定阻却违法事由,而有窒碍难行之处,宜肯定其为超法规的阻却违法事由。③

---

① 参见苏俊雄著:《刑法总论Ⅱ》,(中国台湾)1998 年作者自版,第305—306 页。

② 参见李兰:《义务冲突下的正确选择》,载《法学评论》2002 年第2 期。

③ 参见曾淑瑜:《论义务冲突》,载(中国台湾)《法令月刊》第49 卷第7 期。

3. 二分说

该说主张将义务冲突分为违法阻却事由的义务冲突和责任阻却事由的义务冲突。即在一般的同价值义务冲突的场合,无论履行哪一方的义务,都阻却违法;但是如果违反义务所侵害的法益是生命或者身体,则由于不可能衡量义务的价值高低,从法秩序的立场来看,不能命令其履行哪一方的义务,因此其行为是违法的,只存在阻却责任的问题。如德国学者耶赛克主张将义务冲突下的正确选择行为分为合法化的与作为超法规免责事由的两类。他强调,"由于人命的价值具有不可比性,任何一种纯量的和质的差异均被排除,所以法秩序不可能为了使其他多数人生存而杀死或者牺牲某一个人","为了救助多数人的生命或认为较重要的生命,而牺牲他人的生命,无论该价值维护的倾向如何,该行为是违法的。"①

4. 法律上的自由领域说

该说认为义务冲突不是违法性阻却事由,而属于法律上自由的领域。所谓法律上自由的领域(rechtsfreier Raum),是指法律并不作出适法还是违法的评价,而放任个人根据良心来判断做什么或者不做什么的领域。这种情况虽不是被禁止的也不是被容许的。不仅自杀或者根据适当规定堕胎的情况,相同价值或者无法评价的利益冲突或者义务冲突的情况也属于法律上自由的领域。但是,如有的学者所指出的,法律上自由领域只不过是先于犯罪构成的问题,在某行为认定为满足犯罪构成时,是免不了受到法律评价的。所以,为救孕妇生命的堕胎不能认为是法律上自由的行为,

① 〔德〕汉斯·海因里希·耶赛克、托马斯·魏根特著:《德国刑法教科书》,徐久生译,中国法制出版社2001年版,第600页。

而是被容许的行为。在义务冲突的情况下,因不履行义务满足犯罪构成,不能说是法律上自由的领域。①

笔者认为,将义务冲突作为独立的超法规的违法阻却事由比较妥当。

(1)不宜将义务冲突作为责任阻却事由。正如有的学者所指出的,在现实的法律秩序中,由于人的认识能力的限制,立法者不能创造出一个无矛盾的法律体系,也没有制定一个解决这一矛盾的法规范,最后的解决只能委于行为人自己去选择。只要行为人的选择是合理的,符合法秩序的整体要求,就应当认为行为人的行为是合法的。如果认为义务冲突不是一个使行为人的行为合法化的原因,而只是一个免除责任的事由,就实际上等于把一个本来不可能履行的义务强加给行为人,然后在行为人没能履行时,免除其责任,以表示法律对处于两难境地的可怜的行为人的慈悲。而法律真正应该做的,不是表示对行为人慈悲,而是授予行为人解决法律在生活中的脆弱的权利,在法律没能妥当处理生活的冲突时,应该求助于行为人善意努力后的选择,并且把这种选择合法化。②

(2)不宜把义务冲突作为紧急避险的特殊情形来对待。尽管义务冲突与紧急避险存在很多相同之处,但二者在性质上是不同的。在紧急避险场合,如果面临危险者自己忍受危险损害,可以不实行避险行为,这不仅不违反法律,而且是一种高尚的行为,应该受到人们的称赞;如果是他人面临的危险,一般情况下行为人也没有义务必须为他人避难,行为人选择不实施避难,也不会发生违反

---

① 参见[韩]李在祥著:《韩国刑法总论》,[韩]韩相敦译,中国人民大学出版社2005年版,第222页。
② 参见冯军著:《刑事责任论》,法律出版社1996年版,第81—82页。

法律的问题。而在义务冲突的场合,却不存在这种可能性,行为人履行义务是法律的要求。无论行为人如何选择,至少有一方义务得不到履行,使一方利益受损是不可避免的。义务冲突中,在作为义务与作为义务冲突的情况下,二者的区别更为明显,难以用紧急避险理论加以解决。当然,二者的确存在竞合的现象。也就是,当某种权益正在遭受危难,而避难者有法律上的义务使危难避免时,就会发生紧急避险与义务冲突的竞合。当然,是否存在竞合现象,也与对义务冲突存在的具体情形尤其是是否承认作为义务与不作为义务之间的冲突有密切关系。对此,下文还将作专门探讨。

在提到义务冲突与紧急避险的区别时,有的论者认为,紧急避险中损害他人利益的行为是作为,而义务冲突中损害他人利益的行为通常是不作为。而且,我国现行刑法第 21 条规定的为了"免受正在发生的危险"中,并不包含为了"履行义务"的意思,也就是说,"免受正在发生的危险"与"履行义务"并无关系,即使不是履行义务的行为,但只要是为免受正在发生的危险而实施的,仍然可能成立紧急避险;反过来,即便是履行义务的行为,如果不是为了免受正在发生的危险而实行的,则不可能成为紧急避险。① 对此,需要指出,尽管紧急避险通常情况下是以作为方式体现的,但也不排除可以由不作为方式实施。关于这一点,已在本节第二部分论及。其次,尽管在表面上看,我国刑法第 21 条规定的为了"免受正在发生的危险"中,并不直接包含为了"履行义务",但由于免受发生危险的情况各异,有些情况下行为人履行义务就是为了免受正在发生的危险,因此,从逻辑上也不能排除以不作为方式实施紧

---

① 参见王骏著:《超法规的正当化行为研究》,中国人民公安大学出版社2007 年版,第 183—184 页。

急避险的情形。

（3）把义务冲突作为依法令的行为也不妥当。虽然义务冲突中的义务原则上也限于法律义务，但这种法律义务并不要求是法律、法令明确规定的，而是可以基于习惯、条理而为法秩序的精神所内在要求的。如果把义务冲突作为依法令行为的一种表现方式，就会导致在寻找法的明文根据上存在困难，从而导致不适当地缩小义务冲突的存在范围。

（二）义务冲突的成立条件

一般认为，作为刑法中阻却违法事由（或排除犯罪化事由）的义务冲突，需要具备以下条件：

1. 必须同时存在数个互不相容的义务

一方面，必须存在两个以上的义务，而且必须同时存在。如果不是两个以上，或者这两个以上的义务不是同时存在而是先后存在，则不可能产生冲突。另一方面，这数个义务之间在性质上互不相容。就是说不可能同时都得到履行，为了履行一方的义务不得不侵害他方的义务。如果数个义务虽然同时发生，但行为人自身有足够的能力同时履行，则不属于义务冲突；如果可能得到行为人的先后履行，也不属于义务冲突。在这种情况下，如果数个义务可以先后履行，行为人只履行了其中的一个，则不阻却违法，应当负法律责任。另外，在某些场合，虽然行为人自己不能同时履行数个义务，但可以采取其他替代措施使义务都得到履行，也不具备"互不相容"的条件。例如，某人被法院传唤去作证人，结果在同一时间他发现了一严重的犯罪，他就可以自己履行作证义务，而请他人代为履行重罪通报的义务。

2. 被侵害的义务必须是刑事义务

义务冲突中的"义务"可以分为两方：一方是被履行的义务，

另一方是被侵害的义务(即未被履行的义务)。作为未被履行的义务,必须是刑法所强制履行的义务,否则就没有在刑法中加以考察的必要,也就没有探讨刑事义务冲突的问题。

在这里,比较有争议的是,道德义务是否义务冲突中的义务?对此,又可以从两个方面分别考察:一是被侵害的义务能否为道德义务;二是被履行的义务能否为道德义务。

(1)关于被侵害的义务能否为道德义务问题。这一问题与"不作为犯罪所违反的义务是否包括道德义务"一脉相承。一般认为,纯粹的道德义务不应成为刑法中作为义务的来源,同理,在被侵害的义务是道德义务的情况下,谈不上违法的问题,自然不应在义务冲突的范畴内加以考虑。

在我国曾发生这样的事情:2000年8月23日,辽宁省法库县即将临盆的孕妇叶某在乘坐俗称"板的"的三轮车赶往医院生产途中,被交警禁行"迎宾道",导致时间延误,造成婴儿死亡、孕妇大出血的严重后果,而按规定"迎宾道"的确是不准"板的"和马车通行的。

在同一时期,徐州也发生了类似事件:一临产孕妇出现临产征兆,其丈夫拦住一辆货车赶往医院。在距离医院300米处,三个运政稽查人员要求检查,理由是货车不能载客。司机和孕妇的丈夫苦苦哀求,稽查人员就是不放行。二三十分钟后,司机被扣下驾驶证,并被罚款200元,等到把孕妇送到医院时,孕妇已经由于时间耽搁太久而失血过多死亡。[①]

在上面两个案例中,无论是交警,还是运政稽查人员,都是在

---

①　转引自王骏著:《超法规的正当化行为研究》,中国人民公安大学出版社2007年版,第190页。

履行法律规定的职责,也就是说其履行的是法律义务,而对于积极救助临产的孕妇而言,其面临的义务只是道德义务。我国法律并没有规定这种情况下积极救助的法律义务,也不像有的国家在刑法中规定了见危不救罪,从而不存在两个法律义务的冲突问题。这种情况下,行为人不履行道德义务,自然没有构成犯罪,而且也无法从规范(或法秩序的整体精神)中推导出作为义务。

类似性质的例子在日本也曾发生过。1964年的一天,某人在自杀前发来电报,电报内容是自杀。邮局职员知情后,立即与上司商谈,问是否需要通知警察。但上司认为,根据日本宪法第21条、公众电信法第5条以及邮政法第9条,应当保守通信秘密,于是没有采取任何措施。约两个小时后,发电报的人跳入电车自杀身亡。真相大白后,引起社会舆论的极大反响。① 通知警察是道德义务,保守秘密是法律义务。无论邮局职员与其上司的行为受到多大的舆论道德谴责,我们也不能因此而认为其行为构成违法,甚至犯罪。

(2)关于被履行的义务能否为道德义务问题。被履行的义务包括法律义务,对此毫无争议。但被履行的义务是否仅限于法律义务,如何理解法律义务,则存在很大争议。

持肯定说的学者认为,被履行的义务包括道德的义务。德国学者H. Mayer、日本学者坂本英雄、大鸠一泰等持此观点。我国学者张明楷教授更明确地指出,"问题不在于是法律上的义务还是道义上的义务,而在于义务背后的法益轻重。"也就是,在义务冲突下,行为人应当履行重要义务而放弃非重要义务,但所谓重要义务与非重要义务,"不能单纯依据该义务是法律性质的义务还是

---

① 参见张明楷著:《刑法格言的展开》,法律出版社1999年版,第251页。

道德性质的义务来区分,而应从通过履行义务所保护的法益的重要性来区分。"在德国学者所举的例子①中,医生应当履行向妻子告诉真情的义务,而放弃为丈夫保守秘密的义务,因为履行前一个义务保护的是妻子的生命与健康。退一步讲,即使该医生只是丈夫的保健医生,并非妻子的保健医生,向妻子告诉真相只是其道义上义务,但由于履行该义务所保护的法益更为重大,故应视为义务冲突而排除犯罪的成立。②

持否定说的学者认为被履行的义务应是法律义务。如日本学者木村龟二教授指出,"关于冲突的两个义务的范围虽然有所议论,但都应该解释为法律义务。"③在我国,冯军教授和刘明祥教授都持此主张。冯教授认为,道德义务及与法律有关的义务本身并不具有必须履行的性质,不属于法律义务。倘若把它们都与法律义务同等看待,用同样的标准来解决,就会失去法律本身存在的必要性。如果行为人为了履行一个道德义务而侵害了法律义务,其行为首先应被评价为违法,然后再看行为人是否具有期待可能性等其他归责要素,进而判断行为人应否承担责任。④ 但如何理解"法律义务",二人都认为法律义务当然包括法律明文规定的义

---

① 该案例是:家庭专职医生确诊丈夫感染艾滋病,但丈夫没有打算将此事坦白地告诉不知情且毫无防备的妻子。一方面,医生基于与妻子的治疗关系,有义务保护妻子的生命与健康,因而有义务告诉妻子,否则即成立杀人罪或伤害罪;另一方面,从职业的信赖保护来看,医生有义务保守丈夫的私生活秘密,否则成立侵害他人秘密罪。参见[德]Albin Eser:《违法性与正当化》,日本成文堂1993年版,第115页。

② 张明楷著:《法益初论》,中国政法大学出版社2000年版,第414页。

③ [日]木村龟二著:《刑法总论》(增补版),日本有斐阁昭和62年版,第276页。

④ 参见冯军著:《刑事责任论》,法律出版社1996年版,第75页。

务,在法律没有明文规定时,能够从法规范中推导出的义务或者说能够从法律秩序的整体中推导出的义务也应包括在法律义务之中。①

还有的学者主张,义务冲突中所称的义务不限于须有法的拘束性,凡具有法的关联性者亦属之。换句话说,仅仅是道德的义务不能成为义务冲突中被履行的义务,但如果与法律具有某种关联性,则该义务即便是道德的、伦理的义务也应包括在内。② 此为折衷说。日本学者森下忠举例指出,医生为了防止孩子被传染上梅毒,将其在给病人诊治时得知病人患有梅毒的情况告诉了他人(秘密泄露罪),尽管医生的告知行为是一种出于良心的道德行为,但是,因为医师法上规定医生要致力于促进国民的健康,所以医生所履行的就是与法律具有联系的义务。对于医生的行为,应按义务冲突的原则予以处理。③ 有的学者对该观点批判说,与法律有联系的义务并不必然是法律义务,不具有如不履行就承担法律责任的性质;在现实生活中,何种义务与法律有联系往往很难界定。因此,这种观点有把道德义务与法律义务同等对待的危险。④

应当说,上述几种观点谁也难说服谁。但有一点我们应当牢记,任何理论观点必须有助于法律现实问题的合理解决。由于社会生活的复杂性,而成文法不可避免地具有局限性,成文法在将部分道德规范上升为法律规范时,可能忽略了较为重大的道德规范。这也是刑法理论上承认超法规的犯罪阻却事由的重要原因。基于

---

① 参见冯军著:《刑事责任论》,法律出版社1996年版,第75页;刘明祥著:《紧急避险研究》,中国政法大学出版社1998年版,第148—149页。

② 参见曾淑瑜:《论义务冲突》,载(中国台湾)《法令月刊》第49卷第7期。

③ [日]森下忠:《义务冲突的法律构造》,载《法经学会杂志》第32号。

④ 参见刘明祥著:《紧急避险研究》,中国政法大学出版社1998年版,第147—149页。

此,我们不得不说肯定说的立场是妥当的。问题的关键是,要在法律义务与重大道德义务的内容的衡量比较上作出科学合理的判断。另外,持否定说的学者尽管对肯定说及折衷说予以了批判,但其所主张的法律义务包括"从法秩序的整体或法规范推导出的义务"本身也不具有明确性,也得进行个别的讨论,而且也容易掺入道德、伦理的义务在内。

为了说明被履行的义务可以包括道德义务,有的学者举例说明:在社会生活中,有的人可能因为有高尚的道德情操,在法律义务与道德义务不能同时履行时,先人后己履行了道德义务,结果未履行法律义务,使自己的利益也连带受损,如父亲在自己的孩子与别人的孩子同时落水时,先救起别人的孩子,结果自己的孩子被淹死。对此持否定论者认为,"父母有救助自己孩子的法律义务,也有救助别人孩子的道德义务。当两种义务不能同时履行时,履行了道德义务,未履行法律义务。在这样的场合,当然不能追究孩子父亲的刑事责任。这倒不是因为存在义务冲突问题,而是由于他救了别人的孩子,就不能履行救自己孩子的法律义务。况且,他是在有可能作出选择的情况下,实施了符合高尚道德情操要求的行为。对这样的行为,社会应当予以颂扬。如果将这种情形视为义务冲突,那实际上是对其作了低格调的评价。"①该论者也看到这种情况下如果对父亲论以刑事责任,无论于常理,还是法感情上都是难以成立的,但我们不得不说批判者的辩解是多么的苍白无力,"由于他救了别人的孩子,就不能履行救自己孩子的法律义务",不恰恰说明存在义务冲突吗?应当说,对该种情形如果不视为义

---

① 刘明祥著:《紧急避险研究》,中国政法大学出版社1998年版,第148—149页。

务冲突的话,父亲依然不能逃脱刑事制裁。因此,就像有的学者所指出的,"只有承认被履行的义务可以表现为道德义务,认定该行为是义务冲突下的正确选择,才能找到行为人免责的真正根据。"①

综合上述分析,笔者认为,行为人不履行道德义务而履行法律义务,其行为不构成违法,自然不属于义务冲突,不需用义务冲突理论来说明其行为的合法性;反之,不履行法律义务而履行道德义务,行为人的行为并不必然构成违法,这种情况下需要从保护法益的重要性等角度具体分析。在前述交警、稽查人员事例和日本事例中,行为人履行了法律义务,而懈怠道德义务,在法律框架下,自然谈不上追究刑事责任的问题;但反之,如果行为人履行了道德义务而懈怠法律义务,我们也不能由此认定其行为违法(甚至构成犯罪)。即如果交警及时地让载着孕妇的三轮车在"迎宾道"上行使、稽查人员让载着孕妇的货车及时通行、邮局职员与其上司及时将电报内容告知警察,不论实际上婴儿、孕妇的生命是否实际得以挽救、警察是否实际上挽救了自杀者的生命,他们都不应当承担任何法律责任,而且还应受到赞扬。

3. 冲突状况的引起不可归责于行为人

通说认为,如果冲突的状况是由于行为人的故意或者过失造成的,其行为就不能适用义务冲突理论而使之具有合法性。例如,某甲被 A、B 两个法院传唤在同一时间作证人,假如他早就收到传票,并且法律规定他有义务避免不去作证,而他故意不向 A、B 两个法院说明情况,以致不能同时履行两个作证义务。这种情况下

---

① 王骏著:《超法规的正当化行为研究》,中国人民公安大学出版社 2007 年版,第 195 页。

就不能对其行为适用义务冲突理论,如果不存在能够免除其责任要素的话,其行为直接构成犯罪。[①] 因此,由于行为人的先行行为、法律行为引起的两个以上的作为义务,产生冲突时,也不能适用义务冲突理论而阻却违法。例如,行为人带邻居的两个小孩去深水游泳,结果两个小孩均不慎溺水,行为人只救起了一个小孩而无条件救助另一个小孩,导致另一个小孩死亡。这种情况下不能以义务冲突为由而免责。但如果行为人是孩子的父亲,这种情况下,父亲产生的救助义务既来自于法律的规定,也来自于先行行为,如果父亲只救起了其中一个孩子,另外一个由于无法同时救助而死亡,如果不能以义务冲突为由而阻却父亲不作为的违法性,似乎于法感情也不符。对此,需要进一步研究。

（三）义务冲突的表现形态

义务冲突的常见形态就是数个作为义务之间的冲突。对此,理论界不存在任何争议(当然是在承认义务冲突这一法律现象的前提下)。但除此之外,还存在哪些表现形式,具体而言,是否包括作为义务与不作为义务之间的冲突以及不作为义务之间的冲突,则存在较大争议。

在德国,有学者认为,"应当区分义务冲突的三组情形。首先,一作为义务能够与一不作为义务产生冲突。例如,医生对患者负有职务上的保密义务(不作为义务),为了防止被传染而警告(作为义务)其他患者,因此而泄露此等秘密便属于该种情形。此外,还存在着两个作为义务但只能履行其中一个义务的情况。发生该种事态的情形是,医生面临同时运送两名重伤患者到医院,只有一个心肺装置可供一位患者使用,这就意味着另一患者必然面

---

① 参见冯军著:《刑事责任论》,法律出版社 1996 年版,第 76 页。

临死亡。最后，还存在数个不作为义务以下列方式相冲突：行为人没有任何一个被允许的行为可能性。符合该种情形的是，在高速公路上处于既不能停留，也不能前进，甚至不能够后退也不能转向所谓的'天才驾驶员'。"①由此可见，上述学者对义务冲突的三种情形均予以承认。但学界通说认为，不作为与不作为义务之间不会产生义务冲突，因为行为人可以同时履行两个以上的不作为义务。至于所说的"天才驾驶员"的情况，如果从构成义务冲突所要求的"冲突状况的发生不可归责于行为人"这一条件出发，则这种情况的形成完全可归责于行为人先前的逆向行车的错误行为，只需按照其违反的某一禁止性规定予以处罚即可（在我国更不存在构成犯罪的情况）。接下来，我们重点讨论一下作为义务与不作为义务之间的冲突。

关于义务冲突能否表现为作为义务与不作为义务之间的冲突，存在肯定说与否定说。持肯定说的学者认为，作为义务与不作为义务可以构成义务冲突。例如，父亲携其幼子于路边散步，乍睹突有一骑脚踏车者因一时骑车不稳，即将撞及其子，遂猛力出手将该骑车者推开，以致该骑车者颠扑于地，手脚擦伤时，亦为保护生命、身体安全之作为义务与不得伤害他人之不作为义务之冲突。②持否定说的学者认为，义务冲突仅限于作为义务之间的冲突，不作为义务与作为义务之间不构成义务冲突。如日本学者内藤谦认为，日本刑法规定医生、律师等负有不得泄露秘密的不作为义务与刑事诉讼法规定的证人负有提供证言的作为义务，是两个法律规

① ［德］汉斯·海因里希·耶赛克、托马斯·魏根特著：《德国刑法教科书》，徐久生译，中国法制出版社2001年版，第442页。

② 参见甘添贵：《义务冲突与阻却违法》，载蔡墩铭主编：《刑法争议问题研究》，（中国台湾）五南图书出版公司1999年版，第170—171页。

438

定之间相抵触或者有矛盾的问题,只是一种"论理的义务冲突",并非刑法上的义务冲突。即使有些情况下,行为人的确存在做此事而不做彼事的义务,但因为行为人是以作为的方式侵害无关第三人的合法利益,就出现了紧急避险与义务冲突竞合的问题,也应依照紧急避险的规定解决,而不认为是义务冲突。① 在韩国,也有学者指出,当作为义务和不作为义务相冲突,在充分满足作为犯的犯罪构成时,没有理由与紧急避险区别判断,而只需要探讨是否具备紧急避险的要件足已。因此,义务的冲突是否阻却违法性或者责任,应在不作为犯的情况下才被涉及。同时,在论理冲突的情况下,只是一项义务制约着另一项义务,而并非是义务的冲突,故不能说是义务的冲突。②

笔者认为,上述两种对立的观点只是解决问题的方式不同,就论理的冲突而言,如果用其他理论予以合理解决,则将其排除在义务冲突情形之外,也未尝不可;就发生紧急避险与义务冲突竞合的情况,也存在选择哪种方式处理的问题,但由于对义务冲突的处理原则与对紧急避险的解决原则存在差异,这两种不同的处理方式可能会得到不同的结果,不过,如果在处理原则上二者能够实现具体的统一,我认为无论将其放在紧急避险还是放在义务冲突中解决都未尝不可。对此,在接下来的讨论中还将作具体说明。

(四)义务冲突的处理原则

理论上,一般可以对义务冲突分为以下几种情况来处理:

---

① 参见刘明祥著:《紧急避险研究》,中国政法大学出版社1998年版,第146—147页。

② 参见[韩]李在祥著:《韩国刑法总论》,[韩]韩相敦译,中国人民大学出版社2005年版,第221页。

1. 能够对互相冲突的义务进行价值衡量时的解决办法

这种情况下,不履行价值高的义务而履行了价值低的义务即属违法,相反,则阻却违法。

这一处理标准的实质根据在于法益衡量,即"小损害选择原理"。对于法律秩序来说,只有履行一个更高价值的义务的行为才能把不履行一个更低价值的义务的行为合法化。一般来说,法益价值的高低位阶顺序依次是生命、身体、自由、财产等。另外,在衡量义务之间价值的高低时,还可考虑以下因素:首先明确义务的对象,义务是对要求者的满足,因此,根据要求者的情况进行比较。在要求者是个人时,可以站在他们共同隶属的共同体的立场上判断应当首先满足哪个要求者的要求;在要求者都是共同体时,可以站在一个更高的共同体立场上或者一个理想的共同体立场上判断应当首先履行哪个义务;在要求者分别是个人和共同体时,如果共同体的要求是得到一个个人牺牲自身利益以使其满足的承诺要求,则应首先履行对共同体的义务,否则,应当履行对个人的义务。①

2. 相互冲突的义务在价值上同等重要时的解决办法

这种情况下,原则上只要履行了一方的义务就是合法的。即在作为义务与作为义务发生冲突时,如果相互冲突的义务在价值上属于同一类型或者具有等价关系,则允许行为人为履行一方义务而懈怠他方义务的履行,只要履行其中一方就合法。比较典型的是,由于生命的绝对等价性,不因年龄、性别、感情的亲近而有所不同,因此,当父亲发现两个孩子溺水时,尽其所能只救了一个孩子时,其行为就是合法的,不能因为没有救另外一个孩子而认定其

① 参见冯军著:《刑事责任论》,法律出版社1996年版,第83页。

行为违法。但是,也要结合保证义务者对保护客体所处的法律地位、危险的迫切性等方面进行综合考虑。例如,同为保护生命法益,特定保证人地位与单纯的救助义务就不应完全等同,行为人原则上应履行对特定保证人的作为义务才阻却违法。例如,保姆带着孩子去水边玩耍,结果该孩子在与邻居的孩子玩耍时一同溺水,保姆如果不救助自己带的孩子,可能构成不作为的杀人罪,如果不救助邻居的孩子,可能构成见危不救罪;但这种情况下如果不能同时救助,保姆原则上应选择救助自己带的孩子才阻却违法。这就是说,在义务冲突的场合,尽管法益价值衡量是一个重要标准,但构成义务冲突的义务,应当是相互间同等效力的义务而言,上面所讲特定保证人的义务与单纯的救助义务就不属于同等效力的义务。

另外,在不作为义务与作为义务冲突的场合,原则上以不作为义务的履行为优先,其因而造成的作为义务的违反,则可以阻却违法。也就是说,这种情况下如果行为人履行了作为义务而懈怠了不作为义务,则构成违法。例如,在一所乡村医院,仅有一具铁肺急救设备,但已为一位相当不乐观的病人所装用,另有一位新来的车祸伤患者,如得铁肺急救,甚有希望获救,但因主治医师不肯拔掉原病人的氧气管,新来的患者因得不到救助而死亡。这种情况下,主治医师虽然违反用该铁肺设施救助新伤患者的作为义务,但因与前述不作为义务发生冲突,因而得以阻却违法。相反,主治医师将该铁肺设施从原病人身上拔掉而给新患者用,结果导致原病人死亡,则该医师的行为构成违法。这就是对这种情况按照义务冲突理论解决的办法。如果按照紧急避险理论,这种情况下,如果履行作为义务,必然侵犯第三者的利益,由于紧急避险理论也是依据法益衡量原则,即只有在保护的法益价值大于牺牲的法益价值时,才阻却违法;如果保护的法益价值与牺牲的法益价值同等,则并不阻却违法,但按照德国刑法的规定,则可以构成免责的阻却事由。由此可见,对不作为义务与作为义务冲突的情况,是按义务冲突理论来解决还是按紧急避险理论来解决,在最终的处理上,实质差别并不大。

3. 相互冲突的义务在价值上无法衡量时的解决办法

对此,有的学者主张,法律应该把价值上无法衡量的义务拟定为同等价值的义务,按照解决同等价值的义务相互冲突时的标准来处理。① 有的则主张应当在责任论或者犯罪主观要件中解决是否构成犯罪的问题。也就是看行为人是否具有实施适法行为的期待可能性来加以判断。②

笔者认为,采用前者标准较为妥当。

四、不作为与被害人承诺

所谓被害人承诺,就是被害人对他人侵害自己权益的行为所表示的允许。在大陆法系国家,一般将其作为超法规的违法阻却事由来对待。在我国,由于刑法对于被害人承诺是否属于正当化事由没有在总则中明确规定,理论上将基于承诺的行为作为除正当防卫、紧急避险以外的其他排除社会危害性的行为之一予以探讨。此类合法化事由,一般由行为人的作为方式实施,能否适用于不作为? 例如,对于法律上有救助义务之人,能否因被救助者的承诺放弃救助而阻却违法? 此类问题,实质上涉及自我意志自由与

---

① 参见冯军著:《刑事责任论》,法律出版社 1996 年版,第 85 页。
② 参见王骏著:《超法规的正当化行为研究》,中国人民公安大学出版社 2007 年版,第 196 页。

防止义务的冲突问题。一般认为,当事人的自我意志自由(或自我决定权)是公民的宪法权利,而法律的救助义务是基于保护法益之考虑,当两者产生冲突时,应何者为先?

我们认为,当防止危险发生的义务与被救助者的意愿发生冲突时,应以尊重宪法所保障的自我意志自由为优先,对于从而产生的生命、身体、或其他安全法益救助义务的违反,可以因而阻却违法。问题的本质仍在于基于被害人承诺行为合法化的实质根据。

笔者认为,被害人承诺合法化的实质根据仍在于利益衡量。在进行利益衡量时,应主要考虑两方面的因素,即尊重法益主体之自我决定权和法益保护的位阶关系,尤其应保证生命权与人的尊严的最高价值位阶。

按日本学者的解释,所谓自我决定权,是"就与他人无关的事情,自己有决定权,仅仅对自己有害的行为,由自己承担责任"的权利①;或者是"就一定个人的事情,公权力不得干涉而由自己决定"的权利。② 其内容一般包括四个方面:(1)与处分自己生命、身体相关的自己决定权(自杀、安乐死、拒绝治疗);(2)与人口再生产相关的自己决定权(性行为、妊娠、避孕、分娩、妊娠中止);(3)与家庭的形成、维持相关的自己决定权(结婚、同居、离婚);(4)与其他事情相关的自己决定权。这包含了发型、服装、胡须等与个人外观相关的自己决定权,吸烟、饮酒、使用大麻和幻觉剂、登山、冲浪运动等与个人兴趣相关的自己决定权,不系坐椅安全带、不带头盔等与个人好恶相关的自己决定权等。③

---

① ［日］山田卓生著:《私事与自己决定》,日本评论社1987年版,第3页。

② ［日］佐藤幸治著:《宪法》(新版),日本青林书院1990年版,第412页。

③ ［日］佐藤幸治:《宪法》(新版),青林书院1990年版,第412页;另参照［日］芦部信喜著:《宪法学Ⅱ——人权总论》,日本有斐阁1994年版,第394页。

从本质上讲,这种自我决定权是公民人格尊严和自由意志的体现,其核心内容就是自我决定。对自我决定权的尊重,也就是对公民人格的尊重。在现代西方国家,自我决定权是一种宪法权利。德国宪法第 1 条第 1 项规定:"人的尊严不可侵犯①。尊重和保护人的尊严是全部国家权力的义务。"而德国学者给人的尊严下的定义就是:"人的尊严与时间及空间均无关,而是应在法律上被实现的东西。它的存立基础在于:人之所以为人乃基于其心智(Geist);这种心智使其有能力自非人的本质脱离,并基于自己的决定去意识自我、决定自我、形成自我。"②由此可见,人的尊严的一个核心内涵就是自我决定。在日本,学者认为日本宪法第 13 条前半段"所有国民,作为个人得到尊重"的规定,体现了个人主义价值,与德国宪法第一条"人的尊严"的规定属于同一意思。③ 第 13 条后半段"国民对生命、自由及追求幸福的权利"则被归结为"幸福追求权",而自我决定权即是属于幸福追求权的题中之意。④

---

① 我国台湾地区学者一般将德国宪法第 1 条第 1 项译作"人性尊严不可侵犯",而我国大陆学者则将之译为"人的尊严不可侵犯"(参见姜士林等主编:《世界宪法全书》,青岛出版社 1997 年版,第 791 页)。还有的学者认为,称"人的尊严"为"人性尊严"是极不妥当的,因为"人性"如何构成一直是历史悬案。法学上"人"的概念接近于生物(基因)理论上的人,不需要以美德、劳动能力等"善"的性质为要件(参见李累:《宪法上"人的尊严"》,载《中山大学学报》(社会科学版)2002 年第 6 期)。在此,本书遵从我国大陆学者的译法,以下通称"人的尊严"。

② 参见蔡维音:《德国基本法第一条"人性尊严"规定之探讨》,载(中国台湾)《宪政时代》第 18 卷第 1 期。

③ 参见[日]宫泽俊义著:《宪法Ⅱ——基本人权》(新版),日本有斐阁 1974 年版,第 213—214 页。

④ 参见[日]芦部信喜:《宪法》,李鸿禧译,(中国台湾)元照出版公司 1995 年版,第 134 页。

　　在我国,虽然没有明确的自我决定权的规定,但我国宪法有关于公民人格尊严不受侵犯以及国家尊重和保障人权的规定。从这些规定中也可以找出我国关于公民自我决定权的宪法依据。对于被害人承诺来说,正是由于尊重权利主体的自我决定权,所以使遵其承诺而为的侵害行为得以阻却违法。但是,自我决定权并不是一种绝对的权利,其行使要受到以下限制:第一,权利人必须具有一定的认识和判断能力,而不能是在丧失判断能力的状态下(如年纪幼小或精神丧失)进行自我决定。第二,权利人只能对其个人享有的法益行使自我决定权,而不能涉及国家、社会及他人的法益。例如,不作为的行为人对生命危险的病人有紧急手术急救的义务,但如果拒绝手术的意思表示非由病人本人所为,而是由照顾该病人的其他保证人所为,其承诺无效。在德国有一著名的案例,耶和华教派的信徒以宗教信仰的理由,认为输血的结果是其灵性无法净化,而拒绝医生为其小孩开刀时输血。此时,医生不得以承诺阻却违法之理由,而不为救助生命所必要的输血行为。德国联邦法院的判决认为,宪法保障的宗教自由,并不赋予信仰者得以其宗教上的确信,决定牺牲他人生命的权能。[①] 因此,由于刑法对于人性尊严和生命价值的绝对保护,如有对之侵害者,即不得以个人信仰自由阻却其不法性。第三,在行使自我决定权放弃自身的法益时,要考虑法益的位阶,原则上不能放弃处于自我决定权上位的法益。一般来说,处于自我决定权之上位的生命权、人的尊严和身体健康权是权利人无权放弃的,处于其下位的法益则权利人有权放弃。但这也并不绝对,如身体健康权通常被认为是可以有限承

---

　　① 转引自苏俊雄著:《刑法总论Ⅱ》,(中国台湾)1998年作者自版,第592—593页。

诺的权利。①

在被害人承诺理论中,比较典型的是安乐死行为。理论上通常将安乐死分为积极安乐死和消极安乐死。积极安乐死是以作为的方式,主动给病人服用或注射某种致死药物,或以其他化学的、物理的、生物的方法提前结束病人的生命。在积极安乐死的情况下,行为人以积极的作为结束病人的生命。因而即便在少数对安乐死合法化的国家,对这种积极安乐死的实施也进行非常严格的限制。与本书有关的是消极安乐死。消极安乐死,是指对生命垂危的病人不予治疗或解除治疗措施,不再人为地延长病人生命的安乐死。在英美法系国家,曾发生一起比较典型的事例引起广泛的关注。在 Commonwealth v. Konz 一案中,当事人是一名糖尿病患者,在治疗中拒绝接受胰岛素的治疗并公开表示他相信上帝会将其治愈。当事人最后死于糖尿病,他的妻子在他病重期间一直在他身边,但并没有为他寻求医疗上的救治而只是用冰块给他冷敷。他的妻子在他死后受到指控,但最后判决不构成过失杀人罪。法庭承认夫妻间有相互救助的义务,但同时认为这种救助义务与父母对于子女的义务并不相同,婚姻关系要求配偶的愿望得到尊重。本案中,如果妻子寻求医疗上的救助,丈夫的愿望就不能得到尊重。据此,个人的自主决定权应处于优先地位,当作为义务的受益人明确表达不要求义务人履行作为义务的愿望,义务人可以不

---

① 我国学者认为,"如果仅仅造成被害人轻伤,一来后果相对并不严重,不会对被害人的生活产生重大影响;二来行为人的主观恶性较之一般伤害案较小,故致人轻伤的可不纳入故意伤害罪范畴"(参见李立众:《故意伤害罪研究》,载《东吴法学》2002 年号)。

履行其作为义务。① 在我国,实践中这种情况时有发生,有人统计,一些大城市中采取消极安乐死手段的约占死亡病人总数的20％左右,但目前还没有医生因此遭传讯的案例。在我国目前状况下,对于消极安乐死,更有其现实存在的合理性。对于消极安乐死的法律性质,主要存在着两种观点:一种观点认为,作为医生,其职业决定了他不仅负有抢救病人生命的义务,而且负有设法延长病人生命的义务,这种义务并不以病人或其家属的意志为转移。另一种观点则认为,生命权应该包括自然死亡权。既然没有患者本人或其家属的同意,医生就无权给病人做手术,那么,也就无权违反垂危病人的意志,为无效的治疗行为,徒劳地延长其痛苦不堪的生命。从医生的医疗义务来看,医生并没有为无意义医疗措施的义务。根据不作为刑事责任系以有作为义务为先决条件的原则,医生不为或中止无意的医疗行为,并不违背医疗义务,因而不能让其承担任何刑事责任。从目前的情况来看,赞成后一种观点的居多。

笔者认为,医生本有积极的治疗义务,但可以因病人的要求或同意中止治疗而免除,从而其不作为阻却违法而不构成不作为的故意杀人罪。理由是:身患绝症的濒危病人享有死亡权,其具有要求或同意医生中止治疗的权利。关于死亡权,台湾地区学者蔡墩铭教授认为,人虽然无法决定自己的出生,但对于自己的死亡并非不可决定。广义的病人之自己决定权,不仅指治疗之自己决定权,亦兼指死亡之自己决定权。所谓死亡权,是指身患绝症、濒临死亡的病人所享有的拒绝医生的治疗措施,自愿不受治疗而死亡的权

---

① (1982)498 Pa.639. 转引自 Finbarr McAuley J. Paul McCutcheon ,Criminal Liability A Grammar ,Round Hall Sweet and Maxwell Publishing (2000) ,p199.

利。① 甘添贵教授认为,死亡的权利,是指病人有拒绝接受违反其意思,而仅为延长其末期状态生命的人工延命处置的权利。② 因此,与自杀权不同,死亡权并不是在生与死之间自愿选择死亡的权利,而是病人在生命的末期拒绝人为地延长生命的权利。从这个意义上说,死亡权可以称做自然死亡权,或者说末期病人的拒绝治疗权。而拒绝治疗权,则属于患者的自己决定权③的内容之一。

问题是,在所谓医生摘除植物人的生命维持装置的场合,医生的行为是作为还是不作为,存在不同认识。日本学者大塚仁认为,"摘除安装在植物人身上的人工生命维持装置的行为,不外乎是积极地造出新状态的能动性动作,因此,自然应该解释为作为。"④但根据本书第二章的分析,应当认为上述行为属于不作为。诚如

---

① 参见蔡墩铭:《临终医疗与医疗犯罪》,载(中国台湾)《刑事法杂志》第39卷第2期。

② 参见甘添贵:《缓和医疗行为之适法性》,载《刑法案例评论》,(中国台湾)1999年版,第121页。

③ 所谓患者的自己决定权(patients' right of self-determination),是指患者对与自己的身体、生命相关的事项的自己决定权。这一权利肇始于美国,1914年,美国纽约州地方法院的法官 Benjamin Nathan Cardozo 在 Schloendorff v. Society of New York Hospital 案的判决中首次明确地提出了患者的自己决定权这一概念:"所有具有健全精神状态的成年人,都有决定对自己身体作何处置的权利。医生如不经患者同意而对其进行手术,则构成伤害罪,应承担损害赔偿的责任。"从此,这一概念植根于美国的判例法和宪政法律中,并逐渐为现代文明国家所普遍接受。患者的自己决定权,是以知情同意(informed consent)为核心,其主要内容是:有决定能力的患者在被告知有关自己病情、治疗的足够信息的前提下,有权自己决定是否接受治疗、在哪里治疗、选择治疗方案、拒绝治疗等(参见李燕:《患者自己决定权研究》,载《民商法论丛》总第17卷,金桥文化出版有限公司2000年版,第558页)。

④ [日]大塚仁著:《犯罪论的基本问题》,冯军译,中国政法大学出版社1993年版,第168页。

有的学者指出,医生的行为确实包含了拔掉导管、关闭呼吸机这些主动的行为,但是这些与医生一开始就没有打开呼吸机这样明确的不作为并不一样,我们可以将所发生的情况描述为医生没有医治病人,同样也可以描述为医生主动地关闭了机器,问题是负有救死扶伤义务的医生不管是开始还是后来选择放弃对病人的治疗,关闭机器的主动行为仅仅是不实施进一步治疗的手段,由此可见,可以将医生的行为以不作为来分析。①

第二节　不纯正不作为犯的未遂与中止

一、不纯正不作为犯实行"着手"的判断

尽管学界对于纯正不作为犯是否存在未遂问题存在争议,但对于不纯正不作为犯,一般认为存在未遂。比较有争议的是,如何确定不纯正不作为犯的实行着手时期。例如,保姆因为对工作待遇的不满而心存报复,从第一天早上开始放任婴儿饥饿而不顾,到了第二天晚上被有事来敲门的邻居发现,将婴儿送往医院急救才幸免于难。这种情况下,保姆是否已经着手实施犯罪? 如果邻居是在第一天上午就来敲门,发现婴儿没有被喂食,于是喂食婴儿,此时保姆是否已经着手犯罪? 对此,学界素有争论。为便于深入了解各国尤其是德国、日本刑法学界对此问题的不同认识,在此着重介绍一下德国和日本学界及实务的观点。

---

① 参见 Superintendent of Belchertown State School v. Saikewicz, 370 N. E. 2D 417(Mass. 1977) ; In re Quinlan, ,355 A. 2d 647,667－68(N. J. 1976)转引自栾莉著:《刑法作为义务论》,中国人民公安大学出版社 2007 年版,第270—271 页。　　*449*

(一)德国的学说①

1. Maihofer 和 Lònnies 的见解

Maihofer 主要关心纯正不作为犯的未遂,但他的理论观点也同样可以转用到不纯正不作为犯中来。他认为,因违反作为义务的不履行,纯正不作为犯的未遂就马上开始了,所以,即使在不纯正不作为犯中,从符合命令规范就应进行且能够进行作为的时刻,就是未遂的开始,即实行的着手。这就是理论上通常讲的"最初说"。例如,母亲不供给食物致孩子死亡的情况下,因不及时进行法律上规定的行为,是不作为的本质,所以不马上履行命令,即由于最初的不供给食物而实行开始事后的救助,只不过是中止未遂,最终可以进行对于避免结果有效的某种行为的瞬间,才是从着手未遂转化为终了未遂的时点,在结果已经不可能避免的时刻,达到"适时性"的境界,成为终了未遂。

但他的这一观点受到了批判。作为他的理论根据的纯正不作为犯的未遂,正如 Jescheck(耶赛克)所说的,对于纯正不作为犯的未遂,原本是不处罚,即使从适时性中的时间间隔出发承认了未遂,其最终也只不过是具有理论上的意义。另外,他强调把不纯正不作为犯直接与违反作为义务结合起来,只要不纯正不作为犯的未遂也是不作为犯,那么违反作为义务的存在就是当然的前提,但是问题在于作为义务违反何时存在。若是忽视了尽管没有结果发生也要被处罚这种未遂的可罚根据,那么,就会出现只有违反作为义务才能给可罚性奠定基础的结果,最终在确定作为义务的发生时间时,不是作为可能,而是作为必要的情况。

---

① 在此参考了日本学者加藤敏幸著:《不真正不作为犯の未遂について》,
载关西大学法学论集第 32 卷第 1 号(1982 年),特别注明。

在 Lònnies 看来,如 Maihofer 那样,不作为犯未遂的终了时间,确定为作为救助可能的最后时间。他还认为若是根据作为犯中的主观说来区别不作为犯中的着手未遂、终了未遂,就会产生不合理,因此,若是根据主观说来区别的话,在行为者认为结果的发生是不可避免的情况下,因为避免结果是不可能成功的,所以避免行为被认为是浪费,此时若是与 Maihofer 的观点一样,把可能避免的最后的时刻作为终了未遂的话,就没有了中止未遂的余地。另一方面,在行为者认为结果可以避免的情况下,因为他只要带有中止的意思来行为就是着手未遂的中止,所以,避免结果的成功这一条件就不需要了。为了避免这种不合理,他认为为了成功避免结果的发生,就要提前终了未遂的时间,即在着手未遂中,只要被要求的行为再开始就可以了,这与在作为犯的着手未遂中只要不作为就可以了相对应;在应当保证避免结果成功的终了未遂的情况下,原来要求的行为再开始还不够,还要在原来要求的事的基础上做更积极的尽力,这与作为行为的终了未遂中,为避免结果而进行的积极的行为相对应。因此,在不供给孩子食物的母亲事例中,被要求食物的不供给因再次给予而避免了结果的发生,但若是虚弱到单靠寻常的食物供给已无法避免结果发生的情况下,就要求有医生的治疗这一比本来要求更高的行为,即为避免结果的发生,本来对于救助来说是充分且必要的行为已经不够,因不作为带来的飞跃性的、高涨了的结果发生的危险,要靠保证人显著的、更高的付出才能回避的时刻,着手未遂转化为终了未遂。

这样,Lònnies 以结果发生的危险增加作为媒介,将未遂的终了时刻比 Maihofer 还要提前。若如此的话,就会与后述的危险化说(或危殆化说)得出相同的结论,那么,这种"最初说"就可能会与通说的"危险化说"在具体判断上得出相同的结论。

2. Grünwald 的见解

他认为,作为犯的"实行着手"的基准,不能简单地转用到不作为犯中。不作为,不是引起结果而是对结果的不回避,因为无法"实行",也无法"着手",因此,他认为首先应该讨论未遂的处罚根据,其次阐明了作为犯中"实行的着手"这一特征的机能,最后,想要厘定与其发挥着同样机能的不作为犯固有的特征。Grünwald提出了作为犯中"犯罪能量"的变化这一概念。从这一观点出发,因实行着手时,犯罪能量到达顶点,其后的增加并不必要了,所以,在行为已包括为了遂行犯罪必要的最大限度的犯罪能量时,到达着手时刻。同时,在为达到既遂所有的必要的能量被认可的阶段,成为终了未遂。当到达这些犯罪能量的"总计"时,有效悔悟的可能性就错过了。他在以上论述中,在规定了作为犯中开始点与开始以后的重要境界点这二点的基础上,将其适用于不作为犯。其结果是,虽在原则上确认了在放过最后的介入可能时,到达犯罪能量的顶点这一点(这一观点被理论上称为"最终说"),但也有例外。在不纯正不作为犯中,终了未遂与着手未遂都是可能的。终了未遂原则上发生在基于不作为者的认知,在放过了最后的参与可能性时,因情况不同,也有可能发生在放过了最大的成功的机会时。这种情况下,从故意的观点看,要以或者是不作为者决意其后的不参与或者是接受其后已无救助可能的事为前提。而着手未遂,则要以不作为者决意此后不进行行为为前提。

在他以上的观点中,首先,应当说,他认为不作为犯中无实行的着手,是不当的。其次,虽然他从未遂的主观立场出发,但作为主观的方法论的论理归结,他认为当最大限度的犯罪能量到达顶点,是放过了最后的介入可能性的原则,等于说他是对"最终说"的全面修改。这可以从以下三个例外类型来考察。

例外之一：这指的是在此后救助可能与否，对于不作为者来说还不确定的情况，即根据不作为者的认知，最后的介入可能性是否迫切还不明白的情况。例如，对于被运往野战医院的重伤的俘虏，军医虽拒绝为其治疗，但所辖外的医师可能会救助的情况。Grünwald认为，只要俘虏还处于危险状态，同程度的救助行为就可以避免结果发生。军医已经决定其后不参与，接受了因治疗不及时可能无法救助这一事实，且继续已经开始的下棋活动，在这种情况下，从未必的故意的观点出发，可以肯定成立未遂。由此可以看出，其原来的原则被修正。对此，有学者批判这种观点将犯罪未遂全面性地依据故意，犯了与最初说同样的错误。但是，这种观点与后述的危殆化说在结论上可能是一致的。对此，有的学者认为，这种情况下，接受了不知何时会死亡的俘虏又放弃了治疗果真不能说是对法益的直接的危殆化吗？

例外之二：在这种情况下，结果避免行为并不特定，可以选择多种救助行为。对此，能否因不及时进行某种特定行为，就推论出对其他可能回避行为的懈怠？根据Grünwald的观点，由于为了避免结果的发生，越是需要多的牺牲越是要求更高程度的法律上肯定的能量，所以很容易就可以推出，不愿进行很少牺牲就足够的行为的人，更不会进行要求更高的法律性的肯定能量的其他可能行为。即通过懈怠要求最小程度牺牲的行为，承认了犯罪的意思力中最高程度，即犯罪能量的顶点。但这种推论是不合理的。例如，孕妇与情人开车到森林去，因有杀害在此处生产的孩子的目的，把孩子放在森林里回家了，由于看破其中缘由的家人的追问，使孩子被救助。在这一事例中，因为他们没有进行把孩子带回并照顾这一最容易的行为，所以推论他们自己是不会自发地返回的，这是不合理的。尽管这种推论不合理，但在此处，由于他们的放置使婴儿的生命陷于重大的危机,从一般的立场来看,存在着合理的可以判断的危险。正因为此,学者 Rudolphi 也承认在这种情况下存在着与例外之一同样的危险,在行为人未做出最有前途的某行为时,将其作为未遂。当然,这种情况下也要具体分析危险的情况,因为即使同是放置婴儿,因放置的时间、场所的关系,死亡的危险性程度也不同。

例外之三:此处指的是同种行为反复,以及由时间上是连续的数个行为的不及时进行而构成不作为的情况。例如,不供给食物的母亲的事例,因不作为是由连续构成的种种行为的懈怠构成的,所以与作为犯一样也是犯罪能量到达顶点时是未遂。他认为,孩子的衰弱这种外部印象只是一点儿,犯罪能量的增加尚是可能的,因此,他认为因救助不及时,被害者开始明显感到痛苦时,是未遂。尽管这一结论与 Grünwald 的基本见解相矛盾,但如果从法益危殆化观点来看,应当肯定这一结论。

对于以上 Grünwald 的见解,有的学者批判该学说的个别的解决是"例外的原则化",也就是这种例外太多以至于成为原则,从而与自己最初确立的原则相矛盾。但也有的学者认为,该学说在依据主观方法的同时,确立了将事例个别化的类型化的方法,提前得出了后来的危殆化说的结论,其先驱性的业绩值得肯定。

3. Roxin 的见解

Roxin 关于不作为犯未遂着手的理论,是基于德国现行刑法第 22 条关于实行着手的规定(该条规定:行为人已经直接实施犯罪,而未发生行为人所预期的结果的,是未遂犯)。概括而言,他的理论可以作如下整理:在存在现象的支配有直接危殆化的情况下,大体上是未终了的未遂;在无直接的危殆化,而存在放弃对现象的统制,即放手现象时,常常是终了未遂。也就是根据上述不同情况,分别依据危殆化基准和放手基准来决定各自未遂的开始点。这一"危殆化"与"放手",成为未遂的择一性前提。他将此"择一公式"适用于不作为犯的未遂中,可以看一下他的结论:首先,他确认不作为的未遂与终了未遂有同样的构造,原因在于,在不作为犯中,结果在无行为者的助力情况下发生,而中止未遂也经常只有通过积极的回避行为,才能阻止犯罪的完成的情况。因此,虽然终了未遂的择一基准也适用于不作为犯,但在那种情况下并不是如Grünwald 及危殆说那样进行个别事例的类型划分,而是将同一类型同一事例再用择一基准个别化,即:第一,在不正确设置转辙器的转辙手的事例情况中,若下一趟火车确实是在 6 小时后到达,那么,他掌握着现象且可以保证在此时刻前不产生任何危险,对于结果回避有同程度的成功的确实性,因此,未遂存在于火车接近、产生直接的危险时。另外,在离火车接近还有一段时间的情况下,转辙手也无寻机归还的意思,离开了现场,因其放弃职务,存在放弃现象统制的"放手",是未遂。第二,在不供给食物的母亲的事例情况中,若母亲在孩子身边,当孩子的健康很明显的被损害时,因直接的危殆化,成为未遂。另外,在无人烟的山间小屋中放下乳儿离去的情况,依据放手的基准,是未遂。同样,Grünwald 列举的事例也是一样,在森林中放置生下的婴儿,若双亲停留在婴儿身旁支配着因果经过的话,那么,拒不看护、婴儿的生命被直接危殆化时,是未遂,而将孩子放下离开使婴儿处于身边无人的状态时,因放置孩子后的离去,放弃了对现象的支配,从而成为未遂。进一步,因宗教的理由拒绝为孩子输血的双亲的事例情况下,即使只有输血才能避免死,但在已明确了其还能延长几天时,双亲的拒绝不应视为未遂,但当延命是不可能,双亲的拒绝会威胁到孩子的生命使孩子的病情恶化时,因其拒绝就构成未遂,另外,对于有输血必要的　**455**

自己的孩子,因有杀意而将其放置于家中离去的情况下,因放置离去构成未遂。

以上是 Roxin 关于不作为犯未遂理论的基本观点。可以看出,在 Roxin 的理论中,为解决具体问题而适用的择一公式得出了与 Grünwald 同样的结论。这一理论突出的特点是,Roxin 批判了危殆化一元主义的方向,在危殆化之外,还设定了放手基准,从择一公式出发为这一做法寻找根据。这一观点得到了 Jescheck、Wessels 等学者的支持。

4. Herzberg 的见解

Roxin 的观点很快就受到了来自 Herzberg 的批判。他首先批判了危殆化基准,即从危殆化基准来看,若无紧迫的危险,且参与有同样程度的成功的希望的话,单是静观,并无义务违反的开始,不能作为未遂。但行为者不可能知道,最初救助的机会同时也可能是最后的机会,另外,放过了最初救助机会的人,其后可能会变为无行为能力者或死掉。另外,也有可能是单纯地忘记了紧迫的状态。正因如此,在作为犯中,在不存在迫切危险的情况下,也可肯定可罚未遂。因此,不纯正不作为犯的未遂,必须在应与作为犯的未遂开始调和的时刻开始。

依照他的观点,在不供给食物的母亲的情况下,因最初的第一次不供给食物就实现了故意。即作为义务不是在危殆化产生的时刻及最后的机会时命令避免结果的产生,而是直接且尽早地命令参与之时。将危殆化作为基准的见解,忽视了因未洞察作为与不作为的对应而故意决定现象经过这一点。因此,他从不纯正不作为犯在他人利用这一点上与间接正犯处于相同的状态出发,认为这一未遂在带有使结果发生的故意不及时进行有效的最初的回避行为时产生。

可以说,Herzberg 是德国现行刑法第 22 条调整后"最初说"的支持者。在德国虽属少数说,但也有不少支持者。在日本,支持"最初说"的齐藤教授以及西原教授的学说,也与该说得出同样的结论。对此,下文还将介绍西原教授的观点。

应当说,他使不作为与作为对应的做法是正确的,但让其对应的方法却是问题。即使要统一作为的未遂与不作为的未遂,也可以采取与他不同的基准。他认为在危殆化达到最后的时点前,存在行为者变得不能行为了、忘记了或者害怕等情况,将不作为犯与作为犯对应,但是,这些都只不过是一般生活上的危险,将这些作为可罚未遂的根据是无法想象的。

Herzberg 对放手基准的批判,可以概括为以下三点:首先,根据 Roxin 的观点,在危险停滞期间解除了对现象的支配,即"放手"成为未遂的基准,但因为支配的强度有阶段性的差异,所以,放手基准最终只能适用于一些极端的场合。例如下毒事例中,妻子在一段时间内外出到了其邻居家的情况下,是否放手并不明确。其次,Roxin 一味地重视因支配现象可能产生的回心可能性,但这使得确保结果发生、不失败、修改及重做等都成为可能,因此,不能说其排除了可罚性。例如,因有杀人的意图而对于喝醉了酒睡在铁轨上的 B 放置不问,且为确定结果发生而躲在旁边的 A 与 B 的妻子这一共同正犯的事例。根据 Roxin 说,因不忍旁观丈夫的死,默默地期待着其被救而离开现场的妻子,因其离去,失去支配而成为未遂。而另一方面,留在现场希望事情成功的 A,即使在列车接近的前五分钟,第三者将 B 救助了,因直到最后还存在支配,因此,会产生其不可罚的不合理性。最后,Roxin 虽重视现象支配,但例如在下毒后,因心脏病发作或交通事故等失去了意识,在医院住院期间结果发生这种在行为者不知道的情况下,或违反了其意思,支配从行为者手中脱落的情况下,依据 Roxin 说,因行为者掌握、支配着现象,所以会得出如下不恰当的结论——即使因准备作为,危害结果仍发生了,但不能追究其故意伤害的责任。

以上 Herzberg 的批判通过支配概念的暧昧性、共同正犯的事例等,指出了放手基准的根本性缺点。但 Roxin 对此作了如下的驳论,即 Herzberg 指出的通过支配现象参与修正,及因果经过的脱落,并非仅限于终了未遂,例如在被下了毒的咖啡事件中,在妻子把咖啡端到桌上以前,当然存在现象支配,因此,在此之前,可能参与并修正,但由于在端出前中断了行为或废弃了的情况下,只要未端到桌上不产生着手未遂,这种修正性的参与本身,对于确定未遂来说,并无任何作用。另外,从准备行为开始到未遂开始,再到结果发生前,违反意思、因果经过脱落的情况也可以考虑,但是在该种情况下,属于不可罚的预备行为。因此,预备行为中的修正介入及因果经过脱落的可能性,在所有的未终了未遂中都存在,对于确定未遂,不起作用。

从 Roxin 的上述反论可知,首先,可说 Herzberg 的第三条批判没有根据,从因果关系的原则论出发,即使因预备行为发生了结果,犯罪也不能成为既遂。将毒药藏起寻找机会时,丈夫将其错当作药喝了且死亡,也只不过是过失致死罪,而不能认定为故意。其次,针对 Herzberg 的第二点批判,Roxin 并未直接反驳,这好像是放手基准的致命缺陷。但这好像是择一基准的适用中有误。正如 Roxin 在反驳中所述,A 及 B 的妻子都支配着现象。原因在于,在想着救助的同时,因不堪忍受而跑出密林躲藏的妻子,能否说因其离去,结果的发生成为绝对确定的事,其将事项交与命运了呢? 从形式上来看,好像因她的离去,出现了放手,但是他所说的放手,是包括对于行为的最终决断的现象的统制放置。在她回家后,问了一下列车的通过时间,在该时间前赶去救助的可能性存在的基础上,甚至在她直到那一时刻前,还存在再就犯罪的是非进行最后决断的可能性。这与已将毒下到了咖啡事例中,正在考虑是否端到桌子上去的未终了未遂中的妻子处于同样的状态。因此,她的离去很难说是确定丈夫必死而放弃了对因果经过的统制。因此,这种情况下不存在放手。Herzberg 只是在形式上把握,并未考虑到这一放手的实质。由此来说,在她的离去中,实行的着手不被认可也绝不是奇怪的结论。

5. Otto 的见解

Roxin 在确立择一公式时,通过批判危殆化一元主义,导出了放手基准。而 Otto 则坚持了一元主义,反对 Roxin 的二元主义,尤其是放手基准。Otto 的结论,在实现一元性的解决这一点上,与考夫曼的"最终说"存在相通之处。而 Roxin、Otto 在以危殆化作为基础这一点上,都统一到了广义的危殆化说上。那么,究竟如何认识 Roxin 的放手基准呢?

我们可以先看看 Otto 的观点。根据他的观点,对实行着手开始公式的判断过程具有以下的构造:首先,确定行为者的个别的认知,然后以这一认识与现实一致为前提,在确认当时情况下法益的直接危殆化是否已被创设后,若结果危殆化存在,就构成实行的开始。这一观点与德国其他的见解,特别是被认为是最狭义的实质客观说的个别客观说,几乎没有什么明显的差异。即使关于未遂的开始采取了折中说,其关于危险的判断,也让人觉得是采取了具体的危险说。理由在于,他在具体的适用中,关于认识与现实的一致,并不一定要求到了纯客观性的现实的一致,他把法益的直接危殆化的开始作为构成要件实现的开始。之后,他把自己的学说称为"直接性公式"。在此基础上,他对于直接性公式,不是在着手未遂、终了未遂的每种犯罪形态中都进行区别,而是一律一元性的适用,但与此同时,他只是主张了危险的直接性,并未进行其他的危殆化说所尝试进行的对各种事例的分类个别化,并未给予了解危险的实质性以任何线索。

对此,Roxin 对于 Otto 进行了如下批判:在恐怖分子设置的几小时后爆炸的定时炸弹的情况,依 Otto 的见解,在爆炸前,即作为被害者的讲演者到达之前,一切的未遂都不被认可,但这一结论,从刑事政策上看,忽视了在被害者到达之前,炸弹被发现、犯人被逮捕的情况下,因强有力地冲击了法律的印象、国民的法律和平感情被显著地侵害,另外,在解释论上也是将从预备向未遂的移行与行为者的人格断然分开,将未遂移向了很明显地偶然的时刻点。Roxin 对危殆化一元主义的批判可以概括为两点,这正好如考夫曼认为不作为中不存在故意,因此放过了最后的介入可能性就是未遂的观点一样,在 Otto 说中,也可以设想到虽进入未遂阶段,但缺乏故意的情况。

Roxin 在每种犯罪形态、每件事例中都讨论未遂到达了放手基准,但 Otto 认为不当。认为"构成要件实现的直接的开始"这一单一的概念,不应根据未遂的种种形态进行多样的或择一性的解释,但这过于形式化。Otto 若想阐明危险的直接性,就有必要在每种犯罪形态中加以具体分析。不仅如此,从 Otto 的见解来看,对于危险的适用之所以产生不当的结论,在于在送恐吓信件事件中,Otto 从自己的基准出发,认为根据行为者的认知,信件到达时,未遂成立,但在此情况下,因不是以现实的到达而是以认知上的到达作为问题,若是到了被作为抵达时刻的时刻点,例如,即使在此前信件被警察留下,其与未遂的成否无关,因认知上的到达点而成为未遂,但若如此的话,在偶然得知扣留信件的情况下,因信件不可能在认知的时刻点到达,是犯罪预备,而在不知信件被扣留的情况下,在认知上到达的时刻,成为未遂,像这样通过基本上与客观的情况无关的主观情况来决定可罚未遂。由此看来,Otto 自身重视的客观性的法益危殆化的直接性这一概念本身也被主观化了。

因此,Otto 对 Roxin 的批判,最具实质性的就是与 Herzberg 一样,认为 Roxin 关于放手基准的不明确性。如果 Roxin 的放手果真如上述那样是形式性的,应当说这一批评是妥当的。但虽是同一放手行为,也必须实质性地考察事态。Roxin 认为,在讨论现象的统制放弃、对事象支配的解除时,"被保管"掌握、被置于统制下的事象的支配所意味着的东西,才是重要的。

关于现象的保管,Roxin 认为是"现象处于行为者的支配领域,他何时都能阻止"那样的"现象的进展处于自己的统制下,因果经过处于自己的支配领域的管理下"情况。另外,关于放手,是通过"扔掉对不受阻碍、自发性地就能到达结果的因果经过的统制"、"解除按照计划会达到结果的现象"等形式决定未遂。由此可见,Roxin 的放手标准意味着对于因果经过,通过解除自己的统制,使事象向结果发生必然性地前进,使结果的发生绝对确实化地使危险发生的情况。

通过以上的论述可以看出,Roxin 根据放手基准确定未遂的实质性理由,好像也在于通过放手产生的该法益的危殆化中,因此,他的基准也可考虑为危殆化一元主义。正如 J. Meyer 指出的,这一放手基准可以作为讨论必然因果连锁开始的重要线索。

因此,我们可以从 Roxin 学说中得到启示,即对于不作为犯的着手标准,应以实质的法益侵害的危险(危殆化)为前提,而放手标准可以考虑为其特征,也就是说为了实证危险在何时发生,将危险个别化、具体化而集约到择一公式上,但其基础不是二元性的,*461*

而是意图一元性的。

6. 法益危殆化说

在法益危殆化说中,也存在内部的分歧。其中,在较早的时刻认可了未遂的是 Schröder。Schröder 在德国刑法的旧规定中肯定了实行的着手,在不作为犯中,也与作为犯同样以两个要素为前提,首先作为主观要素,不及时进行被命令的行为,或不回避结果发生的意思;其次是作为客观要素,义务侵害的开始,即使参与成为必要的危险状态的开始。根据他的论述,因义务侵害"在行为的懈怠引起了危险或使危险增加的情况下产生"、"使迫切的危险在此后可被期待,在此之前,在参与具有同程度的成功的可能性时,义务侵害的开始,只存在于静观中"。从这些原则来看,应当说,Schröder 的本意在于危殆化,但在其被适用于个别的情况分析时,从他所强调的行为者主观认知的重视出发,状况就会发生变化。如①在结果发生时,已长时间持续的不作为的情况,例如不供给食物的母亲,即使在此后有可能进行适合义务的作为,因最初对应当做出行为的懈怠,成为未遂;②在因未履行义务,在唯一的瞬间危险被创设的情况,例如,铁道职员在列车接近时未正确地操作转辙器或信号的情况,以及医师未在规定时刻内进行特定的给药工作时未履行义务的瞬间,是未遂;③在结果发生前,还有很多救助可能的情况,如,医生延期必要的手术时,也伴随着危险增加的效果,因适合义务行为的误时,是未遂。特别是在孩子落水的情况下,即使后期,用其他的方法可以救助,也应直接参与,这时就成为未遂。的确,在②与③中,我们可以了解,他的本意在于危殆化与危险增加。但在①的情况下,在母亲最初不给食物时,他所说的危殆化真的存在吗?还是疑问。因此,Schröder 与危险个别化的意图相反,被 RudolPhi、Wessels 等定位为"最初说"。对此,Eser 修正了 Schröder 的观点。他认为,不作为犯的未遂,因义务侵害开始的说法是正确的。但因不是作为可能时而是作为必要时是问题所在,所以,Schröder 的本意,还是在因不作为造成法益危殆化,或既存的危险增加时认可未遂。但 Eser 和 Schröder 一样,肯定了不作为犯的着手未遂,在母亲因再开始供给食物可以救活孩子生命的情况作为着手未遂,是不当的。将其作为危殆化基准的个别的适用的归结,倒不如说是关于开始时危殆化的基础,他不是重视客观的危险状态,而是重视关于行为者对于主观的危险的表现的结果。因此,尽管有 Eser 的修正,Schröder、Eser 的对危殆化基准的适用,都存在不当之处。

与较早时刻认可未遂的观点相反,在稍晚时刻认可未遂的 Schmidhänser 根据自己的分类,将不作为分为"在构成要件上与结果无关的不作为"与"在构成要件上与结果有关的不作为"。在后者的情况下,因结果发生犯罪完成,这种未遂也需要结果发生的紧迫的危险。但根据他的观点,认为不作为的情况下不存在意欲,所以,不存在目的无价值,行为计划也无任何作用。最终,他认为不作为犯的未遂中,仅客观性的危殆化决定不法,因此全面地否定了不作为犯的不能未遂。在具体事例中,他通过依存与对结果的接近性,主张不供给食物的母亲事例中,在孩子快饿死时,认可了未遂;关于责任,以母亲已认识到了孩子的生命受到威胁为前提,认可了故意的杀人未遂。另外,Schmidhänser 也认可了对既遂的接近性突然产生的情况,即在孩子落水事件中,直接地不救助时成为未遂。这显示了在不作为中"直接"未遂被认可的情况。在不作为犯的未遂中缺乏行为决意这点上,应当受到批判。

以上我们了解危殆化说内部的两极说,应当说其在对危殆化基准的适用中都是不当的,而应当根据个别事例的事态确定正确 *463*

的判断基准。但仅仅进行个别事例的例示性的分析是远远不够的,还有必要在一定程度上将之类型化。

(二)日本的学说与判例

在日本,由于在作为犯领域,关于犯罪实行着手的判断,大致存在主观说、客观说、折中说等的对立,与此相应,关于不作为的着手问题,学界主要存在以下几种观点①:

对于着手持主观说与形式客观说的论者一般认为只要开始实施违反作为义务的不作为就是不作为行为实行的着手。这种强调义务违反的观点,是从行为人的危险意思、行为的危险性或作为行为自身性质的一般危险性寻求未遂犯处罚根据的学者得出的当然结论。

对于着手持实质的行为说或折中说的部分论者一般认为,开始实施具有犯罪现实危险的、违反作为义务的不作为时,就是实行的着手。如大谷实认为:"负有应当防止结果发生的法律上的作为义务者,违反其义务而不实施作为,惹起构成要件的结果发生的现实的危险时,被认为是不作为犯的实行的着手。"②西原春夫教授认为,在不纯正不作为犯的情况下,确定实行着手时期非常困难,对此,可以分为两种情况考虑:第一是法益侵害的危险已经发生,只要有行为人的行为存在,就能回避该危险的情况,例如,看见孩子溺水的母亲及看到办公室的一部分着火的管理者的情况就属于这一类。这种情况下,当行为人意识到危险的存在时就构成实行的着手。第二是没有行为人的作为就发生法益侵害的危险的情

---

① 参见张明楷著:《未遂犯论》,中国法律出版社、日本成文堂联合出版 1997 年版,第 81 页。

② [日]大谷实著:《刑法讲义总论》(第 4 版),日本成文堂 1994 年版,第 376 页。

况,例如不给孩子喂奶的母亲的事例就归入此类,在这种情况下,作为义务在事前已经存在,只有行为人不实施作为义务的内容的作为时,才应认为存在作为义务违反问题。但如有违反作为义务应否认为直接实施实行行为,不能一概而论。在母亲不给孩子喂奶的场合,如果仅一两次没有喂奶,虽然可以认为违反作为义务,但还不能将它说成直接实行的着手,只有更重地怠于喂奶虽不直接致死,但招致发生生命危险的阶段开始,才可以认为是实行的着手。① 若无作为,法益侵害的危险的情况确定实行的着手时期。

对着手持结果说以及折中说的部分学者认为,只有当违反作为义务的行为产生了发生结果的具体危险时,才是不作为犯的着手。在母亲不哺乳婴儿的案件中,只有当婴儿陷入生命危险状态时,才成立未遂。这是将发生结果的具体危险作为未遂犯处罚根据的学者得出的当然结论。

由此可以看出,上述不同观点反映了论者对违法性本质的理解、对未遂犯处罚根据的认识以及对未遂处罚范围的态度,这与关于着手的学说大体上存在着对应关系。

从日本判例来看,前桥地方裁判所高崎支部1971年9月17日的判决中,被告人以带路买佛像为名欺骗身体有障碍的老人,于冬天某日晚上,用车将老人送到没有人烟的山中后,自己便离开了。现场还有部分积雪,半身不遂的老人显然有被冻死或者掉到山沟溺死的危险,但被害人奇迹般地得救了。判决肯定了被告人负有排除被害人生命危险或者将被害人运至安全场所的义务,并具有这种可能性。判决指出,"杀人(未遂)罪的构成要件虽然是

---

① [日]西原春夫著:《犯罪实行行为论》,日本成文堂1998年版,第23—24页。

以'杀人'这种作为形式规定下来的,但既然可能做到不将被害人置于自己带去的、对生命有迫切危险的场所(履行作为义务),那么就可以评价其与作为杀人(或其未遂)在构成要件上具有相同价值,因此,应认定该被告人的上述不作为具备杀人(未遂)的实行行为的定型性"。该判决的特点是行为人将被害人带到对生命有迫切危险的场合时,认定产生了作为义务,将被害人置于该场所不顾时,认定为着手实行杀人。① 可见,该判例采取的是具体危险说的立场。

(三)我国刑法学界的观点

在台湾地区,学界大致沿用德国学界的一些基本观点,如在介绍关于不作为犯的着手标准时,主要概括为以下三种观点,即:第一救助机会说(即最初说),认为只要行为人耽误了第一个救助机会,就是不作为已经着手;最后救助机会说(即最终说),认为行为人耽误了最后一个救助机会时,才是不作为的着手;危险理论,此说为多数学者所采纳,认为行为人对其所认知的立即危险的不作为,即为着手,而对于非立即的危险,必须等到危险进入迫切阶段而行为人依然不作为或放弃介入时,才算着手。对上述学说,台湾学者黄荣坚批判到:对于第一个救助机会的错过,固然可能是导致失控的行为,但并不必然如此,因此,第一救助机会理论本身作为判断着手的标准,并不适当;所谓最后救助机会,如果指的是客观意义上的最后救助机会,那么,在技术上的难题是,既然实害结果没有发生,我们往往无法清楚认定行为人是否已经错过了所谓最后救助机会。更重要的是,刑法上对于未遂犯的处罚,基本意义上

---

① 转引自张明楷著:《未遂犯论》,中国法律出版社、日本成文堂联合出版1997年版,第118页。

并未以客观的实害可能性作为处罚的前提,因此以客观意义的最后救助机会作为着手标准,也和刑法处罚未遂犯的基本意义有出入。而如果最后救助机会所指的是主观意义上的最后救助机会,那么这一理论和危险理论的标准就十分接近了。从而主张采取通说所谓的危险理论作为判断不作为犯之着手标准,即当行为人认知,此刻的不作为可能导致该当于不法构成要件的利益侵害的失控,此刻之不作为即为着手。①

在大陆地区,早期有的论者主张,当他人的行为或自然力的作用一旦对刑法所保护的社会关系形成了具体的现实危险(威胁)时,从这一瞬间起,负有阻止这种危险产生和发展特定义务的人在犯罪故意支配下的不作为才是不作为犯罪的着手。② 有的论者则主张以行为人应作为且能作为而不作为时为犯罪着手。③

(四)关于诸观点的综合评说

经过上述梳理,可以看出,在我国和日本学界对不作为犯的实行着手标准问题,学界存在的争议基本上没有超出德国学界的观点。相比之下,德国理论要更为细致和前沿。因此,笔者无意在此对各国学说进行一一评析,仍着眼于德国学说,并顺着介绍德国学说的思路作进一步的比较分析。

在介绍德国学说时,笔者认为采取法益危殆化说(也即台湾学者所说的危险理论)比较妥当,并进而指出,应当对这一原则进行个别化、类型化分析。从这一观点出发,我们再来了解一下德国

---

① 参见黄荣坚:《基础刑法学》(下),(中国台湾)元照出版有限公司2004年版,第242—243页。

② 参见高冬竹:《浅谈不作为犯罪的着手》,载《湖南法学》1987年第3期。

③ 参见赵瑞罡、刘剑军:《关于着手实行犯罪的探讨》,载《山西大学学报(哲学社会科学版)》2002年第3期。

学者 Rudolphi 的学说。他的类型化的观点值得我们借鉴。

在作为义务论中，Rudolphi 想从不作为者与结果的关系出发解明其实体，将保障人定义为"在社会生活中，行使应该避免紧迫的法益侵害的危险的保护机能的行为者"。即"统括者（统制者）"，尝试从针对这一保护的社会依存性、必要性出发，对统括者的地位进行类型化。另外，对于不作为犯的未遂，他也想从义务的发生根据出发加以解决。从他的观点来看，历来的见解认为违反作为义务的懈怠的开始成为未遂，虽是正当的，但若那样的话，等于什么都没有解决。他认为保护法益不受侵害才是作为命令的任务，当要求回避结果时，即为未遂的开始，因迫切的法益侵害的确实性而不同，因此他的原则基准是：被保证人所保护的法益，在尽管具体、迫切的危险存在，但有使符合构成要件的不法结果产生的意思而懈怠时，即构成未遂。据此，再根据危险的实质性进行类型化的分析。

Ⅰ①特定的回避行为，仅据特定时刻的某一行为才可能的情况下，未遂因该时点的懈怠开始，在结果发生的同时成为既遂。②在进行特定的救助行为，时间上还有余地时，因放过了最后的可能性成为未遂。例如，考夫曼所举的保线夫事例中，因列车接近前的不作为成为未遂。但因天灾或事故等造成混乱，在下一班车何时来尚不确定的情况下，因在所有的时刻危险都能现实化，情况就不同。

Ⅱ③在时间上，多种救助行为都可能的情况，因懈怠包括最大的救助的机会的行为，成为未遂。例如，因延期不可欠缺的手术，造成法益的危险增加，救助机会减少时即为未遂。④在特定时刻，在可能进行有成功可能的种种行为时，命令最有成功可能性的行为。因此，在未必是故意进行了没多大希望的救助行为时，即使因此行为避免了结果,未遂也产生。

Ⅲ⑤连续持续了很长时间的不作为,例如不供给食物的母亲的情况,在因不作为孩子的生命受到具体的威胁时,杀人未遂成立,在此之前,只是伤害罪。

上面所看的 Rudolphi 所进行的类型化,是根据义务的发生根据——危险的事例进行的个别化及其对基准的设定。其意图就是将结果发生的危险具体化,即确定实质的具体危险。因此,保护法益的危殆化不是在原则上就结束了,还可以而且应当被个别的、具体的确定。他所设定的五种类型实际上包括了他以前的论者考察过的所有事例,包括:不供给孩子食物的母亲等要求反复、继续的行为的事例(以下简称"母亲事例"),孩子落水及因船翻的溺水者、翻落的登山者等以既存的危险为前提的"水难事件";延期手术进行的医生、拒绝输血的双亲、对孩子的病放置不顾的父亲等"手术事件";不救护醉酒者的保线夫及不正确设置转辙器及信号的铁道管理人员等"铁道事件";将在森林生下的孩子放下离开的"遗弃事件", 可把历来考察过的事件概括起来, 而且这一类型与 Rudolphi 设定的五类型可以准确地对应。他根据迫切的法益侵害的确实性将这些类型进行了分类, 换言之, 将不作为的危险性, 即在何种情况下的不作为对法益是危险的, 进行了类型化处理。

下面,我们可以针对上述事例将诸学说进行比较分析。

首先,"母亲事例"的结论有三种:依"最初说"与"最初说性的危殆化说",在最初不供给食物时承认未遂;依照"危殆化说"中,因生命的具体的危殆化成为未遂;依"最终说的危殆化说"与"最终说",到快饿死时,未遂产生。另外,采取"个别化"说的Grünwald 与"危殆化说"同样,认为很明显地开始痛苦时,犯罪能量到达顶点,即构成未遂。根据择一公式进行个别化的 Roxin、Wessels 则认为显著的健康损毁,或在此之前是未遂。如果将 Roxin 的放手作为将法益侵害必然化的具体危险的放手,则死亡的具体危险并不限于被害者处于明显的十分痛苦的状态,在此之前也可能发生,因此,在母亲事例上,Rudolphi 与 Roxin 并无差异。

其次是"水难事例"。此处,除了"最终说",其他论者都凭孩子溺水时的不作为或者船翻时的不作为而直接肯定未遂的开始。Rudolphi 并未列举事例,但认为若在某一特定时刻,凭某一行为可回避时,凭该时刻可作为未遂。其在此处,也与 Blei 等人一样的观点。值得注意的是,从危殆化的观点出发,也是凭借不立即救助的不作为即认可未遂。

再次是"手术事件"。危殆化说达成一致,认为因手术的迟缓造成危险增加,或使最大的成功的机会错过使救助的机会减少时,认可未遂。Grünwald 的情况与 Rudolphi 也几乎是同样的基准。另外,Roxin 放手的情况也是同样,原因在于通过放手进行的放置,意味着使病情恶化或危险增加。因此,在手术事例中,Grünwald、Rudolphi、Roxin 也无差异。

又次是"铁道事例"。此处如"母亲事例"一样,表面上存在对立。"最初说的危殆化说"与以前的"个别化说"、"最终说",据列车接近时的懈怠,认可未遂。但 Schröder、Eser 的情况下前提不同,他们在唯一的瞬间创设危险的情况下列举了本例。即,因是以列车接近为前提的不作为,所以,这也如"水难事例"一样,可以除外。通过这个例子也可以知道,即使看起来是同一事例,也存在情况不同的情形。所以,Rudolphi 进一步进行了细化,列车表混乱时被作为考虑。他并未列举具体的时刻点,但从他包含迫切的法益侵害的确实性具体危险的发生之考虑出发,其大概与 J. Meyer 所说的被绝对地危殆化时一样。若如此的话,也与 Roxin、Wessls 相应,原因在于,因离去而绝对地被危殆化了。

最后是"遗弃事例"。对此,Grünwald、Roxin、J. Meyer 达成了一致,认为在森林中将孩子放下离开时,成为未遂。Rudolphi 未列举事例,但在特定时刻在有成功可能的种种行为可能的④中,因对最有可能性的行为的懈怠,承认了危险。这与 J. Meyer 同样,认为对回避结果的最有希望的行为懈怠时,必然性地使因果链锁向死亡的结果进行。若如此的话,就与 Roxin 的放手理论得出一样的结论,且因最有希望的行为对行为者来说,是用最少的牺牲就足够了的,所以与 Grünwald 的基准也是一致的。因此,在"遗弃事例"中,也不存在 Roxin 与 Rudolphi 的对立。

以上是分类讨论的结果,可以看出,Grünwald、Roxin 与 Rudolphi 尽管从不同的立场出发,但可以得到同一个结论。虽然将这些个别化都理解为"例外的原则化"也是一种立场,但若如此的话,又太形式化了,从这种一律形式化的判断出发,并不能获得了解危险的实质性的线索。站在具体的危殆化说的立场上,与 Rudolphi 的结论一致的 Roxin 的放手基准,也还是志在实质的危险,这个放手是实质危险的有力线索。

从上述对不作为未遂进行个别化、类型化的见解中,我们可以看出,Grünwald 与 Rudolphi 采用的是纵分法类型化事例,而 Roxin 在同一事例内部试图实现横分个别化。我们认为,可以将此二者结合起来,一方面,通过典型案例、判例的积累与分析,对于更加充分地实现包括性的分类,但为了确定类型化的实质,即为了具体的危险的实质化,可以参考 Roxin 的放手基准。当然,从我国目前的理论发展状况和司法实践的实际情况来看,采取如此细密的分类可能是超前的,果真如此的话,我们不妨也可以借鉴日本学者西原春夫教授的观点。其观点将不作为的着手情况分为两类,比较简洁明白,而且大致涵盖实践中经常遇到的不作为未遂的问题。对此,笔者期待着我国刑法理论的细密化和司法实践对这一问题的细致解决。

二、不纯正不作为犯未遂的类型

对于作为犯,可以区分为未了未遂与既了未遂(或者终了未遂)。而对于不作为犯,能否一样区分为未了未遂与既了未遂?对此,学说上有认为,不作为犯着手后,概念上依然有未了未遂与既了未遂的区分,而其区分还是从行为人的主观认知情况,比照作为犯对于既了未遂与未了未遂的区分标准作判断。即着手之后,行为人确认其情况是,被害人的受害结果已经可能出现或者说受害人已经不再有救助的机会,则属于既了未遂;如果着手之后,行为人确认的情况是,被害人的受害结果事实上不至于实现,或者说主观上认为救助的机会尚有可能再次出现,则构成未了未遂。例如,一位汽车司机撞倒行人后,因害怕被追诉而逃离现场,未予救助。假如该司机主观上认为被撞伤之人,如及时予以救助,可能尚可得救,但事实上该人已无救助希望时,仍可成立杀人行为的未遂;甚至于逃离后,该被撞之人幸而经路过之第三者救助存活时,该汽车司机仍可成立杀人未遂。如果该司机离去后已不能再回来救助,则成为终了未遂的情况。① 对此,有的学者持反对意见,认为不作为犯着手之后,不是既了未遂,就是失败未遂,事实上并没有所谓未了未遂的情形。理由是,既然行为人不作为后确认,事实上被害人的受害结果(例如因第三者救助行为的介入)不至于实

---

　　　① 　参见苏俊雄著:《刑法总论Ⅱ》,(中国台湾)1998 年作者自版,第614 页。

现,那么,行为人的作为救助已经没有意义,也意味着中止行为没有意义,应该认定为失败未遂。[1]

笔者认为,在不作为犯中,没有必要区分未了未遂与既了未遂。对于上述所举例子,直接论以犯罪未遂(既了未遂)即可。

就不纯正不作为犯是否存在不能犯未遂问题,在学说上有争议。依通说见解,认为在概念上当然有可能成立不纯正不作为犯的不能未遂,且应予以处罚,尤其在保证人对于不存在的危险误认为存在时,应依不能未遂来处罚保证人。例如,父亲甲与儿子乙到海边度假,某夜甲听见海边有小孩的求救声,甲误以为是自己的儿子而不去理睬,但实际上溺水的是别人的小孩。在该例中,甲父对于乙子处于保证人地位,具有保证义务,虽然甲误认为对呼救的小孩也具有保证人地位,但事实上是他人的小孩,并不存在保证人地位,既然不具有保证人地位,就不能成立不纯正不作为犯的既遂犯。通说认为,对于此情形有可能成立不能未遂且应加以处罚。持反对见解认为,其不作为不应受处罚,理由是此种不作为并没有对法律所保护的法益构成危险,即为结果无价值的行为情形。在不作为情况下,既然没有造成法益的危险,也就没有结果可以出现,那么就不具有结果的非价。此外,此种不作为本身并没有包含法益损害的意思倾向,因不作为在外界没有显示出来,所有没有办法评价行为是一种非价的行为。此与作为犯的未遂不同,因为作为犯的未遂在外界表示出一定的行为,且此行为显示出行为人恶意的想法,所以才可用对行为的非价要行为人负责。[2] 笔者认为,

---

① 参见黄荣坚著:《基础刑法学(下)》,(中国台湾)元照出版有限公司2004年版,第244—245页。

② 陈志龙主持:《刑法第十五条至第十七条之评释研究》,台湾大学法律系1995年10月印。

此问题同不能犯的学说争论有密切关系,不同学说可能会有不同结论。而不能犯学说的争论则涉及违法性的实质是对社会伦理规范的违反还是对法益的侵害与威胁、违法性的根据是行为无价值还是结果无价值等重要实质性问题。如果从行为无价值和规范违反说角度考虑,则上述事例父亲甲应成立未遂;如果从结果无价值和法益侵害说出发,父亲甲不应受到处罚。

三、不纯正不作为犯的中止

一般来说,中止行为分为两种情况:行为未实行终了,只要不继续实施就不会发生犯罪结果时,中止行为表现为放弃继续实施犯罪行为;行为实行终了,不采取有效措施就会发生犯罪结果时,中止行为表现为采取积极措施有效防止犯罪结果发生。但就不作为犯而言,是否可以区分为这两种情形,则有不同观点。

赞成区分说的学者认为,在未实行终了的情况下,行为人只要采取原来所应采取的作为行为来防止结果发生就可以成立犯罪中止,例如,保姆第一天上午没有喂食婴儿,过了两小时就反悔了,那么,只要继续喂食就可以产生中止的效力。但在不作为实行终了的场合,例如,保姆到第二天已经觉得婴儿可能有生命危险,则单纯的中止其不作为而开始喂食还不足以该当犯罪中止的要件,而必须采取其他作为(如送往医院)来防止实害结果的发生。对此,有的学者持反对意见,认为在不作为着手之后,不可能再以单纯的不作为而达到犯罪中止的效果。① 笔者认为,在上述区分说所举例子中,所谓的未实行终了的场合,如果根据上文关于不作为犯罪

① 参见黄荣坚著:《基础刑法学(下)》,(中国台湾)元照出版有限公司2004年版,第244—245页。

着手的判断标准(依法益危殆化说),这种情况下还没有发生犯罪着手的问题,因而谈不上着手之后的犯罪中止问题。另外,在刑法规范中,也没有将之作为犯罪中止来处理的必要。总之,笔者认为,对于不作为犯的中止没有必要区分实行终了与未实行终了的实际意义。

此外,成立中止犯必须具备有效性这一条件,在不作为犯场合,必须采取积极救助行为,并有效防止结果的发生才能成立犯罪中止(当然,是否要求积极救助行为与防止结果发生之间具备因果关系,在学说上存在争议,笔者认为,并不以具备因果关系为限制条件)。有的学者认为,在行为人纵然尽力救助,但没有效果的场合,其事后采取的救助行为,冒险程度比原先所负的防止义务有超越的情形,基于中止犯鼓励悬崖勒马的立法用意,应肯定其成立犯罪中止。有的则认为,在此阶段,由于行为人已无犯罪故意,故对其防止无效的结果,仅能视为过失行为处理。①

第三节 不纯正不作为犯与共犯

关于不作为犯与共犯的关系问题,以往缺乏探讨。但是,在战后德国,有一种学说认为,作为和不作为的存在结构不同,以作为犯为基础而建立的共犯理论不能照搬于不作为犯,由此,在德国刑法理论界展开深入的讨论,并形成了不同学说。这一现象也影响了日本刑法学界,不仅有不少学者发表论文对此予以专门探讨,更

---

① 参见苏俊雄著:《刑法总论Ⅱ》,(中国台湾)1998年作者自版,第614—615页。

有这方面的专著面世①。在我国,近年来也有一些学者开始关注这方面的问题,并对德、日刑法学说着重译介,推动了我国刑法学对这一问题的深入研究。② 总结起来,关于不作为犯与共犯问题,可以分为两类情况:一类是以不作为方式实施的共犯情况,是指以不作为方式实施作为修正的构成要件的共犯,即不作为的共犯,又可分为不作为的共同正犯、不作为的教唆、不作为的帮助;另一类是对不作为犯的共犯,包括对不作为犯的共同正犯、教唆犯以及帮助犯。本书对此分别加以讨论。

一、不作为的共犯
(一)不作为的共同正犯

关于不作为的共同正犯问题,可以从两个方面加以探讨,即:不作为之间是否成立共同正犯问题和不作为与作为之间是否成立共同正犯问题。对此,德、日刑法学界大致存在全面否定说、全面肯定说和限制肯定说。由于全面否定说和全面肯定说同时适用于上述两个方面,而限制肯定说则在上述两个方面有不同见解,因此,本文对全面否定说和全面肯定说介述时,对上述两个方面统一论述;而在介绍限制肯定说时,则分两个方面加以探讨。

---

① 较有影响的是日本刑法学者神山敏雄著的《不作为共犯论》,日本成文堂1994年版。

② 比较有代表性的硕士论文有:《不作为犯的共犯类型研究》(中山大学吴玉梅著)、《不作为共同正犯初探》(吉林大学曾琳著),博士论文有《不作为共犯论》(吉林大学刘瑞瑞著)。另外,武汉大学陈家林著的博士论文《共同正犯研究》、刘凌梅著的博士论文《帮助犯研究》分别对不作为的共同正犯问题、不作为的帮助犯等问题进行了专门研究。

1. 全面否定说①

采取全面否定说的典型代表,是德国学者 Kaufmann 和 Welzel。Kaufmann 站在存在理论之立场,认为不作为没有故意,不可能形成共同行为的决心,也没有实行行为,因此,不存在分工的可能性。Welzel 基于目的行为论,认为不作为既无因果性,也无实现目的性,且欠缺事实的故意,由于否定了不作为的行为性,因而不作为犯不存在共同正犯也是当然结论。这一观点已鲜有人采。目前的通说认为,对不作为犯的考察,应着重从规范、价值的因素考虑,而不能单纯地从存在的、物理的行为来理解不作为犯。

2. 全面肯定说②

在德国,采取此说的主要有 Maurach、Busse、Woerner 等学者。例如,Maurach 认为,在两个以上不作为之间以及不作为者对其他人作为所引起的危险状态可能处于具有防止义务的保证人地位时,均可能成立共同正犯。对于前者,负有义务的两人或者两人以上者,作出共同不履行义务的决心时,两个以上不作为之间就成立共同正犯。例如,父亲和母亲相互沟通意思,对自己的孩子不进行保护,各不作为者遵照事前的决心,在支持他方的同时,也得到他方的支持,这样,个人在共同实施的行为不法范围内,不仅对自己的行为负责任,而且对他人的行为也应当负责任。在后者,不作为者是由不作为而构成的承继的共同正犯。例如,未制止未成年儿子犯罪行为的父亲可以构成共同正犯。

Woerner 认为,两个以上的不作为之间或者作为与不作为之

---

① 有关资料参见陈家林著:《共同正犯研究》,武汉大学出版社 2004 年版,第 256—257 页。

② 参见陈家林著:《共同正犯研究》,武汉大学出版社 2004 年版,第 257—260 页。

间,都可以成立共同正犯。对于前者,负有义务的两人或者两人以上者,对于不履行其义务有共同的决心,例如,父母在相互了解的基础上不履行对小孩的保护义务,二人各自的决心得到对方的支持,同时又强化对方的决心,各人对对方不会履行保护小孩的义务有信赖,由此,各人在共同实施的不法范围内,不仅对自己的行为,也对对方的行为产生责任。对于后者而言,对由积极的作为产生的侵害结果不加防止,表明不作为者的行为是对作为的精神帮助,但对此后的保证人的不作为不能排除共同正犯的成立。理由是:对作为的精神帮助比违反为防止结果介入该事态的义务这样的不作为的重要性更低。因此,不作为与作为之间的共同正犯,存在两种形态:第一,对一定法益的侵害,是由负有结果防止义务的不作为所主导的。第二,对法益的侵害是由积极的作为来进行的情况。例如,A 是流氓团伙的成员,这个团伙计划杀死 A 的父亲,A 保证不加干涉,结果谋杀成功。论者认为,不作为的共同正犯,在不作为者想要履行保证人义务就能够履行的情况下,如果其他作为行为的同伴无法妨碍该不作为者的义务履行,那么在不作为者与积极的作为的同伴之间就可以成立共同正犯。①

在日本,也有学者支持全面肯定说,如大谷实等。② 韩国学者李在祥也认为,不作为之间以及作为与不作为之间,成立共同正犯都是可能的。③

---

① 参见[日]神山敏雄著:《不作为共犯论》,日本成文堂 1994 年版,第 309 页。

② 参见[日]大谷实著:《刑法总论》,黎宏译,法律出版社 2003 年版,第 343—344 页。

③ 参见[韩]李在祥著:《韩国刑法总论》,[韩]韩相敦译,中国人民大学出版社 2005 年版,第 118—119 页。

3. 限制肯定说

该说是对全面肯定说的修正,其意图从共同正犯以及不作为犯的本质特征出发解释不作为共同正犯的形态,限定其存在的具体范围。兹分别述之:

(1)由不作为与不作为构成的共同正犯问题。对不作为之间能否成立共同正犯问题,又可分为两种情形分别考虑:一是形式的共同正犯,即两个以上的不作为者只要有一人履行作为义务就可以防止结果发生的情形;二是实质的共同正犯,即两个以上的不作为者必须都履行作为义务,互相配合才能避免结果发生的情形。德国学者 Jescheck、Bokelmann、Roxin,日本学者植田重正、齐藤诚二、神山敏雄等人皆认为,在所谓"形式的共同正犯"的场合,两个以上的不作为者可以作出共同的决心,但该决心并非依靠不作为者之间的分工来实施,而是由各不作为者亲自实现了违法有责的全部构成要件,各个行为者本来对全部结果就负有责任,没有必要考虑部分行为全部责任的原理,只是成立同时正犯,而没有承认共同正犯的必要。只有在实质的共同正犯的场合,才肯定不作为共同正犯的成立,例如各持有一把钥匙只有共同才能打开金库门等情形。①

另外,在数个不作为的场合,是否只有具有作为义务者才能成立共同正犯的问题,日本刑法学界存在争议。有的学者认为,无作为义务者也可以与有作为义务的人一起共同实现违反作为义务的不作为,即构成共同正犯。例如,大谷实举例说,父母在意思联络的基础上不给婴儿喂奶,使其饿死的场合就不用说了,即便是母亲

---

① 参见陈家林著:《共同正犯研究》,武汉大学出版社 2004 年版,第 261—268 页。

甲和第三人乙在共同意思的基础上,相互利用补充不给婴儿喂奶,使其饿死的场合,也是共同正犯。① 但大塚仁、山中敬一等人对此持反对意见。② 例如,大塚仁指出,认为没有作为义务的人也存在共同的实行时,就有不当地扩张实行行为的观念之嫌。在没有作为义务的人协助具有作为义务的人的不作为时,应该解释为从犯。③

(2)由不作为与作为构成的共同正犯问题。Jescheck 认为,参与者一方以积极的作为完成行为的分工,而另一方则违反法的义务,不阻止该作为者的作为时,虽然认定成立共同正犯未尝不可,但是在该场合下将不作为者认定为帮助犯更加符合行为支配理论。④ Roxin 认为,作为者与不作为者之间,只有在义务犯罪的场合,才有可能成立共同正犯。例如,两个看守之间基于合意,一人将牢门钥匙交给犯人,另一人违反其义务不锁上外面的门使犯人得以逃脱的情况,二人都成立德国刑法第 120 条规定的释放犯人罪的共同正犯。在这里,个人单独的作为或者不作为都不能使犯人在逃,只有行动才能实现结果。山中敬一教授赞同日本通说的观点,认为作为和不作为可以成立共同正犯,但他指出这是在作为义务基于保护法益的场合,如果是基于监督危险源的义务,结论就会不同。即在后者的情况下,不作为者构成从犯。例如,饲养危险动物之人,看到第三者驱赶该动物去侵害被害人,饲养者能够很容易地阻止这种侵害却置之不理,饲养者不构成正犯而是构成不作

---

① 参见[日]大谷实著:《刑法总论》,黎宏译,法律出版社 2003 年版,第 317 页。
② 参见陈家林著:《共同正犯研究》,武汉大学出版社 2004 年版,第 267 页。
③ 参见[日]大塚仁著:《刑法概说(总论)》,冯军译,中国人民大学出版社 2003 年版,第 257—258 页。
④ 参见[德]汉斯·海因里希·耶赛克、托马斯·魏根特著:《德国刑法教科书(总论)》,徐久生译,中国法制出版社 2001 年版,第 774、827 页。

为伤害罪的帮助犯。但是如果关押危险动物的铁笼已经打开，饲养者在现场可以阻止该动物对他人的侵袭而不加以阻止的，则成立伤害罪的正犯。① 在认可不作为与作为可以成立共同正犯的情况下，存在共同正犯与从犯的区分的问题。对此，下文还将作专门讨论。

关于不作为的共同正犯问题，我国刑法学界总体上多倾向于全面肯定说②，也有部分学者支持限制肯定说，如李海东博士认为在不作为与作为共同实施犯罪的情况下，将不作为不以正犯论，而以帮助犯来处理是比较合理的。③ 马克昌教授则支持山中敬一、神山敏雄的观点，认为作为和不作为可以成立共同正犯。④

综合上述观点，笔者认为，全面否定说存在的问题已如前述，全面肯定说与限制肯定说分歧的焦点主要在于所谓"形式的共同正犯"的场合是否有承认共同正犯的必要。肯定说者认为可以成立共同正犯，否定论者基于共同犯罪部分犯罪全部责任之原理而认为论以同时正犯即可，从而否定成立共同正犯。笔者认为，否定论者虽然注重了作为义务的等同性，但忽略了各不作为者同等作为义务的相互性，在有犯意联络的情况下，既然每个作为义务者都可以单独防止结果的发生，那么，每个不作为行为人要达到犯罪既遂，还必须依赖于对方的不防止行为，即对方的不作为，只有全部

---

① 参见[日]山中敬一著：《刑法总论Ⅱ》，日本成文堂1999年版，第810页以下。

② 参见熊选国著：《刑法中的行为论》，人民法院出版社1992年版，第198—200页；李学同：《论不作为与共同犯罪》，载《法律科学》1996年第6期；刘瑞瑞博士论文：《不作为共犯论》，吉林大学2004年印，第50页。

③ 参见李海东著：《刑法原理入门（犯罪论基础）》，法律出版社1998年版，第183页。

④ 参见马克昌著：《比较刑法原理——外国刑法学总论》，武汉大学出版社2002年版，第699页。

行为人的共同不作为才能完成犯罪。这样看来,对于同一法益具有同样作为义务的数人基于共同犯意,不防止同一法益侵害结果的发生时,他们的行为就具有整体评价的意义,而每个人承担责任的基础就应该是部分行为全部责任的原则,只不过具体表现形式不同于在实质的共同正犯的场合。虽然可能在最终的责任承担效果上,肯定共同正犯与主张成立同时正犯可能是同样的,但从我国刑法关于共同犯罪的分类来看,不仅有实行行为与帮助行为、教唆行为、组织行为的区分,而且有根据作用大小而作出的主犯与从犯的区分。尽管主犯与从犯都可能是实行犯,但可以基于在共同犯罪中的地位和作用大小而区别责任。在上述形式的共同正犯的场合,如果认定构成共同正犯,则可以根据行为人在共同犯罪中作用的大小进行处理,而同时犯并没有主从之分。另外,在数个不作为共同正犯的场合,不作为行为人必须具有共同的作为义务;如果不作为人不具有作为义务,则不能构成共同正犯,其道理很简单,不能单独构成正犯的人也不能构成共同正犯。

(二)不作为的教唆

所谓不作为的教唆,是就以不作为方式实施教唆行为而言。对此,在德、日、韩刑法学界及我国大陆、台湾地区刑法学界的通说持否定意见,即多数学者认为,不作为不可能成立教唆犯。如日本学者日高义博、川端博、大塚仁、大谷实等教授认为,具有阻止他人产生实行犯罪决意的法律上的义务的人,几乎不可能通过不作为方式使没有犯罪意思的人产生犯罪意思。① 韩国学者李在祥认

---

① 参见[日]大谷实著:《刑法总论》,黎宏译,法律出版社2003年版,第344页;[日]日高义博:《不作为犯と共犯》,载《法学セミナー》1982年第11期;[日]大塚仁著:《刑法概说(总论)》,冯军译,中国人民大学出版社2003年版,第268页;林山田著:《刑法通论》(下),(中国台湾)1998年作者自版(增订六版),第324页。

为,以不作为实施的教唆在法律上是不可能的。教唆要求通过心理上的影响致使正犯产生犯罪的决意,以不作为无法满足这种教唆犯在本质上的成立要件。①

对此,有的学者认为,不作为虽难引起他人的犯意,但可坚定他人的犯意,因此,只要是引起或者坚定他人犯罪意图的一切作为和不作为均可成为教唆的手段,以收买、劝说、威胁、命令、强迫、激将等作为方式自不待言,而以纵容、默认等不作为方式也同样可以成为教唆手段,从而认为不作为的教唆起码有以下两种情况:一是坚定犯意的教唆;二是对教唆犯施以精神帮助的教唆,即行为人以不作为方式对教唆犯施以精神上的帮助而成立的教唆犯。②

对上述肯定说,有的论者指出,不作为可否成为教唆的行为方式,分歧根源在于对教唆行为性质的认识,即教唆行为仅指引起他人犯意的情况,还是也包括坚定他人犯意的情况。论者对上述持肯定意见的观点进行了批判,指出上述两种情况都应认定为不作为的帮助,而非不作为的教唆。但该论者同时指出,不能一概否定不作为的教唆,当不作为依其所处的背景会产生特定的意义,而这种意义包括着意思的传递在内时,从行为与决意之间作用关系的角度而言,不作为是有可能构成教唆行为的。例如,当事人之间存有某种习惯时,保持沉默就可能表示依习惯行事的意思。该论者进而又指出不作为教唆的成立,是指行为人违反作为义务而未阻止主行为人形成行为决意,这种消极的未阻止如果能具备教唆的意义,只能是一种利用或者制造情景形成诱因的情形。例如,甲明

---

① [韩]李在祥著:《韩国刑法总论》,[韩]韩相敦译,中国人民大学出版社2005年版,第118—119页。

② 参见李学同:《论不作为与共同犯罪》,载《法律科学》1996年第6期。

知乙脾气火暴且有意让丙挨揍,于是告诉乙,丙曾经说乙的许多坏话,结果乙把丙打伤。本例中,甲对乙的告诉行为引起了结果发生的危险,对于该危险甲应负防阻的责任,即甲的作为义务产生于甲实施了引起特定危险状态的先行行为,该作为义务要求甲阻止危害结果的发生,这样的作为义务内容当然包括有要求甲阻止乙形成犯罪决意的内容。甲通过制造诱因而惹起一定危险,甲的不作为实际上向乙传达了将危险变为现实的意思。因此,甲的不作为与乙的犯意形成之间具有心理上的因果联系,这样的不作为构成教唆。论者补充指出,由于在具体认定上必须充分考虑不作为的背景条件,以避免作为义务的过分延伸而引起刑罚过分扩张的危险,所以实际的成立机会并不多见。① 在我国台湾地区,也有学者举例说,甲于某日被乙揍了一顿,心中一股怨气向丙倾诉,丙则因认为乙常常对丙的女友示好而对乙有反感,但又担心自己去修理乙会遭到女友的鄙视,于是想借用甲之力。丙知道甲的脾性,并认为如果其对甲的倾诉充耳不闻,甲便会认为被丙瞧不起而去修理乙(甲本来只是想吐吐苦水,获得丙的安慰,并无修理乙的决意),于是便无视甲的倾诉,当作没有这回事。后来甲果然持刀将乙砍伤。此例中,丙即为以不作为方式对甲实施的伤害进行的教唆。就行为动静而言,丙未为对甲的积极教唆行为;就风险概念而言,丙并未消弭原有的风险,但也可说是制造了一个风险,即甲因为认为丙瞧不起他而去砍杀乙,因此,是否成立不作为教唆,则有争议。②

---

① 参见吴玉梅硕士论文:《不作为的共犯类型研究》,中山大学 2001 年印,第 48—50 页。

② 参见陈志龙主持:《刑法第十五条至第十七条之评释研究》,台湾大学法律系 1995 年 10 月印。

笔者认为,上述肯否定说之争,的确在很大程度上源于对教唆犯性质的认识不一。依照通说,教唆犯仅应指引起他人犯意的情况,从而通过不作为坚定他人犯罪意思的情形不应认定为不作为的教唆。在这个意义上,通说的观点比较妥当。至于上述持肯定说的学者所举的以不作为方式引起他人犯意的情况,笔者认为,上述第一例中甲的行为和第二例中丙的行为虽属于制造风险,但该风险是否属于不被容许的风险,值得研究。如果该风险属于社会容许的风险,则其不应当引起作为义务,从而谈不上不作为的教唆之问题。因此,我们大体上可以否定不作为的教唆之成立的可能。

(三)不作为的帮助

所谓不作为的帮助,是就以不作为方式实施帮助行为而言。在这里,有两个问题值得探讨:

1. 不作为的帮助是否存在

以不作为方式能否帮助他人犯罪,刑法学界及实务界一般持肯定态度。认为具有阻止正犯的犯罪行为、防止结果发生的法律上义务的人,在违反该义务,使正犯的实行行为易于实施的时候就满足帮助的要件,因此,不作为的行为能够成立帮助犯。在日本认可不作为帮助的判例如大审院 1928 年 3 月 9 日的判决(《刑集》第 7 卷第 172 页关于选举委员会的委员长目睹干涉投票行为但不予制止的案件)、最高法院 1954 年 3 月 2 日的判决(《裁判集刑》第 93 号第 59 页关于剧场责任人目睹在剧场内的脱衣舞表演但不予以制止,使表演继续进行的案件)、大阪高等法院 1990 年 1 月 23 日的判决(《判例时报》第 731 号第 244 页关于不作为的帮助卖淫行为的案件)等。① 旧中国最高法院上字第 2766 号判决中载

---

① 参见刘凌梅著:《帮助犯研究》,武汉大学出版社 2003 年版,第 149 页。

明:"从犯之帮助行为,虽兼该积极消极两种在内,然必有以物质
上或精神上之助力予正犯之实施犯罪之便利时,始得谓之帮助,若
于他人实施犯罪之际,仅以消极态度不加阻止,并无助成正犯犯罪
之意思,及便利其实施犯罪之行为者,即不能以从犯论拟。"①

与此相对,也存在否定不作为帮助的见解。德国学者 Kauf-
mann 针对结果犯否定了不作为从犯,将其解释为不作为的正犯。
他认为不纯正不作为犯符合独立的命令性构成要件,因此不可能
实施作为犯的犯罪构成要件,这就阻止了对作为犯共犯的成立。
不纯正不作为犯应从其固有的保证人命令性构成要件来判断,而
不应该根据禁止性构成要件判断。所谓的"不作为帮助"是实现
不纯正不作为犯的构成要件。另外,Welzel 认为,因未阻止杀害行
为的保证者,若阻止杀害可构成目的的行为支配,不是据故意杀人
的不作为而构成帮助,而是以不作为为手段的不作为正犯②。
Kaufmann、Welzel 分别基于不作为的存在特征、目的行为论而否定
不作为帮助行为的成立,应当说,在某些情况下,行为人的不作为
是构成正犯还是从犯,的确存在争论的余地,从这点上看,二人的
结论也有些道理,但完全排除不作为帮助的成立也是不妥当的。

2. 不作为帮助者是否须具有保证人地位

不作为帮助犯的成立是否以有作为义务为要件或者说作为帮
助者是否必须具有保证人地位,刑法学界存在争议。持否定说的
德国学者 Roxin 认为,不作为共犯问题是不作为者没有充足正犯
的前提条件。不作为者只有符合以下二要件才是正犯:第一,存在

---

① 转引自郭君勋著:《刑法案例总则》,(中国台湾)三民书局 1988 年版,第
536—537 页。

② 参见吴玉梅硕士论文:《不作为的共犯类型研究》,中山大学 2001 年印,
第 15 页以下。

不作为构成要件,该犯罪必须有以不作为方式能独立实施的可能性;第二,不作为者必须有结果防止义务。只有在欠缺任一要件时,不作为者才能成为共犯。因此,成立不作为帮助犯并不需要有结果防止义务。Kaufmann 也认为,根据一般原则,帮助只不过是促进犯罪行为罢了。在帮助的场合,只要对具体的犯罪结果具有原因就足够了,并不需要其他构成要件要素。因此,不作为场合的帮助,需要保证人地位这一特别的构成要件要素,与共犯理论是不相容的。[1] 在台湾地区,也有学者指出,不作为者不须具备保证人地位,例如,甲穿过乙的房屋而进入丙的房屋杀害丙(因为丙的门口有人看守,门禁森严,惟有经由乙的房屋才容易进入),甲与乙并未事先预谋,乙则经由长舌公(善于散布小道消息者)知悉此事,并因为欠丙赌债,并遭到丙的恐吓,故对甲的行动,也乐见其成。遂于甲预计行刺当天故意不锁门,方便甲的行刺,后来甲果然经由乙的住宅而将丙杀害。此案中,丙的不作为应成立帮助犯。[2]

目前德、日、韩及我国台湾地区刑法学界的通说则认为,成立不作为帮助犯,帮助者必须具有保证人地位。如日本学者大谷实认为,具有阻止正犯的犯罪行为、防止结果发生的法律上的义务的人,在违反该义务,使正犯的实行行为易于实施的时候就满足帮助的要件。[3] 韩国学者李在祥主张,以不作为方式实施的帮助在帮

---

[1] 参见[日]神山敏雄著:《不作为共犯论》,日本成文堂 1994 年版,第 158 页。

[2] 参见林山田著:《刑法通论》(下),(中国台湾)1998 年作者自版(增订六版),第 562—563 页。

[3] 参见[日]大谷实著:《刑法总论》,黎宏译,法律出版社 2003 年版,第 344 页。

助犯具有保证人义务时才可以成立。① 我国台湾学者陈朴生认为："通说认为以不作为参与作为正犯者为从犯。对于他人所实施之犯罪行为(结果犯)有防止其结果发生之义务,竟违反义务而不防止,与他人以帮助者,与从犯相当。故以不作为帮助他人犯罪,帮助者有作为义务。"②

笔者赞成肯定说。以不作为形式进行的帮助行为与帮助他人实施不作为行为不同,对于后者不需要帮助者具有作为义务,但以不作为形式进行的帮助行为,从本质上来说,属于不作为犯,自然应以具备保证人地位为前提。至于否定论者所举的例子中,乙未锁大门,就身体动静而言,固然有可能是不作为,但就风险概念而言,其系对于原有风险的增加,因此并不属于不作为,而应认定为作的帮助。

(四)不作为的帮助犯与共同正犯的区分

如何区分不作为的帮助犯与不作为的共同正犯,是不作为共犯中十分重要的问题。对此,德、日刑法学界和实务界大致存在主观理论、行为支配理论、保障义务理论、区别否定理论、义务犯罪理论等多种学说,在此分别述之,在此基础上提出笔者的观点。

1. 诸观点评析

(1)主观理论。该说认为,不作为共犯与不作为正犯的区别只能从行为人的主观上寻求,行为人主观上以共犯的意思实施不作为时,成为不作为的共犯;以正犯的意思实施不作为时,则成为不作为的共同正犯。然而,什么是正犯意思、什么是共犯意思,其

---

① 参见[韩]李在祥著:《韩国刑法总论》,[韩]韩相敦译,中国人民大学出版社 2005 年版,第 119 页。

② 陈朴生著:《刑法专题研究》,(中国台湾)三民书局 1988 年版,第 147 页。

判断依据又有两种不同见解:一种观点主张,应按照行为人的意思欲将行为归属于自己或他人而加以判断,如果具有为自己行为之意思而为行为者,为正犯;以加担于他人行为之意思而为行为者,则为共犯;另一种观点主张,应依照行为人的利益归属来确定,以自己之利益而为行为者,为正犯;以他人之利益而为行为者,则为从犯。①如德国学者 Baumann 认为,具有意识与意欲的共同行为,不仅存在于二人正犯者皆为不作为的形态,而且存在于一方正犯者为作为,一方正犯者为不作为的形态。前者例如,父母同时放任婴儿即将被饿死的情形;后者例如,父亲在一旁放任母亲的溺婴。在 Baumann 看来,依据客观的基准来划定不作为正犯与共犯的界限,在不作为领域是极其困难的,因为与作为者并列的不作为者是不可能存在行为支配的,因而他主张区分二者时应把重点放在不作为者的态度上来加以判断。②该说将刑罚的根据完全奠基于行为人的主观犯意,而不考虑客观的行为情况,是不妥当的,因而少有人支持该说。

（2）行为支配理论。该说将行为支配理论应用于不作为领域,认为在多数人共同加功于一犯罪行为时,必须审查行为人在客观上对该当构成要件的事实是否有支配力,以及在主观上是否有支配意思来决定是成立正犯还是从犯。如 Maurach 认为,所谓行为支配,是指基于故意,把握相当于构成要件之事象的经过,即行为人事实上处于可以依自己之意思去阻止、促成或者中断构成要件实现的状态,也就是说行为人对于构成要件的形成具有操纵可

---

① 参见陈朴生著:《刑法专题研究》,(中国台湾)三民书局1988年版,第140页。

② 参见[日]神山敏雄著:《不作为共犯论》,日本成文堂1994年版,第49页以下。

能性,对于构成要件的安排具有事实上的掌握性,并且行为人对此有认识。有此行为支配者,为正犯;无此行为支配者,为从犯。就不作为而言,不作为行为人基于故意而不防止构成要件结果的发生即是对惹起该结果的事件具有目的性支配。① 同样持此说的德国学者 Kielwein 主张,应该基于实质的、客观的共犯理论来考虑正犯与共犯之界限基准的行为支配,并以此来理解保证人行为的实质不法内容。根据他的见解,从整体事实状态来看,无论是因第三者的故意行为,还是过失行为,或者因偶然的自然现象产生了因果事实,首先应该关注的是保证人是否亲手支配、控制了现实的因果事实。当刑法上的结果发生完全依赖于保证人时,就可以直接断定其掌握、控制了因果事实。就是说,保证人违反结果防止义务实施不作为的话,由于其单独决定了行为的完成,所以根据全体事实中其所具有的地位应认定为该犯罪的正犯。根据 Kielwein 的主张,在作为者支配该整体事实时,保证人成立帮助犯;但在作为者实施行为后离开现场,在结果侵害的因果进程中只有保证人能够支配该事实时,保证人成立正犯。② 但这种观点也存在问题,例如,A 将要杀害其弟弟 B 时,其父亲 C 看到了,但 C 正因 B 平时老饮酒乱为而烦恼,因此,并未阻止 A 的杀害行为,而是怀有杀意在旁观,不久,B 被 A 杀害。根据上述观点,如果 B 当即死亡,则 C 因不作为构成杀人罪的帮助;如果 B 非当即死亡,则 C 因不作为可能构成杀人罪的共同正犯。但 C 是正犯还是共犯,根据 A 的杀害方法这一偶然结果来决定,显然是不妥的。

---

① 参见陈朴生著:《刑法专题研究》,(中国台湾)三民书局1988年版,第140页。

② 转引自刘瑞瑞:《不作为共犯简论》,载吴振兴主编:《犯罪形态研究精要Ⅱ》,法律出版社2005年版,第689页。

德国学者 Jescheck 等人基于犯罪支配之观点,认为不作为犯的消极不作为与作为犯的积极作为相形之下,乃退居次要地位,故似成立帮助犯为妥。①

(3)保证人义务理论。该说为德国学者 Schroder 等人所主张,认为应根据保证人义务的不同性质来区分不作为共犯与正犯。具体而言,该说把作为义务的侵害分为三种形态:

一是侵害保证人义务的场合,即不作为者对于应该保护的法益基于特别的关系而对其存续必须负有责任的场合,如果违反这一义务,不阻止第三者对该法益的侵害,那么,不作为者就是正犯。

二是侵害监督义务的场合(犯罪阻止义务),不作为者不是对于一定的法益,而是对一定的人的犯罪行为负有应该阻止的义务而没有阻止时,应该承担帮助犯的责任。但有三种例外情况。第一种例外是,当幼小的孩子或精神病人等被监督者进行了无责任能力的行为时,没有阻止该犯罪行为的监督者的不作为被认为是正犯;第二种例外是,当被监督者为了构成要件的实现,已经实施了所有的必要的行为之后,只要结果还没有发生的情况,监督者的结果不防止的不作为不是帮助。理由是,因为犯罪阻止义务说到底是阻止被监督者实施犯罪行为的义务,因而在犯罪行为终了之后就应该认为没有了这一义务,但是,如果被监督者已经实施了行为,现在还能够来得及防止结果的时候没有防止而采取不作为的,另当别论。第三种例外是,由于监督者故意没有充分地成为正犯的监督者进行监督,而使得其犯罪行为得以实施的时候,不应认为

---

①　参见林山田著:《刑法通论》(下),(中国台湾)1998 年作者自版(增订六版),第 560 页。

是帮助。

三是基于先行行为而侵害义务的场合。不作为者因先行行为使得第三者的犯罪成为可能,从制造侵害法益的危险的先行行为中产生作为义务时,需要特殊对待。例如,A 在把枪支卖给 B 之后才知晓 B 将利用该枪支实施谋杀。首先,即使 A 没有阻止这一谋杀行为,也不能作为正犯来处罚。即便是 A 在卖武器的时候已经知道 B 的杀人意图,也只能以帮助犯来判处。另外,A 在不知道 B 的谋杀企图的情况下,把武器卖给他之后,A 没有阻止 B 的谋杀行为时,也应否定其帮助犯的成立。这是因为,肯定帮助犯的成立,只有在先行行为违反了义务时,如果保证人没有阻止该谋杀,才应肯定成立帮助犯。①

这一学说得到了德国学者 Langrock、Eser 等人的支持,并对日本刑法学界产生了很大的影响。日本学者阿部纯二将不作为共犯中作为义务区分为直接保护法益的义务和犯罪阻止义务,违反前者是正犯,违反后者是共犯。中义胜也支持这一观点,区分直接的结果回避义务和直接的结果回避义务以前的义务,认为前者是正犯成立的基础,后者是共犯成立的基础,其中,所谓直接的结果回避以前的义务包括监护义务者违反监护义务、不阻止被监护者犯罪和安全管理义务者违反安全管理义务、不阻止第三者利用危险的被管理物等。② 中义胜虽然使用的是直接结果回避以前的义务这一术语,但其实质就是犯罪阻止义务。此外,日本学者山中敬

---

① 参见[日]神山敏雄著:《不作为共犯论》,转引自刘瑞瑞:《不作为共犯简论》,载吴振兴主编:《犯罪形态研究精要Ⅱ》,法律出版社 2005 年版,第 690—691 页。

② 参见[日]神山敏雄著:《不作为共犯论》,日本成文堂 1994 年版,第 176—177 页。

一、野村稔等也持此观点。①

但这种观点也受到了一些学者的批判。德国学者 Roxin 认为,这种区分既没有法律上的根据,而且在构造上也有疑问。② Busse 则指出,即使所说的犯罪阻止义务,在刑法中重视的也并不是阻止被监督者犯罪,其最终意义是防止侵害他人的法益,从而在犯罪阻止义务场合,保证人也有防止结果发生的义务③。日本学者平山幹子指出,这种见解遇到了与机能说相同的批判。即将保证人的义务区别的保护的保障和监督危险源的保障本身就是无法进行的。正如所述,对某人的保护是指为了对逼近该人各种危险的监督,而对危险的监督,是指对被各种情况的危害逼近的人的保护。而且,例如对于管理他人财产的人,默许盗窃犯将财产拿走的情况,管理人除可构成不作为的盗窃帮助以外,还可以是不作为背信罪的正犯,即产生了同一个保护的保障,在盗窃罪中是从犯,在背信罪中是正犯的矛盾。④

（4）Roxin 和 Jakobs 的观点。Roxin 在其法学名著《正犯与犯罪支配》一书中对不作为的正犯与帮助犯的区别作了分析。根据 Roxin 的看法,基本上可以将各个构成要件分成两大类,即支配犯和义务犯。大部分的构成要件类型,都是可以依犯罪支配区分出正犯与共犯的支配犯。但犯罪支配不能解释一切正犯类型,从而

①　参见［日］野村稔著:《刑法总论》,全理其、何力译,法律出版社 2001 年版,第 428 页;［日］山中敬一著:《刑法总论》,日本成文堂 1999 年版,第 848 页。

②　转引自［日］中义胜:《不作为共犯》,载（中国台湾）《刑事法杂志》第 27 卷第 4 期。

③　转引自［日］神山敏雄著:《不作为共犯论》,日本成文堂 1994 年版,第 89—90 页。

④　参见［日］平山幹子:《不真正不作为犯について——"保障人说"の展开と限界》,载立命馆法学 1999 年第 1 号。

把义务犯作为一种独立的正犯类型,义务犯可以算是 Roxin 提出来的概念,是指违反构成要件所规定的刑法以外特别义务的行为人,义务犯不需要对构成要件有实际支配,只要违反特别拥有的义务,即可满足构成要件,而被论以正犯。① 在 Roxin 看来,义务犯永远只能成立正犯,而不可能成立教唆或者帮助犯。而不作为犯是义务犯,因此,负有保证人义务的人的不作为原则上被作为正犯处理,不存在正犯与共犯的区分问题。但对于"身份犯"、"目的犯"、"亲手犯"等,要成立正犯,必须有特别的"身份"、"目的"或"亲自实行",如果不作为犯只能是正犯的话,那么不满足上述正犯要件的不作为者,既不能作为正犯来处理,又不能作为帮助犯处理,这一结论并不合适,因此,在这种情况下可以例外的成立不作为的帮助犯。

Jakobs 基本上接受 Roxin 的正犯分类,采用二元正犯概念,但对于正犯特质的说明不同于 Roxin,且在晚近有一元论的倾向。Jakobs 认为不论作为犯还是不作为犯,基本上都基于两种理由负责:一是因为对特定的组织领域有一定管辖,即所谓的组织管辖;另一是因为体制上的身份而有管辖,即体制上的管辖。支配犯是因为对组织领域有管辖的所有人,组织了一个犯罪,在一个组织领域内,基本的组织行为就是犯罪支配,因此称为支配犯。犯罪支配之所以能够表现出正犯特质,因为行为人借着正犯的行为使受害人负担损失,而架构起自己的组织领域,换言之,必须负责使自己的组织领域不受损害,是支配犯的归责基础。至于不仅仅是使自己组织领域内的法益不受侵害,更须进一步保证特定法益不受损

---

① 参见许玉秀著:《当代刑法思潮》,中国民主法制出版社 2005 年版,第 584 页以下。

害的,则是义务犯。义务犯因为拥有一定的身份,而对法益具有体
制上的管辖,所有因体制而成立的正犯都是义务犯。在不作为犯,
如果是因组织管辖而应该使组织领域内的法益不受损害,即为支
配犯,例如监督危险来源的保证人、前行为的保证人类型、因承担
而产生的保护人地位,以及因有组织管辖而应防止他人自残的保
证人皆是。至于因体制上的管辖而产生的保证人,如亲子关系、收
养及监护关系、夫妻间的特别信赖关系以及国家的强制关系,例如
教育和服兵役义务,这些都是义务犯。Jakobs 明确指出,在义务
犯,不可能有共犯存在,都是正犯;反之,在支配犯,则不会排除从
属性,即可能存在共犯。[1] 在 Jakobs 看来,支配犯与义务犯的区别
同作为犯与不作为犯之间的区别并没有必然的联系。就不作为犯
而言,既可能是支配犯,也可能是义务犯,即并不是不作为全部是
义务犯。也就是说,基于组织管辖的人因不作为而犯罪的情况,不
会成为义务犯,而与基于组织管辖的作为犯一样,都是支配犯。这
样,例如,基于组织管辖,行为人的手枪由犯罪者拿去而并没有把
其返还(不作为),这与把手枪让渡给犯罪者(作为)相对应而认定
成立不作为的帮助。[2]

　　对此,台湾地区刑法学者许玉秀教授认为,不应该是组织上的
管辖→支配犯,体制上的管辖→义务犯,而是组织上的管辖也能导
出义务犯,体制上的管辖也能导出支配犯,即不能看出从组织管辖
引申出支配犯和义务犯的必然性。而且认为从 Jakobs 近来的一
些观点可以看出,其有以"义务犯"统一正犯概念的一元论倾向,

---

　　① 参见许玉秀著:《当代刑法思潮》,中国民主法制出版社 2005 年版,第 591
页以下。
　　② 参见[日]平山干子:《"义务犯"について(一)——不作为と共犯に关す
る前提の考察》,载《立命馆法学》2000 年第 2 号。

即认为作为犯是因为有不侵害法益的义务而成为正犯,不作为犯因为是有救助法益的义务而成为正犯。[①]

(5)神山敏雄的观点。日本刑法学者神山敏雄认为,根据义务的种类不能区分正犯和共犯,而应该从规范和价值上来考察和刑法规范对象的关系。作为犯的构成要件及不纯正不作为犯的构成要件,第一次是因为保护一定的法益而存在的。这里的规范具体是在侵害法益的时点上,即作为构成要件是命令不侵害该法益,不纯正不作为犯是命令保护一定的法益。在这样的违反命令的行为事实中,是评价为第一次的任务、第二次的任务或者是并列的任务是解决界限问题的关键。因此,仅以事实的要素、主观的要素、价值的要素、义务的种类等不能区分正犯和共犯,而应该从规范上和价值上来考察和刑法规范对象的关系。也就是根据规范命令的发生顺序、作为者和不作为者所处的状况,最终从价值论上,以评价为主任务和从任务作为区分不作为正犯和帮助犯的标准。即在作为者侵害结果不作为者不予防止的场合,首先对作为者产生具体的规范命令,要求其不实施侵害行为。作为者的态度决定着是否侵害法益,因此无论是在事实上或是在规范上,作为者都处于主动地位,而保证人的不作为态度,是以作为者违反规范命令为前提。与作为者相比,法律要求不作为者实施作为行为,这种命令是第二次性的,不作为者违反第二次的命令,在规范上、事实上都应当评价为对作为者侵害行为的促进。从而根据这样的考虑,不防止作为者对法益侵害的场合可以统一评价为不作为的帮助,而与保证人义务种类等并无关系。在不作为者不是法益的保证人,但

---

① 参见许玉秀著:《当代刑法思潮》,中国民主法制出版社2005年版,第594—595页。

根据一定人的关系或其他事由而具有犯罪阻止义务时,不作为者与作为者是成立共同正犯还是帮助犯,他根据犯罪阻止义务存在的四种形态指出,在法律上被课以监督义务者、根据法令在职务范围内被课以阻止犯罪义务者、契约上被课以监督义务者的场合,作为者事实上不能遵照规范进行行为,犯罪阻止义务者原则上是不作为的间接正犯。除此以外,存在意思疏通的情况时,可以成立作为的教唆或者不作为的帮助;在对部下的职务上违反行为具有阻止义务的上司的场合,只能构成作为的教唆或者不作为的帮助。另外,作为例外,如果作为者与不作为者之间能够被评价为一部实行全部责任等价,则存在认定共同正犯的余地。例如,两个看守之间基于合意,一人将牢门钥匙交给犯人,另一人违反其义务不锁上外面的门使犯人得以出逃的情况,两人都成立德国刑法第120条第2项所规定的释放犯人罪的共同正犯。在这里,单独的作为或者不作为都不能使犯人出逃,只有共同行动才能实现结果。① 尽管神山敏雄教授不主张根据作为义务的内容来加以区分,但从上述论述来看,他主张,基本上在法益保障的场合,不作为者原则上只成立帮助犯(从犯);而在监督危险源的场合,除构成不作为间接正犯外,不作为者也只成立帮助犯。这样,在最终结论上,教授的观点与日本的通说即对不作为犯的不作为参与者都是不作为的帮助犯的见解基本一致。

以上主要介述了德、日刑法学界关于不作为从犯与不作为共同正犯区分的各种理论学说,从中可以看出,不同出发点得出的结论往往大相径庭。例如,按照 Roxin 的观点,在不作为加功于作为

① 参见[日]神山敏雄著:《不作为共犯论》,日本成文堂1994年版,第180页以下。

的场合,不作为者原则上构成正犯,例外地承认构成从犯;而在神山敏雄及日本通说看来,则恰恰相反,不作为者原则上构成从犯,例外地构成正犯。但有的观点可能会存在一定的对应性,如在保证人义务理论看来,在法益保护类型的场合,不作为者构成正犯,而在监督危险源类型的场合,则构成从犯;在 Jakobs 那里,尽管其基于组织管辖与体制管辖理论作出分析,但就不作为而言,基于体制管辖的情形在保证人义务理论那里,往往属于法益保护类型,从而不作为者也只构成正犯。

(6)国内学者的观点。近年来,我国一些学者借鉴了上述德、日刑法理论的成果,有的还进一步提出了自己的观点。如陈家林博士在谈到不作为从犯与正犯的区别时,即采用了神山敏雄的观点,认为在作为与不作为的场合,一般来说,作为者能够单独地实现对犯罪客体的侵害,不作为者一般情况下则不能直接侵害犯罪客体,因此,应当将作为者认定为正犯,不作为者认定为帮助犯。例如,母亲与他人达成合意,在他人对自己的小孩实施杀害行为时,自己袖手旁观,这时,实施杀害行为的人应当成为故意杀人罪的正犯,而母亲则是不作为的帮助犯。①

刘凌梅博士则采用保证人义务理论,指出不作为帮助犯必须以犯罪防止义务为要件,如果是以法益保护为内容,则成立不作为的正犯。并进一步分析指出,在大陆法系刑法学界一般认为,犯罪阻止义务包括两方面的情形:一是基于法令或者职务、业务上的关系而负有阻止他人犯罪的义务;二是基于对物或场所的支配或管理关系而负有阻止他人利用被管理的物或者在场所实施犯罪的义务。但在后者情形中,并不能肯定有犯罪阻止义务,除非法律有规

---

① 参见陈家林著:《共同正犯研究》,武汉大学出版社 2004 年版,第 271 页。

定或者管理该场所属于行为人的业务范围,从而基于对空间的支配关系而产生的犯罪阻止义务并不具有独立的意义。至于基于先行行为产生的犯罪阻止义务,论者认为并不适用于不作为帮助,如果某行为有惹起结果发生的危险时,该不作为者即取得不作为正犯的地位。[①]

有的论者则主张,区分二者的界限应坚持主客观相统一的原则,认为首先要看在整个共同犯罪中不作为与犯罪结果发生之间的因果关系,同时还应考虑不作为人的主观内容,即其是以正犯的意思直接追求结果的发生还是以共犯的意思通过唆使、促进正犯的实施间接追求犯罪结果的发生,只有综合考虑不作为在共同犯罪中对犯罪结果的原因力的大小以及不作为人的主观内容,才能正确区分不作为的正犯与共犯。[②] 有的论者进一步明确指出,以实行犯罪的意思,直接以不作为实行犯罪构成客观要件的行为,是实行犯;以帮助他人犯罪的意思,以不作为实施犯罪构成客观要件以外的行为的,是帮助犯。[③] 但如果行为人是帮助他人犯罪的意思,以不作为实施了犯罪构成客观要件的行为的,是认定为实行犯还是帮助犯,论者并没有予以回答。因此,所谓的主客观相统一原则,最终很可能导致主观说的结果。

有的论者与上述诸观点皆不同,认为在不作为与不作为共同犯罪的场合,各行为人的作为义务必须完全等同才能成立不作为的共同正犯;在不作为与作为共同犯罪的场合,只有负有保护义务

[①]　参见刘凌梅著:《帮助犯研究》,武汉大学出版社 2003 年版,第 151—154 页。

[②]　参见刘瑞瑞:《不作为共犯简论》,载吴振兴主编:《犯罪形态研究精要Ⅱ》,法律出版社 2005 年版,第 693 页。

[③]　参见李学同:《论不作为与共同犯罪》,载《法律科学》1996 年第 6 期。

的行为人的不作为才能与作为形成共同正犯。这样,在以下场合成立不作为的帮助犯:第一,在犯罪构成的基本内容决定了不作为的行为不能成为该罪的正犯时,其违反作为义务的行为只能成立帮助犯。如行为人违反义务加功于抢劫、盗窃或者强奸等正犯行为时的不作为,只能认定为该罪的共犯。第二,负有监控义务的行为人的不作为加功于负有保护义务者的不作为或者作为者的正犯行为时,构成不作为的帮助犯。第三,对同一法益负有相同作为义务(保护义务或者监控义务)的数人,共同不作为犯罪,如果行为人之间的作为义务程度有高低差别,那么低程度的作为义务者构成不作为的帮助犯,例如同是负有保护义务的家庭成员处于民法规定的不同顺位之中,同一顺位的不作为可以成立共同正犯,而顺位在后者与前者共谋不作为时,顺位在前者构成正犯,顺位在后者构成帮助犯。第四,负有保护义务的行为人以不作为参与共同犯罪时,不存在成立帮助犯的场合。① 可见,这种观点与上述列举的所有观点皆有不同之处,不过大体上是以保证人义务理论为框架和基本思路而展开。笔者认为,该论者的分析除第三点外,其余情形皆有可取之处。论者所分析的第三种情况是就数个不作为而言,对同一法益负有相同保护义务的数人,都应当肯定成为正犯的地位,仅因作为义务程度的高低而认为低程度的作为义务者构成帮助犯,并没有充分的根据。而且,就对同一法益负有相同监控义务的数人,不仅低程度的作为义务者构成不作为的帮助,而且,高程度的作为义务者也构成不作为的帮助(这种情况存在于数个不作为加功于作为的场合)。

---

① 参见曾琳:《不作为共同正犯初探》,载吴振兴主编:《犯罪形态研究精要Ⅱ》,法律出版社 2005 年版,第 555—557 页。

2. 本书的观点

综合上述分析,笔者认为,尽管保证人义务理论存在着与机能二元说同样的问题,但机能二元说的主要问题在于没有进一步说明保证人义务的实质法理基础,而保证人义务理论应用到不作为共犯与正犯的区分上,大致还是比较妥当的。

具体而言,首先,在法益保护类型,无论数个不作为还是不作为与作为一起的情形,不作为者原则上都构成正犯,而且不因作为义务程度的高低和作为义务来源的不同而有所例外。例如,看管婴儿的保姆与婴儿的母亲共谋,决定不给婴儿喂食,导致婴儿死亡。这种情况下尽管二人对婴儿的救助义务来源不同,母亲是基于法律的规定,保姆是基于合同行为(或自愿承担),但二者都构成故意杀人罪的共同正犯,不能认为保姆构成故意杀人罪的帮助犯。再如,婴儿的母亲与婴儿的祖母共同决定不给婴儿喂食导致婴儿死亡的场合,也不能因为祖母属于民法规定的第二顺位的家庭成员,相对于母亲而言,其作为义务的程度低而认定祖母构成故意杀人罪的从犯,母亲构成故意杀人罪的正犯。但是,如果据不作为无法实现的构成要件,其保证者只能作为从犯(帮助犯)来处理。例如,父亲面对罪犯强奸自己的幼女而放任不管,父亲基于对幼女的保护义务而成立不作为犯罪,但其不作为与强奸罪的奸淫行为无法等价,也就是其不作为行为不能相当于强奸罪的实行行为,因而只能论以强奸罪的从犯(帮助犯)。

其次,在监督危险源的场合(即犯罪阻止义务的情形),如果存在不作为和作为者共同犯罪的话,不作为者也只能认定为不作为的帮助犯。即便在负有监督义务的行为人的不作为加功于负有保护义务者的不作为的场合,该不作为者也只能构成不作为的从犯。如果只存在不作为者构成犯罪的情形(如精神病院的管理人员,在精神病人攻击其他同患者时,故意不加阻止而达到其攻击病人之目的),则不作为者构成单独正犯。当然,这种情况下是直接认定为正犯,还是认定为间接正犯,学界存在争议,对此,下文还将作专门探讨。至于 Schroder 所举的先行行为的情形,如果 A 明知 B 要利用枪支谋杀他人还将枪支卖给他,则直接论为作为的杀人罪的帮助犯;如果 A 在卖枪时,并不知道 B 要利用该枪实施谋杀,即便之后在 B 实施谋杀之前知道了,A 也不应构成不作为犯。因为这种情况下,不仅 A 的先行行为是否违背义务成为问题,即便违背义务,如果这项义务并没有侵害服务于保护该法益的规范,也不能成立基于先行行为的作为义务。也就是说,"先行行为必须在以下三点上受到制约:第一,先行行为必须惹起侵害发生的迫切的危险;第二,先行行为必须客观上违反了义务;最后,违反义务必须侵害了服务于保护该法益的规范"①。另外,如果先行行为直接惹起(没有第三者介入的场合)受害法益的危险,则可以基于先行行为引起的作为义务而直接论以不作为者构成正犯。

最后,如果发生保护义务与监督义务重合的情形,即对于不作为者来说,既对被侵害的法益负有保护义务,同时这种侵害又属于其所负的监督义务(犯罪阻止义务),其不作为可能同时构成不作为犯的正犯和从犯。此时,可基于重义务的不作为吸收轻义务的不作为之原则,而直接认定违反保护义务,成立不作为的正犯。例如,前文所举的 A 将要杀害其弟弟 B 时,其父亲 C 看到了,但 C 正因 B 平时老饮酒乱为而烦恼,因此,并未阻止 A 的杀害行为,而是怀有杀意在旁观,不久,B 被 A 杀害。作为父亲 C 对于 B 具有保

① [德]耶赛克等著:《德国刑法总论》(第5版),西原春夫监译,日本成文堂1999年版,第488页。

证人地位,如果与 A 有合意的话,对 B 救助的不作为与 A 的作为构成共同犯罪,B 属于不作为的正犯;而同样作为父亲的 C 对于 A 则居于监督地位,其对 A 的犯罪不阻止行为构成不作为的从犯(当然,如果 A 因为未达到刑事责任年龄,则 C 只能论以正犯)。在二者发生重合的情况下,对于父亲 C 应论以不作为的正犯。①另外,还可能发生不作为者分别该当于不同构成要件的正犯和从犯的情形,例如,对于管理他人财产的人,默许盗窃犯将财产拿走的情况,管理人除可构成不作为的盗窃帮助以外,还可以是不作为背信罪的正犯,这种情况下,也可以基于竞合原则,而论以背信罪的正犯。

二、对不作为犯的共犯

前已指出,所谓对不作为犯的共犯,包括对不作为犯的共同正犯、教唆犯以及帮助犯。考虑到对不作为犯的共同正犯问题已在不作为的共同正犯中加以讨论过,在这里,着重就对不作为犯的教唆犯和帮助犯,即教唆不作为和帮助不作为两种情况加以讨论。

(一)教唆不作为

所谓教唆不作为,是就以作为方式教唆他人实施不作为犯的情形。与不作为的教唆不同,德、日刑法学界的通说认为,对不作为的教唆应当成立教唆犯。例如,教唆母亲不要救助落水的幼儿致使幼儿死亡的行为,应当看成是不作为的杀人罪的教唆犯。大

---

①　日本学者日高义博基于其等置性理论,认为 C 尽管是法律上作为义务者,但对于 B 的死亡并未设定直接的原因,因而其不作为不能与据作为实现的杀人罪的构成要件等价。作为正犯并不合适,而主张论以不作为的从犯。参见[日]日高义博:《不作为犯と共犯》,载《法学セミナー》1982 年第 11 期。

谷实、大塚仁等学者即持此观点。① 在理论上,持否定说的主要是 Kaufmann 和 Welzel。Kaufmann 认为,教唆本是使他人决意实行行为,不作为本无故意可言,对于不具有原因力的不作为,通过教唆产生实现意志本身就是不可能的。如果因教唆而阻止救助他人,不问被教唆者有无保证义务,均应在作为犯构成要件下以杀人正犯予以评价。Welzel 也认为,以行为阻止他人履行义务,应依作为犯的构成要件加以判断。如果教唆者对于被教唆者的不作为本身有作为义务,也应依其自己固有的不作为,对于他人负其责任。可以说,上述两位持否定论的学者仍是基于不作为无故意的观点而得出的当然结论。②

关于肯定说与否定说的争议,可以通过一例加以说明。A 在驾车时因疏忽大意撞倒了 B,并致其重伤,在 A 接近 B 并想将其送往医院时,与 B 一起走的 C 男递给 A10 万元,并说"这是预定交给 B 女的赡养费的一部分,我把这些钱给你,请你不要救她,因为 B 若这样死了,对我也有好处"。A 虽想到了若这样放置下去 B 会死亡,但因认为即使死了也没有关系,遂接受了 C 的 10 万元离开了。此后,B 因失血过多而死亡。在该例中,通说的立场是,C 给了 A10 万元的现金致 A 决意不救助 B,使 A 实行了杀人罪的不纯正不作为犯,C 成立对杀人罪的不作为的教唆犯;而否定说则肯定 C 通过作为实现了杀人罪。在该例中,很难说 C 的行为与杀人罪的实行行为相当,因此,肯定说是妥当的。

---

① 参见[日]大谷实著:《刑法总论》,黎宏译,法律出版社 2003 年版,第 343 页;[日]大塚仁著:《刑法概说(总论)》,冯军译,中国人民大学出版社 2003 年版,第 269 页。

② 参见吴玉梅硕士论文:《不作为的共犯类型研究》,中山大学 2001 年印,第 19—20 页。

（二）帮助不作为

所谓帮助不作为,是指对不作为犯通过实施积极的帮助行为而容易实施的情形。对此,持否定说的 Kaufmann 和 Welzel 认为,不作为犯中,不存在可被精神性支援的行为决意,也无应被支配的行为,从而否定了对不作为的帮助。但通说认为,不作为也是行为,在不作为犯中也可以认可实现意志并且据不作为进行的精神强化对结果发生存在直接的原因力,从而认可帮助之不作为犯的存在。[①]

但在肯定说内部,对不作为犯的帮助行为,是仅限于无形帮助,还是也包括有形帮助,则存在不同认识。多数学者认为,这种情形下的帮助仅指无形帮助,从不作为态度本身而言,其他物理上的、有形的积极帮助行为是不可想象的。例如,德国学者 Jurgen Baumann 认为,帮助并非仅对于作为行为,对于不作为行为,亦得为之,强化作为义务者之不作为决心,系由于依精神的援助,帮助不作为者。Maurach 也认为对于不作为犯的教唆与帮助,在原则上可能与作为犯属于同格,只是后者仅限于精神上的帮助形式才是可能的。[②]

但有一些学者认为也存在对不作为犯的有形帮助情况,并通过实例加以说明。例如,日本学者植田重正教授认为对于已经具有不作为意思的人,为了有利其不作为而给予安眠药或者注射,或者用车将其从应该作为的场所载走等都是有形的帮助;齐藤金教授则举了如下例子:妻子 C 在溺水时,具有杀害妻子故意的丈夫 B

---

① 参见吴玉梅硕士论文:《不作为的共犯类型研究》,中山大学 2001 年印,第 20 页。

② 参见吴玉梅硕士论文:《不作为的共犯类型研究》,中山大学 2001 年印,第 20 页。

袖手旁观,B 的情人 A 则破坏了能够救助的唯一手段——小船。A 的行为即为有形的帮助。在德国,也有学者举例说,在不作为正犯者决定的时点上,为了排除自身救助的可能性而破坏救助工具时,对此即可以进行有形帮助。①

笔者认为,就不纯正不作为犯而言,从应该作为而不作为至结果发生这段时间内,通过积极参与这样客观的因果流程,在物理上促进结果的发生是可能的,从而可以肯定对不作为犯的有形帮助。但此时,应注意对不作为犯的帮助犯与作为犯之间的区分。有的论者举例指出,婴儿睡于房间,由于管道故障煤气泄露,这时母亲产生杀害婴儿的意图而放任不管,那么,需经过一定的时间婴儿才会死亡。② 在这一事例中,从煤气溢出到婴儿死亡这段时间里,如第三者基于帮助他人犯罪的意思,为防止煤气从窗户溢出,将房间的通风孔隙塞住,使婴儿早些死亡。论者认为,第三者的行为属于有形帮助。但该例中,能否可以认为其将通风孔隙塞住的行为相当于杀人的实行行为,从而直接认定其构成故意杀人罪,值得研究。

三、不作为与间接正犯

在这里有两个问题值得探讨:一是,间接正犯能否以不作为方式构成;二是行为人通过欺骗或者强制的方式阻止作为义务人实施作为行为,对行为人能否以间接正犯论之。

对于第一种情况,有的论者举例指出,十岁的孩子正在在商店

---

① 参见刘凌梅著:《帮助犯研究》,武汉大学出版社 2003 年版,第 116—117页。

② 参见刘凌梅著:《帮助犯研究》,武汉大学出版社 2003 年版,第 117 页。

行窃,被母亲偶然发现,但母亲并没有阻止孩子的盗窃行为,而认为偷到东西拿回家更好,便在一旁观看,结果孩子顺利地窃得金项链一条。论者认为,这种情形即属于母亲以不作为方式构成盗窃罪的间接正犯。[①] 但在这种情况下,如果母亲积极创造条件并利用无责任能力者实施的"犯罪行为",母亲行为的性质之根本不在于她没有履行监督义务(犯罪阻止义务),而在于其把被监督者作为利用或操纵的手段或工具,已经有自己承担行为支配的意义,因此应视为作为的间接正犯而不是不作为的间接正犯。如果不作为行为人只是单纯地放任无责任者或者限制责任能力者的行为,例如,精神病院的管理人员在精神病人攻击其他患者时,故意不加阻止,行为人已经直接违反其保证人义务,应属于不作为的直接正犯,而不是间接正犯。对此,德国学者 Jescheck、Roxin 等均采此种观点。[②]

对于第二种情况,Jescheck 认为,在不作为情况下,通过规定犯罪工具不为法律要求的行为,还可以成立间接正犯,例如,以强制或者欺骗的方法,阻止行为义务人和行为意愿人履行要求的义务。在此等情况下,幕后操纵者通过积极的行为承担了行为支配,而犯罪工具在前者的影响下不作为。[③] 但日本学者日高义博认为,这种情况应作为第三类型行为现象来把握。他举例指出,A 在驾车时,因疏忽大意撞倒了 B 并致其重伤,在 A 想将 B 送往医院时,与 B 一起的 C 对 A 施以暴行或者胁迫 A 阻止 A 的救助行为,

---

① 参见李学同:《论不作为与共同犯罪》,载《法律科学》1996 年第 6 期。

② 参见苏俊雄著:《刑法总论Ⅱ》,(中国台湾)1998 年作者自版,第 619、622 页。

③ 参见[德]汉斯·海因里希·耶赛克、托马斯·魏根特著:《德国刑法教科书(总论)》,徐久生译,中国法制出版社 2001 年版,第 774 页。

A 由于受 C 的胁迫而对 B 未加以救助，导致 B 死亡。在这种情况下，A 无行为可能性，不构成犯罪，如果想在正犯中把握 C 的行为，由于其不负有救助 B 的法律义务，且行为是通过作为的方式，因而理解为作为正犯是不可能的，C 的行为并非纯正的作为。同时，A 因为知道 C 的犯意作为间接正犯来把握也很困难，从而主张将此作为第三类型行为现象而认可 C 的行为与杀人罪的正犯等价值，应作为杀人罪来处罚。① 笔者认为，这种情况的确有些特殊，但可以作为利用他人受强制的身体活动（只不过这种受强制的身体活动属于不作为而已）而将其认定为间接正犯。

第四节　不纯正不作为犯的罪数

关于罪数问题，也就是犯罪行为的单复数问题，历来存在不同的观点。不过，在作为犯的场合，相对比较容易解决。而对于不作为犯，尤其是不纯正不作为犯而言，如何判断行为个数，国内刑法学界鲜有探讨。在这里，笔者在着重介述国外有关学说与判例② 的基础上，谈谈本书的看法。

一、德国的判例与学说
（一）德国判例
1. BGH St183 76 案例
该案例核心内容是：行为人对分别居住于三处的三个未成年

---

① 参见［日］日高义博：《不作为犯と共犯》，载《法学セミナー》1982 年第 11 期。
② 在这里，笔者主要参考了日本学者只本成著的《不作为犯的罪数》，载（中国台湾）《中央大学法学会法学新报》第 97 卷第 7、8 号。

子女未支付抚养费，而怠于履行法律上应尽的抚养义务。

联邦法院在判断行为人的行为个数时认为，三个抚养义务被分别地独立履行或不履行是可能的，即"如果履行全部的义务时，三个不同的行为是必要的"，因此，行为人未履行三个义务，即是未实行三个独立的行为，从而认定行为人不作为的行为应是复数。

2. BGH Dei Dallinger MDR1971 361 案例

该案例核心内容是：深夜火灾发生时，父亲虽有若不将两岁及半岁的孩子们自离地约 6 公尺窗口投落地上，两个小孩将会被火烧死可能的认识，但正在无法下定决心时，突然火势增强，父亲遂认为已无足够救助时间，于是将小孩置于原地自行逃生，导致两个小孩被烧死。联邦法院认为父亲构成杀人罪的行为个数为单一。

（二）德国学说

关于不作为犯罪数的判定，德国刑法学界大致有以下几种学说：

1. 假定的作为同一性说

该说是德国学界的通说，认为判断不作为犯的行为个数，其评价对象应是"不作为"本身。因此，违反复数作为义务的不作为犯，要成立行为单一，必须具备"实行行为的同一性"。在判断不作为犯是否具备"实行行为的同一性"时，通说认为，应看依行为人被命令履行的义务、所被期待的应为的行为，是否具备"同一性"。如，Struensee 认为，不作为犯是欠缺被要求的行为，因此，复数命令构成要件的违反，至少是一个作为，在为复数命令构成要件的要素场合上，呈现同一性。这一结论也与"逆转原理"相符合，即因为成立行为个数单一，在作为犯是在"施行满足某构成要件内被禁止的行为，但是其全部或者部分的行为，也共同地实现其他构成要件的场合。在不作为犯是在未施行某构成要件命令的应为的行为，但是其全部或者部分地实现其他的构成要件。也就是说，不作为的行为单一，是由于行为人被要求的行为的同一性的缘故，其存在于"以一个行为满足复数的命令的场合"，或者是在"以一个行为即可以回避复数的法益受侵害的场合"，或者"未满足一方的命令也不能满足他方之命令的场合"等。不作为的行为复数，则存在于"复数的规范依复数的行为能被遵守，也即各个复数义务能被独立地履行或不履行是可能的场合"、"某个结果发生之后，其他的结果还有可能回避的场合"、"为遵守复数规范时，复数的行为为必要的场合"等。总而言之，"单一的不作为的存在，是因一个行为未被施行的场合，复数的不作为是欠缺复数的行为的场合"。不作为的行为单复标准是"行为人未施行的作为的个数，是一个抑或数个。"

尽管上述通说以行为人被要求行为的同一性作为判断不作为犯行为单一的基准，但行为同一性的具体评价标准是何，则存在不同的见解。其中，"事实说"主张透过复数的命令是否由一个行为来满足之事后观察进行判断；"必然性说"主张以复数的命令是否得由一个行为必然来满足为基准，就是说，在不同的命令必须有复数的作为始得满足之场合，肯定其行为的复数；"可能性说"则认为有满足复数义务的可能性，就可以认定行为复数。

在上述诸观点中，一般主张以"可能性说"为通说，但应并用"回避不可能性说"。"可能性说"是以探究一个行为履行数个义务是否可能来决定不作为是否具有同一性；"回避不可能说"则是在一个命令违反（即结果发生）之后，也无法回避其他命令违反的场合下，肯定其不作为的同一性。即，在追究各个不作为犯既遂时期之点上，与"可能性说"不同。

2. 同时性说

该说由德国学者 Beling、Pupp 等人主张,认为不作为犯的行为单一,应以复数的犯罪成立的时间的同一性为基准。

Beling 认为,不作为犯和作为犯相同,凡该当于刑罚某一构成要件的不作为,同时又该当于其他类型的构成要件的场合,仍肯定其得成立想象竞合。具体来说,在某一时点上,存在着行为人的直接活动的行为,包括作为和不作为,或兼含二者,是满足构成要件 X 之所为单一之不作为,如果此一不作为在同时也符合另一构成要件类型 Y 的话,X 和 Y 即得成立想象竞合的关系。唯一重要的是,行为人的直接活动的行为和诸构成要件的关系,此时所谓"同一"之判断基准,具有决定性因素的是"时间的同一性"。因此,人的直接活动的行为,凡该当于二重构成要件类型时,纯正不作为犯相互间、不纯正不作为犯相互间以及纯正不作为犯与不纯正不作为犯相互间,均得成立想象竞合的关系。

Pupp 认为,无论作为犯还是不作为犯,在所谓行为单一的场合下,均同样具有"行为人的同一性和行为的同一性"的情况,因而应自行为的时间点方面探究行为的单一性。

二、日本的判例与学说

在日本,关于不作为犯的罪数问题,主要围绕该国道路交通法第 72 条第一项之救护义务和报告义务的罪数关系而加以讨论。也就是说是围绕纯正不作为犯的罪数问题而展开讨论,但对于我们把握不纯正不作为犯的罪数问题,意义同样重要。

对此,除昭和 51 年的判例外,几乎都认为两罪属于并罚之罪,而很少认为属于想象竞合,而且除否定行为人的不作为与行为人同时之另为其他积极作为是一个行为外,还主张行为人履行各个作为义务的态度的时间、场所的同一性、以一个行为同时履行各个义务的可能性、各个作为义务应履行之内容的同一性以及两个不作为形态的时间一致性等,均应依社会通常标准来判断。同样,在学界也存在想象竞合说与并合罪说的对立。①

上述两种观点之对立,缘于对日本刑法第 54 条所谓的"一个行为"之认识及评价对象的不同。即:第一,"一个行为"的概念应视为"扩张"的问题来把握还是当作"重合"的问题来把握? 第二,在确定行为人违反复数作为义务时,行为人的不作为是否为"一个行为",是以行为人的直接行为为评价对象,还是以行为人的不作为本身为评价对象,即"一个行为"的概念中是否包含不作为?第三,评价的基准如何设定? 第四,评价的对象(即违反救护、报告义务之不作为)是否依一个行为来实施?

对于第一个问题,采取"扩张"立场者是预先确定在行为人的不作为态度中,属自然的一个行为的范畴是什么,然后再判断被确定的此一自然的一个行为是否触犯了几个罪名。但在不作为犯中,以什么基准自行为人一连串态度的动态流程中,取出一部分用作认定是否属"一个行为",存在困难。在德国,通说则采取"重合说",也就是"一个行为"的问题,应视为系某一犯罪的实行行为和其他的犯罪实行行为的重合问题,即首先确定复数的构成要件该当行为,然后再判断这些行为是否由一个行为(或不作为)来实现。

对于第二个问题,前述昭和 51 年的判例认为,开车的行为人违反直接的应被履行的救护和报告两个义务而逃逸,但仍属于行为人开车压死人后逃走的单一社会事故。对此,日本学者团藤重

---

① 参见[日]大谷实著:《刑法总论》,黎宏译,法律出版社 2003 年版,第 368 页。

光教授指出,各义务的违反行为,在关于构成要件的评价上,显示出不作为犯的特征,像如此成为评价对象的直接事实,应当做现实生活的一断层面的具体真相来理解。他又举了一个复数不作为的特别事例加以说明:行为人自现场逃走后,又为了想履行事故的报告义务而又重返现场,但最终仍未向警察官署报告而返回家中。在这一事例中,行为人违反救护及报告义务既遂后不用多说,即便在既遂之前行为人采取的行为,对成立不作为的行为个数而言也应是中立的事象,否则在行为人有"逃走"、"返还"、"打电话"、"隐匿"等四个行为之情形,必将导致成立四个不作为犯的并合罪这一不当的结论,或者造成在行为人有往往返返的行为时,无法判断其不作为个数的情形。再者,如果行为人不是因为想到警察署报告事故的原因,而仅为了确认现场状况再回到现场的场合,其究竟成立想象竞合还是成立并合罪,并不明确。如果成立想象竞合,其返回的利益,或为了履行报告义务,或为了确认现场状况,尽管二者在外在表现来看是一致的,但如果侧重行为人的主观面来考量时,行为人在反复的逃走意思活动之间,一旦有为了报告而返还的意思活动,即不得不变成复数不作为。但这样一来,反使行为人的"想报告而返回的意思活动"成为刑罚加重的事由,因此并不妥当。如果成立并合罪,则行为人一开始的所谓直接逃走,与为了确认状况又返回现场再离去的所谓曲线逃走,两种不同之逃逸路线,即成了认定是否"一个行为"的对象。这一结论难谓恰当。

　　第三,对于违反作为义务的复数不作为犯,是由一个不作为来实施,还是由复数的不作为来实施?对此的判断基础是什么?对此,昭和38年的判例认为,救护义务是对驾车之人命令其应采取急救处置等救治措施,报告义务则是为了使警察能执行伤者救护及交通秩序的恢复等措施,二者虽然最终目的是一个,但其义务内容不同,将其解释为对驾驶人所定立的各个独立的义务是被允许的。但这种直接根据义务违反的复数性来认定不作为行为的复数性,并进而导出不作为犯的复数性的观点难以让人接受。

对此,平野龙一教授主张,不作为的个数,即是某行为未做的一个意思活动的个数,需要数个意思活动的作为由一个意思活动来做是不可能的,故此时应在由一个行为完成两个义务的可能性中求之。在上述案例中,以一个行为来满足救护及报告两个义务,是强求为不可能之事,因此不承认成立想象竞合。

曾根威彦教授则主张,不作为的个数,其评价基准应于必然性中求之,只要不具备将未向警察报告事故的事实与未救护被害人的事实相结合的特别情况,不救护与不报告即是两个独立的不作为,故救护义务违反罪和报告义务违反罪被解释为属于并合罪。

中森喜彦主张应在可能性中求之。即以一个行为而能履行复数作为义务的场合,其违反复数作为义务之不作为也是一个,复数的作为义务的违反应成立想象竞合。在违反救护和报告两义务的场合,并不具备此一可能性。

从上述学者观点来看,曾根教授的观点立足于德国学界的"必然性说",而中森教授的观点是立足于德国学界的"可能性说"。对这两种观点,日本刑法学界也有批判。

三、基于"同时性说"与"回避不可能说"的折中说之提倡

为了进一步说明"假定的同一"说(包括"事实说"、"必然性说"、"可能性说"、"回避不可能性说")与"同一说"的异同与利弊,接下来我们援引德国学者 Struensee 所举的例子加以展开。

Struensee 所举的例子是:在登山途中,行为人自己的小孩 A 和行为人的朋友 B 不慎掉落山谷中,A 与 B 是以同一条绳索吊挂

在深谷中。此时假设行为人能救助而不予救助。

1. 假设 A 与 B 两人几乎同时落下，因二人吊挂在同条绳索上，在采"回避不可能说"或者"可能说"甚至"同时说"的立场下，行为人的不作为被认定构成杀人罪和救助义务不履行罪的行为单一。但在采取"必然性说"或者"事实说"的立场，如果将"拉起登山绳索"视为一个行为时，则认定为行为单一，但若以"须将二人的手腕分别拉起"或者"二人分别各用另外绳索拉上来"等的复数行为作为判断基准，则应认定为行为复数。

2. 假设 A 与 B 二人的落下时间有时间差，依照"可能性说"，行为人的不作为还是被认定为单数，依照"事实说"、"必然性说"，除在假设"在第一个人落下以前即将绳索拉上来"为一个行为的前提下是行为单数外，否则应视为行为复数。但依照"回避不可能说"及"同时性说"，行为人的不作为均应被认定为行为复数。

3. 假设 A 与 B 是各自在不同的深谷下被不同的登山绳索吊挂，且二人同时因绳索而落下山谷。在这种情况下，依"回避不可能说"或"同时性说"，由于一方掉下山谷后，欲回避另一方掉落山谷很明显是不可能的，而且二人同时因绳松掉下，行为人的不作为被认定为行为单数。如果采取其他诸说，因为了救助 A、B，势必会存在有两个拉绳子上来的行为，从而行为人不作为应为行为复数。

那么，哪种观点相对更为可取呢？接下来，让我们展开对上述诸说的评析。

（一）对"假定的作为同一说"的评析

在采取"事实说"的场合，假如作为命令规范内容的作为义务 X 得依行为 a 或者 b 来满足，而另一命令规范的作为义务 Y 得依行为 c 或 b 来满足时，由于"事实说"是透过事后观察而判断，因此如果在行为人选择以行为 a 和行为 c 分别来满足作为义务 X 和作为义务 Y 的话,那么,行为人的不作为构成行为复数。只有行为人采取行为 b 一次同时满足作为义务 X 和 Y 时,行为人的不作为属于行为单一,但在此情形下,"事实说"对行为人究竟会以行为 a 及行为 c 来履行作为义务 X 和 Y,还是采取行为 b 一次同时满足两个作为义务,缺乏确定的基准。同样,依照"必然性说",如果复数的作为义务 X 和 Y,非以行为 b 来满足时,行为人的不作为应为行为复数。然而,行为人究竟以何种行为来履行 X、Y 这两个作为义务,本来在行为人选择履行行为时即已确定,现在因"必然性说"与"事实说"均欠缺确定的基准,导致考察行为人不作为的行为单复数时,变得很随意。由此看来,在判断行为人的不作为是行为单复时,纯以事后观察被期待的诸行为,并不妥当。

对上述设例,依照可能性,两个作为义务 X 和 Y 既然存在被同一个行为 b 满足的可能,因而行为人的不作为自然属于单数。因此,由于"可能性说"以"所有被期待实施的诸行为"为判断行为是否单一的对象,而在决定假定的作为同一性之点上,避免了如"事实说"、"必然性说"所存在的欠缺判断行为人如何选择行为之基础的缺点。但"可能性说"也受到了以下批判:首先,不作为犯的行为单一和作为犯的行为同一性,二者如何整合? 本来在作为犯场合,是以行为人违反禁止规范的积极作为作为判断行为是否同一性的对象,而在不作为犯场合,则是以假定的被期待的符合命令规范的行为作为判断对象。德国刑法第 52 条规定行为单一既然是自身体的动作的同一性导出,不作为犯实际上并不存在对应物,现在以"虚构的武断"方式将行为是否单一在此对作为犯与不作为犯进行不同的处理,不啻于使有关行为是否单一的问题,不作为犯的行为人较之于作为犯的行为人受到更严格的待遇。其次,在上述设例中,作为义务 X 和作为义务 Y 两者的命令规范显然不具有同一性,但"可能性说"将其他的择一满足行为 a 和 c 置之度外,而纯以具有同一性的择一满足行为 b 决定行为是否单一的标准,其理由是什么,可能性并未给予合理的说明。

对以上两点批判,"可能性说"进行了反驳。针对第一点,"可能性说"认为不作为犯的基础在于行为人欠缺被命令的诸行为,而被命令的行为领域和构成犯罪部分的未被实施的行为领域,二者是完全重叠的,因此,不作为犯在决定行为是否单一时,虽以假设的被命令行为作为判断同一性的对象,但因其与构成犯罪的未被实施的行为重叠,则不能说是"虚构的武断"。针对第二点,"可能性说"认为只需为符合复数命令的诸行为中,有部分行为具有同一性,就可以判定行为人不作为的行为单一。

尽管如此,我们发现"可能性说"仍存在一些缺陷。该说在何以两个命令具有被假定的同一作为满足之可能性时,就可以视为有实行行为现实的不作为部分的同一性这点上,说理并不充分。

同样地,由于"回避不可能性说"以"可能性说"原理为基础,也受到了与"可能性说"相同的批判。

(二)对"同时性说"的评析

对 Beling 提出的"同时性说",Struensee 提出如下批判:所谓不作为犯罪的成立时间,是自行为人应开始为被期待的行为之时起,到最终的可能为被期待的行为时止。在此段时间段内,行为人应履行的复数义务相互间处于冲突的关系。此时不得不依照义务冲突的原则来解决。即便不视为义务冲突,位阶较低的义务应于位阶较高的义务的满足可能的最终时点前被满足,故在此最终时点前,位阶较低的义务的违反即已经确定成立。既如此,所谓同时的不作为犯罪恐无法想象,同时性自然不能作为同一性的判断基础。但这种批判也未必完全成立。关于义务冲突,在一定的时间范围内,如自发生作为义务时点起至作为义务违反时止,纵然存在两个命令规范,但根据具体的情况,如果在此时间段内的任何一个时点,履行两个行为系可能时,即不会发生义务冲突。至于不存在同时的不作为犯问题,的确在位阶较高的义务允许被满足的最终时点上,得认为已经发生位阶较低的义务的违反,如果以如此严格的理论来理解"同时性"的话,"同时性说"自然要遭到否定。但是,同样在作为犯的场合,例如,在一次以手枪射出一颗子弹,子弹连续射杀 A、B 的事例中,理论和实践一般并未否定行为人两个杀人罪发生的同时性。因此,在不作为犯领域,在理解"同时性"问题时,也应有一定的弹性。

(三)折衷说之提倡

由于"回避不可能性说"是以假设的作为同一性为基础而受到批判,而"同时性说"主张不作为犯与作为犯的处理相同,均是由现实的行为人的行为和现实的事象关系来讨论犯罪竞合,因此可以"回避假设的同一性说"以事后假设的观点作为判断的缺陷。但"同时性说"所谓的同时性标准,还有待进一步具体化。根据"同时性说"的观点,所谓同时性,是在犯罪构成要件要素之外,对行为人态度所附加的时间要素的评价,问题在于应以何基准来确定行为人成立复数的不作为犯时,是否具备此一时间的要素。行为人虽然能介入或阻止现实危险性结果的发生而未介入或者阻止,任由此危害法益的现象继续进行,是否即为行为人就复数作为命令所持的同时的态度,并进一步以行为人之此一同时的态度作为评价行为人应否成立复数的不作为犯的对象? 对这一问题,"回避不可能性说"主张,以一个命令的违反(结果发生)后,也无法回避其他命令违反的情况下,作为判断不作为犯单复数的基础,相对而言比较具有操作性。因此,在确定"同时性说"中的同时性概念,援用"回避不可能性说"的标准,即将行为人在违反某规范后,虽想防止其他的规范违反的发生却已经不可能时,就行为人现实的不作为与现实的命令规范违反之关系,宜解释成行为人系是违反两个规范比较妥当。也就是说,以"可能性说"和"回避不可能性说"之折衷,来谋求"同时性说"中"同时性"判断的具体化。

据此,在 Struensee 所举设例的第三种情形中,A、B 是各自在不同深谷下各自被登山绳索挂者,且二人同时因绳松而掉入谷底,此时为了救助 A、B,复数的救助行为固然必要,但依照"可能性说"、"事实说"或"必然性说",将会得出行为人的不作为是复数的结论,而依折衷说,由于 A、B 同时掉落谷底,在行为人不救助 A 后也不能再救助 B,因此行为人的不救助行为应认定为单数。同样,在设例的第一种情况中,也应得出行为单数的结论。

另外,之所以认定想象竞合的一罪性,主要在于防止对行为人的犯罪事实进行二重量刑。也就是说对于想象竞合而言,一方面,虽然该当于数个构成要件,但由于该当于数个犯罪构成要件是以同一行为来实现,此数个构成要件的违反存在共通的违法要素,为了避免对这个违法要素进行重复评价,另一方面,此数个构成要件的违反是基于行为人的一个意思活动,一次的违反规范的意识而被实现,为了避免对此一责任要素的重复评价,故将其视为行为单一之一罪。因此,在想象竞合的情况下,行为人只存在一次的规范违反,相比于数个规范以各个个别的意思来违反之实质竞合,应当受到责任减少的宽大处理。这也是不作为犯想象竞合的重要原由。从这个角度考虑,折衷说之"某一次规范违反之后,能否回避其他规范违反"作为判断内容的要旨,正合乎想象竞合一罪的处罚原由——在无法回避其他规范违反下,并不认为其有复数次的规范违反之意思。

结语　兼及我国不纯正不作为犯的立法完善

一、对本书基本观点的简要总结

不纯正不作为犯的理论发展至今,已经取得了较为丰硕的成果,但如何借鉴并发展、完善我国关于不纯正不作为犯的理论,并将其作为司法实务的理论指导和操作标准,在许多方面还值得探讨。另外,即便在对不作为犯研究较为成熟的德国,不少问题至今仍是萦绕在法学家们头脑中悬而未决的课题。笔者深知,尽管本书花了很大的篇幅来探讨不纯正不作为犯的基础问题,但试图以此来解决不纯正不作为犯的全部基础性问题是绝对不可能的,哪怕是其中的大部分问题,也几乎是不可能的。这远非本人笔力所逮、学殖所及,尚需学界共同关注和探讨。尽管如此,笔者还是试图在以下几个重大方面有所突破,或者提出了新的见解,或者在论证的方法和论证的力度上取得一定进展。现总结如下:

(一)关于不作为与作为的区分

学说上主要存在两种不同的立场:一种是着眼于物理的身体动静来区分作为和不作为;另一种则侧重于规范的、价值判断的立场来区分作为和不作为。但刑法作为规范,本身就是一个包含价值评判的规范体系,作为刑法规范对象的行为,也只能在规范意义上来识别、把握。如果是行为人为法律不得为的行为,则属于作为;相反,如果不为法律所期待、命令的应为的行为,则为不作为。由于在法规范上,一定的法律义务主要表现为两种,一种是禁止规范,一种是命令规范,当行为人的行为违反禁止规范时,即为作为,当违反命令规范时即为不作为。因此,行为人的行为是违反法律禁令还是法律命令,就成为作为与不作为的区分标准。

(二)关于学界存在的所谓"不作为犯罪分类中的'作为与不作为同时包含'说"和"双重行为"问题

前者在把某一行为评价为作为的同时,又评价为不作为,把本来是一个具有法律意义的行为(不作为),评价为作为和不作为的结合,因而是失当的。而所谓"双重行为"的概念,从法律评价上,这种所谓的双重行为最终仍要赋予作为还是不作为从而是构成作为犯还是不作为犯的属性,主张"双重行为"概念的学者把作为犯、不作为犯中的作为、不作为与作为概念的作为、不作为割裂开来,因而所谓"双重行为"的提法并不足取。

针对司法实践中出现的较难判断某种行为在刑法上究竟属于作为还是不作为的情况,学界存在优先判断作为说、经验法则说、刑法非难重点说等观点,刑法非难重点说值得肯定,但站在谁的立场来判断刑法非难的重点,该说没有进一步提供操作标准。笔者认为,在判断是作为还是不作为存疑问的场合,应综合行为的外部形态、因果关系等因素,站在规范的立场进行综合的价值判断。

(三)关于不纯正不作为犯的概念

刑法中的不作为,是指行为人负有实施某种特定积极行为的法律义务,能够实行而不实行的行为。从法律规范的角度,这种不实施特定积极行为的行为违反了命令规范。

不纯正不作为犯是指,负有防止危害结果发生的作为义务之人,不履行该防止义务而构成的通常以作为形式构成的犯罪。该定义一方面充分照顾了来自罪刑法定主义的需求,另一方面又充分地考虑作为犯、不作为犯在现实生活中的实际状况,因而相对比较合理。

(四)不纯正不作为犯与罪刑法定主义的关系

1. 不纯正不作为犯是开放性构成要件。用开放性构成要件理论结合罪刑法定原则的嬗变可以解释不纯正不作为犯并不违背罪刑法定主义。相比于大陆法系的犯罪论体系,我国的犯罪构成理论体系与开放的构成要件理论更具有亲和性。开放的构成要件将各种行为通过成文法予以类型性规定,实现了刑法的稳定性,实现了法治国人权保障的基本机能;而对不同犯罪的构成要件采取一定程度的开放性,赋予司法人员一定的自由裁量权,以使其根据社会发展变化作出不断与之相适应的解释,从而弥补成文法与社会相脱节的问题。就不纯正不作为犯而言,承认其构成要件属于开放的构成要件,一方面,为刑法对其加以处罚提供了坚强的理论基础,从而可以有效实现法益保护的机能;另一方面,为解释其与罪刑法定主义之间的紧张关系也提供了新的诠释视角。作者剖析了罪刑法定主义的演变过程,指出在形式法治国向实质法治国理念转变的同时,罪刑法定主义原则也开始了由形式罪刑法定向实质罪刑法定的转变。实质罪刑法定主义观认为,传统的罪刑法定主义观应当做某种程度的调整,罪刑法定原则若过于偏重个人利益的保护,对于其如何与法益保护之间的调和则稍嫌不足,应当调和刑法保护机能与保障机能的关系,使两者相互对立的观念得以缓和。在这种意义上的罪刑法定正可以解释作为开放性构成要件的不纯正不作为犯。

2. 关于罪刑法定主义的明确性原则问题。不仅要正视明确性的局限性,而且还要看到模糊性的相对独立价值。刑法语言的模糊性是立法者基于刑事政策的考虑而有意做出的积极选择,是立法者的一种"次优选择"。之所以提出明确性的要求,其意在于获得法的确定性或者说法的安定性,以最大限度地实现刑法的保障机能。然而法的确定性是否存在以及如何求得,不同法学派和法学家之间展开过激烈的论争。从我国正在进行的"依法治国"的法治实践来看,我们不能断然地否定法治。同时,我们也应清醒地看到法的确存在不确定性的一面,因此采取中庸的立场是比较妥当的。为了维护法的安定性,作者认为以国民预测可能性为标准来判断明确性相对比较妥当。就处罚不纯正不作为犯而言,从司法实践来看,发生的处罚不纯正不作为犯案件,多集中于杀人罪、放火罪等常见多发的自然犯。而这些犯罪,就以不作为方式实施的情形而言,往往并没有超出国民的预测可能,而恰恰是基于社会通念的结果。

3. 关于不纯正不作为犯的规范结构。笔者认为,不纯正不作为犯只能是违反命令规范。应当区分刑罚法规与刑法规范之间的界限,刑法规范具有复合性质,但这并非说不纯正不作为犯因违反命令规范而实现了以作为形式规定的作为犯的构成要件,毋宁说对于特定犯罪而言,刑罚法规本未预设作为犯的类型。不纯正不作为犯违反的是命令规范,而符合的却是同作为犯一样适用的刑罚法规。

(五)关于不纯正不作为犯的等价性问题

等价性不是不纯正不作为犯的独立要件,也不是限定作为义务或者限定构成要件成立的一个具体要件,而是不纯正不作为犯与作为犯适用同一构成要件的综合判断或者说用以说明二者可以适用同一构成要件的指导原理。因此,所谓的等价性,只能是构成要件的整体的等价。而在等价性的具体判断上,一般情况下对不作为与作为等价性的判断,只须在作为义务论中考虑即可。但由于不作为与作为的等价说到底还是刑法分则具体构成要件类型的等价,因而对于这些构成要件类型,除了考虑作为义务外,还必须考虑构成要件的特别行为要素。简言之,不作为与作为构成要件的等价,在判断标准上应考虑两个因素:一是行为人的作为义务,二是具体构成要件的特别行为要素。

(六)关于不纯正不作为犯的因果关系

1. 对不作为因果关系的判断应包含价值判断的内容,从这一前提出发,不作为因果关系应当以行为人具有特定作为义务为前提。

2. 在不作为因果关系锁链中,不作为不能单独引起危害结果的发生,行为人的不作为对危害结果的原因力是就防果条件而言的,从引起危害结果产生的原因这个方面来看,可以将不作为的原因力同其他引起危害结果产生的原因作为一个原因系统来看待,不作为只是这个众多原因中的一个原因。因而不作为作为原因力具有对来自其他方面原因力的依附性,但不能将这种依附性理解为间接性。

3. 出于法益保护目的,对不纯正不作为犯进行处罚是完全必要的。但由于不纯正不作为犯是一种开放的构成要件,在实际认定不纯正不作为犯的过程中应力求最大限度地限定其成立范围,而不是扩张其适用范围。危险升高理论在不纯正不作为犯领域的运用,从程序的角度的确能够极为方便地证明因果关系的存在。但是,这一理论对于作为犯而言已经导致处罚范围的扩张,而对于不作为犯来说这种扩张倾向更为严重。不作为原本已经将归责基础建立在"可能性"上,如今危险升高理论将作为犯的归责基础也建立在"可能性"上。在双重可能性的基础上,是否能够理直气壮地归责不作为,很值得怀疑。但另外一方面,如果按照德国的通说,要求具有几近确定的结果避免可能性时才肯定不作为因果关系的成立,对于许多案件来讲的确过于严格,容易造成对法益保护的不周。因而必须寻求法益保护与保障个人自由之间的平衡,使对不纯正不作为犯的处罚,既能够充分地实现法益保护的目的,又不致造成对公民自由的过分限制。在认定不纯正不作为犯的因果关系过程中,应采取"相当因果关系说",而这种相当性究竟应精确到何种程度,似乎很难予以定量考虑,但至少并不要求达到"几近确定的可避免程度"或者说"十有八九"的程度。对于社会一般人来说,如果能够有60%以上的防果机会而行为人没有采取积极的救助措施造成结果发生的,就可以肯定不作为因果关系的成立。但对于特定领域尤其是具有专业知识的人,由于其具有更高的防果义务,因而如果其采取积极的救助措施具有50%以上的防果机会的话,也应确立不作为因果关系的成立。当然这里的60%、50%的防果可能性的判断基准,仍应以社会一般人的眼光来衡量。

(七)关于不纯正不作为犯的作为义务

1. 作为义务由形式来源说向实质来源说转变的契机。这主要表现在三个方面:刑法的自觉或者说刑法的独立观,是作为义务实质化的直接动因;实质的违法概念和整体的考察方法,是作为义务实质化的深层理论背景;纳粹时期的全体刑法、政治刑法则为作为义务实质化探讨提供了客观环境的助力。

2. 关于作为义务的形式来源说。笔者认为,先行行为不应属于法律行为的一种,而属于独立的作为义务来源形式;先行行为原则上可以是合法行为,但在被害人自我负责的场合,应排除行为人作为义务的存在;先行行为一定情况下可以是故意犯罪或过失犯罪;我国目前的"四来源说",尽管在很多场合是适用的,但从实质处罚的必要性角度考虑,范围仍显过窄。

3. 关于实质的作为义务来源说。对作为义务的法理基础进行实质探求的方法不外乎从两个角度:一是从不作为人与被害人之间的社会关系中来探讨义务来源;一是从不作为人与被害法益之间的关系来探讨。

4. 笔者对作为义务的见解。单纯的形式的来源说不能实质地说明义务的内容,而单纯的实质来源说则往往因缺乏形式的约束而导致处罚范围的过度扩张,因此,以实质的理由作为基础,采取形式与实质的来源相统一的观点是妥当的。在对作为义务进行实质限定过程中,居于中心地位或者说作为限定标准的核心要素在于行为人对受害法益的排他性支配关系。这种支配关系的存在和开始,尽管在事实承担的场合无疑地可以确认,但不限于此,在具有支配领域性时也要考虑成立不作为犯的可能。在不作为人支配领域性情形中,必须作进一步的限定,在这种类型的规范要素中应加入诸如亲子、建筑物所有者、管理者等因素,使其被限定在基于身份关系、社会地位,负有社会生活中继续的保护管理义务的情况。

总之,对不纯正不作为犯作为义务的确定可以从以下几个条件加以限定:第一,被害人的重大法益(如生命、身体)面临现实的、具体的、迫切的危险之中,这是行为人开始产生作为义务的客观条件;第二,不作为人具有排除这种危险的法律上的义务,这种义务首先不限于法律明文规定的义务,同时也不限于我国传统的作为义务来源的四种情形,基于特定身份、地位和特定事实所引起的行为人与被害人之间的特殊关系,也应考虑在内。第三,被害人的法益处于不作为行为人的现实排他性支配关系中,也就是不作为人具有对被害人法益救助的排他性支配地位。以上三个条件必须同时具备,缺一不可。

(八)不纯正不作为犯的罪过与认识错误

1. 不纯正不作为犯的故意。不纯正不作为犯的故意同时具备认识要素和意志要素。认识要素包括对构成要件各种事实的认识、不作为的认识及行为可能性的认识。意志要素体现为实现意志,但以容忍结果发生为充足。

2. 不纯正不作为犯的过失。笔者重点介绍了德国学者考夫曼关于不纯正不作为犯过失的基本观点,并对不作为犯过失的特殊情形作了归纳。

3. 不纯正不作为犯与认识错误。不纯正不作为犯的认识错误核心内容是作为义务错误问题。对此,学界大致存在构成要件相符性说、违法性说和保证人地位与保证人义务二分说。笔者认为,作为义务的错误属于构成要件错误,按规范的构成要件要素的错误处理方法进行处理。

(九)不纯正不作为犯与刑法相关范畴

1. 不作为与正当化事由。笔者认为只要不作为具有对法益侵害的紧迫性,就可以对之进行正当防卫;正当防卫和紧急避险都可以不作为方式构成;对义务冲突的解决基于法益衡量原则具体解决;在具备合法化条件的基础上,行为人的不作为可以基于被害人的承诺而阻却违法。

2. 不作为的未遂与中止。对不作为犯实行着手的判断标准,本书在详细介绍德、日刑法学界有关代表性学说的基础上,主张采取"法益危殆化说"。本书认为不纯正不作为犯没有必要作实行终了的未遂、未实行终了的未遂以及实行终了的中止与未实行终了的中止之区别。

3. 不作为与共犯。关于不作为的共同正犯问题,本书采取全 527

面肯定说;不存在不作为方式的教唆,但存在不作为方式的帮助;关于不作为共同正犯与帮助犯的区别,在法益保护的场合,不作为者原则上是正犯,但在据不作为无法实现构成要件的场合,不作为者仅论以帮助犯;在监督危险源的场合,不作为者构成帮助犯。教唆和帮助他人不作为行为都可以成立,而且帮助他人不作为既包括有形帮助,也包括无形帮助。

4. 不作为的罪数。笔者在综合分析德、日刑法学界有关学说及判例的基础上,提出基于"同时性说"与"回避不可能说"的折衷说,即以某一项规范违反之后能否回避其他规范的违反为标准,如果能够回避,则成立复数行为;如果不能回避,则成立行为单数。

二、我国不纯正不作为犯的立法完善

在本书第一章关于各国及我国不纯正不作为犯立法状况的分析中就指出,我国1979年刑法典和1997年刑法典都没有对不纯正不作为犯作出规定,甚至连不作为的字眼也没有,只是在几次刑法草案中作过规定。笔者认为,随着依法治国的深入开展和罪刑法定观念的日渐深入人心,这种立法现状必须加以改变。

首先,在刑法第13条关于犯罪概念的规定中明确危害社会的行为包括作为和不作为。即把其中的"……,以及其他危害社会的行为,依照法律应当受到处罚的,都是犯罪,但是……。"改为"……,以及其他危害社会的作为或不作为,依照法律应当受到处罚的,都是犯罪,但是……。"这样,就首先在犯罪概念上明确了危害行为包括作为和不作为两种情形。

在概念上明确犯罪行为包括作为和不作为,这是对不纯正不作为犯规定的第一步。有不少国家采取的即是这种方法,如俄罗斯刑法典第14条规定:"一、本法典以刑罚相威胁所禁止的有罪

过地实施的危害社会的行为,被认为是犯罪。二、行为(不作为)虽然形式上含有本法典规定的某一行为的要件,但由于情节轻微而不构成社会危害性,即未对个人、社会或国家造成损害或构成损害威胁的,不是犯罪。"①新加坡刑法典相对规定地比较详细,但仍限于说明犯罪包括作为和不作为,并未就不纯正不作为犯的成立条件作出规定。其中,第2条规定:"任何人在新加坡境内违反本法规定,实施构成犯罪的作为或不作为,都应当受到本法规定的刑罚处罚。"第32条规定:"在本法典中每一部分,除非上下文有相反意见出现,否则,与作为有关的词语,其含义适用于非法的不作为。"第36条规定:"不论作为或者不作为是否产生了一定的结果或者将要产生结果,都是犯罪。不论犯罪后果部分由作为产生、部分由不作为产生,都应当以同一罪行论处。说明:A故意致Z死亡,部分通过非法地不给Z提供食品所致,部分是殴打Z所致。A犯有谋杀罪。"②

但这种方法只是在立法上明确了危害行为包括作为和不作为这种态度,仅此还不足以说明不纯正不作为犯的基本成立要件。基于罪刑法定主义的要求,还应当就不纯正不作为犯的成立要件作出规定。但如何规定不纯正不作为犯的成立条件,学者们提出了不同的方案,概括起来,主要包括以下几种:

第一种方案采取在总则规定的方法,对不纯正不作为犯的共通要件作一般性规定,其中又有两种具体方案:一种是采德国规定模式,不单就先行行为独立规定;再一种就是采韩国、我国台湾地

①　参见黄道秀等译:《俄罗斯联邦刑法典》,中国法制出版社1996年版。
②　参见柯良栋、莫纪宏译:《新加坡共和国刑法典》,群众出版社1996年版,第1、7页。

区模式,对先行行为的情况作独立规定。

第二种方案是采取分则规定的方法。这种方案由格林瓦尔德提出,在日本,中山研一、金泽文雄、名和铁郎等人亦采此主张。但如本书第四章所述,考虑到不纯正不作为犯与作为犯的诸多不同,立法上固然可以在分则给它们设定不同的构成要件类型,而从立法技术和立法成本角度看,这显然是不现实的。格林瓦尔德仅就杀人罪在分则所作的列举式规定,就已足够惊人,更何况其列举式规定难免有概括不周之弊。因此,这种主张尽管有理论上探讨的意义,但并无立法的实践价值。

第三种方案就是采取总则与分则相结合的方法,其中又有两种不同方法:第一种方法是除了在总则中规定不纯正不作为犯的共通要件外,在分则中则通过增加纯正不作为犯罪的种类以便在一定程度上弥补对不纯正不作为犯处罚上的困难。如有的学者主张,在分则增加规定见危不救罪、对重大犯罪不报告罪以及证人拒不作证罪。① 第二种方法是除了在总则中规定不纯正不作为犯的一般共通要件外,在分则中则把不纯正不作为犯的具体犯罪类型限于一些包含重大法益的少数几种犯罪。如日本学者大塚仁教授认为,通过在总则中设定不纯正不作为犯的一般规定,可以避开关于不纯正不作为犯的处罚是违反了罪刑法定特别是法律主义的批判,但即使有这些规定,也并不能直接明确不纯正不作为犯的具体范围,关于刑罚法规的明确性还是存在一定的问题。因此,为了给不纯正不作为犯的处罚以直接、明确的根据,可以考虑对于可罚的不纯正不作为犯在刑法各条及其他刑罚法规中一一作出规定。但并不是在分则中普遍地确立不纯正不作为犯的具体类型,而是考

① 参见黎宏著:《不作为犯研究》,武汉大学出版社1997年版,第231页。

虑到处罚不纯正不作为犯的社会要求,将违法类型限定于杀人罪、遗弃罪、尸体遗弃罪、放火罪、欺诈罪、凶器准备集合罪、往来妨碍罪等。大塚仁认为,从刑事政策的观点来看,不能认为今后处罚必要的不纯正不作为犯罪的种类会激增,从而他主张在考虑了实际处罚的必要之慎重立法论下,选择个别的犯罪,并针对这些规定处罚不纯正不作为犯,也并非不可能。① 但对于这些具体类型的犯罪,究竟是仅仅指出其不作为也可以构成,还是像格林瓦尔德那样对于具体不纯正不作为罪的成立要件,尤其是作为义务的来源——加以明确规定? 从大塚仁教授的上述阐述中我们还看不出具体的观点。笔者认为,如果是属于前者,倒还是比较可行的;但如果是后者,则会面临如格林瓦尔德所面临的同样问题。

具体到我国的立法完善,笔者认为,首先应当肯定在总则中规定不纯正不作为犯一般性成立要件的重要意义。至于在分则中是明确可以由不作为构成的不纯正不作为犯罪类型,还是通过增加纯正不作为犯的种类,笔者认为,考虑到我国立法机关的立法习惯、立法思维,在分则中增加规定纯正不作为犯的种类还是相对可行的。但究竟规定哪些纯正不作为犯罪的种类以及具体要件如何设定,还值得进一步研究。目前,社会上对刑法增加见危不救罪的呼声很高,但立法者还是采取了相当慎重的态度。有的论者以国外不少国家规定了见危不救罪为例,主张在我国也有必要规定之。但是,主流意见还是主张不增设此罪为好。我想主要有以下几个方面的原因:(1)受立法传统技术的影响。无论1979年刑法典还是现行刑法典,总体上侧重事后的惩罚,也就是事后惩罚的功能明

① 参见[日]大塚仁:《"不真正不作为犯的诸问题——不真正不作为犯与罪刑法定主义"》一文。

显,而事先(即在严重危害结果发生之前)的预防功能不足,具体表现就是刑法规定了大量的结果犯,往往等到发生犯罪结果才予以处罚,这样一来,就在整体上要提升法定刑幅度,这也是我国刑法总体上刑罚偏重的一个原因。就不作为犯而言,我国刑法中纯正不作为犯总体上比较少,似乎受到这种立法习惯的影响。(2)理论准备仍不充分。虽然近年来理论界对增设该罪进行了必要的探讨,但仍停留在浅层次阶段,尚未引发对该问题深层次的哲学探讨。一般而言,见危不救罪的增设是基于社会的团结性,而这一问题又涉及自然、社会、家庭、规范等等哲学、法哲学、社会学等方面的问题,目前理论界对此尚未进行充分的论证、说明,这在一定程度上也影响了立法的决策。(3)司法认定上的难题。即如何确定犯罪主体的范围及处罚范围,尚存在操作上的困难。总之,见危不救罪的增设涉及方方面面的问题,目前我国的道德传统、人文素质、社会舆论、司法实务等诸方面是否已经做好了增加这一犯罪种类的准备,尚不得而知,尤其是,如何确定犯罪主体的范围以及处罚范围,还是一个难题。至于证人拒不作证罪,也面临同样的问题。因此,笔者认为,为了适应现代工业化社会科技发展、交通复杂等变化形势,强化社会大众生命与身体健康的安全保障,为维护社会整体利益的需要,将一些抽象性的危险行为纳入刑法调整范围,设定一些基于共同防止危险目的的单纯违反义务的行为犯、举动犯是有必要的。但应当建立在充分的调查研究基础上,要考虑整个社会的接受能力以及社会尤其是我国目前的法治状况是否给予创设这类犯罪以充分的制度前提。

就在总则中规定不纯正不作为犯的一般性要件而言,笔者认为,没有必要将先行行为类型独立出来,这倒不是因为先行行为是法律行为,而是在对"法律上的防止义务"的理解上,应考虑基于法律精神或法律原则的需求，从而将其解释为包含在"法律上的防止义务"范围内。在德国即采这种见解。另外，如前文有关章节所述，尽管日本学界也一致地主张将作为义务限定于法律上义务，但在具体理解上还是作了扩大解释。

另外，是否有必要明确不作为与作为的相当性要件，对此问题，本书在第四章第二节已阐明，不作为与作为的等价要件是构成要件整体上的等价，而非独立的要件。不过，对于特殊的不纯正不作为犯罪类型而言，除了考虑作为义务外，还应考虑构成要件的特别要素。但这属于对规定的解释问题，考虑到对此作出明确规定在立法技术上的困难性，可以不必在总则关于不纯正不作为犯的一般性规定中明示出来。

对于裁量减轻处罚问题，也无必要作出单独的规定。理由已在本书第四章第一节作了详细的说明。

综合以上分析，笔者认为，关于我国不纯正不作为犯的立法，可以考虑在刑法典第13条设第二款对之加以规定，同时为了保持与第一款表述上的协调，可作如下设计："对于一定的危害结果，负有法律上的防止义务，其不防止行为也是犯罪。"

主要参考文献

著 作 类

一、中文著作

（一）中国大陆著作

1. 高铭暄主编:《刑法学》,法律出版社 1982 年版。

2. 高铭暄主编:《新中国刑法学研究综述》,河南人民出版社 1986 年版。

3. 高铭暄主编:《刑法学原理》(第一卷),中国人民大学出版社 1993 年版。

4. 高铭暄、马克昌主编:《刑法学》,北京大学出版社、高等教育出版社 2000 年版。

5. 高铭暄主编:《新编中国刑法学》,中国人民大学出版社 1998 年版。

6. 高铭暄主编:《刑法学专论》(下册),高等教育出版社 2002 年版。

7. 高铭暄、赵秉志编:《新中国刑法立法文献资料总览》,中国人民公安大学出版社 1998 年版。

8. 王作富著:《中国刑法研究》,中国人民大学出版社 1988 年版。

9. 王作富主编:《刑事实体法学》,群众出版社2000年版。

10. 赵秉志主编:《刑法争议问题研究》(上卷),河南人民出版社1996年版。

11. 赵秉志主编:《刑法新教程》,中国人民大学出版社2001年版。

12. 赵秉志主编:《海峡两岸刑法总则比较研究》,中国人民大学出版社2001年版。

13. 赵秉志主编:《中国内地与澳门刑法之比较研究》,中国方正出版社2000年版。

14. 赵秉志主编:《外国刑法原理(大陆法系)》,中国人民大学出版社2000年版。

15. 赵秉志主编:《刑法基础理论探索》,法律出版社2003年版。

16. 赵秉志主编:《犯罪总论问题探索》,法律出版社2003年版。

17. 赵秉志著:《犯罪未遂的理论与实践》,中国人民大学出版社1987年版。

18. 赵秉志等著:《中国刑法的运用与完善》,法律出版社1989年版。

19. 赵秉志著:《刑法改革问题研究》,中国法制出版社1996年版。

20. 赵秉志著:《刑法总则问题研究》,中国法制出版社1996年版。

21. 马克昌主编:《犯罪通论》,武汉大学出版社1999年版。

22. 马克昌主编:《近代西方刑法学说史略》,中国检察出版社1996年版。

23. 马克昌著:《比较刑法原理——外国刑法学总论》,武汉大学出版社 2002 年版。

24. 陈兴良著:《刑法哲学》,中国政法大学出版社 1997 年版。

25. 陈兴良著:《当代中国刑法新境域》,中国政法大学出版社 2002 年版。

26. 张明楷著:《刑法学》(上),法律出版社 1997 年版。

27. 张明楷著:《外国刑法纲要》,清华大学出版社 1999 年版。

28. 张明楷著:《法益初论》,中国政法大学出版社 2000 年版。

29. 张明楷著:《刑法格言的展开》,法律出版社 2003 年版。

30. 张明楷著:《犯罪论原理》,武汉大学出版社 1991 年版。

31. 李光灿、张文、龚明礼著:《刑法因果关系论》,北京大学出版社 1986 年版。

32. 张绍谦著:《刑法因果关系研究》,中国检察出版社 1998 年版。

33. 侯国云著:《刑法因果新论》,广西人民出版社 2000 年版。

34. 樊凤林主编:《犯罪构成论》,法律出版社 1987 年版。

35. 何秉松主编:《刑法教科书》(上卷),中国法制出版社 2000 年版。

36. 李海东主编:《日本刑事法学者》(上),中国法律出版社、日本成文堂联合出版 1995 年版。

37. 李海东主编:《日本刑事法学者》(下),中国法律出版社、日本成文堂联合出版 1999 年版。

38. 李海东著:《刑法原理入门(犯罪论基础)》,法律出版社 1998 年版。

39. 甘雨沛、何鹏著:《外国刑法学》,北京大学出版社 1984 年版。

40. 宁汉林、魏克家著:《中国刑法简史》,中国检察出版社1997年版。

41. 谢望原主编:《台、港、澳刑法与大陆刑法比较研究》,中国人民公安大学出版社1998年版。

42. 韩忠谟著:《刑法原理》,中国政法大学出版社2002年版。

43. 杨春洗等主编:《刑事法学大辞书》,南京大学出版社1990年版。

44. 陈忠林著:《意大利刑法纲要》,中国人民大学出版社1999年版。

45. 熊选国著:《刑法中行为论》,人民法院出版社1992年版。

46. 冯军著:《刑事责任论》,法律出版社1996年版。

47. 黎宏著:《不作为犯研究》,武汉大学出版社1997年版。

48. 肖中华著:《犯罪构成及其关系论》,中国人民大学出版社2000年版。

49. 周光权著:《法治视野中的刑法客观主义》,清华大学出版社2002年版。

50. 刘艳红著:《开放的犯罪构成要件理论研究》,中国政法大学出版社2002年版。

51. 李邦友著:《结果加重犯基本理论研究》,武汉大学出版社2001年版。

52. 陈浩然著:《理论刑法学》,上海人民出版社2000年版。

53. 杨兴培著:《刑法新理念》,上海交通大学出版社2001年版。

54. 孙国华主编:《法理学教程》,中国人民大学出版社1994年版。

55. 沈宗灵主编:《现代西方法理学》,北京大学出版社1992

年版。

56. 沈宗灵主编:《法学基础理论》,北京大学出版社 1988 年版。

57. 张文显主编:《马克思主义法理学》,吉林大学出版社 1993 年版。

58. 张恒山著:《义务先定论》,山东人民出版社 1999 年版。

59. 张恒山著:《法理要论》,北京大学出版社 2002 年版。

60. 杨仁寿著:《法学方法论》,中国政法大学出版社 1999 年版。

61. 刘星著:《法律是什么》,广东旅游出版社 1997 年版。

62. 林立著:《法学方法论与德沃金》,中国政法大学出版社 2002 年版。

63. 郑也夫著:《信任论》,中国广播电视出版社 2001 年版。

64. 刘应明、任平:《模糊性——精确性的另一半》,清华大学出版社、暨南大学出版社 2000 年版。

65. 黎宏著:《日本刑法精义》,中国检察出版社 2004 年版。

66. 陈家林著:《共同正犯研究》,武汉大学出版社 2004 年版。

67. 刘凌梅著:《帮助犯研究》,武汉大学出版社 2003 年版。

68. 刘明祥著:《刑法中错误论》,中国检察出版社 1996 年版。

69. 刘明祥著:《错误论》,中国法律出版社、日本成文堂联合出版 1998 年版。

70. 田宏杰著:《刑法中的正当化行为》,中国检察出版社 2003 年版。

71. 彭卫东著:《正当防卫论》,武汉大学出版社 2001 年版。

72. 吴振兴主编:《犯罪形态研究精要Ⅱ》,法律出版社 2005 年版。

73. 王骏著:《超法规的正当化行为研究》,中国人民公安大学出版社 2007 年版。

74. 栾莉著:《刑法作为义务论》,中国人民大学出版社 2006 年版。

(二)大陆版译作

1.《马克思恩格斯选集》第 1、3 卷,人民出版社 1995 年版。

2. [古希腊]亚里士多德:《政治学》,吴寿彭译,商务印书馆 1983 年版。

3. [苏联]H. A. 别利亚耶夫等主编:《苏维埃刑法总论》,马改秀等译,群众出版社 1987 年版。

4. [日]野村稔著:《刑法总论》,全理其、何力译,法律出版社 2001 年版。

5. [日]福田平、大塚仁著:《日本刑法总论讲义》,李乔等译,辽宁人民出版社 1986 年版。

6. [日]日高义博著:《不作为犯的理论》,王树平译,中国人民公安大学出版社 1992 年版。

7. [日]福田平、大塚仁:《日本刑法总论讲义》,李乔等译,辽宁人民出版社 1986 年版。

8. [日]大塚仁著:《犯罪论的基本问题》,冯军译,中国政法大学出版社 1993 年版。

9. [日]木村龟二主编:《刑法学词典》,顾肖荣等译,上海翻译出版公司 1991 年版。

10. [日]大塚仁著:《刑法概说(总论)》,冯军译,中国人民大学出版社 2003 年版。

11. [日]西原春夫主编:《日本刑事法的形成与特色》,李海东等译,中国法律出版社、日本成文堂联合出版 1997 年版。

12. ［德］汉斯·海因里希·耶赛克、托马斯·魏根特著：《德国刑法教科书（总论）》，徐久生译，中国法制出版社2001年版。

13. ［德］弗兰茨·冯·李斯特著：《德国刑法教科书》，徐久生译，法律出版社2000年版。

14. ［奥］凯尔森著：《法与国家的一般理论》，沈宗灵译，中国大百科全书出版社1996年版。

15. ［法］卡斯东·斯特法尼等著：《法国刑法总论精义》，罗结珍译，中国政法大学出版社1998年版。

16. ［俄罗斯］俄罗斯联邦总检察院编：《俄罗斯联邦刑法典释义》（上册），黄道秀译，中国政法大学出版社1999年版。

17. ［俄罗斯］库兹涅佐娃、佳日科娃主编：《俄罗斯刑法教程》（总论），黄道秀译，中国法制出版社2002年版。

18. ［意］贝卡里亚著：《论犯罪与刑罚》，黄风译，中国大百科全书出版社1993年版。

19. ［意］杜里奥·帕多瓦尼著：《意大利刑法学原理》，陈忠林译，法律出版社1998年版。

20. ［美］哈罗多·伯曼著：《美国法律讲话》，生活·读书·新知三联书店1988年版。

21. ［美］E.博登海默著：《法理学、法律哲学与法律方法》，邓正来译，中国政法大学出版社1999年版。

22. ［美］波斯纳著：《法理学问题》，苏力译，中国政法大学出版社1994年版。

23. ［美］D.布迪、C.莫理斯著：《中华帝国的法律》，朱勇译，江苏人民出版社1995年版。

24. ［美］道格拉斯·N.胡萨克著：《刑法哲学》，谢望原等译，中国人民公安大学出版社1994年版。

25.〔美〕A.塞森斯格著:《价值与义务——经验主义伦理学的基础》,江畅译,中国人民大学出版社1992年版。

26.〔英〕哈特著:《法律的概念》,张文显等译,中国大百科全书出版社1996年版。

27.〔英〕J.W.塞西尔·特纳著:《肯尼刑法原理》,王国庆、李启家等译,华夏出版社1989年版。

28.〔英〕J.C.史密斯、B.霍根著:《英国刑法》,马清升等译,法律出版社2000年版。

29.〔日〕西田典之著:《日本刑法总论》,刘明祥、王昭武译,中国人民大学出版社2007年版。

30.〔韩〕李在祥著:《韩国刑法总论》,〔韩〕韩相敦译,中国人民大学出版社2005年版。

(三)中国台湾地区著作、译作

1. 周冶平著:《刑法总论》,1963年作者自版。

2. 戴火辉著:《唐律通论》,台湾"国立"编译馆1964年版。

3. 蔡墩铭著:《刑法总论》,1969年作者自版。

4. 陈朴生著:《实用刑法》,1975年作者自版。

5. 陈朴生著:《刑法总论》,正中书局1969年版。

6. 洪福增著:《刑法理论之基础》,三民书局1977年版。

7. 洪福增著:《刑法之理论与实践》,刑事法杂志社1988年修订版。

8. 高仰止著:《刑法总则之理论与实用》,五南图书出版公司1983年版。

9. 蔡墩铭主编:《刑法总则论文选辑》,五南图书出版公司1984年版。

10. 陈朴生著:《刑法专题研究》,三民书局1988年作者自版。

11. 蔡墩铭著:《刑法上犯罪判断与实例》,汉林出版社 1987 年第 5 版。

12. 蔡墩铭著:《刑法总则争议问题研究》,五南图书出版公司 1988 年版。

13. 蔡墩铭主编:《刑法裁判百选》,月旦股份有限公司 1992 年版。

14. 郭君勋著:《刑法案例总则》,三民书局 1988 年版。

15. 甘添贵著:《刑法之重要理念》,瑞兴图书股份有限公司 1996 年版。

16. 林山田著:《刑法通论》(增订六版),1998 年作者自版。

17. 林山田著:《刑罚学》,台湾商务印书馆 1985 年版。

18. 林山田等著:《刑法七十年之回顾与展望纪念论文集(一)》,元照出版公司 2001 年版。

19. 陈培峰编著:《刑法体系精义——犯罪论》,康德文化出版社 1998 年版。

20. 苏俊雄著:《刑法总论 II》,1998 年作者自版。

21. 许玉秀著:《主观与客观之间》,1997 年作者自版。

22. 许玉秀著:《刑法的问题与对策》,1999 年作者自版。

23. 许玉秀著:《犯罪阶层体系及其方法论》,2000 年作者自版。

24. 许玉秀:《学林分科六法——刑法》,学林文化事业有限公司 2001 年版。

25. 黄荣坚著:《刑法的极限》,月旦出版社股份有限公司 2000 年版。

26. 黄荣坚著:《刑法问题与利益思考》,月旦出版社股份有限公司 1995 年版。

27. 张丽卿著:《刑法总则理论与运用》,神州图书出版有限公司 2002 年版。

28. 黄东熊著:《刑法概要》,三民书局 1998 年版。

29. 黄常仁著:《刑法总论——逻辑分析与体系论证》,汉兴出版有限公司 1995 年版。

30. 蔡墩铭教授祝寿论文集《现代刑事法与刑事责任》,刑事法杂志社 1997 年版。

31. 黄村力著:《刑法总则比较研究》(欧陆法比较),三民书局 1995 年版。

32. 陈志辉著:《刑法上的法条竞合》(春风煦日论坛—刑事法丛书系列),尚锋印刷联盟·东巨兴业股份有限公司 1998 年版。

33. 〔日〕川端博著:《刑法总论二十五讲》,余振华译,中国政法大学出版社 2003 年版。

34. 许玉秀著:《当代刑法思潮》,中国民主法制出版社 2005 年版。

35. 黄荣坚著:《基础刑法学》,元照出版公司 2004 年版。

二、日文著作

1. 泉二新雄著:《日本刑法论》(总论),日本有斐阁 1927 年版。

2. 小野清一郎著:《新订刑法讲义总论》,日本有斐阁 1950 年版。

3. 江家义男著:《刑法总论》,千苍书房 1952 年版。

4. 竹田直平著:《规范及其违反》,日本有斐阁 1961 年版。

5. 平野龙一著:《刑法总论Ⅰ》,日本有斐阁 1972 年版。

6. 佐伯千仞著:《改定刑法讲义》,日本有斐阁 1974 年版。

7. 堀内捷三著：《不作为犯论》，青林书院新社 1978 年版。

8. 福田平著：《刑法总论》，日本有斐阁 1984 年版。

9. 大塚仁著：《刑法论集》(1)，日本有斐阁 1978 年版。

10. 大塚仁著：《刑法概说（总论）》，日本有斐阁 1986 年版。

11. 大塚仁著：《刑法概说（总论）》，日本有斐阁 1992 年改订增补版。

12. 大谷实著：《刑法总论》，日本成文堂 1996 年版。

13. 大谷实著：《刑法讲义总论（新版）》，日本成文堂 2000 年版。

14. 大谷实著：《刑法讲义总论》，日本成文堂 1992 年版。

15. 中山研一著：《口述刑法总论》（第二版），日本成文堂 1983 年版。

16. 川端博著：《刑法总论》，日本成文堂 1992 年版。

17. 川端博著：《刑法讲义总论（Ⅰ）》，日本成文堂 1995 年版。

18. 西原春夫著：《刑法总论》（改定版）（上卷），日本成文堂 1995 年版。

19. 前田雅英著：《刑法总论讲义》，日本东京大学出版会 1996 年第 2 版。

20. 前田雅英著：《刑法の基础——总论》，日本有斐阁 1993 年版。

21. 曾根威彦著：《刑法の重要问题（总论）》，日本成文堂 1996 年版。

22. 川端博著：《刑法总论讲义》，日本成文堂 1997 年版。

23. 板仓宏著：《新订刑法总论》，日本劲草书房 1998 年版。

24. 山中敬一著：《刑法总论Ⅰ》，日本成文堂 1999 年版。

25. 日本昭和 50 年日本法务省刑事局编改正刑法草案之

解说。

26. 日本《最高裁判所刑事判例集》，第29卷第7号。

27. 神山敏雄著：《不作为共犯论》，日本成文堂1994年版。

论 文 类

一、中文部分
（一）中国大陆部分

1. 陈兴良：《"无行为则无犯罪"——为一条刑法格言辩护》，载《中外法学》1999年第5期。

2. 陈兴良：《论不作为犯罪之作为义务》，载陈兴良主编：《刑事法评论》第3卷（1999年）。

3. 陈兴良：《犯罪不作为研究》，载《法制与社会发展》1999年第5期。

4. 齐文远、李晓龙：《论不作为犯中的先行行为》，载《法律科学》1999年第5期。

5. 李晓龙：《论不纯正不作为犯的等价性》，载《法律科学》2002年第2期。

6. 李晓龙：《论不纯正不作为犯作为义务之来源》，载高铭暄、赵秉志主编：《刑法论丛》第5卷，法律出版社2002年版。

7. 李晓龙：《关于先行行为范围的探讨》，载《法学论坛》1999年第1期。

8. 于改之：《也论先行行为的范围》，载《湖南省政法管理干部学院学报》2001年第5期。

9. 黎宏：《"见死不救"行为定性的法律分析》，载《法商研究》2002年第6期。

10. 叶良芳、姜社宗:《试论不纯正不作为及其立法规定》,载《许昌师专学报》1999年第3期。

11. 蒋晗华:《浅析犯罪行为可否成为先行行为》,载《当代法学》2002年第2期。

12. 吴月秋:《对不作为犯罪的思考》,载《现代法学》2000年第4期。

13. 苏彩霞:《论不纯正不作为犯的作为义务来源》,载《政法论丛》2000年第1期。

14. 杨矿生:《论以犯罪作为为其特定义务来源的不作为犯罪》,载《法律学习与研究》1987年第6期。

15. 李学同:《论不作为犯罪的特定义务》,载《法学评论》1991年第4期。

16. 吴爽、孙瑛:《不作为犯罪的特定义务》,载《锦州师范学院学报》2001年第7期。

17. 谢治东:《关于不纯正不作为犯的立法思考》,载《广西社会科学》2000年第6期。

18. 李卫红、任勇:《论不作为犯罪中的作为义务》,载《烟台大学学报(哲学社会科学版)》2002年第2期。

19. 伍柳村:《刑法中的因果关系》,载西南政法学院1980年编《学术报告论文集》。

20. 陈忠槐:《论不作为犯罪的因果关系》,载《法学研究》1988年第1期。

21. 侯国云、梁志敏:《论不作为犯罪的因果关系》,载《法律科学》2001年第1期。

22. 李居全:《浅议英美刑法学中的行为概念——兼论第三行为形态》,载《法学评论》2002年第1期。

23. 刘艳红:《交通肇事逃逸致人死亡的个案研究》,载陈兴良主编:《刑事法判解》(第2卷),法律出版社2000年版。

24. 张兆松:《论交通肇事逃逸致人死亡的定罪问题》,载《人民检察》1999年第5期。

25. 杜宇:《再析交通肇事罪中的"因逃逸致人死亡"》,载《甘肃政法学院学报》2000年第3期。

26. 黄明儒:《日本刑法中逃逸行为的判例与理论介评》,载《法学家》2001年第6期。

27. 侯国云:《交通肇事能否引起救助义务辨析》,载《人民检察》2002年第9期。

28. 杨书文:《刑法规范的模糊性与明确性及其整合机制》,载《中国法学》2001年第3期。

29. 杨联华:《德国概念法学的产生、影响及其历史地位》,载《法学译丛》1985年第2期。

30. 赵秉志、肖中华:《不纯正不作为犯的认定》(上、下),载《人民法院报》2003年4月7日、14日理论专版。

31. 周光权:《不作为犯的认定》,载《人民法院报》2003年2月7日理论专版。

(二)中国台湾地区部分

1. 叶志刚:《作为犯与不作为犯之比较研究》,载《刑事法杂志》第16卷第6期。

2. 杨建华:《不纯正不作为犯、结果加重犯在立法例上与德日等国比较》,载《军法专刊》第23卷第6期。

3. 黄荣坚:《论保证人地位》,载《法令月刊》第46卷第2期。

4. 许玉秀:《前行为保证人类型的生存权?——与结果加重犯的比较》,载《政大法学评论》50期(1994年第5期)。

5. 许玉秀:《最高法院七十八年台上字第三六九号判决的再检讨——前行为的保证人地位与客观归责理论初探》,载《刑事法杂志》第 35 卷第 4 期。

6. 许玉秀:《论西德刑法上保证人地位之实质化运动》,载东海大学法律学系《法学论丛》1987 年第 3 期。

7. 许玉秀:《检验客观归责的理论基础——客观归责理论是什么?》,载许玉秀著:《主观与客观之间》,春风煦日论坛——刑事法丛书系列 1997 年版。

8. 许玉秀:《保证人地位的法理基础——危险前行为是构成保证人地位的唯一理由?》,载《刑事法杂志》第 42 卷第 2 期(1998年 4 月)。

9. 许玉秀:《实质的正犯概念》,载台湾《刑事法杂志》第 41卷第 6 期。

10. 黄朝义:《罪刑法定原则与刑法之解释》,载林山田等合著:《刑法七十年之回顾与展望纪念论文集(一)》,元照出版公司2001 年版。

11. 郑逸哲:《德国刑法学者与纳粹主义》,载蔡墩铭教授祝寿论文集《现代刑事法与刑事责任》,刑事法杂志社 1997 年版。

12. 郑逸哲:《罪刑法定主义七十年》,载《刑法七十年之回顾与展望纪念论文集(一)》,元照出版公司 2002 年版。

13. 陈朴生:《犯罪行为之着手时点》,载《法令月刊》第 42 卷第 9 期。

14. 陈志龙:《"开放性构成要件理论"》,载《台大法学论丛》1991 年第 21 卷第 1 期。

15. 陈志龙主持:《刑法第十五条至第十七条之评释研究》,台湾大学法律系 1995 年 10 月印。

16. 黄荣坚:《论保证人地位》,载《法令月刊》第 46 卷第 2 期 (1994 年)。

17. 陈新民:《国家的法治主义——英国的法治与德国的法治之概念》,载《台大法学论丛》第 28 卷第 1 期。

18. 西原春夫:《作为与不作为之概念》,载《刑事法杂志》第 24 卷第 3 期。

19. 黄荣坚:《电脑犯罪的刑法问题》,载《台大法学论丛》第 25 卷第 4 期。

20. 黄惠婷:《帮助犯之帮助行为——兼谈网路服务提供者之刑责》,载《中原财经法学》2000 年第 5 期。

二、外文部分

(一)日文部分

1. 西原春夫:《不作为犯的理论(总论)》,载《法学セシナー》1982 年第 11 期。

2. 西山富夫著:《刑法解释的论点》,载《名城法学》第 43 卷第 1、2 号。

3. 梅崎进哉:《いわゆる不真正不作为犯の因果论的再构成》,载《九大法学》第 44 号。

4. 中森喜彦:《不作为犯论的逆转原理(一)》,载《法学论丛》(107 卷)1980 年第 5 号。

5. 中森喜彦:《保障人说について》,载《法学论丛》第 84 卷第 4 号。

6. 西田典之:《不作为犯论》,载芝原邦尔等编:《刑法理论的现代展开(总论Ⅰ)》,日本评论社 1988 年版。

7. 川端博:《不作为犯における主观要件(反论と批判)》,载

植松正等编《现代刑法论争Ⅰ》,日本劲草书房1985年版。

8. 江家义男著:《不真正不作为犯的理论构成》,江家义男教授刑事法论文集,日本1959年版。

9. 森下忠:《不作为的因果关系》,《法律时报》第32卷第11号。

10. 中谷瑾子:《不真正不作为犯和作为义务》,载《综合法学》第6号。

11. 金泽文雄:《不作为的构造》,广岛大学政经论丛第15卷第1号。

12. 石桥恕等:《不作为犯与罪刑法定主义》,载三原宪三编著:《ゼミナール刑法(总论)》,日本成文堂1998年版。

13. 平山幹子:《不真正不作为犯について》(一、二),载《立命馆法学》1999年1号、2号。

14. 平山幹子:《"义务犯"について》,载《立命馆法学》2000年第2号。

15. 岩间康夫:《先行行为に基づく保证人的义务の成立范围について》,载《犯罪と刑罚》1988年第4号。

16. 神山敏雄:《作为犯と不作为犯の限界に关する问题》,载《冈山大学法学会杂志》第26卷第3、4号。

17. 神山敏雄:《ひき逃げ》,载《法学セミナー》1982年第11期。

18. 中森喜彦:《作为义务、保障义务、保证人的地位》,载《法学ヤシナー》1982年第11期。

19. 曾根威彦:《ひき逃げの罪责》,载植松正等编:《现代刑法论争Ⅱ》,日本劲草书房1985年版。

20. 野村稔:《逃逸罪》,载西原春夫等编:《刑法学》,日本有斐阁 1977 年版。

21. 町野朔:《遗弃罪》,载小暮得雄等编:《刑法讲义总论》,日本有斐阁 1985 年版。

22. 山火正则:《判批》,载《判夕》303 号(1974 年)。

（二）德文部分

1. M. E. Mayer, Der Allgemeine Teil des Deutschen Strafrechts, 2. Aufl. ,1923.

2. Roxin, pflichtwidrigkeit, ZStW 74(1962).

3. Brammsen, Erfolgszurechnung, MDR 1989.

4. Herzberg, Die Kausalität, MDR 1971.

5. Nagler, Die Problemmatik der Begehung durch Unterlassung, GS 111(1938),1,26f.

6. Binding, Normen Ⅳ,S. 115f.

7. Herzberg, Zur Garantenstellung aus vorangegangenem Tun, JZ 1986,986,991f.

学位论文类

1. 高憬宏:《不作为犯论》,吉林大学 1985 年印。

2. 张霖:《论不纯正不作为犯》,吉林大学 1998 年印。

3. 孙春雨:《我国现行刑法中不作为犯罪研究》,中国人民大学 2001 年印。

4. 吴玉梅:《不作为的共犯类型研究》,中山大学 2001 年印。

5. 朱俊雄:《不作为犯罪之成立及其罪数》,(中国台湾)中兴大学法律学研究所硕士论文 1992 年印。

6. 郑铭仁:《危险升高理论研究》,(中国台湾)"国立"政治大学法律研究所 1995 年印。

后　记

　　完稿之际,长舒了一口气。起身走到窗前,本以为应是万籁俱寂的静夜,却见东方既白,旭日冉冉,新的一天又开始了。

　　几十个日日夜夜的伏案工作,在体力和精力的强度透支后,本应酣然入梦,而我却失眠了。一种惶惑,倏然而起。我深知,当文稿交付出去的时候,它便不再仅仅属于我自己,它将和着我二十多年的求学经历一起接受方家的审阅和批评,将伴随我二十多年的成长道路一起回报亲人、师长、朋友的关心和期待。

　　回首二十八年的人生道路,在我顺利成长的背后,有太多的人用他们热情的支持和无私的关爱为我撑起了幸运之门。长时间以来,我一直力图用一种方式来表达我的感激之情,然而,在广博而无私的情感面前,任何方式都显得无力而苍白。我知道,是他们——我的父母、老师、亲友和同学们,为我开拓了一片生命的田园和精神的家园,让我在追求与奋斗的旅程中,永远享受着生命的绿荫,享受着不竭的源泉。今天,当我将这篇论文呈献给他们的时候,我也诚惶诚恐地将我所有的感激和收获呈献在他们面前,期待着他们的检阅,也期待着更多的鼓励和支持。

　　在论文的写作过程中,我想尽力写出自己对不纯正不作为犯罪的理解,这种理解也许还非常浅薄,但却是我在劳作和探求中所得,它包含了我自攻读博士研究生以来对于这个问题的思考和体会,也记录了我对这个问题的粗浅认识和总结。很久以来,我都在悉心地积累和阅读中不断充实并更新着自己的观点。写作的感觉时而清晰,时而渺茫,然而,越是试图记录些什么的时候,便越是感到自己知识的肤浅,真切感受到"书到用时方恨少"的那种尴尬与无奈。

没有积淀的言辞只会流于浮泛,而没有根基的理论永远无法经受实践的考验。手指在早已熟悉得不能再熟悉的键盘上来回摸索,在滞涩中寻找创作的依据;在沉重的思考中零散地记录着自己的观点,试图用一种理性的阐述来完成一次突破。我并不想勉强自己为了完成一份作业而写下一些已经被自己或别人说过的语言,无谓的坚持只会换来一种虚脱和亏空的感觉。理论的开掘本身就包含了一种危机,它意味着不断的否定和科学的创新。而我需要一种冲决危机的勇气和力量,支撑我不断充实和更新自己的头脑,不断迎接新的挑战。很长一段时间,不论是白天还是黑夜,只要安静下来,就会陷入一种沉思。在完成了无数次矛盾、困顿的化解与重生后,我开始尝试着开启笔端,尽可能地表述出自己的观点。

来自多方面的关心和支持,使得一种欣然而感激的心情在写作中充盈、涌动。这使我有可能除却思维的无序,解除疲倦和浮躁的阻滞,变得从容而冷静。长时间投入的写作,使我渐渐沉入一种物我两忘的状态。时有灵感袭来,彻夜不眠,空寂的世界里只有指尖与键盘在继续一种思索;或有疑难问题,蹙眉滞目,查阅书刊,不时斗室之中便会挤满了书报资料,零乱狼籍;时常,也会忘我投入,拨通友人的电话抑或扣启同学的房门后,方知已是凌晨二、三时,他们本在梦中。然而,应当感谢我的朋友和同学们,通常是他们打起精神,与我完成一次次探讨与对话,帮我在疑惑中理清头绪。论

文完成了,这里面也渗入了他们的思考,他们将与我共同分享这份
创作的快乐。

　　在论文完成的时候,我的研究生学习生活也接近尾声。从
1997年考取中国人民大学刑法学专业硕士研究生至今,六年的求
学生涯中,我特别感激我的恩师——赵秉志先生。师随先生,是我
辈之幸运,无论在学问还是为人方面,先生都令我感佩和敬重。刑
法学博大精深、浩淼无垠,正是先生不辞劳烦,循循善诱,才使驽钝
的我得以一窥刑法学之堂奥。我清楚地记得在攻读硕士阶段第一
次向恩师呈上自己的习作时,先生在上面逐字逐句修改的情景。
大至观点推敲、布局谋篇,小至类似"因而"与"因此"的区别、分号
与冒号的用法,恩师无不逐一点出。先生的这种严谨治学态度和
一丝不苟的创作精神深深地感染了我,我今日研究风格、写作风格
之形成,可以说无一不受先生的影响。同时,在先生那里,我学会
了时刻鞭策自己,以客观公正的态度去面对法律的精准,以正义而
善良的品性去面对现实的繁复。"师者,所以传道、授业、解惑
也",然而于我,先生既是良师,又是益友。六年中,先生和师母王
亚伟女士在生活上给予了我无微不至的关怀和照顾,令我感到温
暖而感动。在大量的科研活动中,先生给我提供了许多弥足珍贵
的锻炼机会,并给予我最有益的指导和匡正;在多次的实践工作
中,先生都让我领略了学者的智慧和风范;在本文的构思和创作
中,先生为我提供了大量的资料和指导性意见,这使得论文得以顺
利进行。当论文画上最后一个句号、存盘收工的时候,我知道这里
面也凝聚着先生的一份汗水、一份辛劳。另外,在我求职的整个过
程中,先生始终关怀备至,鼎力相助,并使我最终如愿成行,令我感
激不尽。在此,一并致以最真诚的谢意。先生严谨治学,笔耕不
辍,且要处理诸多公务,然而百忙之中,尤要关心我的生活。无论

555

是促膝畅谈还是短暂的聚餐,抑或是简短的问候,都令我独在异乡的求学生涯充满了温情和感动。而今,即将离开校园,离开先生,不免生出许多惆怅,感激之情,留恋之意,时常使我难以平静。六年的求学生涯是短暂的,然而先生的恩情却能够环绕我之一生,它会化为某种难以取代的力量,支持我,鼓舞我,让我勇敢地向着未来执著前行。

深深感谢刑法学教研室的两位师尊高铭暄先生和王作富先生。我深知,能够聆听两位方家的宏论与教诲,是每个刑法学莘莘学子梦寐以求的事情,而我有幸与其他诸位同窗在六年人大学习生活的宝贵时光中接受两位长者、智者思想的熏陶、学术的浸染,我将终生引以为荣。应当感谢教研室的卢建平教授、黄京平教授、谢望原教授、韩玉胜教授、冯军教授等诸位老师,他们的授课促进了我学术的成长,激发了我论文创作的灵感。

感谢在我六年的学习生涯和论文写作过程中,给予我诸多关怀和帮助的师兄师弟、师姐师妹以及朋友们,他们是:刘志伟副教授、田宏杰副教授、王秀梅副教授、于志刚副教授、曾粤兴教授、阴建峰博士、王志祥博士、陈志军博士、罗树志博士、黄晓亮同学、蒋娜同学、臧爱存同学、赵辉同学、魏干同学、刘云辉同学,以及其他诸多朋友。

特别感谢为我的博士论文写作而提供丰富且弥足珍贵的日文资料的冯军教授、日本一桥大学中国留学生会会长杨东博士;特别感谢为我论文的写作而无私承担繁重翻译工作的我的表妹李成慧小姐、姜伟华师妹、宋春师弟。正是他们的帮助和支持,使本文增色不少。

我非常珍惜攻读博士的三年时光中与诸位同窗好友结下的深情厚谊,在此就不一一道出他们的名字。毕业分别在即,想到曾与我一起海阔天空、意气风发的兄弟们即将奔赴祖国的四面八方,临别意,惜别情,不禁油然而生。"挥手自兹去,萧萧班马鸣。"衷心祝愿好人一生平安,诸位同窗好友一路走好;也愿我们的友谊地久天长!

临了,我要把虔诚的祝福和深深的感激之情献给深爱我以及我所深爱的亲人。每每念及一辈子含辛茹苦的父母亲大人至今仍在为生活操劳,而作为已近而立之年的儿子的我,竟然不能让他们过上幸福安逸的生活,愧疚之情,难以言表。我的岳父岳母多年来对我求学生涯的支持和生活上的极大包容,也让我感激不尽。衷心祝愿他们健康长寿!最后,我还要由衷地感谢与我一起分享喜悦、共担风雨、相识相知已近10年的妻子,她以独有的聪慧和温柔为我开辟了一方宁静的港湾,为我平淡的求学生涯平添了生活的温馨与浪漫。而今,她也要离开多年的教师工作岗位,重返校园,与我一样从事法律的研究与学习,在此祝愿她学有所成。

是为后记。

许 成 磊

2003 年 3 月 30 日

记于中国人民大学品园 3—928 室

补　记

按照我原来的计划,博士论文的成稿应基本上就是现在本书的结构。但由于当时答辩在即,时间仓促,没有能够对不纯正不作为犯的主观罪过与认识错误、不纯正不作为犯与刑法的相关范畴(包括与正当化事由、不作为的未遂和中止、不作为的共犯、不作为的罪数)进行细致的研究(尽管那时我也为此搜集了相当部分的资料),因而就想把这个未完的话题留在毕业后的工作时间内继续完成。

2003年7月份,我毕业分配至公安部治安管理局。由于工作繁忙,加之自己的疏懒,竟使这项工作一拖再拖。时至2007年3月份,我被组织安排到山东省济南市公安局历下分局工作一年,其间,在当地公安机关领导和同志们的关照下,除了努力做好自己的本职工作外,我得以有较多的时间来思考博士论文未竟的话题,并最终完成这一心愿,使本书由原博士论文28万字扩充到现在的40万字。

在此,我要衷心感谢公安部治安管理局的领导和同事们,工作以来,得到了他们的关心、关爱和提携、支持! 感谢部人事训练局和机关干部处的领导给予我这次到基层锻炼、学习的机会!

感谢在济南期间给予我诸多帮助的各位领导和新老朋友们!

感念我的母校——山东师范大学,在泉城期间,我时常徜徉在这美丽的校园里,回首依稀往事,是她时常赋予我从事理论创作的灵感。

我还要特别感谢人民出版社法律编辑室主任李春林先生和编辑张立女士,正是李老师的极力玉成,使拙著得以纳入"人民法学文存",并通过他们辛勤而卓有成效的专业编校工作使本书得以在人民出版社高质量的出版。同时,也正是李春林老师的鼓励,增强了我继续完成博士论文进一步扩充计划并最终成书的信心和勇气。在这里,还要感谢云南昆明理工大学法学院院长曾粤兴教授,是他搭起了本书能够顺利出版的桥梁。

最后,借本书出版之际,对我的博士论文评阅老师和答辩委员会各位成员表示深深的谢意。他们是:高铭暄教授、卢建平教授、黄京平教授、谢望原教授、韩玉胜教授、张文教授、张智辉教授、陈泽宪研究员。他们对我的博士论文提出了诸多宝贵意见和建议,从而使本书的内容更为丰富、完善。

许　成　磊

丁亥岁末于泉城

策划编辑:李春林
责任编辑:李春林　张　立
封面设计:肖　辉
版式设计:程凤琴
责任校对:赵立新

图书在版编目(CIP)数据

不纯正不作为犯理论/许成磊著. -北京:人民出版社,2009.1
ISBN 978 - 7 - 01 - 007287 - 6

Ⅰ. 不… Ⅱ. 许… Ⅲ. 刑事犯罪-理论研究-中国
Ⅳ. D924.111

中国版本图书馆 CIP 数据核字(2008)第 138687 号

不纯正不作为犯理论
BUCHUNZHENG BUZUOWEI FAN LILUN

许成磊　著

人民出版社 出版发行
(100706　北京朝阳门内大街 166 号)

北京新魏印刷厂印刷　　新华书店经销

2009 年 1 月第 1 版　2009 年 1 月北京第 1 次印刷
开本:880 毫米×1230 毫米 1/32　　印张:18
字数:411 千字　印数:0,001 - 3,000 册

ISBN 978 - 7 - 01 - 007287 - 6　　定价:38.00 元

邮购地址 100706　北京朝阳门内大街 166 号
人民东方图书销售中心　电话 (010)65250042　65289539